중국 구비연행의 전통과 변화

고사계강창 연구(1644~1937)

서 강 대 학 교   인 문 과 학 연 구 소   인 문 연 구 전 간   제 5 1 집

중국 구비연행의 전통과 변화

고사계강창 연구(1644~1937)

··· 이정재 지음

일조각

Humanities Monographs No. 51
Research Institute for Humanities
Sogang University

Tradition and Transformation of Oral Performances in Late Imperial and Early Modern China

Drumsinging and Drumtale Performances 1644–1937

by

Lee Jeong—jae

ILCHOKAK
Seoul, 2014

1957년 중국 사천성四川省 성도成都 천회산天回山의
동한東漢시대 묘에서 출토된 설창용說唱俑(높이 55cm).
중국국가박물관 소장.

청 건륭 55년(1790)에 간행된 『팔순만수성전八旬萬壽盛典』에 묘사된
만주족의 설창 공연 모습.

산동 제남濟南의 대명호大明湖 남안에 있는 공연장 명호거明湖居.
유악劉鶚이 『노잔유기老殘遊記』에 묘사한 왕소옥王小玉(1867~1900경)이
이화대고梨花大鼓를 공연한 장소이다. 원래 대명호 서남쪽의 작화교鵲華橋 근처에
있었으나 2010년 현재의 장소에 새로 건축되었다.

『중국곡예지·하북권』에 묘사된 1910년대의 대고大鼓 공연 모습.

1940년대 북경 천교天橋의 서운사瑞雲社에 모인 곡예 예인들.
천교는 청 말엽부터 흥성한 북경의 대표적 서민 오락지였다.

'고왕鼓王'이라고 불린
경운대고京韻大鼓 예인
유보전劉寶全(1869~1942).

1936년 상해 대중화大中華극장에서 공연하는 유보전(왼쪽).
반주자는 한덕영韓德榮과 종덕해鍾德海이다.

서하대고西河大鼓 예인
주화린朱化麟(1866~1941).

주화린이 사용했던 북과 짝짜기.

이화대고 예인 사대옥謝大玉(1890~1978)의 공연 모습.

청대 건륭 연간의 필사본 「제경공대공자오장齊景公待孔子五章」.
산동대학도서관 소장.

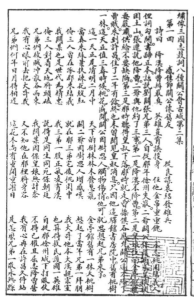

석판본 「수상삼국지고사팔종繡像三國志鼓詞八種」(연도 미상).
북경 수도도서관 소장.

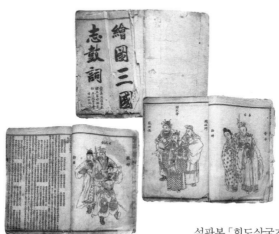

석판본 「회도삼국지고사繪圖三國志鼓詞」.
1905년 상해서국上海書局 간행.

고사계강창鼓詞系講唱의 주요 전승 지역.
고사계강창은 청대에 산동, 하북 등의 화북 지방을 중심으로 인기를 얻었고,
청대 후기부터는 북경, 천진, 제남 등의 대도시에서도 큰 호응을 이끌어냈다.

일러두기

1. 중국의 인명·지명 등의 고유명사 표기는 우리 한자음으로 표기했다.
2. 일본과 서양의 인명·지명 등의 고유명사 표기는 해당 국가의 원음을 국립국어원 외래어 표기법에 따라 표기했다.
3. 부호의 쓰임은 다음과 같다.
   『　』: 책명, 잡지명
   「　」: 책의 장 제목, 고사계강창 작품 제목
   〔　〕: 우리말로 옮긴 부분의 한자 원문, 인용문에서 지은이의 부연 설명

머리말

−"태초에 말씀이 있었다."

인류는 의사소통의 도구로 언어와 문자를 만들어냈다. 이후 이야기는 도
처에 존재하게 되었고 후세에 남겨졌다. 이야기는 한 개인의 개별적 사건이
나 사고 혹은 길거나 짧은 생애를 요약하여 전하는 매체이기도 했으며, 나
아가 가족이나 마을 그리고 사회와 나라의 장대한 일들을 후손에게 전승해
주는 레코드이기도 했다. 중국에서도 이야기는 신화나 우화寓話의 외피를
입고 고대인의 사상과 철학을 드러냈다. 『상서尙書』나 『춘추春秋』는 그들
의 역사를 말해주고 있으며, 『시경詩經』이나 악부시樂府詩는 그들의 문학을
담고 있다. 이야기는 대개 그 안에 사랑과 미움의 깊은 감정이나 상대방과
의 격렬한 충돌 장면, 그리고 세상 사람들에게 하고 싶은 주장들을 품고 있
었다. 이야기는 필요에 따라 연극과 같이 직접 재현하여 보여주는 방식으로
확대되기도 했지만, 음유시인과 악사가 한 팀이 되어 조촐하게 공연하는 형
식도 면면히 이어졌다. 즉, 이야기는 말과 노래로 이루어진 공연이기도 했
던 것이다.

중국에서 이야기를 말과 노래로 공연한 시기는 당나라 때가 처음이었다고 하는데, 이는 인도에서 들어온 강창講唱 형식의 영향을 받은 결과일 것이다. 물론 그 이전에도 말 또는 노래로만 이루어진 공연이 있었음은 두말할 필요가 없다. 그러나 일찍부터 문자문화가 성했던 중국은, 방대하게 기록된 이야기인 철학이며 역사며 문학에 주의를 기울이느라, 기록된 그 이야기의 형님 아니 조상뻘일 수도 있는 구전된 이야기가 어떠했는지에 대해서는 돌아볼 겨를이 부족했다. 늦게나마 20세기 들어 그에 대한 관심이 커졌고 이제는 어느 정도 윤곽을 잡을 수 있게 된 것이 다행이다. 그러나 중국에서 이야기의 구비연행이 가장 성했던 시대가 청나라 때부터 20세기 초에 이르는 근 3백 년 동안이라는 데는 모두 동의하지만, 이 시대의 구비연행은 자세히 조사 연구되지 못했다. 그 첫 번째 이유는 기존의 문사철文史哲에 비해 본격 학문으로 다루기 위한 이론적 근거를 정립하기가 힘들기 때문이고, 두 번째 이유는 현장 자료가 너무나 많은 반면 그것을 수집하고 정리하기는 너무 어렵기 때문일 것이다. 하지만 첫 번째 이유는 새로운 시대에 필요한 새로운 연구 대상과 새로운 시각에 대한 인식의 확립을 통해 극복이 가능하고, 두 번째 이유는 현대 출판 산업의 확대와 디지털 정보의 발달에 따라 많은 자료를 확보할 수 있게 됨으로써 극복이 가능해졌다.

이 책은 중국 구비연행의 전성기를 대표하는 장르인 고사계강창鼓詞系講唱을 다루고 있다. 고사계강창은 북방을 중심으로 성행하며 고사鼓詞나 대고大鼓라고 불린 구비연행과, 북경北京, 상해上海 등지에서 출판 또는 필사된 문학적 상관물을 포괄하는 뜻으로 설정한 명칭이다. 청대의 구비연행 가운데 탄사彈詞나 보권寶卷 등의 독특한 종류가 아닌 고사계강창을 특별히 연구 대상으로 선택한 이유는, 전자와 같이 특정 지역이나 문화를 대표하는 종류들보다는 무엇보다도 오랫동안 중국 문명의 중요한 축을 이루어온 화북 지역의 평범한 농민과 도시민 들이 접하고 수용한 종류를 우선 파악할 필요가 있다고 생각했기 때문이다. 물론 북으로 반주하면서 노래와 이야기를 섞어 공연하는 고사계강창의 외형적 특징이 우리의 판소리와 매우 유사한 점 때문에, 한국과 중국 두 나라의 연회를 연계하여 공부할 실마리를 찾을 수 있으리라는 바람을 갖게 되었다는 점도 언급하지 않을 수 없다. 이 과정에서 지도교수이신 김학주 선생님께서 이 분야를 공부해보라고 권유하시고, 고사계강창 전승의 중심지에 있는 산동대학山東大學에 유학하여 중국 민간문학 연구의 권위자인 관덕동關德棟, 이만붕李萬鵬 두 선생님의 지도를 받을 수 있도록 주선해주신 것도 큰 힘이 되었다.

이 책은 모두 세 부분으로 구성되어 있다. 제1부에서는 고사계강창을 토론하기 위한 전제로 그 개념과 범주의 문제를 검토하여, 그것이 북을 반주악기로 사용하며 7·10언 운문을 기본 요소로 하는 강창문학임을 밝혔다. 제2부에서는 청대 전기前期에 산동 지방을 중심으로 전승된 향촌 신사 작가들의 작품들을 발굴하여 그 성격을 분석하고 역사적 의미를 살펴, 가부서賈鳧西의「역대사략고사歷代史略鼓詞」를 비롯한 여러 작가의 작품에 풍자나 계몽적인 주제의식이 강하게 투영되어 있음을 밝혔다. 제3부에서는 청대 후기에서 중화민국 시기에 걸쳐 광대한 화북 지방을 중심으로 농촌에서 공연된 종류와, 북경, 상해 등의 대도시에서 대량으로 출판되어 소비된 종류의 고사계강창을 살피고 그 특색과 성격을 조명하고자 했다.

방대한 수량이 전승된 고사계강창은 당시 광범위한 청중 혹은 독자의 일상과 여가 생활에 적지 않은 영향을 끼쳤다고 생각된다. 이는 역사, 소설, 희곡을 통해 널리 알려진 수많은 역사적 인물이나 문학적으로 창조된 형상이 고사계강창을 통해서도 공연되거나 읽힘으로써 중국인들이 오랫동안 만들어온 스스로의 정체성에 대한 견해나 생각이 다수 대중에게 끊임없이 작용할 수 있었다는 것을 의미한다. 청 말엽 이래 여러 방면에서 외래로부터의 충격과 마주하며 커다란 변화를 겪은 중국에서는 고사계강창을 비롯한 공연문학작품들이 하층민들을 비롯한 대중에게 고급문학을 뛰어넘는 강한 문화적 영향력을 행사했다. 그 영향력은 때로는 반성과 변혁의 대상이기도 하면서 때로는 외부 문명에 대항할 보루이기도 했던 전통문화의 마지막 시기에 작용한 의미 있는 에너지였다.

이 책은 박사학위논문을 바탕으로 했지만, 완성한 지 15년이 넘은 글을 그대로 출판하기에는 어려운 부분이 있었다. 우선 이 분야에 대한 다른 이들의 연구에서 중요한 진척들이 나타났고, 필자 자신의 인식 변화나 새로운 발견도 상당히 많았다. 이에 따라 적지 않은 부분에 대한 수정과 증보 작업이 이루어졌다. 예를 들어「제2부 전기 고사계강창의 문학과 공연」에서는「자화사어제전장子華使於齊全章」,「설경전舌耕傳」등의 자료를 새로이 발굴하고 검토하여 논의를 보강했고,「제3부 후기 고사계강창의 공연과 문학」에서는 주요 검토 작품들의 내용을 좀 더 상세히 소개하고 도서 간행 방식의 근대적 변화에 대해서도 새로운 연구 성과들을 반영하여 서술을 강화했다. 이와 함께 박사학위논문의 일부 장절과 부록을 이 책에서는 부득이 제외했다. 그 이유는 책의 분량이 너무 많아지지 않도록 고려한 것 외에 얼마 전 중국에서『중국고사총목中國鼓詞總目』이라는 훌륭한 목록서가 출간되어 쉽게 참조할 수 있게 되었기 때문이다. 다만『중국고사총목』에는 필자가 조사한 대만 중앙연구원 소장 자료가 포함되어 있지 않으므로, 해당 부분을 확인하고자 하는 분은 필자의 박사학위논문『고사계강창 연구』를 참고해주시기 바란다. 이 밖에 여러 군데의 문장 표현을 다듬고 오류를 바로잡는 작업에도 노력을 기울였으므로, 전체적으로 보아 이 책은 박사학위논문의 개정증보판이라고 해도 좋을 것이라고 생각된다.

중국 구비연행 문화에 대한 학문적 성과들이 조금씩 나오고 있는 지금, 부족하지만 하나의 디딤돌을 내놓을 수 있게 되어 기쁜 한편, 앞으로 보다 깊어진 논의를 펼쳐나갈 생각에 기대와 부담이 함께 다가온다. 여전히 미흡한 부분에 대해서는 아낌없이 지적해주시기를 바랄 뿐이다. 끝으로, 출판의 기약이 없었던 논문이 책으로 나올 수 있도록 권유하고 독려해주신 서강대 인문과학연구소의 전임 소장 최기영 교수님과 현임 소장 김경수 교수님께 깊이 감사드리고, 원고를 꼼꼼하게 다듬어주신 일조각 편집부 강진홍 선생에게도 깊이 감사드린다.

2014년 9월, 서강대 연구실에서

이정재

차례

머리말 15

제1부 고사계강창의 개념과 범주

제1장 고사계강창 연구 서론 29

    1. 문제 제기 29

    2. 연구 대상 및 논술 방법 34

제2장 고사계강창의 전통과 유형 36

    1. 청대 이전의 전통 38

      (1) 공연 전통 38

      (2) 문학 전통 42

    2. 탄사의 전개와 고사와의 관계 변화 51

    3. 고사계강창의 유형 57

    4. 소결 66

제2부 전기 고사계강창의 문학과 공연

제1장 서론 71

제2장 전기 고사계강창의 자료 및 목록 74

　　　1. 중화민국 성립 이후의 전기 고사계강창 간행 상황 74

　　　2. 미간행 필사본 및 목록 80

　　　3. 전기 고사계강창 목록 85

제3장 전기 고사계강창의 작자와 작자층 88

　　　1. 각 작품의 작자 88

　　　　(1) 「문천사」 89

　　　　(2) 「동곽외전」과 「제인장」 90

　　　　(3) 「공부자고아사」 98

　　　　(4) 「제경공대공자오장」 99

　　　　(5) 「태사지적제전장」과 「역대사략고사」 100

　　　　(6) 「경술수재전고아사」 100

　　　　(7) 「전가락」 101

　　　　(8) 「남창몽」 101

　　　　(9) 「문천어」 102

　　　　(10) 「목마랍마」 102

　　　　(11) 「설경전」 102

　　　　(12) 「자화사어제전장고사」 103

　　　　(13) 「도박사」 103

　　　　(14) 목록만 전하는 작품들의 작자 문제 104

　　　2. 작자층의 성격 104

제4장 전기 고사계강창의 형식, 소재, 내용 108

　1. 전기 고사계강창의 형식 108

　2. 전기 고사계강창의 소재와 내용 110

　　(1) 『논어』에서 소재를 취한 작품 111

　　(2) 『맹자』에서 소재를 취한 작품 124

　　(3) 역사적 사건이나 인물에서 소재를 취한 작품 129

　　(4) 당시의 현실에서 소재를 취한 작품 144

　　(5) 우언을 소재로 현실을 풍자한 작품 154

　　(6) 기타 158

　　(7) 소결: 유가적 이상과 현실 158

제5장 전기 고사계강창의 서술 방식 161

　1. 운·산문혼용체 작품의 결합 방식과 각 서술 단위의 역할 162

　　(1) 운문과 산문의 결합 방식 164

　　(2) 운문의 역할과 기능 185

　　(3) 산문의 역할과 기능 195

　2. 운문전용체 작품의 서술 방식과 각 서술 단위의 지향 203

제6장 전기 고사계강창의 공연과 수용자층 211

　1. 전기 고사계강창 공연의 형태와 장소 211

　2. 전기 고사계강창의 수용자층 213

제7장 전기 고사계강창의 의의와 영향 223

　1. 전기 고사계강창의 의의 223

　2. 전기 고사계강창의 영향 225

제3부 후기 고사계강창의 공연과 문학

제1장 서론 231

제2장 농촌 고사계강창 236

　　1. 청 후기의 화북 농촌 236

　　2. 후기 고사계강창의 선행 연행 형태들 240

　　3. 농촌 고사계강창의 형성과 성장 244

　　　　(1) 화북 농촌 강창의 형성 245

　　　　(2) 농촌 강창의 주요 예인들 250

　　4. 농촌 강창의 공연 모습과 작품 형식 262

　　5. 소결 277

제3장 도시 고사계강창 279

　　1. 청 말 도시 고사계강창의 성장 279

　　　　(1) 청 말 북경의 고사계강창 개황 279

　　　　(2) '대고' 명칭의 보편화 284

　　2. 도시 고사계강창의 예인들 286

　　　　(1) 초기의 도시 예인 288

　　　　(2) 후기의 예인들 298

　　3. 도시 고사계강창의 공연과 작품 형식 308

　　　　(1) 도시 고사계강창의 공연 308

　　　　(2) 도시 고사계강창의 작품 형식과 특성 321

　　4. 소결 336

제4장 후기 고사계강창 도서의 간행과 문학적 성격 338

  1. 출판의 대중화와 대중독자의 형성 340

    (1) 서양 인쇄술 도입과 출판의 대중화 341

    (2) 대중독자의 형성 344

  2. 후기 고사계강창 도서목록과 간행 시기 346

    (1) 도서목록의 수집과 관련된 자료 346

    (2) 고사계강창 도서의 간행 시기 358

  3. 후기 고사계강창 도서의 판본과 수량 362

    (1) 운·산문혼용체 고사계강창 363

    (2) 운문전용체 고사계강창 375

  4. 후기 고사계강창 도서의 문학적 성격 380

    (1) 운·산문혼용체 고사계강창 381

    (2) 운문전용체 고사계강창 398

  5. 소결 412

결론: 중국 구비연행의 전통과 변화 415

참고문헌 423

중문개요 439

찾아보기 443

제1부
고사계강창의 개념과 범주

제1장 고사계강창 연구 서론

1. 문제 제기

중국 선진先秦시기부터 흥기하여 당·송唐宋대 이래 성행한 공연문학公演文學은 공연과 문학의 두 층위 모두에서 풍부한 유산을 남겼다. 공연의 측면에서 연기자들은 노천이나 실내 무대에서 많은 관중을 끌어모으며 당시 사람들에게 역사적 지식이나 흥미롭고 감동적인 이야기를 전했고, 문학의 측면에서는 작가들이 많은 공연물의 대본을 정리하거나 공연을 위해 새로 작품을 엮어내면서 후대에 당시의 성행 정도를 알 수 있는 많은 서면자료를 남겼다. 이들은 현재 (통속)소설, 희곡, 강창講唱 등으로 나누어 불리고 있지만, 상당수는 공연이라는 특성을 공유했고 공연 형태와 이야기 소재 등에 공통점이 많았기 때문에 명확히 선을 그어 구분하기 어려울 정도로 관계가 가까웠다. 이 공연문학들은 서면어화書面語化하여 독서만을 위한 시문詩文이나 사곡詞曲 등과 교섭하기도 하고 독자적인 성장 과정을 거치기도 하면서 비非공연문학과는 또 다른 한 축을 형성하며 중요한 문학적 전통을 이루었다.

공연문학은 특히 청대에 이르러 종류나 수량이 매우 많아졌다. 일부 백화白話 소설이나 전기傳奇 희곡이 기록의 측면이 중시되면서 공연문학으로서의 성격이 약화된 반면, 각지에서 흥성한 지방희地方戱나 지방성 강창은 오히려 많은 사람의 환영 속에 공연되었고, 오늘날에도 각각 수백 종의 극종劇種, 곡종曲種과 수천 종의 극목, 곡목을 보유하고 있는 등 생명력을 강하게 이어오고 있다. 특히 이들은 문맹층까지 포함된 광범위한 청중을 대상으로 했기 때문에, 공연에서 다루는 역사적 인물이나 사건에 대한 평가나 관점이 다수 청중의 역사 인식에도 매우 큰 영향력을 끼쳤다고 생각된다. 이러한 현상은 대중공연이 영화와 텔레비전 등의 현대적 매체로 이동한 오늘날의 상황에서도 발견된다. 어떻든 강력한 문화적 영향력을 지녔던 것으로 생각되는 청대 공연문학에 대하여 그에 상응하는 관심과 연구가 필요한 것은 당연한 일이다.

그러나 청대 이후에 흥성한 공연문학에 대한 연구는 전통시기뿐만 아니라 현대에도 여러 이유로 인해 중시되지 못했다. 우선, 이 공연문학들의 성격상 자료의 '휘발성'이 강하여 한 번 이루어진 공연 상황을 그대로 재현하기가 원칙적으로 불가능하다는 것이 이에 대한 접근을 어렵게 하고 있다. 그럼에도 불구하고 문자로 기록되어 전하는 작품은 그 종류와 수량이 극히 방대하다. 각종 지방희의 작품들이 추려져 방대한 분량으로 간행되었는가 하면, 이 책에서 다루는 고사계강창鼓詞系講唱 작품도 1천여 종이 넘는 수량을 헤아리고 있다. 그러면서도 오늘날 이 자료들은 손쉽게 구해 볼 수 없고 대부분 각지 도서관이나 기관 및 개인 등에 분산 소장되어 있어서 체계적인 정리를 거쳐 전모를 파악하기가 매우 어렵다. 공연 자료와 문헌 자료 모두 1차 조사의 어려움이 적지 않은 것이다. 또한 이러한 공연이나 책자, 그리고 예인들은 전통적으로 가치 있는 문화로 대접받지 못하고 대부분 천시 또는 멸시를 당했다. 그 이유는 시문詩文의 전통이 강한 중국에서 통치층과 대다수의 문인사대부들이 문학 또는 문화란 유가적 이념을 드러내고 실천하기 위한 도구이자 결과여야 하며, 소설이나 연극은 음란함이나 불온한 사상을 전파하므로 금지하거나 통제해야 하는 '비非문화' 또는 '반反문화'의 온상이라고 생각했기 때문일 것이다. 이 때문에 오늘날의 관점에서 관심이 큰 통속문화 내지 대중문화에 대한 당시의 기록은 매우 빈약하고 그마저도 극히 왜곡되어 있는 경우가 다반사이다. 이러한 여러 요인으로 인해 이 시기 공연문학에 대한 이해와 연구는 매우 부진한 것이 현실이고, 그것의 중요성에 대한 인식도 충분히 제기되지 못하고 있는 실정이다.

그러나 역사는 바로 오늘날의 필요에 의해 탐구되고 재평가된다고 할 때 청대 공연문학이 오늘날 갖는 의미는 매우 크다고 할 수 있다. 시문 위주의 문인문학만으로는 청대의 문화적 정체성을 온전히 이해하는 데 한계가 있을 수밖에 없으며, 이러한 불균형을 바로잡기 위해서는 통속문학 내지 대중문학에 대한 합당한 관심과 그 성격에 대한 이해가 반드시 필요하다. 또한 전통시대에서 근현대로 전환되는 중요한 역사적 단계에 있었던 청대의 공연문학이 격변하는 시대적 환경 속에서 어떻게 대응하고 변화했는지, 그리고 오늘날에는 어떠한 모습으로 이어지고 있는지를 살피기 위해서도 청대 공연문학 연구가 갖는 의의는 매우 중요하다. 이러한 견지에서 현대적으로 계승된 중국의 전통문화와 관련된 문제들을 보다 정확히 파악하기 위해서도 이 시기 공연문학에 대한 관심과 이해는 필수적이라고 판단된다.[1]

이 책의 목적은 청대 이후 공연문학의 중요한 일부를 이루고 화북 지역에서 흔히 '고사鼓詞'라고 불린 구비연행oral performance 및 그 문학적 상관물

---

[1] 아편전쟁 시기 이래의 문학발전사를 다룬 『中國近代文學發展史』를 저술한 郭延禮는, 자신의 저서에는 近代民間文學에 대한 개술이 빠져 있는데, 그 이유 가운데 하나는 역시 방대한 자료를 효과적으로 다룰 수 있는 역량이 아직 준비되지 못한 탓이라고 필자에게 토로한 바 있다. 近代民間文學의 대다수는 바로 공연이 介在된 문학작품, 곧 공연문학작품인 것이다.

을 두루 포함하여 가리키는 '고사계강창'의 변천사를 살피는 것이다. 유반 농劉半農과 이가서李家瑞가 『중국속곡총목고中國俗曲總目稿』(1932)에서 설 창고서說唱鼓書, 고사鼓詞, 고아사鼓兒詞, 자제서子弟書, 대고서大鼓書 등을 '속곡俗曲'으로 통칭하고 목록을 수록한 이래, 다수의 다른 연구자들도 '고 사'가 청대 북방의 강창문학을 대표한다고 인식했다.[2] 이들 대다수는 공연 의 측면에서는 북의 반주를, 문학의 측면에서는 7언들 또는 10언 중심이고 노래로 불린 운문을 고사의 기본 요소라고 생각했다. 이론 연구자와 현장 종사자 사이에 시각 차이는 있지만 고사는 대체로 명대의 사화詞話를 이어 받은 시찬계詩讚系의 강창으로 여겨졌다. 당대唐代 강창문학, 즉 변문變文, 사문詞文 등에 나타나는 7·10언 운문의 전통이 송·원·명대의 애사涯詞, 도진 陶眞, 사화, 보권寶卷 등을 거쳐 청대 고사까지 이어졌다는 것을 재발견하고 그 의의를 높이 평가한 점은 이 연구자들의 가장 큰 공로라고 할 수 있다.[3] 그러나 이들은 청대 고사가 시기별로 청 전기의 장편 고사, 청 중엽 이후 성 행한 자제서, 청 후기부터 성행한 대고서 등으로 구분된다는 정도의 인식에 머물렀고, 또한 이를 '(장편)고사→적창摘唱·단아서段兒書→(단편)자제서·대 고서'의 단선적인 관계로 파악하는 데 그쳤다.

이 연구자들의 인식은 상당히 혼란스러울 뿐 아니라 오해와 왜곡도 여러 군데에서 나타나고 있다. 무엇보다도 청대 고사들 사이의 관계를 장편에서 적출되어 단편화했다는 단순한 과정으로 이해한 것은 실상을 왜곡하는 결 과를 가져왔다. 이러한 결과는 구체적인 자료에 대한 실증 조사를 토대로 각종 작품들의 시기와 성격을 명확히 규정하는 것에서부터 연구가 출발하

---

2 이 책에서는 이에 대한 자세한 논급은 생략한다. 이에 대해서는 필자의 박사학위논문인 『고사계 강창 연구』의 제1편 「제3장 청대 이후 고사계강창에 대한 인식」 부분을 참고하기 바란다.
3 강창문학을 詩讚系와 樂曲系로 구분하는 관점은 일찍이 1950년대부터 존재했으나, 공연문학 전 반에 대해 이러한 관점을 제기하고 詩讚系文學의 의의를 재평가하기 시작한 것은 그리 오래되지 않은 비교적 최근의 일이다. 金文京, 「詩讚系文學試論」, 『中國─社會と文化』 7號, 1991 참조.

지 않았기 때문에 빚어진 듯하다. 이러한 한계는 청 전기 고사와 청 후기 고사의 실체적 차이에 대한 인식의 부족과, 청 후기에 공연되거나 출판된 대고大鼓, 고사에 대한 기초 조사가 거의 시행되지 않고 있는 실정을 반영하고 있다. 이러한 측면에서 일찍이 김학주金學主가, 고사나 탄사彈詞가 중국의 통속소설사에서 중대한 지위를 차지할 것으로 여겨지지만 아직도 충분히 연구되지 않은 것은 물론 자료조차도 제대로 정리되지 않은 형편이라고 지적한 것은 작금의 연구 현황과 지점을 정확히 가늠하게 해준다.[4]

이 책에서는 이전 연구자들이 고사, 자제서, 대고 등으로 부른 구비연행 및 그 문학적 상관물을 '고사계강창'이라는 이름으로 포괄하여 부르고자 한다. 이렇게 부르는 이유는 고사, 자제서, 대고가 모두 고사라고 불린 사례가 있고, 원래 북으로 반주하며 공연했으며, 7·10언의 정형체 운문이 기본 요소이며 경우에 따라서는 산문도 결합되는 시찬계강창 양식이라는 공통점이 있기 때문이다. 이들은 각각의 발생·유행 지역(산동山東, 하북河北, 북경北京, 천진天津, 상해上海), 주요 담당층(문인, 예인), 유통 형태(공연 위주, 기록 위주), 소재 및 내용의 경향 등에 중요한 차이가 있다. 즉, 이 책에서는 고사계강창이라는 용어를, 기본적인 요건을 구비한 같은 계열이면서도 내부적으로는 각기 구분되며 청 전기에 고사, 건륭乾隆 이후에 자제서, 청 후기에는 대고·고사 등의 여러 이름으로 불린 강창을 총칭하는 뜻으로 쓰고자 한다. 이렇게 계열화하고 분리하는 작업을 통해야만 고사계강창 내의 각 종류가 발생하고 변천한 역사를 보다 구체적이고 정확하게 재구성하여 청대 이후 공연문학의 전모에 대해 새로운 방향에서 성공적으로 접근할 수 있을 것이다.

---

4 金學主, 『中國文學史』, 서울: 신아사, 1989, 593쪽.

2. 연구 대상 및 논술 방법

고사계강창은 시대와 장소에 따라 고사, 자제서, 대고 등으로 불렸다. 그외에 석파서石派書나, 자제서에서 파생된 쾌서快書 등도 문장 형식이나 공연 형식으로 보아 고사계강창의 범주에 포함된다. 그렇지만 이 책에서는 고사와 대고라고 불린 작품들을 주로 논의하고, 자제서, 쾌서, 석파서 등에 대한 검토는 보류할 것이다. 그 이유는 다음과 같다. 첫째는 고사와 대고가 긴밀하고도 복잡한 상호관계를 형성하면서 성장, 유행, 대체, 확장되었기 때문에 두 가지를 주요 대상으로 우선 살피는 것이 가장 긴요한 과제라고 판단했기 때문이다. 고사와 대고라는 말이 역대로 어떤 의미로 쓰였고 어떻게 생각되었는지의 문제에 대한 이해를 바탕으로 다음 단계의 논의를 전개할 수 있을 것이다. 둘째는 고사와 대고라고 불린 작품의 수량이 매우 많고 기초 조사도 제대로 이루어지지 않아, 이들에 대한 정리 작업만 해도 상당한 노력이 필요하고 논술의 분량 역시 상당한 정도에 이를 것으로 예상되기 때문이다. 따라서 자제서, 쾌서, 석파서 등의 많은 작품에 대한 논술은 불가피하게 보류하고자 한다. 특히 자제서는 400여 편에 이르는 작품들 가운데 대부분이 7·10언 운문을 기본으로 하므로 고사계강창에 귀속시킬 수 있다. 자제서는 북경 등을 중심으로 대고서가 성장하는 데 큰 역할을 했다고 평가된다. 그러나 소수의 작품은 악곡 형태이고, 특히 장단구長短句 형태인 이른바 팔각고八角鼓 계통의 문학과 관련하여 명확히 밝혀져야 할 점이 아직 많기 때문에 이 책에서 함께 논의하기에는 난점이 있다. 따라서 여기서는 본격적으로 다루지 않고 고사계강창과의 연관을 중심으로 논의하는 정도에서 그치고자 한다.[5]

---

5 子弟書에 대해서는 陳錦釗, 『子弟書之題材來源及其綜合研究』, 政治大學 박사학위논문, 1977이 종합적이고, 子弟書를 八角鼓 계통과 관련지어 논급한 예는 『中國曲藝音樂集成·北京卷』, 北京: 中國ISBN中心, 1996, 7~11쪽 참조. 또한 최근의 조사, 연구 성과로는 崔蘊華, 『書齋與書坊之間:

고사계강창에 대한 이 책의 논술은 세 부분으로 나뉜다. 제1부에서는 먼저 고사계강창의 기본 개념과 범주를 설정하기 위해 고사계강창이 형성된 시대의 전통을 살핌으로써 역사적 배경을 이해한다. 제2부에서는 산동山東 지방에서 지어지고 전승되어 현재까지 전하는 전기 고사계강창 작품들을 범주화하고 자료, 작자, 문학적 특성, 공연 방식 등에 대해 검토할 것이다. 제3부에서는 후기 고사계강창에 대한 기초 조사를 진행할 것이다. 후기 고사계강창은 대략 가경嘉慶 연간(1796~1820) 이후 명칭과 문학 형식 면에서 모습이 다양해지기 시작했고 특히 도광道光 연간(1821~1850) 이후 동치同治·광서光緖 연간(1862~1908)에 많은 작품이 지어지거나 전승되면서 성행기를 이루었다. 제3부에서는 작품의 수량과 길이, 문장구성 등에 관심을 가지고 이들을 합당하게 분류하면서 작품의 성격과 특징 등도 사례별로 검토하는 방식으로 논술할 것이다.

이 책의 논술 방법은 각 부분에 따라 편차가 있다. 제1부는 고사계강창의 개념과 그것의 역사적 전개 과정을 주로 다루기 때문에, 개념 틀에 대한 논의와 사료의 유기적 제시 연결에 많은 관심을 기울였다. 제2부는 고사계강창의 전통이 형성되고 확립된 청 초 산동 지방의 작품들과 함께 그 문학적 성격과 내용을 비교적 상세히 다루었다. 특히 이 작품들 가운데 일부는 그간 학계에 보고되지 않은 작품들이어서 이들에 대한 논의도 함께 진행했다. 제3부는 청 말 이후 각지에서 활동한 예인들과 각지에서 간행된 작품들을 조사한 결과를 정리하여 제시하는 형식으로 서술했다. 이러한 논술 방법의 편차는 각 고찰 대상의 성격이 서로 다른 데서 기인하는 바가 크다. 이 책의 일차적인 논의를 통해 보다 정리되고 완성된 성과가 나올 수 있기를 기대한다.

淸代子弟書硏究』, 北京: 北京大學出版社, 2005; 昝紅宇·張仲偉·李雪梅, 『淸代八旗子弟書總目提要』, 太原: 三晉出版社, 2010; 黃仕忠·李芳·關瑾華, 『子弟書全集』, 北京: 社會科學文獻出版社, 2012 등이 있다.

제2장 고사계강창의 전통과 유형

이 장에서는 고사계강창에 포괄되는 작품들이 어떠한 전통을 배경으로 형성되었고 그것의 범위와 분류는 어떻게 논의할 수 있는지의 문제를 검토한다. 본격적인 논의에 앞서 몇 가지 전제와 설명이 필요하다. 첫째, 고사, 대고 등의 용어가 공연물 자체를 가리키는 것 외에 기록된 대본의 문체를 가리키는 뜻으로도 쓰인 만큼, 고사계강창을 공연사의 맥락에서 파악하는 것과 문학사의 관점에서 파악하는 것을 구분할 필요가 있을 것이다. 고사계강창을 공연사의 관점에서 본다는 것은 전체적인 연출 상황, 즉 가창자, 청중, 공연 장소, 가창 시간, 관람 태도 등의 연행 부분과 곡조曲調, 반주악기 등의 음악 부분 등을 중심으로 접근한다는 의미이다. 이 가운데 고사계강창을 정의하고 그 특징을 설명하는 방편으로 주로 반주악기가 거론되었다. 즉, 많은 사람이 '고사는 북을 반주악기로 하여 설창說唱하는 기예'라고 말해온 것이다.[6] 이 책에서도 이러한 관점에서 검토할 필요성을 인정하여 북

---

6 鄭振鐸,『中國俗文學史』, 長沙: 商務印書館, 1938이 대표적이고, 대부분의 문학사도 비슷하게 서술했다.

을 반주악기로 하여 설창하는 기예의 역사를 검토하고, 이와 관련하여 야기되는 문제들도 살피고자 한다. 한편, 고사계강창을 문학사적 관점에서 바라본다는 것은 통상 '고사', '대고(서)' 등으로 불리는 문학 작품의 문체, 제재, 내용 등이 어떠한 특징을 보이는가를 고려한다는 의미이다. 고사, 대고(서)가 문학사 논저에서 다루어지기 시작했으나 문체 또는 장르로서의 규정은 명확하지 않은 지금, 그것이 어떠한 문학적 특징이 있고 중국문학의 장에서 자리하는 위치가 어떠하며 문학사의 전개에 어떠한 충격을 주었는가를 살피기 위해서는 이러한 문학적 접근이 반드시 필요하다. 이러한 전제, 즉 공연사적 관점과 문학사적 관점을 구분하여 살피는 것은, 고사계강창의 전체적 특징을 분석하고 개별 작품을 해석하는 데 기초가 될 뿐 아니라, 검토의 시작 단계에서 고사계강창의 범위를 정하고 그 종류를 논의하는 데도 필요하다.

둘째, 고사계강창의 전형적 작품과 변이형 작품을 구분하고 우선은 전형적 작품을 위주로 논의할 필요가 있다는 것이다. 여기서 전형적 작품이란 '7·10언 운문으로 구성되고 북의 반주가 있으며 청대 이후 이른바 북방에서 연출되거나 기록된 작품(또는 북방 이외의 지역이라도 그것에서 유래하거나 그것을 모방한 작품)'이라고 할 수 있는데, 대다수의 작품이 이 범위에 해당한다. 이에 비해 변이형 작품이란 장단구 형식의 운문이 있거나, 북의 반주가 없거나, 청대 이전에 북방과는 상관없는 지역에서 연출되었거나 기록된 작품을 의미하며, 상대적으로 소수의 작품들이 해당한다. 대다수의 전형적 작품을 우선적으로 다루어 고사계강창의 발전 과정을 거시적으로 조망하고, 이를 바탕으로 변이형 작품의 특성을 살핌으로써 장기적으로 고사계강창의 발전사를 비교적 완전하게 재구성할 수 있는 바탕을 마련하고자 한다.

셋째, '고사계강창'이라는 용어에 대한 부연 설명이다. 여기서 정의하는 고사계강창은 섭덕균葉德均이 말한 시찬계강창에 포함된다.[7] 시찬계강창은 고사계강창 외에도 청대 이전의 변문, 애사, 도진, 사화, 탄사까지 포함하는 넓은 개념이다. 여기서 고사계강창을 설정한 이유는 그것이 청대 이전 시찬계강창의 전통을 이어받았으면서도 청대 이전이나 청대의 시찬계강창들과는 다른 고유한 특성을 지녔다고 생각하기 때문이다. 고사계강창의 특성이 규명되고 청대 이전 및 청대의 시찬계강창에 대한 연구가 진행될 때 중국 구비연행의 특징과 역사는 보다 분명하고도 풍성한 모습을 드러낼 것이다.

1. 청대 이전의 전통

(1) 공연 전통

고사계강창을 공연으로 인식한다면 그 개념을 '청대 이후, 북을 반주악기로 사용하여 설창한 공연'으로 정의할 수 있다. 그런데 고사라고 불리지는 않았지만 청대 이전에도 북을 반주악기로 하여 설창한 공연이 일찍부터 존재했다. 이 계통의 역사를 간략히 살펴보겠다.

먼저 선진시대에 '상相'이라는 것이 소고小鼓의 뜻으로 쓰인 예가 있는데, 『순자荀子』의 「성상成相」 편은 이러한 '상'을 두드리며 노래를 읊은 것으로, 많은 학자가 오늘날의 대고와 비슷하다고 봤다. 노문초盧文弨는 "이 편의 음절을 살펴보면 성상은 후세 탄사의 조상"이라 했고, 장병린章炳麟도 "성은 곧 두드린다는 글자[成即打字]"라고 하여, '성상'을 소고를 두드린다는 뜻

---

7 葉德均, 「宋元明講唱文學」, 『戲曲小說叢考』, 北京: 中華書局, 1979 참조. 「宋元明講唱文學」은 1959년에 上海의 古典文學出版社에서 단행본으로 처음 간행되었고, 1979년에 간행된 『戲曲小說叢考』에 재수록되었다. 이 책에서는 1979년 간행본을 기준으로 인용했다.

으로 봤다.[8] 이 때문에 근래에 출간된 곡예曲藝 관련 논저들은 모두 「성상」 편을 선진시기 강창문학의 대표적인 작품으로 다루고 있다.

한편 '고고鼓'는 맹인을 뜻하는 글자 '고瞽'와도 관련되는데,[9] 맹인들이 기예를 했다는 고대 기록도 『주례周禮』, 『국어國語』, 『좌전左傳』 등 여러 전적에 적혀 있다. 특히 춘추시대의 맹인 사광師曠이 설창을 하며 여러 활동을 했음이 여러 기록에 나타난다.[10] 맹인이 악기를 타며 설창하는 전통은 특히 왕실이나 귀족의 집에서 많이 이어졌고 후세에도 많은 사례가 보인다.[11]

1957년 사천성四川省 성도成都 교외의 무덤에서 발견되어 현재 중국국가박물관에 소장되어 있는 두 도용陶俑은 앉거나 선 자세로 웃으면서 북을 치는 형상인데, 많은 학자가 이를 한대漢代의 설창용說唱俑으로 보았다. 또한

---

8 『禮記·樂記』 "治亂以相" 대목의 鄭玄 注에 "相은 곧 拊이다. 그것을 두드려 음악의 절박을 맞춘다. 拊는 가죽으로 겉을 만들고 속은 겨〔穅〕로 채워 넣은 것이다. 겨를 相이라고도 하여 그렇게 부른 것이다. 지금도 齊나라 사람들 중 겨를 相이라고 하는 사람이 있다〔相卽拊也. 亦以節樂. 拊者, 以韋爲表, 裝之以穅, 穅一名焉, 因以名焉. 今齊人或謂穅謂相〕"라고 했고, 『周禮·春官·大師』의 "대제사에 鼓가 登臺하여 노래하며 拊를 친다〔大祭祀, 帥瞽登歌, 令奏擊拊〕"라는 대목의 鄭玄 注도 "拊는 모양이 鼓와 비슷하고, 가죽으로 겉을 만들고 속에는 겨를 채워 넣는다"라고 했다. 이밖에 『禮記·明堂位』, 『尙書·皐陶謨』, 劉熙의 『釋名·釋樂器』, 孫詒讓의 『周禮正義·大師』 등도 '相'을 小鼓 또는 小鼓와 비슷한 역할을 하는 타악기로 설명했다. 이상 周策縱, 『古巫醫與六詩考』, 臺北: 聯經出版事業公司, 1986, 182~184쪽 참조. 한편 王引之는 相을 '治'의 뜻으로 보아 '成相'을 '治世를 이루다'의 뜻으로 풀기도 했으나, 대다수는 역시 相을 樂器의 뜻으로 보았다. 王先謙(淸) 撰, 『荀子集解』, 北京: 中華書局, 1988, 455~457쪽 참조.

9 『尙書』 「胤征」: "瞽奏鼓, 嗇夫馳, 庶人走."

10 倪鍾之, 『中國曲藝史』, 瀋陽: 春風文藝出版社, 1991, 32~37쪽 참조.

11 金學主, 「蓮花落'의 形成과 發展」, 『中國 戲曲』 제3집, 1995의 제2절 '中國 古代의 音樂家와 演藝人'에서 이 맹인 예인들의 역할에 대해 자세히 논하였다. 한편 宋代부터 明代에 걸쳐서 瞽者가 說唱한 것으로는 다음과 같은 기록을 들 수 있다. ① 陸游(1125~1210)의 詩 「小舟遊近村」: "負鼓盲翁正作場," ② 田汝成(약 1503~?)의 『西湖遊覽志餘』 卷20: "杭州男女瞽者, 多學琵琶, 唱古今小說平話, 以覓衣食, 謂之陶眞." ③ 徐渭(1521~1593)의 『徐文長佚稿』 卷4: "始村瞎子習極俚小說, 本三國志與水滸傳一轍, 爲彈唱詞話耳." ④ 臧懋循(1550~1620)의 『負苞堂文集』 卷3 "彈詞小記": "若有彈詞, 多瞽者以小鼓拍板, 說唱于九衢三市, 亦有婦女被以絃索, 蓋變之最下者也." ⑤ 沈德符(1578~1642)의 『野獲編』 卷18 "寃獄": "其魁名朱國臣者, 初亦宰夫也, 蓄二瞽妓, 敎以彈詞, 博金錢, 夜則侍酒."

1979년 강소성江蘇省 양주揚州의 서한西漢 무덤에서도 설창용 두 점이 출토되었다. 이 유물들을 통해 한대에도 북을 치며 설창하는 공연이 유행했음을 추측할 수 있는데, 그 구체적인 내용은 자세히 밝혀지지 않고 있다.[12]

한편 한대 악부민가樂府民歌 가운데 『악부시집樂府詩集』에서 '고취곡사鼓吹曲辭'와 '횡취곡사橫吹曲辭'로 분류된 작품들도 북과 나발이 반주악기로 사용되었다.[13] 이들은 요가鐃歌라고도 하는 군가軍歌류 작품인데, 북이 주요 악기로 사용되었을 뿐 아니라 몇몇 작품은 서사성도 강하여 주목된다.

돈황敦煌에서 발견된 작품들을 볼 때 당대에도 강창이 성행했고 따라서 이전 시대부터 북을 이용한 반주도 존재했을 것으로 생각되지만, 구체적인 증거는 아직 알려지지 않았다. 다만 여러 수의 당시唐詩 중 가곡과 악무 연출을 읊은 시들에 북이 여러 차례 등장하는데, 이것을 봐도 북을 치며 설창을 했을 가능성이 매우 크다.[14]

송대宋代에 이르면 강창이 더욱 발달하고, 북으로 반주하며 설창하는 공연도 나타났다. 조영치趙令時의 「원미지최앵앵상조접련화사元微之崔鶯鶯商調蝶戀花詞」가 바로 송대에 유행한 고자사鼓子詞라는 강창이고, 『청평산당화본淸平山堂話本』 가운데 「문경원앙회刎頸鴛鴦會」 역시 일반적으로 민간 고자사라고 간주되는 작품이다. 또한 후치侯寘의 「금릉부회金陵府會」, 여위로呂渭老의 「성절聖節」, 요술요姚述堯의 「성절聖節」, 구양수歐陽修의 「십이월十二月」과 「채상자采桑子」, 이자정李子正의 「감자목란화減字木蘭花」 등도 고

---

12 姜昆·倪鍾之, 『中國曲藝通史』, 北京: 人民文學出版社, 2005, 97~99쪽 참조.
13 『全唐詩』에 실린 '橫吹曲辭'에 관한 설명을 보면, 처음에는 鼓吹曲과 橫吹曲이 같은 것이었지만 뒤로 가면서 簫笳가 있는 것은 鼓吹曲, 鼓角이 있는 것은 橫吹曲 등 둘로 나뉘고 용도도 각각 朝會用과 軍中에서 쓰이는 것으로 구별되었다. 鼓吹曲과 橫吹曲은 唐代에 太常鼓吹令이 관장하면서 五部로 나뉘었는데, 鼓吹部, 羽葆部, 鐃吹部, 大橫吹部, 小橫吹部 등이 그것이다. 이들 各部에는 각종 鼓가 주요 악기로 들어 있었다. 中國舞蹈藝術研究會 舞蹈史研究組 編, 『全唐詩中的樂舞資料』, 北京: 人民音樂出版社, 1996, 15쪽 참조.
14 中國舞蹈藝術研究會 舞蹈史研究組 編, 『全唐詩中的樂舞資料』, 125~135쪽 참조.

자사 작품으로 간주된다.[15] 이들은 거의 사대부들이 민간의 형식을 이용해 짓고 감상한 것이다. 한편 육유陸游(1125~1210)의 시「소주유근촌小舟遊近村」(1195)에도 강남의 농촌(산음山陰, 지금의 절강성浙江省 소흥紹興)에서 북을 치며 설창하는 장면이 묘사되었다.[16]

斜陽古柳趙家莊,　해 저물 무렵 늙은 버들 늘어진 조씨 마을에서,
負鼓盲翁正作場.　북 멘 장님 할아범 한창 판을 벌이고 있구나.
死後是非誰管得,　사람 죽은 뒤에 누가 시비를 가릴 것인가,
滿村聽說蔡中郎.　온 마을사람이 채중랑蔡中郎 이야기를 귀 기울여 듣네.

또한『몽량록夢粱錄』에는 "소흥紹興 연간〔1131~1162〕에 장오우張五牛라는 사내가 '고판鼓板' 공연 가운데 '태평령太平令' 혹은 '잠고판賺鼓板'이라는 것이 절박節拍을 억양에 잘 들어맞게 쳐내는 것을 듣고서 감동하여 마침내 '잠賺'이란 것을 만들어냈다"[17]라는 기록이 있는데, 이를 보면 '잠'이나 '창잠唱賺'도 북 반주를 참조하여 만들어졌다고 추측된다. 한편 당·송대부터 존재했다고 여겨지는 연화락蓮花落과 도정道情이라는 기예도 북 반주를 사용했다. 지금도 강서江西 지방의 연화락에서는 소가죽으로 만든 북 등을 치며 노래한다고 한다.[18] 도정은 송대의 고자사와 같은 형식으로 생각되는데,[19] 길고 가는 통의 양쪽에 가죽을 붙여 만든 어고漁鼓를 치며 노래했다.[20] 이처럼 송대에는 대부분 북으로 반주하는 여러 가지 강창이 흥행했다.

---

15 『中國大百科全書·戲曲曲藝』, 北京: 中國大百科全書出版社, 1983, 94쪽.
16 葉德均,「宋元明講唱文學」, 650쪽 참조.
17 『夢粱錄』卷20「妓樂」: "紹興年間, 有張五牛大夫, 因聽動鼓板中有太平令或賺鼓板, 卽令拍板大節抑揚處是也, 遂撰爲賺."
18 『中國大百科全書·戲曲曲藝』, 147쪽.
19 周密, 『武林舊事』卷7: "後苑小厮兒三十人, 打息氣唱道情, 太上云, 此是張掄所撰鼓子詞."
20 蓮花落과 道情에 대해서는 金學主,「蓮花落'의 形成과 發展」, 『中國戲曲』제3집, 1995와「中國의 民間曲藝 道情에 대하여」, 『韓國學硏究』제8집, 1996이 상세하다.

명대에 이르면 원대元代부터 형성되기 시작한 탄사가 성행했는데, 장무순臧懋循(1550~1620)이 "탄사는 대개 맹인들이 소고와 박판拍板으로 저잣거리에서 설창했고, 여자들도 현악기를 타면서 창했다"[21]라고 하였으니, 명대의 탄사에 북 반주가 있었음이 확실하다. 또한 사천 지방의 문인 양신楊愼(1488~1559)이 지은 「역대사략십단금사화歷代史略十段錦詞話」가 후에 절강浙江 일대로 전해지면서 「이십일사탄사二十一史彈詞」 등으로 개칭된 것으로 미루어[22] 사화도 북 반주가 있는 강창이었음을 알 수 있다.

이상에서 보듯이 북으로 반주하며 설창하는 공연은 선진시대부터 명대까지 끊이지 않았다. 특히 송대 이후 주요 강창들은 거의 모두 북 반주가 있는 것으로 미루어 북이 강창의 반주에 매우 중요한 악기였음을 알 수 있다. 이러한 공연들을 기반으로 명 말, 청 초에 '고사'라는 기예가 정식으로 등장하여 북 반주 강창의 전통을 계승한 것이다.

(2) 문학 전통

고사계강창을 문학의 한 양식으로 이해한다면 '7언 또는 10언 운문을 기초로 하고 경우에 따라 산문을 추가하여 이야기를 전개하는 청대 이후의 문학'이라고 정의할 수 있다. 이는 중화민국 성립 후 예인, 청중, 기록자 등이 통상적이고 엄밀하지 않은 인식에 근거하여 정의한 것인데, 이러한 인식은 이후 한편으로는 여러 연구자들을 통해 뚜렷하게 드러났고 다른 한편으로는 각지 도서관의 목록 분류 작업에도 영향을 끼쳤다.[23] 여기서는 고사계강

---

21 臧懋循(明), 『負苞堂集·文集』, 上海: 古典文學出版社, 1958, 卷3 "彈詞小序": "若有彈詞, 多瞽者以小鼓拍板, 說唱于九衢三市, 亦有婦女被以絃索."
22 葉德均, 「宋元明講唱文學」, 675쪽.
23 이 책 제1부 2장과 제3부 4장 참고.

창을 '제언체 운문이 기본이며 때로 산문도 포함된 문학서사 양식'인 시찬계강창이 청대에 들어와 북방을 중심으로 발전한 것이라고 보는 관점의 기초 위에서, 고사계강창의 선조 격인 청대 이전 시찬계강창의 역사를 간략히 살피고자 한다. 시찬계강창을 넓게 정의하면『시경詩經』, 초사楚辭, 악부시樂府詩 등의 고대 시가 가운데 서사적 성격을 띤 중요 작품들도 포함할 수 있다.[24] 7언체 운문을 기준으로 볼 때 보다 잘 부합하는 것은 초사 및 7언체 고시 중의 서사시이고, 주周나라의 일을 기록했다는『일주서逸周書』에 실린「주축周祝」편도 7언체 강창의 맹아적 형태로 간주되기도 한다.[25] 특히 초사는 왕국유王國維도 후대 공연의 출발점으로 여길 만큼 공연문화와의 관계가 밀접하다.[26] 7언체 시가의 발생과 형성 과정에서 나타난 성격을 후대 강창문학의 성격과 관련지을 수도 있지만, 이들에 대한 검토는 잠시 보류하고 여기서는 7언 위주의 강창에 근접한 '성상'류의 작품과 당대 이후의 시찬계강창에 집중하여 살피고자 한다.

전국시대『순자』의「성상」편은 북 반주가 있는 강창 형태인데, 문체 또한 후세의 7·10언체에 매우 가깝다. 앞부분의 두 수를 예로 들겠다.

---

24 倪鍾之는『詩經』속의 서사시로「氓」(衛風),「谷風」(邶風),「鷄鳴」(齊風),「女曰鷄鳴」(鄭風),「大明」,「緜」,「皇矣」,「生民」,「公劉」(이상 5편 大雅),「玄鳥」,「殷武」(이상 2편 商頌),「閟宮」(魯頌) 등을 들었고, 이들이 서사 전통과 講唱 전통에 지대한 의의를 지니고 있다고 보았다. 倪鍾之,『中國曲藝史』, 瀋陽: 春風文藝出版社, 1991, 21~25쪽. 또한 路南孚는 楚辭 중의「九歌·山鬼」,「九歌·國殤」,「九章·哀郢」,「天問」,「離騷」,「九章·涉江」,「漁父」,「卜居」등을 서사적 성격이 있는 것으로 보았다. 路南孚,『中國歷代敍事詩歌』, 濟南: 山東文藝出版社, 1987 참고. 漢代 樂府民歌 중에서는「孤兒行」,「陌上桑」,「東門行」,「焦仲卿妻」등(漢代)과 '吳歌', '西曲',「木蘭辭」등(南北朝)이 대표적인 서사시로 간주된다. 樂府民歌에 대해서는 金庠澔,『漢代 樂府民歌 硏究』, 서울대학교 박사학위논문, 1993 참고. 특히 樂府民歌의 문자화 과정에서의 생략과 변형의 문제에 대해서는 146~162쪽에서 제기하고 검토했다. 또한 唐代 강창문학의 등장에는 이전 시기 敍事 散文이나 漢賦도 중요한 기여를 했다고 볼 수 있는데, 여기서는 이를 다루지 않는다. 또한 唐代 이후의 小說, 戲曲 등 非講唱 서사 전통과 그것과 講唱의 교섭관계도 다루지 않는다.

25 譚正璧·譚尋 蒐輯,『評彈通考』, 北京: 中國曲藝出版社, 1985, 3~7쪽.

26 王國維,『宋元戲曲考』제1장 참고. 王國維,『王國維戲曲論文集』, 北京: 中國戲劇出版社, 1984에 수록됨.

請成相, 世之殃.	상을 두드리며 노래하니, 세상에 재앙이 닥쳐
愚闇愚闇墮賢良.	우매하고 어리석은 자들이 현명한 사람을 떨어뜨리는 판국인데,
人主無賢,	군주에게 현명한 신하가 없다면,
如瞽無相何倀倀.	맹인 악사에게 상〔악기의 이름〕이 없는 것과 같으니 얼마나 허전할 것인가!

請布基, 愼聽之.	처음부터 말씀드리겠으니, 잘 들으시오.[27]
愚而自專事不治.	우매하면서 전횡만 일삼아 일이 어긋나고,
主忌苟勝,	군주가 신하를 꺼리고 이기려고만 하며,
群臣莫諫必逢災.	신하들이 간언을 올리지 못하면 반드시 재앙을 만나리.

정확한 해석은 학자마다 조금씩 다르지만 대체적인 내용은 군신에 대한 권계이고, 서사성이 있다고 하기는 어렵다. 다만 형식을 보면 3/3/7/4/7의 형태가 기본인데, 앞의 3언 두 구절은 7언을 양분한 변형이고 뒤쪽의 4언은 3언체의 확장이라고 보면, 7/7/3/7의 형태, 즉 7/7/10으로 볼 수 있다. 고사계강창의 7·10언체 운문과 비슷한 형식이다. 1975년에 호북성湖北省 운몽현雲夢縣에서 발견된 진秦대 죽간에는 관리의 도리가 기록되어 있는데, 51매의 죽간이 8단락으로 나누어져 있고 이 가운데 제6단의 8수는 「성상」편과 형식이 같다.[28] 『한서漢書』「예문지藝文志」의 '시부략詩賦略·잡부雜賦' 편에 「성상잡사成相雜辭」11편의 제목이 실려 있고, 회남왕淮南王 유안劉安(기원전 179~기원전 122)도 「성상」편을 지었음이 『예문유취藝文類聚』권89에 기록된 것으로 미루어[29] 진·한대에도 '성상'류 문학작품이 많이 지어졌음을 알 수 있다.

---

27 '布基'의 해석은 楊柳橋, 『荀子詁譯』, 濟南: 齊魯書社, 1987을 따른다. '愼聽之'는 王先謙(淸) 撰, 『荀子集解』, 北京: 中華書局, 1988, 457쪽에서는 '愼聖人'이라 하였으나, 顧千里가 이를 의심하고 兪樾 등이 '愼聽之'라고 주장한 내용도 함께 실었다. 여기서는 兪樾의 입장을 따른다.

28 譚家健, 「新發現的秦代文學-『爲吏之道』」, 『學叢』(新加坡大學中文系) 第2期 참조.

29 顧實은 『漢書』「藝文志」의 「成相雜辭」11편이 곧 劉安이 지은 것이라고 보았다. 顧實, 『漢書藝

이뿐 아니라 원대에도 전천우錢天祐가 「성상」편을 모방하여 「서고송敍古頌」을 지었다고 한 것을 볼 때 성상류 문학이 끈질기게 이어졌음을 알 수 있다.[30]

당대에는 본격적인 강창문학이 다량으로 등장했다. 돈황에서 발굴된 자료들 가운데 압좌문押座文 17편, 강경문講經文 23편, 변문 21편, 연기緣起 7편, 사문 4편 등은 거의 모두 운문과 산문이 결합되어 있다.[31] 운문은 7언이 대부분이지만 5언체와 비정형체도 있다. 다만 사문은 산문이 없고 7언체의 운문만으로 이루어져 있는데 이 역시 후대 고사계강창에서 흔히 볼 수 있는 형태이다. 이러한 당대 강창문학의 흥성이 가지는 의미는, 이 시기 이전에도 서사시가와 공연의 전통이 존재했지만 양자가 한 양식에 공존한 예는 이때에 이르러서야 나타났고 운문과 산문의 결합 방식도 이때 처음 등장했다는 점이고, 이 돈황 강창문학의 대부분이 후세 시찬계강창의 형성과 전개에 막대한 영향을 끼쳤다는 점일 것이다.[32]

강창문학이 성행한 송대에는 7언체의 운문으로 된 애사와 도진이 있었다.[33] 『번승록繁勝錄』의 "애사를 창하면 자제들만 들으러 가고, 도진을 듣는 사람은 모두가 시골사람들이라네〔唱涯詞只引子弟, 聽陶眞盡是村人〕"라는 구절에서 애사는 '자제'들이 좋아했고 도진은 농민들 사이에서 인기를 누렸음

文志講疏』, 臺北: 臺灣商務印書館, 1980, 190쪽.

30 본래 『永樂大典』 卷10888에 수록. 譚家健, 「元代的成相辭」, 『先秦散文藝術新探』, 北京: 首都師範大學出版社, 1995, 394~402쪽에는 이에 대한 개괄적인 설명과 본문이 실려 있다.

31 작품 수량 통계는 全弘哲, 『敦煌 강창문학의 敍事體系와 演行樣相 硏究』, 한국외국어대학교 박사학위논문, 1995의 「제3장 敦煌 강창문학의 敍事體系」의 서술을 따랐다. 이 가운데 變文은 變이라 불린 것을 포함하고 緣起는 因緣/緣/因緣變을 포함한 것이다. 한편 Mair가 내린 '변문'의 엄밀한 정의에 따르면 해당하는 작품은 7편으로 줄어든다. Victor H. Mair, T'ang Transformation Texts: A Study of the Buddhist Contribution to the Rise of Vernacular Fiction and Drama in China, Cambridge: Council on East Asian Studies Harvard University, 1989 제2장 참고.

32 林家平·寧强·羅華慶, 『中國敦煌學史』, 北京語言學院出版社, 1992, 635쪽 도표 참조.

33 陶眞은 7언의 정형체 운문뿐 아니라 비정형의 樂曲으로 이루어진 경우도 있었다고 한다. 葉德均, 「宋元明講唱文學」, 643쪽 참조.

을 알 수 있다. 섭덕균은 여러 증거를 들어 이들 가운데는 7언체 운문이 많았고, 특히 도진은 원대를 거쳐 명·청대에까지 전해지며 변화된 모습을 보였다고 했다.[34] 그러나 작품 자체는 전하지 않아서 자세한 모습을 알 수는 없다.

원대의 많은 문헌에서도 시찬계강창의 흔적이 발견되는데, 이들은 후대 사화와 관련이 깊다. 원대에 완안납단完顔納旦 등이 편찬한 『통제조격通制條格』 권27 「잡령雜令」에는 다음과 같은 내용이 있다.

지원至元 11년[1274] 11월, 중서성中書省 대사농大司農이 하남, 하북 순행巡行 권농관의 보고를 받고 상소했다. "순천로順天路 속록현束鹿縣 마을 어귀 가게에 100여 명이 모여 사화를 공연하여 사장社長 전수田秀 등을 형량에 따라 단죄했습니다. 그 외에도 본사本司에서 상세히 조사하여, 등록된 정식 악인樂人 외에 농민, 도시민, 양가 자제 등이 본업에 힘쓰지 않고서 산악散樂을 배우고 사화를 공연하는 일이 있으면 금령을 시행했습니다.[35]

이외에도 섭덕균은 『유산선생문집遺山先生文集』, 『청루집青樓集』, 『원사元史』 「형법지刑法志」 등에도 원대에 사화가 유행했음을 알려주는 기록들이 있다고 밝혔다.[36] 원대의 사화 작품은 전하지 않지만, 적지 않은 원 잡극雜劇에 명대 사화와 유사한 형태의 시찬계강창이 실려 전한다. 일례로 「장정지감마

---

34 葉德均은 陶眞에 관한 明代 기록으로 田藝衡, 『留青日札』(隆慶6年, 1572), 田汝成, 『西湖遊覽志餘』 卷20(嘉靖年間, 1522~1566), 郎瑛, 『七修類稿』 卷22, 周楫, 『西湖二集』 卷17 등을 인용했고, 清代 중엽 이후에도 李調元, 『童山詩集』 卷28 「弄譜百詠」(嘉慶4年, 1799)과 捧花生, 『畵舫餘談』(嘉慶23年, 1818)에 陶眞이 유행했다는 기록이 있음을 들었다.

35 王利器 輯錄, 『元明清三代禁毀小説戲曲史料』, 1958; 臺北: 河洛圖書出版社, 1980, 4쪽: "至元十一年十一月中書省大司農呈河南河北道巡行勸農官申: 順天路束鹿縣鑢頭店聚約百人, 搬唱詞話. 社長田秀等約量斷罪外, 本司看詳, 除系籍正式樂人外, 其餘農民, 市戶, 良家子弟, 若有不務本業, 習學散樂, 搬唱詞話, 幷行禁約."

36 葉德均, 「宋元明講唱文學」, 660~664쪽.

합라張鼎智勘魔合羅」 잡극 제3절에서 주인공 이덕창李德昌의 부인 유옥낭劉
玉娘이 장천張千에게 말하는 부분 가운데 다음과 같은 '사詞'가 등장한다.

(유옥낭이 사詞로 말하기를〔旦訴詞云〕)

哥哥停嗔息怒,	아저씨는 노기를 참으시고,
請妾身從頭分訴.	제가 자초지종 말씀 올리는 것을 들어주오.
李德昌本爲躲災,	제 남편 이덕창은 본래 재난을 피하다가,
販南昌多有錢物.	남창에 가 장사를 해서 돈을 많이 벌었다오.
他來到廟中困歇,	그가 돌아올 때 묘당에서 노곤한 몸을 쉬다가,
不承望感的病促.	뜻하지 않게 병에 걸려버렸다오.
到家中七竅內迸流鮮血,	집에 오자 일곱 구멍에서 선혈이 솟아나왔는데,
知他是怎生服毒?	그가 어떻게 해서 독을 마셨는지를 아시는지?
進入門當下身亡,	문에 들어서자마자 거꾸러져버리니,
慌的我去叫小叔叔.	나는 놀라서 작은 아저씨를 불렀다오.
他道我暗地裏養着姦夫,	그는 내가 몰래 외간남자를 들여다가,
將毒藥藥的親夫身故.	독약을 먹여서 친남편을 죽였다고 하네.
不明白拖到官司,	잘잘못을 가리지 못해 관가까지 갔는데,
吃棍棒打拷無數.	몽둥이찜질 죽도록 당했다오.
我是個婦人家,	나는 한낱 아녀자인데,
怎熬這六問三推.	어찌 이 같은 문초 당해내겠는가.
葫蘆提屈畫了招狀.	억울하게 자백서 쓰고 말았다네.
我須是李德昌綰角兒夫妻,	나는 정말로 이덕창의 아내인데,
怎下的胡行亂做?	어찌 헛된 짓을 했겠는가?
小叔叔李文道暗使計謀,	작은 아저씨 이문도가 계책을 꾸몄으니,
我委實的啣冤負屈.	나는 정말 억울할 뿐이오.[37]

이 부분은 7·10언이 기본인 운문이다. 이러한 형태는 『원곡선元曲選』에

---

37 臧懋循(明) 編, 『元曲選(四)』, 北京: 中華書局, 1958, 1378쪽.

실린 잡극 중 90퍼센트 이상에서 발견된다고 한다.[38] 『원곡선』은 명 중엽인 1615년 또는 1616년에 간행되었으므로 여기에 실린 대사는 원대보다는 명대의 공연을 반영했을 가능성이 크다는 것이 대체적인 견해이다. 그러나 원대에 사화에 대한 기록이 이미 여러 군데 나타났고, 비록 명대 간행본이지만 대다수의 원 잡극 작품에 사화가 실려 전하는 것으로 미루어 원대의 잡극 공연에도 사화가 활발하게 이용되었으리라고 추정된다.

사화는 명대에 특히 성행하여, 사화라는 이름이 붙은 작품도 양신의 「역대사략십단금사화」, 제성린諸聖隣의 「대당진왕사화大唐秦王詞話」 등이 현재 전하며, 특히 1973년에 발견된 성화成化 연간(1465~1487)의 '설창사화說唱詞話' 작품들은 민간에서 간행된 사화의 모습을 보존하고 있어서 발굴 당시에 큰 주목을 받았다.[39] 이 밖에도 학자들은 『수호전水滸傳』, 『삼국지연의三國志演義』, 『서유기西遊記』, 『금병매사화金甁梅詞話』, 『봉신연의封神演義』, 『금통잔당기金統殘唐記』 등 명대의 대표적인 소설들 대부분이 소설로 형성되기 이전에 사화본이 있었거나 사화체로 연창演唱되었을 가능성이 크다고 봤다.[40] 지금 전하는 사화의 문체 역시 7언 또는 10언을 기본으로 한 운문과 길이가 자유로운 산문이 교차되면서 서술된다. 특히 사화에서 처음으로 상용되기 시작한 '찬십자攢十字'라는 10언 운문은 고사계강창에서도 흔히 나타난다. 학자들 대부분도 명대 사화가 이후 나타난 고사, 탄사와 밀접한 관계라고 보고 있으며, 앞으로 사화의 변천 과정이나 후세 강창과의 관계를

---

38 葉德均, 「宋元明講唱文學」, 660~664쪽.

39 『明成化說唱詞話叢刊』, 上海: 文物出版社, 1979; 朱一玄 校點, 鄭州: 中州古籍出版社, 1997.

40 孫楷第, 「詞話考」, 「由高陽李氏藏百回本水滸傳推測舊本水滸傳」, 「三國志平話與三國志通俗演義」(이상은 『滄州集』, 北京: 中華書局, 1965 所收本); 胡士瑩, 『話本小說概論』, 「詞話考釋」(『宛春雜著』, 杭州: 浙江文藝出版社, 1980 所收本); 譚正璧·譚尋, 「明成化刊本說唱詞話十三種」(『評彈通考』, 北京: 中國曲藝出版社, 1985 所收本) 참조. 단 이 小說들은 현전하는 詞話와 문체 면에서 거리가 있고, 이는 『金甁梅詞話』의 경우도 마찬가지다. 詞話에서 小說 형태로 이행하는 과정에서 나타난 변화 내지 변형의 문제도 검토되어야 할 것이다.

자세히 검토할 필요가 있다.

한편 대략 원·명대부터 성행한 보권은 시기나 종류별로 형식이 매우 다양하지만, 초기 민간 고사류의 보권은 대개 한 작품이 몇 品品 혹은 분分으로 이루어진 중편이 많고, 각 品/분은 대개 '잡곡雜曲−화백話白−시게詩偈−창사唱詞−시편詩篇' 등으로 구성되었다. 이 가운데 주요 부분은 '창사'인데, 10언체 운문이 기본이고 7언체로 이루어진 것도 있다.[41] 일례로 민간에서 숭앙되는 관우關羽 이야기를 다룬「소석만령호국요의지성가람보권銷釋萬靈護國了意至聖伽藍寶卷」의 한 대목을 보면 '잡곡−화백(약 200자)−시게(4구)' 다음에 10언체 운문이 다음과 같이 이어진다.

關聖賢令關平當知左右,　관우 성현이 관평을 데리고 좌우를 살펴보니,
刀出鞘弓上弦各逞威風.　칼 빼들고 활 겨누며 위풍당당하네.
償車輦保家眷小心在意,　수레를 모으고 가솔을 보호하며 긴장하고 있으니,
曹丞相金銀器休帶分文.　조조 승상이 준 금은보화를 하나도 가지지 않았네.
好綾錦十顏女盡都放下,　좋은 비단과 많은 미녀를 모두 마다하고,
花紅景財色事墜落靈根.　꽃 같은 경치와 재물, 여자들을 모두 내버렸네.
打一面志剛旗遮天映日,　강직한 뜻 실린 깃발 펼치니 하늘 덮고 해 가리는데,
上寫着關公號鬼怕神驚.　거기엔 관공 이름 쓰여 있어 귀신도 벌벌 떠네.[42]

이러한 10언체 운문의 전통은 고사계강창의 흥성과 밀접한 관련이 있을 것이다. 그러나 보권의 수량이 너무 많아 아직까지 충분히 조사되지 않아서 자세한 사항은 추가 연구가 필요한 실정이다.[43]

---

41 寶卷의 형식에 대해서는 倪鍾之,『中國曲藝史』, 241~245쪽; 澤田瑞穗,『增補寶卷の硏究』제5장과 제6장 참조. 한편 葉德均은 寶卷도 詩讚系뿐 아니라 樂曲系의 작품도 전한다고 했다. 葉德均,「宋元明講唱文學」, 647쪽.

42 鄭振鐸,『中國俗文學史』, 329~330쪽 인용문 참조.

43 車錫倫의 통계에 의하면 현재 파악된 총목의 수량은 약 1,550종이고 판본은 약 5,000종이다.「現代中國寶卷研究的開拓者」,『曲藝講壇』創刊號, 26쪽 주2 참조. 教派 보권에 대해서는

이 밖에 이전부터 존재한 도정에도 시찬 형식의 작품 일부가 남아 있다.[44] 진여형陳汝衡은 명대에 곤릉昆陵의 두혜杜蕙가 지었다는 「장자탄고루남북사곡莊子嘆骷髏南北詞曲」이 도정과 유사한 시찬 형식의 작품이라 했다. 그는 명대의 소설 「신정고거진실상자전전新訂考據眞實湘子全傳」에도 도정이 실려 있는데 3·3/3·3/7/7/7/7/7/7/7의 구절로 이루어진 시찬 형식이며, 청대의 정섭鄭燮(1693~1765)과 서대춘徐大春(1693~1772)이 지은 도정도 같은 형식이라고 소개했다.[45] 정섭이 지은 「도정」의 일부는 다음과 같다.

老漁翁, 一釣竿.　늙은 어부 낚싯대 드리웠는데,
靠山崖, 傍水灣.　그곳은 절벽을 뒤로 한 물굽이라네.
扁舟來往無牽絆,　일엽편주는 닻줄도 없이 이리저리 흐르고,
沙鷗點點輕波遠.　갈매기 몇 마리 날고 가벼운 파도는 멀리서 철썩이네.
獲港蕭蕭白晝寒,　나루는 소슬하여 대낮에도 춥고,
高歌一曲斜陽晚.　노랫소리 높은 곳에 석양이 저문다.
一霎時波搖金影,　잠시 파도가 금빛 그림자 흔들어대더니,
驀擡頭月上東山.　금세 동산 위로 달 떠오르네.[46]

문장의 풍격은 상당히 고상하지만 시찬 형식 자체는 민간의 도정과 다를 바 없을 것이다. 이와 관련하여 이두李斗는 『양주화방록揚州畵舫錄』(1795)에서 어고와 간판簡板을 두드리며 설창하는 기예로서의 도정이 후대 대고서의 시초가 되었다고 했다.[47] 일부 학자는 이 기록의 의미 해석에 대해 이견

Daniel L. Overmyer, *Precious Volumes*, Cambridge, MA: Harvard University Press, 1999가 탁월하고, 중국 학자의 최근 논저로는 車錫倫, 『中國寶卷研究』, 桂林: 廣西師範大學出版社, 2009가 종합적이다.

44 金學主, 「中國의 民間曲藝 道情에 대하여」 참조.
45 이상 陳汝衡, 「說書史話」, 『陳汝衡曲藝文選』, 北京: 中國曲藝出版社, 1985, 248~253쪽 참조.
46 陳汝衡, 「說書史話」, 250쪽에서 재인용.
47 다음 절 참조.

을 제기했지만,[48] 어떻든 도정과 고사계강창이 공연과 문학의 두 측면에서 비슷하다는 점은 부인할 수 없을 것 같다.

지금까지 고사계강창의 형성에 기여한 청대 이전의 강창을 공연 전통과 문학 전통으로 나누어 정리했다. 이러한 양대 전통이 선진시기부터 당대를 거쳐 명대까지 꾸준히 이어져 내려오다가 청 초에 산동 지역을 중심으로 지어진 많은 고사 작품이 시초가 되어 비로소 청대에 고사계강창이 성행했다고 이해할 수 있다.

2. 탄사의 전개와 고사와의 관계 변화

탄사는 강남 지방에서 주로 전승되었는데, 발생 초기에 고사와 밀접한 관계였을 것으로 생각되어왔다. 여기서는 탄사라는 용어가 언제부터 나타났는지, 이후 탄사의 의미 범주가 어떻게 변화했는지, 그리고 고사와의 관계는 어떠했는지 등에 초점을 맞추어 살펴보고자 한다.

탄사라는 용어가 처음 나타난 기록은 명대 전여성田汝成(약 1503~?)이 지은 『서호유람지여西湖遊覽志餘』(1547년경) 권20 '항주팔월관조杭州八月觀潮' 대목의 "그때 우인優人들의 백희百戱로는 격구擊毬, 관박關撲, 어고, 탄사 등이 있어서 소리가 시끌벅적했다"[49]라는 부분이다. 여기서 탄사는 북을 치는 종류인 어고와 구별되어 있고, 글자의 뜻으로 보아 탄주 악기를 사용했음을 짐작할 수 있을 뿐 더 자세한 것은 알기 어렵다. 그 후 장무순의 『부포당집負

---

48 『揚州畵舫錄』의 기록 해석에 대한 논의는 李家瑞, 「談大鼓書的起源」, 王秋桂 編, 『李家瑞先生通俗文學論文集』, 臺北: 學生書局, 1982와 李萬鵬, 「雜談"漁鼓簡板說孫猴子"」, 『說唱藝術』 1·2期合刊, 128~134쪽 참조.
49 "其時優人百戱: 擊毬, 關撲, 漁鼓, 彈詞, 聲音鼎沸."

苞堂集』「문집文集」권3 '탄사소서彈詞小序'에는 다음과 같은 기록이 있다.

풍아風雅가 변하여 악부樂府가 되고 사詞가 되고 곡曲이 되었는데, 이들은 모두 그 극치에 도달한 것이다. 그러나 그 묘는 불문불속不文不俗함에 있을 뿐이다. 또 탄사 같은 경우는 대개 장님이 소고와 박판으로 저잣거리에서 설창하고, 부녀자가 현악기를 타면서 설창하는 것도 있는데, 〔이러한 탄사는 풍아가〕 가장 통속적으로 변한 것이다. 근자에 무명씨의 「선유록仙遊錄」, 「몽유록夢遊錄」을 얻었는데, 모두 당대 전기傳奇를 부연한 것이다. 깊은 맛이 있으면서도 지나치게 꾸미지 않고, 재미있으면서도 지나치게 이속하지 않고, 아이들이나 여자들이 들어도 귀에 쏙쏙 들어오고 마음을 울릴 만하니 〔이 작품들은〕 원대 사람의 기량임이 틀림없다. 혹자는 양염부楊廉夫〔양유정楊維楨, 1296~1370, 절강 사람〕가 오중吳中에 피난했을 때 지은 것이라고도 한다. 듣자 하니 「협유록俠遊錄」과 「명유록冥遊錄」도 있다고 하던데 이것은 아직 구하지 못했다. 우선 내게 있는 것만 찍어낸다.[50]

이 기록을 통해 몇 가지를 알 수 있다. 첫째, 탄사는 맹인들이 많이 연창했다. 둘째, 탄사에 쓰인 악기로는 북과 박판 등이 있었다. 셋째, 탄사가 원대부터 존재했을 가능성이 있다. 이를 보면 명대의 탄사는 북과 박판을 동원한 강창의 뜻으로 쓰였음이 분명하다. 청대의 고사계강창과 거의 같은 것을 지칭한 셈이다. 한편 진여형이 명대 문헌의 예로 든 강남姜南의 『용당시화蓉塘詩話』(1543) 권2 「연소설演小說」 부분은 다음과 같다.

세상의 맹인들은 남녀를 막론하고 비파 타는 법을 배워 고금의 소설들을 연설演說하며 먹고 살았다. 북방에 가장 많았는데 경사〔북경〕가 특히 성했고, 남경이

---

50 臧懋循(明), 『負苞堂集』, 上海: 古典文學出版社, 1958, 57~58쪽: "自風雅變而爲樂府. 爲詞爲曲. 無不各臻其至. 然其妙總在可解不可解之間而已. 若有彈詞. 多瞽者以小鼓拍板說唱於九衢三市. 亦有婦女以被絃索. 蓋變之最下者也. 近得無名氏仙遊夢遊二錄. 皆取唐人傳奇爲之敷演. 深不甚文. 諸不甚俚. 能使駃兒少女無不入於耳而洞於心. 自是元人伎倆. 或云楊廉夫避亂吳中時爲之. 聞尚有俠遊冥遊錄. 未可得. 今且刻其存者."

나 항주 등〔남방〕에도 있었다.[51]

이 기록은 비파를 탄주하는 강창에 관한 내용으로, 명대의 탄사를 묘사했다고 단정하기는 어려우나 청대 탄사에서 비파를 주요 악기로 삼아 공연한 것과 매우 비슷한 내용이다. 결국 명대의 탄사는 청대의 고사, 탄사 등을 모두 지칭한 말로 쓰였다고 추측된다.

청대가 되자 산동에서는 북이 반주악기로 쓰인 강창을 고사라고 부르기 시작했다. 가장 이른 예는 산동 곡부曲阜 사람인 가부서賈鳧西(1590~1674)가[52] 지은 「역대사략고사歷代史略鼓詞」의 제목과 '인자引子'에 나타난다.

저의 이 고사는 명성을 위한 것도 아니고 이익을 위한 것도 아니고 박식하다고 자랑하면서 천하의 문반입네 무반입네 하는 학자님들과 입씨름하기 위한 것도 아니올시다. 다만 다리를 좀 놀려 강호를 돌아다니면서 마음에 불편한 일들을 보고는 탄식이 절로 나와서 한번 읊어보려는 것이지요.[53]

이 밖에 청 초에 지어진 것으로 여겨지는 「제인장齊人章」, 「동곽외전東郭外傳」 등도 본문에 고사임을 밝히고 있고, 「문천사問天詞」, 「공부자고아사孔夫子鼓兒詞」 등 강희−건륭 연간의 작품들도 스스로 '고사'임을 밝히고 있다.[54] 적어도 산동 지방에서는 청 초 무렵에 고사라는 명칭이 비교적 자주

---

51 "世之瞽者或男或女, 有學彈琵琶, 演說古今小說, 以覓衣食. 北方最多, 京師特盛, 南京·杭州亦有之." 陳汝衡, 『陳汝衡曲藝文選』, 120쪽 재인용.

52 賈鳧西의 생졸 연도는 關德棟·周中明, 『賈鳧西木皮詞校注』, 濟南: 齊魯書社, 1982, '前言'의 의견을 따랐다.

53 關德棟·周中明 編, 『賈鳧西木皮詞校注』, 12쪽: "在下這一部鼓詞, 也不是圖名, 也不是圖利, 也不是夸自己多聞廣見, 要和天下那些文之武之講學問的先生鬪口. 只因俺脚子好動, 浪迹江湖, 見些心中不平的事情, 不免點頭暗嘆."

54 「齊人章」은 "在下因取孟子裏齊人章一編, 編成幾句鼓兒詞, 要在列位大人之前, 敢爲聒耳."(劉階平 編, 『淸初鼓詞俚曲選』, 臺北: 正中書局, 1968, 24쪽)에, 「東郭外傳」은 "想到這裏, 因取孟子一章, 編成幾句鼓兒詞, 權作一篇講義."(같은 책, 47쪽)에 보인다.

일정한 의미를 가지고 쓰였음을 알 수 있다.

하북河北 보정保定 사람인 이성진李聲振의『백희죽지사百戱竹枝詞』(1706)
는 강희 연간에 북경에서 본 '백희'의 모습을 적은 책인데, 고아사와 탄사를
함께 간략히 설명하고 죽지사를 덧붙였다. 우선 고아사 대목을 보자.

> 고아사: 장님이 패사稗事를 창하는 것으로, 삼현三絃으로 곡을 타며 팔판八板이
> 라고 이름하고 그 곡조에 맞춘다. 아녀자들이 듣기 좋아하여〔창하는 사람을〕
> '선아先兒'라고 부른다. 북방에서 가장 성행하여 '설북서선생說北書先生'이라
> 고도 부른다.[55]

다음으로 탄사 대목을 보자.

> 탄사: 이것도 고사 종류인데, 다만 이치가 좀 있고, 오吳 지방 사람들이 평호조平
> 湖調를 현악기로 맞추어 연주하는 것이다. 근래에는 타악기, 현악기, 양금揚琴
> 등을 함께 연주한다. 경사〔북경〕의 찻집인 사의차헌四宜茶軒에서는 야간 공연
> 을 한다.[56]

여기서는 명대와 정반대로 고사가 탄사를 포함하는 넓은 의미로 쓰였다.
기록자의 출신지와 기록 지역이 북방이었기 때문에 이처럼 생각한 것으로

---

55 "瞽者唱稗史, 以三絃彈曲, 名八板以按之, 閨人恒樂聽焉, 呼之曰'先兒'. 其詞北方最盛, 又名'說
北書先生'." 한편 여기에 이어지는 시는 다음과 같다. "簾影沈沈春晝遲, 三絃列坐唱娲羲. 深閨
不作雞牎課, 偏解先兒八板詞."(주렴 그림자 드리운 곳에 봄날은 느릿느릿, 삼현 악사 늘어 앉
아 여와 복희 전설 노래하네. 깊은 규방에선 공부할 줄 모르고, 선아님들의 팔판 곡조 가사만을
좋아하네.) 이상 李聲振(清),「百戱竹枝詞」, 路工 編,『清代北京竹枝詞(十三種)』, 北京: 北京出版
社, 1962, 151~152쪽.

56 "亦鼓詞類, 然稍有理致, 吳人彈'平湖調', 以絃索按之. 近競尙打銅絲絃洋琴矣. 都中四宜茶軒, 有
夜演者." 이어지는 시는 다음과 같다. "四宜軒子半吳音, 茗戰何妨聽夜深. 近日平湖絃索冷, 絲
銅爭唱打洋琴."(사의차헌에서는 남쪽 말 들려오니, 차 맛 즐기며 깊은 밤에 듣노라네. 요즈음은
평호조 비파 연주는 줄고, 비파 바라 함께 치며 양금도 울려퍼지네.) 李聲振(清),「百戱竹枝詞」,
路工 編,『清代北京竹枝詞(十三種)』, 152쪽.

추측된다. 다만 고사는 주로 화북 지방에서 유행한 데 비해 탄사는 주로 양자강 유역에서 유행한 것을 지칭했고, 탄사의 반주악기는 상당히 다양해졌음을 알 수 있다. 어떻든 이러한 기록들을 보면 탄사의 범위가 고사라는 용어의 등장과 함께 변화했음을 알 수 있다. 즉, 명대에는 탄사라는 말이 강창 전반을 가리키는 뜻으로 쓰였지만, 청대 이후에는 북 반주 강창은 고사라고 하고 탄사는 비파 등의 현악기만 사용하여 반주하는 강창을 뜻하는 것으로 축소된 것이다.

한편 섭덕균은 명대의 탄사가 확실한 것으로 양진어梁辰魚(약 1521~약 1594)의 「강동념일사탄사江東念一史彈詞」와 진침陳忱(약 1613~?)의 「속입일사탄사續卅一史彈詞」가 있었다고 했다.[57] 이들은 모두 양신의 「역대사략십단금사화」의 형식을 모방하여 지은 것들이다. 앞에서 말했듯이 「역대사략십단금사화」는 강남 지방에 전해진 이후 「이십일사탄사」로 개칭되었다.[58] 이 예들을 통해서 명대의 탄사는 사화와 문체 형식이 다르지 않았음을 알 수 있다. 「역대사략십단금사화」의 문체는 사화와 크게 다르지 않고, 명대 탄사는 이러한 사화의 문체와 일치했던 것이다. 다시 말해 문체를 기준으로 할 때 명대의 탄사와 사화는 가리키는 대상이 같았으며, 더 나아가 당시에 탄사는 공연의 명칭으로 쓰였고 사화는 그 대본을 뜻했다는 가정도 가능하다.

앞에서 말한 것처럼 청대에 산동에서 고사라는 새로운 명칭이 유행하면서 탄사의 의미 범주는 강남 일대의 강창을 가리키는 것으로 축소되기 시작했는데, 이처럼 탄사와 고사의 의미 범주가 변화하면서 북방에서는 고사,

---

57 이들은 현재 전하지 않아 구체적인 형식은 알 수 없다. 다만 董說의 「西遊補」 제12회의 한 단락에도 彈詞가 실려 있는데, 여기서는 거의 7언 운문으로 이루어져 있고 약간의 산문이 사이사이에 끼어 있다. 이상 葉德均, 「宋元明講唱文學」, 679쪽과 陳汝衡, 『陳汝衡曲藝文選』, 121~124쪽 참조.

58 浙江 淳安의 程仲秩이 「歷代史略十段錦詞話旁注」라 하여 처음으로 주석을 가했는데, 이 책의 속표지에는 '砵批旁注卅一史彈詞'라고 되어 있다 한다. 『楊愼詞曲集』, 成都: 四川人民出版社, 1984, 387쪽 참조.

남방에서는 탄사라는 명칭이 정착되기에 이르렀다. 그리하여 청 말에 이르러 고사와 탄사는 전통적으로 구분되어 불렸고, 때로는 혼동되기도 했으나 대체로 다음처럼 인식되었다.[59]

분류	유행 지역	문체	압운	내용
고사	북방	• 7·10언 운문(+산문), 주로 10언 운문 • 모두 서사체	통속 13철轍	전쟁류
탄사	남방	• 7·10언 운문(+산문), 주로 7언 운문 • 초기: 서사체, 후기: 대언체代言體가 많아짐	시운詩韻	애정류

이처럼 청대 고사와 탄사의 문체가 극히 유사했기 때문에 때로는 이들의 분류와 귀속에 적지 않은 잘못이 발견되는데, 이는 압운과 문체 등을 고려하

---

59 李家瑞,「說彈詞」, 王秋桂 編,『李家瑞先生通俗文學論文集』, 臺北: 學生書局, 1982와 趙景深,「怎樣寫通俗文藝」(『曲藝叢談』에 수록됨) 참조. 한편 彈詞의 여러 문제, 특히 종류나 문학적 형식 등에 대해서는 Nancy Jane Hodes, *Strumming and Singing the "Three Smiles Romance": A Study of Tanci Text*, p. 7~15가 참고할 만하다. 그녀는 彈詞를 前期의 '模擬寫作彈詞'와 後期의 '公演關聯彈詞'로 구별하여 살피면서 양자의 대비되는 특징을 논하고자 했다. 이를 정리하면 다음의 표와 같다.

분류	模擬寫作 텍스트 simulated texts	公演關聯 텍스트 performance-related texts
鄭振鐸의 구분	國音彈詞(예:「安邦志」,「定國志」,「鳳凰山」,「天雨花」,「筆生花」,「鳳雙飛」等)	土音彈詞(예:「三笑姻緣」,「玉蜻蜓」,「珍珠塔」等)
李家瑞의 구분	敍事彈詞	代言彈詞
趙景深의 구분	文詞	唱詞
시기	앞섬, 淸	뒤짐, 淸末
저자	女子	익명(男子)
주제	주로 현명한 女子의 성공담 예외) 歷史, 神怪, 公案도 있음	白蛇傳, 西廂記 등 有名故事 또는 才子佳人의 婚事障碍克服構造
형식	운문 위주, 산문 소량, 表 없음, 방언 없음	산문 위주, 表 있음, 방언 있음
용도	독서용	독서와 공연 모두 관련

며 개별 작품을 대상으로 구체적인 고찰을 진행하면서 판단해야 할 것이다.

이상에서 살펴봤듯이, 명대에 탄사 또는 사화라고 불렸던 기예가 청대에 이르러 그 명칭은 강소 절강 지방으로 계승되어 탄사라는 명칭이 존속되었으나, 10언 운문 위주의 '찬십자'로 대표되는 문체는 산동 지방의 고사로 보다 직접적으로 이어졌다.[60] 이처럼 청 초 산동 지방 고사의 경우 명확한 지칭 대상이 생긴 이후로는 지속적으로 7언 또는 10언 운문과 산문을 기초로 한 강창 형식을 뜻하게 되었다. 다시 말해 고사는 청 초에 산동 지방 중심의 북방에서 성행하고 이후 이러한 전통을 이어받은 강창을 뜻하며, 시대적으로는 청대 이후, 지역적으로는 산동을 중심으로 한 화북, 기예 면에서는 북을 치면서 강창하는 형식, 문체 면에서는 7언 또는 10언 운문이 기본이며 산문도 존재할 수 있는 것이 특징이라고 정리할 수 있다.

3. 고사계강창의 유형

고사계강창의 최대 범위를 시대적으로는 청 초 이후부터 중화민국 시기 (1912~1949)[61]까지, 지역적으로는 산동 등지의 화북 지역에서 전승되었다가 이후 청 말부터 중화민국 시기에 북경, 상해 등의 대도시에서 출판된 것까지로 본다면, 이제 고사계강창의 울타리 안에 있는 여러 유형 및 하위 장르를 살필 차례이다.

구체적인 분류에 앞서 먼저 강창의 일반적인 분류 기준을 생각해보면, ①

---

60 葉德均,「宋元明講唱文學」에서도 鼓詞는 明代 詞話를 직접적이고 전면적으로 계승했고, 彈詞는 詞話를 일부 계승했다고 했다.
61 이 책에서 '중화민국 시기'는 중화민국이 성립한 1912년부터 해당 정부가 중국 대륙에 있었던 1949년까지로 한정한다.

운문〔唱〕과 산문〔說〕의 비율, ② 작품의 길이, ③ 공연과의 관련 정도, ④ 기록 형태 등이 중요하다. ①과 ②는 작품 자체의 형식을 구분하기 위한 기준이고, ③과 ④는 작품의 전달 방식을 구분하기 위한 기준이다. 먼저 ①, ②를 기준으로 강창문학을 분류하면 다음과 같은 개념도를 그릴 수 있다.

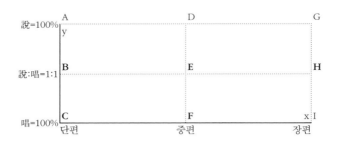

세로축은 운문과 산문의 비율을 나타내는데, 아래로 갈수록 운문이 많아지고 산문이 적어지는 것을 뜻한다.[62] 가로축은 작품의 길이를 나타내는데, 오른쪽으로 갈수록 작품이 길어지는 것을 뜻한다. 이와 같은 그림에서 아홉 군데의 기준점을 A부터 I까지 표시했는데, 기호는 각각 다음을 나타낸다. A: 단편 산문, B: 단편 운·산문, C: 단편 운문, D: 중편 산문, E: 중편 운·산문, F: 중편 운문, G: 장편 산문, H: 장편 운·산문, I: 장편 운문. A, D, G는 산문만으로 이루어진 것으로 평서評書 또는 평화評話 공연이나 산문소설 작품이 해당한다. 운문이 포함되어 있는 것은 B, E, H와 C, F, I이다. 이 가운데 운문으로만 이루어진 장편인 I는 연출이 매우 힘들어 실제로 거의 연출되지 않은 점을 감안하면 독서용으로 지어진 장편 탄사 정도가 해당한다.[63] 이 책에서 다

---

62 모든 운문이 노래로 불린 것은 아니다. 예를 들어 작품 속에 삽입된 전통적인 시와 사 등은 노래로 불리지 않고, 음송의 형태로 낭송된다. 여기서는 논의의 편의를 위해 운문은 歌唱되는 부분의 운문만을 가리키고, 吟誦되는 詩詞 등의 운문은 잠정적으로 說 부분에 포함시키기로 한다. 이 문제는 보다 상세한 검토가 필요하다.

63 「安邦志」, 「定國志」, 「鳳凰山」 등 독서용의 장편 彈詞를 예로 들 수 있고, 고사계강창의 경우 이

루는 고사계강창은 굵게 표기한 B, C, E, F, H의 다섯 가지 유형을 포괄한다.

한편 강창문학을 ③, ④의 기준에 따라 구분하면 다음과 같은 문제가 제기된다. 한 작품이 공연과 얼마나 관련 있는지의 정도이다. 해넌Patrick Hanan은 희곡, 강창 등 공연 관련 문학을 구분하고, 이들이 공연만을 위한 것, 공연이 주목적이되 독서도 염두에 둔 것, 독서가 주목적이되 공연도 염두에 둔 것, 독서만을 위한 것 가운데 하나에 해당한다고 지적한 바 있다.[64] 이러한 구분은 고사계강창의 분류에도 유용하게 적용되지만, 약간 다른 각도에서 보다 세밀하게 구분할 수 있다. ⓐ 공연을 목적으로 창작한 경우, ⓑ 전수傳授를 목적으로 기록한 경우, ⓒ 공연할 때 참고하기 위해 기록한 경우, ⓓ 조사를 위해 채록한 경우, ⓔ 공연을 들으면서 이후 재음미(독서)를 위해 기록한 경우, ⓕ 공연 기록물을 재필사한 경우, ⓖ 널리 유통시킬 목적으로 다량 출판한 경우. 어떤 경우에도 문자 기록물이 존재하는데, 각각의 목적과 용도가 조금씩 다르므로 형식적인 특징도 다를 가능성이 크다. 이 가운데 해넌이 언급한 '공연용'에 비교적 가까운 것은 ⓐ, ⓑ, ⓒ이고, '독서용'에 비교적 가까운 것은 ⓔ, ⓕ, ⓖ이다. ⓓ는 '조사용'이라고 분류할 만하다. 고사계강창에는 이 모든 경우가 존재한다.

다음으로 한 작품의 기록 형태란 이러한 문자 기록물들이 어떠한 형태로 존재하며 판본이 어떠한 것인가를 말한다. 고사계강창은 대략 필사본, 목판본, 석판본, 납활자본으로 구분되는데, 시기의 선후는 대체로 목판본, 석판본, 납활자본의 순으로 나타난다. 필사본은 초기 필사본과 후기 필사본으로 구분할 수 있다. 이상과 같은 일반론을 감안하면서 고사계강창을 시기별로 분류하고, 종류별 사례를 통해 개략적 특징을 살피고자 한다.

같은 長篇韻文 작품은 쓰이거나 연출된 적이 없다.
64 Patrick Hanan, *The Chinese Vernacular Story*, Cambridge, MA: Harvard University Press, 1981, p. 5.

첫째, 청 초부터 건륭 연간까지 산동 지역에서 민간의 문인들이 창작에 참여한 종류가 있다. 이들을 전기前期 고사계강창이라고 부르고자 한다. 전기 고사계강창은 20여 종의 작품과 목록이 전한다. 둘째, 건륭 이후 북경을 중심으로 성행한 자제서가 있다. 자제서는 청 말까지 400여 종의 작품이 지어졌고 그 후 급속히 쇠퇴했다. 또한 자제서에서 파생된 것으로 보이는 쾌서도 고사계강창의 한 부류로 간주된다. 셋째, 청대 후기부터 중화민국 시기에 걸쳐 필사본, 목판본, 석판본, 납활자본 등 다양한 형태로 대량 유통된 작품들이다. 이들은 후기後期 고사계강창이라고 할 수 있다. 1천여 종을 헤아리는 이들은 특히 청 말에 집중적으로 나타나기 시작하였으니 이때가 바로 고사계강창의 성행기였다고 할 수 있다. 여기에는 청 말, 중화민국 시기에 만두가게 등에서 대여 형식으로 유통된 장편 작품과 백본당百本堂 등의 서적포에서 판매한 필사본 단편 작품, 북경을 비롯한 화북 지역에서 간행된 목판본 작품, 상해를 중심으로 대량 간행된 석판본 중·단편 작품, 『문명대고서사文明大鼓書詞』(1~25책), 『고사휘편鼓詞彙編』(1~3편), 『대고서사회편大鼓書詞彙編』 등에 실린, 1920년대 중반부터 1930년대까지 납활자본으로 대량 출판된 '대고서사'류의 단편 작품, 승리창편공사勝利唱片公司와 고정창편공사高亭唱片公司 등의 여러 음반회사가 음반을 발매하면서 가사를 함께 인쇄하여 '창편곡사唱片曲詞'라는 이름으로 공급한 종류의 작품, 1957년에 심양시瀋陽市 문학예술계연합회(문련文聯)가 주로 예인들의 연창과 동북 지역에서 출판된 석판본 단편 고사를 정리하여 출판한 『고사휘집鼓詞彙集』(1~6권)과 1950년대에 각종 연구 단위들이 예인들을 방문하여 민간 대고의 가사를 채록하여 정리한 원고 등이 모두 포함된다.[65] 여기서 고사계강창의 시

---

65 山東省 藝術研究所 研究員 張軍 등이 이 시기에 중·단편 山東大鼓 수십 종을 채록하여 이 자료들이 해당 연구소에 보관되어 있으며, 장편 西河大鼓는 몇 종이 이미 출판되었다. 자세한 논술은 이 책의 제3부 참조.

기별 특징과 작품의 예를 간략히 들어보겠다.

먼저 전기 고사계강창의 사례를 살펴본다. 청 초에 가부서가 지은 「역대사략고사」 '정전正傳'의 첫 부분을 보면 먼저 7언 운문 두 구절이 나타나고 10언 운문 여섯 구절이 따르며 산문 100여 자가 이어진 다음 10언에서 파생된 운문이 24구절 이어지고 다시 산문 60여 자가 이어지며 한 단락이 이루어진다.[66] 주요 부분을 들어보겠다.

你看起初時茹毛飮血心已狠,	보시게나, 옛날 생고기를 먹었을 땐 마음도 짐승 같았는데,
燧人氏潑醬添鹽又加上熬煎.	수인씨가 간장과 소금을 뿌려서 불에 익혔다네.
有巢氏不肯在山窩裏睡,	유소씨는 산의 동굴에서 잠자는 것을 싫어했으니,
楡柳遭殃滾就了椽.	느릅나무, 버드나무는 재난을 만나 서까래가 되었네.
庖犧氏人首蛇身古而怪,	포희씨는 사람 얼굴에 뱀의 몸으로 이상한 모양이었는데,
鼓弄着百姓們結網打淨了灣.	백성들을 다그쳐 그물을 만들어 물고기를 몽땅 잡았다네.
自古道牝鷄司晨家業敗,	옛날부터 이르길 암탉이 새벽에 울면 집안이 망한다는데,
可怎麽伏義的妹子坐了金鑾.	어찌하리, 복희씨의 누이동생이 금빛 수레 탔다네.[67]

위에서 밑줄 친 글자를 필자는 기본형에 덧붙인 첨부 글자인 '친자襯字'로 판단했는데, 이 친자를 제외하면 위의 운문은 한 구절을 제외하고 3/4/3 형태의 10언으로 이루어져 있다. 「역대사략고사」의 전체 편폭은 장편 탄사에 비해 훨씬 짧은 중편 정도이다. 같은 시기에 지어진 「동곽외전」의 일부를

---

66 關德棟·周中明 編, 『賈鳧西木皮詞校注』, 24~26쪽.
67 關德棟·周中明 編, 『賈鳧西木皮詞校注』, 24~25쪽.

보면 먼저 산문이 몇 줄 나오고 다음의 10언 운문이 이어진다.

果然是自古英雄命運艱,	정말이지 자고로 영웅의 운명은 고생스럽기만 하네.
你看那孔孟如同一脈傳.	보시게나, 공자나 맹자는 같은 전통을 계승했지.
這孟子周遊列國難逢主,	맹자는 열국을 주유해도 주인을 만나기 어려워,
只落的數過時可光怨天.	할 수 없이 많은 세월 보내며 다만 하늘을 원망할 뿐.
心瞅着反掌一擧安天下,	마음으론 단번에 손쉽게 천하를 평안케 할 것 같으나,
爭奈是戰國民命該倒懸.	어찌하리 전국시대 백성들의 운명은 곤경에 빠질 팔자인 것을.[68]

역시 10언 운문으로 이루어져 있다. 작품 전체가 거의 이러한 형식이며 「역대사략고사」보다 길이가 더욱 짧다. 이 밖에 『청초고사이곡선淸初鼓詞俚曲選』에 실린 「제경공대공자오장齊景公待孔子五章」,「전가락田家樂」,「남창몽南窓夢」 등도 모두 10언 운문이 중심을 이룬다. 이를 볼 때 전기 고사계강창의 주요 형식은 10언(때로는 7언) 운문과 산문의 결합이었다고 할 수 있다.

다음으로 자제서의 형식을 간략히 살펴보자. 자제서가 전기 고사계강창의 영향을 받았다고 볼 수 있는 문헌 증거는 찾기 어렵다. 다만 청 말엽에 만수진균曼殊震鈞이 펴낸 『천지우문天咫偶聞』(1903)에 "옛날 고사 중에 자제서라는 것이 있었는데 팔기자제 사이에서 시작되었다"[69]라고 기록된 것을 보면 청 말에 살았던 만수진균은 자제서를 고사의 한 종류로 생각한 것이 분명하다. 북경의 수많은 대고서 가운데는 자제서의 문장을 거의 그대로 쓴 작품이 상당수다.[70] 자제서는 초기 공연 담당자 가운데 유한계층인 기인旗

---

68 劉階平 編, 『清初鼓詞俚曲選』, 47~48쪽.

69 曼殊震鈞, 『天咫偶聞』 卷七, 「外城西」: "舊日鼓詞, 有所謂子弟書者, 始刱於八旗子弟." 이와 비슷한 기록이 徐珂, 『清稗類鈔』, 北京: 中華書局, 1986, 4954쪽에도 보인다.

70 이 책의 제3부 참조.

人들이 많았고 공연도 점잖아서,[71] 하층민들이 즐기고 문장도 더욱 통속적
인 일반 대고서와는 구분된다. 그러나 대부분의 작품이 7·10언 운문이 기본
요소인 고사계강창의 범주에 포괄될 수 있음은 분명하다. 작품의 일례로 한
소창韓小窓(약 1828~1890)이 지은 자제서「장판파長坂坡」의 일부를 보겠다.

麋氏身藏枯井畔,	미씨 부인 고목나무 우물가에 몸을 숨겼는데,
趙雲馬到土墻東,	조운이 말을 달려 흙담 동편으로 와보니,
見夫人懷揣阿斗低頭坐,	부인이 아두를 품에 안고서 고개 떨구고 앉아 있는데,
慘凄凄,蓬頭垢面,減却芳容.	처량하기 그지없이 머리는 헝클어지고 얼굴은 먼지로 뒤덮여 아름다운 자태는 간 데가 없네.
趙子龍忙下雕鞍,戮槍拴馬,	조자룡이 급히 말을 내려 창을 거두고 말을 매어둔 후,
撩袍跪倒把禮行.	갑옷을 수습하며 꿇어앉아 인사를 올리는데,
連叩首,說:"主母受驚, 公子無恙,	연신 머리를 조아리며 말하기를, "주모主母께선 수난을 당하시면서 공자만 별탈이 없으니,
這都是趙雲之罪,下將無能."	이 모두는 이 조운의 죄, 하장下將의 무능 탓이옵니다."
麋夫人悲喜交加,說:"皇叔在否?"	미 부인 희비가 교차하며, "황숙께선 살아계시는지요?"
子龍說:"闖出重圍, 奔了正東."	자룡이, "겹겹의 포위를 뚫고 동쪽으로 도피하셨습니다."[72]

인용된 원문은 원래의 배열대로이다. 자수가 일정하지 않는데도 원문 배
열이 모두 7열을 유지하고 있는 것은 필사본 자제서의 특징인데, 이는 가독
성을 고려하여 정돈된 형식으로 필사하고자 한 의도와 문인 칠언시에 가까

---

71 繆東霖,『陪京雜述』(1877)에는 "說書人에는 네 등급이 있다. 가장 상등이 子弟書이고, 다음이
  平詞, 그다음이 慢西城, 다시 그다음이 大鼓梅花調이다"라고 하였다. 陳錦釗,『子弟書之題材來
  源及其綜合研究』, 國立政治大學 박사학위논문, 1977, 171쪽.
72 關德棟·周中明 編,『子弟書叢鈔(上)』, 上海: 上海古籍出版社, 1985, 50쪽.

운 '고상한' 작품으로 평가받고자 한 의도 때문이었을 것이다. 이러한 배열 방식은 이후에도 영향을 미쳐 중화민국 시기에 출판된 고사계강창에서도 종종 발견된다. 「장판파」는 전편全篇이 운문으로만 이루어져 있다. 운문은 7언이 기본이고 많게는 12자까지로 이루어져 있어서 고사의 최소 요건을 구비했다고 할 수 있다.

자제서를 제외한 청 말, 중화민국 시기의 고사계강창은 주로 청 말부터 북경, 상해 등 대도시에서 출판되어 널리 퍼진 독서용 위주의 작품들로, 흔히 '고사' 또는 '설창고사'라고 불린 것과 '대고서'라고 불린 것이 있었다. 전자의 '고사'는 기록 형태에 따라 형식이 약간 다양하지만 대체로 7언 또는 10언의 운문과 산문이 결합되어 있다. 일례로 「당승취경서유기唐僧取經西遊記」는 7언 운문과 10언 운문으로 이루어졌는데, 일부를 보면 다음과 같다.

唐三藏在路途擡頭觀看,	삼장법사 도중에 머리를 들어 앞을 보니,
見一位老道姑佛國之人.	불국의 여도사 한 사람이 있네.
有唐僧見道姑忙忙施禮,	삼장법사, 여도사에게 서둘러 예를 올리며,
"尊仙長稱道姑且聽貧僧.	"존경하는 도사님 빈승의 말씀을 들어보오.
唐天子許愿心要將經取,	당 천자께서 불경을 가져오라 하셔서,
小貧僧欽聖心西天取經."	빈승은 명을 받들고 불경을 가지러 서쪽으로 가는 길입니다."[73]

이와 같은 형식의 고사는 장편부터 중·단편까지 다양하다. 또한 운문만 있는 작품과 운문과 산문이 겸비된 작품이 모두 전하고 있다. 그러나 자세한 목록이나 규모는 아직까지도 파악되지 못했다. 이 책에서는 이 시기 작품들의 목록과 내용 등을 조사한 결과물을 제시하고 이를 청 말 고사계강창의 실체를 규명하는 기준으로 삼고자 한다.

---

73 首都圖書館 所藏本.

통상 '대고(서)'라고 불린 작품은 공연과 출판의 두 형태로 유통되었는데, 먼저 경운대고京韻大鼓 예인 유보전劉寶全이 연창한 단편 「오룡원烏龍院」가운데 유당劉唐이 조개晁蓋의 편지를 받아들고서 송강宋江을 찾아가는 한 대목을 들어보겠다.

一行說晁蓋修了一封書信,	말하자면, 조개가 편지를 한 통 써주니,
小劉唐接過了書字離了這個山崗,	유당은 그걸 받아들고 이 산채를 떠나는데,
邁開了兩條飛毛腿,	털 많은 두 다리로 성큼성큼 걸어서,
在金沙灘渡過了河走慌忙.	금사탄 물을 건너 바삐 가네.
曉行夜宿飢餐渴飲我這些話都不	새벽에 길을 가고 밤에는 자며 밥 먹고
必細講,	배곯는 것은 자세히 말할 필요가 없고,
這一日遠遠的望見了鄆城的關廂.	하루는 멀리 운성현의 모습이 보이는 것이라.
隨定了衆人把城進,	여러 사람을 따라 성에 들어가는데,
你說眞湊巧對面來了三爺宋江.	잘됐다, 때마침 송강 삼랑이 저쪽에서 오고 있구나.[74]

언뜻 보면 비정형의 운문 같지만 대체로 10언을 기본으로 하여 파생되었다고 할 수 있다. 이러한 대고서의 운문은 파생 정도가 비교적 자유롭다는 것이 특징이다. 운자(밑줄 표시)는 한 구절씩 건너 있다.

대고(서)라고 불린 것 가운데 중·장편 작품은 주로 농촌에서 구비 전승되다가 필사본, 목판본, 석판본, 납활자본 등으로 간행된 것들이 전한다. 이들의 형태는 모두 운문과 산문이 교차 서술되어 있다. 일례로 산동대고山東大鼓 가운데 「사융기絲絨記」(총 45회)의 제1회는 '운문(7언 또는 10언, 약 60구)—산문(약 600자)—운문(17구)—산문(약 300자)—운문(18구)—산문(약 60자)—운문(4구)—산문(약 60자)—운문(약 50구)'으로 이루어져 있다.[75] 이러한 중편 작

74 『勝利劇詞』, 上海: 世盛印刷公司, 1936, 144쪽.

75 山東省 藝術研究所 所藏本.

품의 운문과 산문의 비율은 연출에 따라 달라질 수 있다.

4. 소결

이상으로 고사계강창 등장의 배경이 된 청대 이전의 전통과, 청대 이후 나타난 각종 고사계강창의 유형와 특징을 간략히 검토했다. 고사계강창이 형성되기 이전, 즉 청대 이전의 전통을 살피는 데 있어서는 공연 전통과 문학 전통이라는 틀을 설정하여 변천 과정을 체계화하고자 했고, 이를 통해 선진시기부터 명대에 이르는 오랜 기간의 축적 과정을 시기별로 살펴보았다. 공연 전통 면에서는 『순자』 「성상」 편, 맹인, 한대 설창용, 악부시(고취곡과 횡취곡), 송대 고자사, 명대 탄사 등이 북을 치는 기예와 관련 깊었음을 확인했다. 문학 전통 면에서는 『시경』, 초사, 악부시 등이 고대시가의 서사 전통 형성에 기여하고, 여러 편의 '성상', 당대 변문, 송대 애사 및 도진, 원·명대 사화 및 탄사 등이 문체의 전통을 형성하여 고사계강창의 문장 형식 형성에 중요한 기초가 되었음을 알 수 있다.

다음으로는 청대의 각종 고사계강창을 크게 전기 고사계강창과 후기 고사계강창으로 양분하여 살피고자 하는 관점을 제시했다. 이들의 특징은 7언 또는 10언 운문과 길이가 자유로운 산문이 교차하는 구성이라는 최소한의 정의에 부합함을 예문을 통해 확인했다. 다만 이 장에서는 각종 고사계강창을 개략적으로 소개했으며, 구체적인 분석은 제2부와 제3부에서 진행할 것이다. 고사계강창의 유형을 분류하고 내용을 분석하려면 대상 작품을 개별적으로 상세히 고찰하며 어느 종류에 귀속되는지를 검토해야 하지만, 이는 자료 획득의 어려움과 수량의 방대함으로 인해 장기간의 노력이 소요되는 작업이다. 그러나 큰 틀에서는 이 장에서 시도한 일차적 분류를 기초로 하여 제2부와 제3부에서 구체적인 연구를 진행하고, 이러한 성과를 바탕으로 진일보한 논의를 진행하고자 한다.

제2부

전기 고사계강창의 문학과 공연

제1장 서론

제1부에서 살펴본 바와 같이 고사계강창은, 선진시기에서 기원한 북을 치는 기예와 명대의 사화, 탄사, 보권 등 다양한 시찬계강창문학의 전통을 이어받아 청 초에 나타나기 시작했다. 고사라는 말 자체는 명 말, 청 초의 산동 사람 가부서가 지은 「역대사략고사」에 처음 등장한 이후 산동 지방의 작자들이 지은 다수의 작품에 나타나고 있다. 이는 '고사'라는 이름이 쓰이고 정착되는 데 청 초 산동 작가들의 역할이 컸다는 것을 의미한다. 이 작품들을 여러 사람이 창작, 전승하면서 읽거나 많은 사람에게 들려주는 과정을 통해 고사라는 기예/문학 형식이 점차 폭넓게 알려졌고, 그 결과 사람들 사이에서 고사에 대해 막연하나마 보편적인 인식이 자리 잡을 수 있었다.

제2부에서는 고사계강창의 전통이 형성되던 초기에 나타난 작품들을 전기 고사계강창으로 명명하고, 이들을 전반적으로 살피고자 한다. 전기 고사계강창의 공연이 유행한 지역은 산동과 인근의 화북 지역으로 추정되지만, 지금까지 확인된 바에 따르면 기록된 작품은 모두 산동 지방에 국한되어 전하고 있다. 전기 고사계강창 작품은 목록만 전하는 것까지 포함하여 20여

종이 있는데, 현전하는 작품의 작자들은 신분이나 지향뿐만 아니라 작품 자체의 외형, 소재, 내용 등에도 일정한 공통점이 있다. 이에 따라 전기 고사계강창을 '청 초—건륭 연간에 산동 지방에서 지어졌으며 7언 또는 10언 운문과 산문을 기초로 한 강창작품'으로 정의하고 그 문학적 성격과 공연의 특징을 고찰하여 이것이 강창문학사 특히 고사계강창의 역사에서 어떠한 위상을 차지하는지를 점검하고자 한다.

전기 고사계강창은 지금까지 독립적이고 전면적으로 연구된 적이 거의 없고 개별 작품에 대한 분석과 이해도 전무하다시피 한 상태이다. 이처럼 연구가 부진한 이유는 여러 가지이다. 무엇보다 지금까지 강창 기예에 대한 일반인들의 인식과 태도가 경시 내지는 천시가 주류를 이루었고, 학문적으로 엄숙하게 대하고자 하는 사람도 매우 적었으며, 그중에서도 거의 알려지지 않은 전기 고사계강창의 존재와 의의에 대해 인식한 이가 거의 없었던 것이 중요한 원인 중 하나일 것이다. 여기에 대개의 작품이 소수의 필사본으로만 전승된 사실도 이 작품들에 대한 접근을 어렵게 한 큰 요인이었다. 사실 일반적으로 명·청대의 강창 기예는 장려되기보다는 금지되는 경우가 많았고 직업으로서도 극히 낮게 인식되어 이 작품들을 정리하여 출간한다는 것은 매우 어려운 일이었다. 그럼에도 불구하고 전기 고사계강창이 기록되어 전승될 수 있었던 것은 향촌 신사 위주의 작자와 전승자 들이 공연을 위해 작품을 엮고 이를 필사, 전승함에 따라 가능했다.

이처럼 몇 가지 이유 때문에 전기 고사계강창은 현재까지도 제대로 인식되거나 연구되지 않고 있지만, 전기 고사계강창이 고사계강창의 초기 전통에서 차지하는 의의가 매우 크고 청 말 이후의 고사계강창에 선행하면서도 그것과는 여러 면에서 구별되는 특징이 있으리라고 기대되는 사정을 감안하면, 그 중요성에 대한 인식과 자료 발굴 및 정리 등의 기초 조사, 이를 토대로 한 비평적 연구 수행이 절실히 필요하다. 따라서 제2부에서는 문헌 자료 조사를 통해 전기 고사계강창으로 설정한 범위에 해당하는 작품들을 검토, 결정한 후 작자층, 형식, 소재, 내용, 서술 방식 등의 제반 측면을 살펴보려 한다. 여기서 전기 고사계강창에 대한 전면적인 검토와 평가가 성공적으로 이루어진다면 청 후기 이후의 고사계강창에 대한 논의로 자연스럽게 연결될 수 있을 것이다.

다만 해당 시기의 사회경제적 배경이나 문화사적·사상사적 흐름에 대해서는 따로 논의하지 않으려 한다.[1] 그 이유는 전기 고사계강창이 시대적 상황과 무관하다고 보기 때문이 아니라, 자료 정리를 통해 전기 고사계강창의 범위를 설정하는 것이 타당한지를 전반적으로 논의하여 검토하는 것이야말로 가장 시급하다고 판단했기 때문이다. 전기 고사계강창이 시대적 상황을 얼마나 반영하고 있느냐 하는 문제는 개별 작품의 소재와 내용, 그리고 작자층의 성격에 대한 검토를 통해 반증될 수 있을 것이다.

---

1 이 시기의 전반적인 사회 변화에 대한 국내의 연구로는 조영록, 「양명학의 성립과 전개」, 오금성, 「明末·淸初의 사회변화」(이상 서울대학교동양사연구실 편, 『강좌중국사 IV』, 서울: 지식산업사, 1989) 등을 참조할 수 있으며, 홍상훈, 「明末·淸初의 小說觀에 대한 시론」, 서울대학교 석사학위 논문, 1991은 이 시기 문학론의 변화를 탐색하고 있다.

제2장 전기 고사계강창의 자료 및 목록

1. 중화민국 성립 이후의 전기 고사계강창 간행 상황

전기 고사계강창은 가부서의 「역대사략고사」, 「태사지적제전장太師摯適齊全章」 두 종이 흔히 '목피고사' 또는 '목피사'라는 이름 아래 하나로 합쳐져 목판본으로 전하는 것[2]을 제외하면 대부분 필사본으로 전하다가 중화민국 시기에 몇 작품이 간행되기 시작했다. 현재 확인되는 몇 종을 하나씩 살펴 보려 한다.

먼저 마입훈馬立勛(1905~1979)이 편찬한 『요재백화운문聊齋白話韻文』이 있다.[3] 이 책에는 「문천사問天詞」, 「동곽외전東郭外傳」, 「도학전逃學傳」, 「학구자조學究自嘲」, 「제일제궁신문除日祭窮神文」, 「궁신답문窮神答文」 등 6편 의 작품이 실려 있다. 마입훈이 어떤 동기와 목적을 가지고 이 책을 편찬했

---

2 두 작품의 판본에 대해서는 關德棟·周中明 編, 『賈鳧西木皮詞校注』, 濟南: 齊魯書社, 1982의 '前言' 참조.

3 馬立勛 編, 『聊齋白話韻文』, 北平: 樸社出版部, 1929.

는지, 그리고 그 경위는 어떠했는지를 살펴본다.

　『요재지이』는 포송령 선생의 창작 가운데 일부분일 뿐이고, 많은 작품이 아직도 간행되지 않고 있다. 재작년에 친척집에서 포 선생의 원고 9편을 얻고 되었는데, 순수 백화체이고 모두 곡극曲劇이나 고사 종류였다. 그런데 친구들이 빌려가서 베끼던 중 안타깝게도 3편을 잃어버렸다. (……) 올여름에 친구들과 이야기를 나누다가 화제가 포 선생에 이르렀는데, 그의 문체가 얼마나 비분강개한지에 대해 말하게 되었다. 이에 나는 친구들에게 그가 백화 작품도 몇 편 지었고 비분강개함도 더욱 강하다고 이야기해주었다. 그리고 여기에 실린 6편의 내용을 대강 설명해주었다. 나중에 그 친구들이 편지를 써서 그 작품들을 보고 싶다고 간절히 원하길래 보여주었더니, 입이 마르게 칭찬을 하며 "이렇게 위대한 작품이 묻혀 있는 것은 실로 안타까운 일입니다!"라고 했다. 그러면서 내게 정리해서 간행하라고 힘써 권유했다. (……) 1928년 9월 4일, 북경대학에서 마입훈.[4]

　이 글에 따르면 마입훈은 1926년에 친척집에서 포송령이 썼다는 필사본 9편을 얻은 후 친구들에게 보여주다가 3편을 분실하고 나머지 6편을 간행하게 되었음을 알 수 있다. 관덕동關德棟은 마입훈이 청대 산동의 고사 작자 가운데 한 사람인 마익저馬益著의 후손이고 북경대학을 다녔다고 1997년에 여러 차례 필자에게 전했다.[5] 마입훈의 책에 주작인周作人과 전현동錢玄同

4　馬立勛 編, 「引言」, 『聊齋白話韻文』, 2~5쪽: "聊齋志異一書, 不過是蒲先生的創作一部分, 還有好多均尙未刊行. 我前年從我的一個親戚家得到蒲先生文稿九篇, 完全是白話的, 都是曲劇鼓詞之類. 因爲朋友們借了去, 互相傳鈔, 不幸失落了三篇. …… 今年夏天我同朋友們談起話來, 說到蒲先生, 提起他的文字是多麼樣的悲憤感慨. 我便對他們說, 他還有幾篇白話文的創作, 悲憤感慨還更甚呢. 我便把現在我編的這六篇的要義略略的述了一遍. 他們懇切的要求我給家裏寫信, 把這幾篇寄來看一看. 我便照辦了. 他們看了都交口稱讚, 說到, '這樣的偉大的著作, 埋沒了實在可惜!' 並且力囑我整理付印 …… 一九二八年九月四日, 于北大, 馬立勛."

5　山東 淄博市情網(www.zbsq.gov.cn)에 따르면 馬立勛은 山東 淄川 출신으로, 1925년에 북경대학 영어계에 입학하여 창작과 번역 활동을 활발히 하여 노신, 호적 등의 관심을 받았고, 대학 졸업 이후 주로 교사로 활동했다.

이 서문을 써주고,[6] 호적胡適이 쓴 「성세인연전고증醒世姻緣傳考證」에 호적이 1934년에 북경에서 그를 만났다고 기록된 것 등을 보면,[7] 그는 당시 백화운동을 주도한 인물들과 잘 알고 지냈고 그 교류의 영향을 받아 백화문학 작품을 출판하고자 했을 가능성이 있다.[8]

그런데 마입훈은 이 작품들 모두를 포송령이 지었다고 알고 있었으나, 후에 많은 사람들은 이 작품들이 포송령의 것이 아닐 가능성이 크다는 데에 의견을 모았다. 또한 작품 가운데 「도학전」, 「학구자조」, 「제일제궁신문」, 「궁신답문」 네 편은 문체로 보아 고사라고 할 수 없다.[9] 어떻든 『요재백화문』은 중화민국 시기에 최초로 간행된 전기 고사계강창 작품선집이라는 데에 큰 의미가 있으며, 이러한 출판은 당시 성행한 백화운동과 밀접한 관계가 있었다.

다음으로는 포송령의 미간행 원고라는 설명이 붙어 있는 「동곽소고아사東郭簫鼓兒詞」와 「문천고아사問天鼓兒詞」 두 작품이 합본의 형태로 1931년에 상해 중화서국中華書局에서 간행되었다. 이 책은 『요재백화문』에 실린 「동곽외전」, 「문천사」와 이름이 약간 다를 뿐 내용은 같다. 진기陳琪가 쓴 발문에는 다음과 같은 언급이 있다.

재작년에 내 동생 회유懷瑜가 치천淄川을 방문했는데, 그곳 사람이 말하기를 포송령의 후예 가운데 포식미蒲式微라는 사람이 포송령의 미간행 원고를 소장하고 있는데, 「요재외서聊齋外書」, 「도박사賭博詞」, 「봉래연蓬萊宴」, 「문천고아사

6 馬立勛 編, 「序文」, 『聊齋白話韻文』 참조.
7 胡適, 「醒世姻緣傳考證」, 『胡適文存(四)』, 上海: 商務印書館, 1935; 合肥: 黃山書社, 1995, 248쪽.
8 『聊齋白話韻文』을 간행한 樸社는 1923년 上海에서 처음 만들어졌다가 1925년 해체된 후 그해 다시 北京에서 재건되었다. 北京 시기의 出資人員은 顧頡剛, 兪平伯, 范文瀾, 馮友蘭 등 10명이었다. 『出版詞典』, 上海: 上海辭書出版社, 1992, 541쪽.
9 이들은 10언구가 거의 나타나지 않고 長短句의 樂曲이 사용되는 등 다른 전기 고사계강창 작품과 형식이 현저히 다르며 고사라고 불린 예도 없다.

問天鼓兒詞」 등이라고 했다. 회유는 이 중 「문천고아사」만을 베껴 올 수 있었다.
또한 이 미간행 원고 「동곽소고아사」는 (……) 30년 전 망우亡友 이명파李明坡가
가지고 있던 것을 허락을 받아 베껴서 상자에 넣어두었던 것인데, 오래 보관하다
가 잃어버리게 될까 걱정하고 있었다. 그러다가 중화서국 주인 부수민傅手民 선
생과 상의하여 간행 발표하게 되었다.[10]

이 기록에 따르면 「문천고아사」는 1929년에 포송령의 후손이 소장하고
있던 것을 필사한 것이고, 「동곽소고아사」는 1900년경에 편자가 친구의 소
장본을 필사한 것을 토대로 출판한 것이다.

이어 1936년에는 노대황路大荒과 조초광趙苕狂이 편찬한 『요재전집聊齋
全集』이 상해 세계서국世界書局에서 간행되었다. 『요재전집』 4책에는 포송
령의 시사詩詞, 산문, 소설과 함께 고사와 이곡俚曲도 실려 있는데, 고사 작
품으로 「문천사」, 「동곽외전」, 「도학전」, 「학구자조」, 「제일제궁신문」, 「궁신
답문」, 「공부자고아사孔夫子鼓兒詞」 등이 있다. 조초광은 이 책에 대한 설명
에서 이들이 무엇을 저본으로 했는지를 명확히 밝히지는 않고 수집이 어려
웠다는 사정만을 말했다. 다만 본문이 『요재백화운문』 수록본과 거의 같은
점을 볼 때, 조초광이 『요재백화운문』에 실린 것을 재수록했을 가능성이 있
고, 「공부자고아사」는 전승 필사본을 정리한 듯하다. 편자 중 한 사람인 노
대황은 이 고사 작품들 모두를 포송령이 쓴 것인지에 대해 의문을 표했다.
어떻든 이 책은 작자 문제를 떠나 청 초의 여러 작품이 함께 간행된 두 번째
선집이라는 의미가 있다. 또한 저명한 문인 포송령의 이름을 내건 이 책이
출판됨으로써 보다 많은 사람이 주목하여 고사에 대한 인식도 향상될 수 있

---

10 陳琪·嗑璞 校訂, 『東郭簫鼓兒詞』, 上海: 中華書局, 1931, '跋': "前年余弟懷瑜攝淄川篆訪之, 縣人
云先生後裔式微收藏稿未刊稿, 有聊齋外書, 睹博詞, 蓬萊宴, 問天鼓兒詞各種. 懷瑜僅鈔得問天鼓
兒詞以去. 此未刊稿東郭簫鼓兒詞 …… 三十年前得之, 亡友李明坡許錄, 而藏之篋衍, 恐秘之久
而失傳也. 爰商之中華書局主人傅手民, 印行以公諸同好云."

었을 것이다.

중화민국 연간에 출판된 전기 고사계강창 작품선집 또는 단행본은 앞의 세 종류 외에는 아직 확인되지 않고 있다. 이들을 통해서만 본다면 전기 고사계강창 작품 출판의 배경과 의의 및 문제점은 다음과 같다. 즉, '백화운문'이라고도 불린 전기 고사계강창 작품은 역시 당시 백화문운동의 강한 영향과 배경 아래 출판되었다는 사실이고, 이들이 출판됨으로써 전기 고사계강창에 대한 인식이 뚜렷해지게 되는 계기가 마련되었다는 점이다. 다만 이 책자들은 수록된 전기 고사계강창 작품 모두를 포송령 한 사람이 썼다고 확실한 근거도 없이 단정하는 바람에, 후일 작자 문제에 대한 논쟁을 촉발시켰다.

한편 1949년 이후에는 『고사휘집』(1957)에 「공자거제孔子去齊」와 「논어소단論語小段」이 수록되었고, 『만청문학총초晚淸文學叢鈔·설창문학권說唱文學卷』(1960)에는 「논어제경공대공자오장탄사論語齊景公待孔子五章彈詞」가 오서悟書라는 필명 아래 수록되었다. 이 가운데 「공자거제」에는 '제경공대공자오장齊景公待孔子五章'이라는 부제가 붙어 있고, 「논어소단」은 「태사지적제전장」과 내용이 겹치는 부분이 많으나 언어 표현은 조금씩 달라서 후대의 변이형으로 추정된다.[11]

또한 대만에서는 유계평劉階平이 다년간 여러 자료들을 수집하여 『목피산객고사木皮散客鼓詞』(1954)와 『청초고사이곡선』(1968)을 출판했다. 『청초고사이곡선』에는 「제인장」, 「동곽전東郭傳」, 「태사지적제太師摯適齊」, 「제경공대공자오장」, 「전가락」, 「남창몽」, 「문천사」 등 7편이 실려 있고, 「공부자

---

11 『鼓詞彙集』은 「논어소단」의 작자를 가부서로 적고 출처를 財盛堂 목판본으로 소개했는데, 財盛堂은 淸 後期 瀋陽의 刻書坊이다. 또 陳新 主編, 『中國傳統鼓詞精匯』, 北京: 華藝出版社, 2002는 「공자거제」와 「논어소단」을 수록하고 이들이 모두 정야학이 지은 것으로 명기했지만, 「논어소단」이 정야학이 지은 것이라는 데 대한 근거는 제시하지 않았다. 劉洪强, 「丁耀亢全集補遺」, 『德州學院學報』 第26卷 第3期, 2010年 6月. 이 책에서는 「논어소단」은 검토 대상에서 제외한다.

고아사」, 「누항단陋巷段」, 「문천어問天語」, 「장가사莊家詞」, 「추녀자가醜女自嫁」, 「열녀사烈女詞」, 「제일제궁신문」, 「궁신답문」, 「학구자조」 등의 작품 제목도 소개되어 있다. 이 책은 비록 편찬 시기는 비교적 늦지만, 많은 작품과 함께 다수의 목록을 제공하여 전기 고사계강창의 소재들을 비교적 명확하게 알 수 있게 해주었다. 또한 이전과는 달리 이 작품들이 포송령 한 사람의 것이라고 단언하지 않고, 오히려 다른 작자가 썼을 가능성이 크다는 입장을 보였다.

전기 고사계강창의 대표작으로 널리 알려져온 가부서의 '목피고사'에 관한 자료를 보면, 현재 가장 쉽게 구할 수 있는 것은 유계평이 엮은 『목피산객고사』와 관덕동 등이 엮은 『가부서목피사교주賈鳧西木皮詞校注』(1982)이다. 『목피산객고사』의 제요 부분에는 편자가 모은 7종의 판본이 소개되어 있고, 『가부서목피사교주』의 전언前言에는 10종의 판본이 소개되어 있다. 이 가운데 중복되는 2, 3종을 제외하면 대략 15종의 판본이 현재까지 알려져 있다. 일반적으로 '목피사' 또는 '목피고사'는 한 편의 고사로 알려져왔으나, 관덕동은 '목피사'는 「역대사략고사」와 「태사지적제전장」 두 편의 고사를 포함한다고 밝혔다.[12] 이 두 작품은 일부 또는 전부가 각각 공상임孔尙任(1648~1718)의 『도화선』 전기傳奇의 제1척과 제44척의 한 대목에 삽입되었다. 이 책에서는 두 작품을 구분하여 다루었다.

1985년 중국인민정치협상회의 산동성 임구현臨朐縣위원회가 편찬한 『문사자료선집文史資料選輯』 제4집에는 마익저가 지었다고 하는 4편의 작품이 실려 있다. 마익저는 산동 중부에 있는 임구臨朐 사람으로 1757년(건륭 22)에 세공생歲貢生[13]이 되었으며, 『장농일용잡자莊農日用雜字』로 유명하고 고

---

12 關德棟·周中明 編, '前言', 『賈鳧西木皮詞校注』, 濟南: 齊魯書社, 1982, 21쪽.
13 세공생은 명·청 시대에 國子監에서 官費로 공부하던 생원으로, 각 지방의 府, 州, 縣에서 선발되었다.

사 작품을 많이 쓴 민간 문인이다.[14]『문사자료선집』제4집에 실린 것은「설경전舌耕傳」,「좌주해담佐酒諧談」,「경술수재고아사庚戌水災鼓兒辭」,「자화사어제전장고사子華使於齊全章鼓詞」등의 네 편이다. 이 중「설경전」은 농촌에 계약직으로 초빙된 교사인 숙사塾師의 힘든 생활을 탄식한 내용이고,「경술수재고아사」는 경술년庚戌年(1730년, 옹정雍正 8)의 대홍수가 소재이며,「자화사어제전장고사」는『논어』의 한 대목을 부연한 작품이다. 이 세 작품은 모두 고사이다. 나머지 작품인「좌주해담」은 백화 산문소설 형식이다.

2. 미간행 필사본 및 목록

전기 고사계강창 중 공식적으로 출판되지는 않았으나 필자가 검토할 수 있었던 필사본 작품 및 관련 자료는 다음과 같다.

먼저 산동대학도서관 고적부古籍部에 소장되어 있는『정야학유저丁野鶴遺著』라는 책자가 주목된다. 이 책에는「제경공대공자오장」이라는 제명이 붙은 작품과 함께「동곽외전」,「문천어」,「남창몽」등 세 편이 제목이 붙지 않은 채로 실려 있다.

정야학(1599~1669)은[15] 이름이 요항耀亢이고, 자가 서생西生이다. 야학野鶴은 그의 호이고, 하야항何野航이라고도 불렸다.[16] 북경도서관 선본실善本室에는『정야학선생유고』3권이 있는데, 여기에는「강간초江干草」,「귀산초歸山草」,「청산정초聽山亭草」,「화인유化人遊」,「적송유赤松遊」,「표충기表忠

---

14 譚景玉,「淸代農民作家馬益著」, '人文自然網'(www.rwzr.cn); 王學勝,「民間文人馬益著和他的『莊農日用雜字』」,『農電管理』2010年 6期. 인터넷에는 馬益著의 생졸 연도가 1722~1807년으로 표시된 경우가 많은데 근거는 확인되지 않았다.
15 丁野鶴의 생졸 연도는 李增坡 主編,『丁耀亢全集』, 鄭州: 中州古籍出版社, 1999, '前言'을 따름.
16 丁野鶴에 대해서는 제3장의「齊景公待孔子五章」작자 부분 참고.

記」,「가정수지家政須知」 등이 수록되어 있다. 이들은 거의 희곡과 잡문이고, 산동대학도서관 소장본과 같은 고사 작품은 전혀 없다. 따라서 산동대학도서관 소장본『정야학유저』는 북경도서관 소장본과는 다른 것임을 알 수 있다. 북경도서관 소장 필사본은 정야학의 작품임이 확실한 반면,[17] 산동대학도서관 소장 필사본은 정야학의 작품이라는 증거가 분명하지 않다. 이 책자의 상자 표지에는 "정야학유저 공삼종구초미각본共三種舊鈔未刻本"이라고 표기되어 있는데, 도서관의 담당 사서에게 책명이『정야학유저』가 된 경위를 문의했지만 그는 처음부터 그렇게 되어 있었다고만 대답했다. 정야학에 대한 사적이 기록되어 있는『제성현지諸城縣志』에도 그가 고사 작품을 남겼다는 언급은 없다. 이와 함께 산동대학의 관덕동 교수와 이만붕李萬鵬 교수는 이 필사본이 정야학의 유고라고 단정하기는 어렵다는 견해를 보였고, 다만 비교적 이른 시기의 필사본일 것이라고 추측했다. 특히 이만붕 교수는 작품에 다른 판본에는 없는 술 이름이 나오는 것 등을 증거로, 이 필사본이 적어도 건륭 연간의 것이거나 그것을 베낀 것이라고 추정했다.[18] 그렇지만 한편으로 이 책에 실린 고사 작품 가운데「제경공대공자오장」은 정야학의 것으로 여겨진다(제3장 참고). 어떻든 이 필사본이 정야학의 작품으로 표기된 경위와 작자의 진위 여부는 여전히 미확인 상태지만, 작자 문제를 떠나서 볼 때 이 필사본에 실린 고사 작품들은 비교적 이른 시기의 판본으로서 중요한 전기 고사계강창 자료라고 판단된다.

다음으로는 산동성도서관 특장부特藏部 선본실善本室에 소장되어 있는

---

17 乾隆 29년(1764)에 쓰인 서문이 있는『諸城縣志·藝文考』에는 丁野鶴의 저술로「逍遙遊」,「陸舫詩草」,「板邱詩」,「江干草」,「歸山草」,「聽山亭草」,「天史」,「西湖扇傳奇」,「化人遊傳奇」,「蚺蛇膽傳奇」,「赤松遊傳奇」등 11편이 기재되어 있다.『續金甁梅』에 대해서는 魯迅이『中國小說史略』에서 언급한 이래로 여러 연구서에서 소개되었다. 葉德均,「小說瑣談」,『戲曲小說叢考』, 北京: 中華書局, 1979, 611~613쪽 참조.

18 그는「東郭外傳」부분 가운데 "苦魯東洋五香酒"의 東洋(陽)酒와 五香酒는 명대부터 유명한 술 이름이었고, 乾隆 이후에는 그 술의 명맥이 끊겼다고 했다.

『수재전水災傳』과『석파천경石破天驚』이 있다.『수재전』은 1권 1책으로, 여기에는「경술수재전고아사庚戌水災傳鼓兒辭」,「동곽기고사東郭記鼓詞」,「좌주해담佐酒諧談」,「포말포선론蒲襪蒲扇論」등이 포함되어 있다. 이 가운데「경술수재전고아사」에는 작품의 서두에 "매계 마익저 석명씨 수편梅溪馬益著錫明氏手編"이라고 하여 작자가 마익저로 표기되어 있다. 이 필사본은 건륭 시기에 필사된 원고본이거나 전사본轉寫本으로 생각된다.[19]「동곽기고사」는「동곽외전」과 내용이 같고, 작자 표시는 없다. 이 밖에「좌주해담」과「포말포선론」은 잡문 형식이며 고사가 아니다.『석파천경』은 2책으로 이루어진 작품선집인데, 제1책에는「목피자고사」일부가 실려 있고, 제2책에는「목피자고사」의 나머지 일부와「문천어」,「전가락」,「제경공대공자오장」,「동곽기」,「목마랍마木馬拉磨」,「남창몽」이 실려 있다. 책 겉표지에 "정축여월 수초 임자 숙월 중장丁丑如月手鈔壬子宿月重裝"이라고 쓰여 있으며, 제1책과 제2책의 속표지에는 모두 "왕녹우 선생 수초본, 을해 중춘 상완 내신 중정어괴음초사王鏤友先生手抄本乙亥仲春上浣洒晨重訂於槐陰艸舍"라고 쓰여 있다. 또한 도서목록에는 "청 왕균 초본淸王筠抄本"이라고 기록되어 있다. 왕균(1784~1854)은 호가 녹우이고 산동 중부의 안구安邱 사람으로,『설문해자說文解字』연구에 업적을 남겼다.[20] 만약 이『석파천경』이 왕균에 의해 필사된 것이라면, 이 책은 1815년(을해乙亥)에 중정된 것을 바탕으로 1817년(정축丁丑)에 필사되었으며 1852년(임자壬子)에 다시금 장정된 것이 분명하다. 이를 통해 본다면 청 초의 작품이 전하는 과정에서 청대 후기에 필사된 판본으로 여겨진다.[21]

---

19 관덕동·이만봉 교수의 견해에 따름.

20 丁文方 等 編,『山東歷史人物辭典』, 濟南: 山東人民出版社, 1990, 425쪽과 劉江,「文學家王筠」,『山東省文化藝術志資料匯編』第18輯, 1984, 33쪽 참조.

21 한편『檀几叢書』(康熙34년, 1695)에 실려 있는 金諾의「韻史」라는 작품은 '淸平樂−西江月−산문−10언구−西江月'의 순서로 이루어져 있는데, 형식 면에서 보면 고사계강창에 귀속할 수 있

또한 일본의 게이오慶應대학 요재문고聊齋文庫에는 마사오 히라이平井雅尾가 수집한 상당한 분량의 통속문학 자료가 소장되어 있는데, 여기에는 고사도 포함되어 있으며 이 가운데 유일본 고사로 「도박사賭博詞」가 있다.[22]

이 밖에도 텍스트는 전하지 않지만 제목이 전하는 고사 작품들도 적지 않다. 먼저 호적이 「성세인연전고증醒世姻緣傳考證」(1935)에서 고사라고 언급한 작품들이 있는데, 「장두기牆頭記」(장편), 「행운곡幸雲曲」(장편), 「봉래연蓬萊宴」(장편), 「화선생람관和先生攬館」(단편), 「준야차곡俊夜叉曲」(단편) 등이 그것이다. 그런데 이 작품들은 흔히 '이곡俚曲'이라고 불렸고, 형식도 7언 또는 10언 운문이 주요 구성 성분인 고사와는 다르다.[23] 또한 호적은 제남濟南 사람 왕배순王培荀의 『향원억구록鄕園憶舊錄』(1845년 서문) 가운데 "포유천蒲柳泉〔포송령〕 선생은 『요재지이』 가운데 「산호珊瑚」, 「장눌張訥」, 「강성江城」을 택해 소곡小曲을 짓고 전기傳奇를 연출하여 노인들이 심심풀이로 삼도록 했다"는 대목을 인용하며 「산호」, 「장눌」을 개편한 것도 고사라고 했다.[24] 작품 자체를 볼 수 없으므로 논의가 어렵지만, 호적은 고사의 범위를 상당히 넓고도 모호하게 인식한 듯하다. 그는 또한 「장원 포유천 선생 묘표 발문〔跋張元的柳泉蒲先生墓表〕」(1935)[25]에서도 장원이 쓴 묘표문에는 포송령의 작품 가운데 빠진 것이 많다고 지적하고 「문천사」, 「동곽외전」, 「도학

다. 다만 문장이 문언체에 가깝고 운문은 완전한 10언구만으로 이루어져 있어서 전형적인 전기 고사계강창과는 상당히 다르다. 「韻史」는 王晫·張潮(淸), 『檀几叢書』, 上海: 上海古籍出版社, 1992, 26~29쪽에 실렸고, 顧頡剛, 「法華讀書記(4)」(1952)에서 언급되었다. 顧頡剛, 『顧頡剛讀書筆記(5)』, 臺北: 聯經出版事業公司, 1990, 2873~2874쪽.

22 최근 慶應義塾大學 聊齋文庫에서 이 작품을 확인하여 입수하였으나 필사 상태가 좋지 않아 분석에 다소 어려움이 있을 것으로 예상된다. 이 책에서는 일단 논의에서 제외하고 추후 보충 연구를 기약한다.

23 「和先生攬館」을 제외하고 나머지 세 가지 모두 『蒲松齡集』의 '聊齋俚曲集'에 수록되어 있다. 路大荒 編, 『蒲松齡集』, 北京: 中華書局, 1962 참고.

24 胡適, 「醒世姻緣傳考證」, 『胡適文存(四)』, 248쪽.

25 『益世報』, 1935. 10. 1. 후에 路大荒·趙苕狂 編, 『聊齋全集』, 上海: 世界書局, 1936에 재수록.

전」,「학구자조」,「제일제궁신문」,「궁신답문」,「성세인연소설」,「혼가전서婚嫁全書」,「약숭서藥崇書」,「가정내편家政內篇」,「가정외편政外篇」,「소학절요小學節要」 등을 보충했다. 이 가운데 『요재전집』에 실린 앞의 다섯 작품은 모두 『요재백화운문』을 근거로 목록을 보충했다고 밝히면서 작자에 대해서는 이설도 있다고 했다. 호적은 많은 작품을 고사라고 언급했지만, 그 가운데 「문천사」와 「동곽외전」만이 고사 작품에 해당한다.

이어 곡계고曲繼皐는 『민중교육』이라는 잡지에 「산동 민중문예와 예인〔山東民衆文藝與藝人〕」(1937)을 발표했는데, 여기서 그는 가부서가 지은 고사로 「목피사」,「태사지적제」,「제경공대공자」,「자화사어제子華使於齊」,「제인유일처일첩齊人有一妻一妾」 등을 들었고, 무명씨의 고사로 「전가락」,「문천어」,「목마랍마」,「도박사」,「남창몽」,「추강몽秋江夢」,「풍월단風月段」 등을 들었다.[26]

한편 마사오 히라이는 『요재연구聊齋硏究』(1940)에서 자신이 모은 포송령 관련 자료를 열거하면서 고사 자료도 포함시켰는데, 여기에는 『요재백화운문』과 『요재전집』 등에 실린 자료와 「동곽외전」(포영담蒲英譚 전초본傳抄本),「문천사」(포영담 소장 포입덕蒲立惠 진적원고眞跡原稿),「도학전」(필사본, 『요재백화운문』본과 동일),「제일제궁신문」 및 「궁신답문」(필사본, 『요재백화운문』본과 동일),「공자고아사孔子鼓兒詞」(『요재전집』본과 동일),「이십사효고아사二十四孝鼓兒詞」(작연당綽然堂, 즉 유천柳泉 필씨畢氏 전초본傳抄本),「문천어」(필사본),「도박사」(필사본),「소도문笑賭文」(필사본),「요재외편聊齋外篇」(필사본),「사륙문사四六文詞」(필사본),「추녀자가」(필사본) 등이 있다. 이 가운데 뒤의 여섯 작품을 그는 백화운문 또는 백화창사白話唱詞라고 했는데, 그중

---

26 曲繼皐,「山東民衆文藝與藝人」,『民衆敎育』第6期, 1937. 8, 10~12쪽.(이후 『山東省文化藝術志資料匯編』 제2집, 1984, 207쪽에 재수록)

상당 부분이 고사라고 봐야 할 것이다.[27]

또한 유계평이 엮은 『청초고사이곡선』에는 7편의 고사 작품이 수록된 것 외에도, 「공부자고아사」, 「누항단」, 「문천어」, 「장가사莊家詞」, 「추녀자가」, 「열녀사」, 「제일제궁신문」, 「궁신답문」, 「학구자조」 등의 목록이 소개되어 있다. 기력冀歷은 「민간문학가 마익저와 그의 작품〔民間文學家馬益著及其作品簡介〕」(1989)에서 마익저가 지은 고사 작품으로 「경술수재전고아사」, 「자화사어제전장고사」, 「동곽기고사」 등이 있다고 했다.[28]

지금까지 중화민국 시기에 출판되었거나 그때까지 전해진 각종 자료들을 검토했다. 이들을 종합하면 상당한 수량의 전기 고사계강창 목록을 작성할 수 있다. 이를 토대로 목록을 종합하여 제시하려 한다.

3. 전기 고사계강창 목록

앞에서 소개한 자료를 근거로 작성한 전기 고사계강창 목록은 다음과 같다.[29] 수집된 작품은 아래의 15종이다.

① 「문천사問天詞」: 『요재백화운문』 수록본, 중화서국본(「문천고아사」), 『요재전집』 수록본, 『청초고사이곡선』 수록본, 이만봉 소장 필사본

---

27 平井雅尾, 『聊齋研究』, 1940 가운데 '筆者所藏之聊齋遺書' 참고. 다만 「四六文詞」는 변려문체로 되어 있으니, 고사라고 보기 어렵다.

28 冀歷, 「民間文學家馬益著及其作品簡介」, 『山東省文化藝術志資料匯編』第18輯, 1989, 29~31쪽.

29 ① 작품명, 수록된 자료명(출판 연도순이며 필사본은 뒤에 적음), 목록이 소개된 자료명(출판 연도순). ② 해당 수록 자료에 제시된 작품 이름이 표제로 제시된 것과 다를 때에는 괄호 안에 표기함. 단, 『丁野鶴遺著』의 자료는 제목이 표기되어 있지 않으므로 별도의 제목을 표기하지 않고 표제로 제시된 것에 따름. ③ 「逃學傳」, 「學究自嘲」, 「除日祭窮神文」, 「窮神答文」은 앞에서 지적한 이유로 본 목록에서 제외했고, 胡適이 언급한 많은 '고사' 목록도 같은 이유로 「問天詞」와 「東郭外傳」만을 본 목록에 수록함.

② 「동곽외전東郭外傳」:『요재백화운문』 수록본, 중화서국본(「동곽소고아사」),
  『요재전집』 수록본,『청초고사이곡선』 수록본(「동곽전」), 산동대학도서관 소장
  『정야학유저』 수록 필사본, 산동성도서관 소장『수재전』 수록 필사본(「동곽기
  고사」), 산동성도서관 소장『석파천경』 수록 필사본(「동곽기」)

③ 「공부자고아사孔夫子鼓兒詞」:『요재전집』 수록본,『일경일경逸經』(제9기, 1936)
  수록본

④ 「제인장齊人章」:『청초고사이곡선』 수록본,『소두붕小豆棚』 수록본

⑤ 「제경공대공자오장齊景公待孔子五章」:『청초고사이곡선』 수록본,『고사휘
  집』 수록본(「공자거제」),『만청문학총초·설창문학권』 수록본,『정야학유저』 수
  록 필사본,『석파천경』 수록 필사본

⑥ 「태사지적제전장太師摯適齊全章」:『청초고사이곡선』 수록본(「태사지적제」),
  『가부서목피사교주』 수록본

⑦ 「전가락田家樂」:『청초고사이곡선』 수록본,『석파천경』 수록 필사본

⑧ 「남창몽南窓夢」:『청초고사이곡선』 수록본,『정야학유저』 수록 필사본,『석파
  천경』 수록 필사본

⑨ 「역대사략고사歷代史略鼓詞」:『목피산객고사』 수록본,『가부서목피사교주』
  수록본,『석파천경』 수록 필사본(「목피자고사」)[30]

⑩ 「문천어問天語」:『정야학유저』 수록 필사본,『석파천경』 수록 필사본

⑪ 「경술수재전고아사庚戌水災傳鼓兒辭」:산동성도서관 소장『수재전』 수록 필
  사본[31]

⑫ 「목마랍마木馬拉磨」:『석파천경』 수록 필사본

⑬ 「설경전舌耕傳」:『(임구)문사자료선집』 제4집 수록본

---

30 關德棟·周中明 編,『賈鳧西木皮詞校注』에는 다음과 같은 판본이 소개되어 있다. 盧氏 愼始基齋
  精刻本『木皮鼓詞』; 北平 中華書局 납활자본『木皮鼓詞』; 昌樂 趙氏 傳抄本『木皮詞』; 光緒 丁未
  葉氏 觀古堂 刊本『木皮散人鼓詞』(즉, 福山 王氏,『天壤閣叢書』增刊本과 동일); 석판본『江湖鼓
  詞』; 宣統二年 上海 章福記 石印『繪圖警世鐘』; 濰縣 和記印刷局 납활자본『木皮子傳』; 自笑軒
  主人 校訂 童友社 석판본『木皮子傳』(養靜軒主人 所藏 舊鈔本에 의거); 癸丑 秋瞰地樓書社 석
  판본『木皮子傳』; 守德堂(嘉慶) 傳抄本『木皮子傳』. 한편『木皮散客鼓詞』에 소개된 판본은 다음
  과 같다. 昌樂 趙氏 所藏 舊抄本; 濰縣 丁氏 所藏 舊抄本1; 濰縣 丁氏 所藏 舊抄本2; 福山 王懿
  榮氏 天壤閣 목판본; 沔陽 盧木齋氏 목판본; 湘潭 葉德輝氏 목판본; 南海 吳趼人氏 印本.

31 張軍·郭學東,『山東曲藝史』, 濟南: 山東文藝出版社, 1997에도 이 작품이 轉載되어 있다.

⑭ 「자화사어제자華使於齊」: 『(임구)문사자료선집』 제4집 수록본(「자화사어제전장고사」), 「산동 민중문예와 예인〔山東民衆文藝與藝人〕」, 「민간문학가 마익저와 그의 작품〔民間文學家馬益著及其作品簡介〕」(「자화사어제전장고사」)

⑮ 「도박사賭博詞」: 게이오대학 요재문고 소장본, 「산동 민중문예와 예인」, 『요재연구』[32]

다음으로 목록만 확인된 작품은 아래의 9종이다.

① 「추강몽秋江夢」: 「산동 민중문예와 예인」

② 「풍월단風月段」: 「산동 민중문예와 예인」

③ 「이십사효고아사二十四孝鼓兒詞」: 『요재연구』

④ 「추녀자가醜女自嫁」: 『요재연구』, 『청초고사이곡선』

⑤ 「소도문笑賭文」: 『요재연구』

⑥ 「요재외편聊齋外篇」: 『요재연구』

⑦ 「누항단陋巷段」: 『청초고사이곡선』

⑧ 「장가사莊家詞」: 『청초고사이곡선』

⑨ 「열녀사烈女詞」: 『청초고사이곡선』

---

32 關德棟의 「聊齋俗曲偶記」(『曲藝論集』에 수록됨)에는 「賭博五更曲詞」라는 작품 제목이 소개되어 있는데, 이것이 곧 「賭博詞」와 같은 것을 뜻하는지의 여부는 확인되지 않고 있다. 그런데 平井雅尾는 『聊齋研究』에서 「賭博詞」를 소개하면서 俚曲 「俊夜叉曲」(일명 「賭博詞」)과는 완전히 다른 것이라고 언급했다(69쪽). 이에 따르면 유사 제목의 작품이 최대 3종, 최소 1종이 존재했을 것이다. 이 문제 역시 추후 조사 확인되어야 할 것이다.

제3장 전기 고사계강창의 작자와 작자층

1. 각 작품의 작자

전기 고사계강창과 관련 있는 인물은 앞에서 보았듯이 진위 여부와는 별도로 포송령이 가장 많이 언급되었고, 가부서, 정야학, 포입덕蒲立惠, 마익저, 구징취邱澂翠, 조한각曹漢閣 등도 고사를 지었다고 언급되고 있다. 전기 고사계강창의 특징을 파악하기 위해서는 이 작자들이 어떠한 사상적 경향을 지녔고, 어떤 동기 및 목적에서 고사를 지었는지를 알아볼 필요가 있다. 그런데 각 작품의 작자가 누구인지에 대해서는 몇몇 주장이 제기되어왔지만 현재까지 전면적으로 검토되어 명확히 정리된 바가 없다. 따라서 먼저 각 고사 작품의 작자에 대한 여러 주장을 상세히 살펴보고 정리한 후에 이 작자층의 창작 시기, 활동 지역 및 신분의 공통적 특징을 지적하려 한다.

(1) 「문천사」

『요재백화운문』, 중화서국본「문천고아사」, 『요재전집』에는 모두 「문천사」를 포송령이 지었다고 기록되어 있다. 그러나 노대황路大荒이 처음 이에 대해 반론을 제기했고, 마사오 히라이도 이설의 존재를 인정했다. 노대황은 포송령의 6대손인 포국정蒲國政의 증언에 따라 이 작품은 포송령의 손자 포입덕이 쓴 것이라고 주장했다.[33] 그런데 필사 연대와 관련하여『요재백화운문』과 『요재전집』 수록본에는 다음과 같은 대목이 있다.

且說帝堯登基甲辰歲,   각설하고 요임금이 등극하신 갑신甲辰년 이래로,
到如今大淸康熙己亥年,   오늘 대청大淸 강희 기해년〔1719〕에 이르기까지,
四千九百零六載,   4906년이 되었는데,
這其間多少事情不周全.   이사이에 많은 일이 원만하지 못했다네.[34]

이 부분이『청초고사이곡선』 수록본에는 "오늘날 대청 건륭 병진년〔1737〕에 이르기까지 4906년이 되었다"라고 되어 있다.[35] 포입덕은 1684년에 출생하여 1751년에 세상을 떠났으므로[36]「문천사」의 두 가지 판본이 모두 포입덕의 생존 기간에 필사되었음을 알 수 있다. 또한 포송령은 1715년에 세상을 떠났으므로 두 판본 모두 포송령이 죽은 후에 필사된 것임을 알 수 있다. 1719년은 포입덕이 35세 되던 해이고, 1736년은 52세 되던 해이다. 이를 통해 시기를 추정하면 포입덕이 지었을 가능성이 크다. 또한 마사오 히라이도 자신이 입수한 포영담蒲英譚(포송령의 8대손) 소장본이 바로 포

---

33 路大荒 編, 『蒲松齡集』, 北京: 中華書局, 1962, 1829쪽과 路大荒, 『蒲松齡年譜』, 濟南: 齊魯書社, 1986, 95쪽.
34 馬立勛 編, 『聊齋白話韻文』, 1쪽.
35 劉階平 編, 『淸初鼓詞俚曲選』, 臺北: 正中書局, 1968, 185쪽.
36 劉階平 編, 『淸初鼓詞俚曲選』, 13쪽과 路大荒, 『蒲松齡年譜』, 81~82쪽.

입덕의 친필 원고라고 주장했고,[37] 유계평 역시 포입덕이 지은 것으로 보았다.[38] 이상과 같은 여러 사람의 주장을 종합하면 「문천사」는 포입덕이 지었을 가능성이 매우 크다.[39]

포입덕(1684~1751)은 자가 의암毅庵, 호가 동곡東谷이고 산동 치천淄川 사람이다. 포송령의 장자인 포약蒲箬의 장자였고, 신분은 읍邑의 상생庠生(지방학교 생원)이었다. 배우기를 좋아했고, 아홉 살 때 소설을 몇 권 써서 조부 포송령에게 보여주어 감탄을 자아냈다고 했다. 평생 고학古學을 좋아하고 후진을 기르는 데 힘썼다고 하며, 저술로는 『삼자경주해三字經注解』 1책, 『동곡문집東谷文集』 4권, 『동곡시집東谷詩集』 2권, 『수지필채修志必采』 2권, 『도서회통道書匯通』 4권, 『가정회편家政匯編』 40권 등이 있다.[40]

(2) 「동곽외전」과 「제인장」

「동곽외전」은 작자 문제가 「제인장」과도 관련되어 가장 복잡하다. 『요재백화운문』, 중화서국본, 『요재전집』 수록본에는 포송령이 이 작품을 지었다고 기록되어 있다. 『정야학유저』 수록본에는 제목에서도 알 수 있듯이 정야학이 지은 것이라고 기록되어 있으며, 「산동 민중문예와 예인」에는 가부서가 지었다고 기록되어 있다. 마사오 히라이는 『요재연구』에서, 마익저의 후예인 마강후馬康侯가 산동의 『제남일보濟南日報』에 투고문을 보내[41] 「동곽외전」이 건륭 연간에 세공생이었던 마익저가 지은 것이라고 주장했다고 언

---

37 平井雅尾, 『聊齋研究』, 46쪽.

38 劉階平 編, 『淸初鼓詞俚曲選』, 13쪽.

39 葉德均은 王百尺이 작자로 된 것도 있다고 했지만, 근거는 들지 않았다. 葉德均, 『戱曲小說叢考』, 北京: 中華書局, 1979, 682쪽.

40 路大荒, 『蒲松齡年譜』, 81~82쪽. 원래 『淄川縣志』의 「東谷先生傳」(黃搢珽 撰)에 의거한 것.

41 馬康侯가 투고한 시점은 1936년 초인 듯하다. 巢雲, 「東郭外傳之傳疑-借復馬康侯先生」, 『濟南日報』 1936. 3. 2가 있는 것으로 보아, 馬康侯의 글은 그 며칠 전에 발표된 것 같다.

급했다. 그러나 마사오 히라이는 이어서 포송령의 8대손인 포영담의 집에 소장되었던 필사본에 실렸다는 왕원배王元培의 건륭 59년 서문 및 정장亭長 섭세신橐世臣의 발문에 포송령이 '모았다(輯)'는 기록이 있음을 소개하면서도 이것이 곧 포송령이 지었다는 의미인지에 대해서는 단정하지 못하고 후대의 연구를 기약한다고 밝혔다.[42] 섭덕균은 「송원명강창문학」(1952)에서 여러 필사본에 가부서, 포송령, 구징취, 마준열馬遵烈 등이 작자로 나타나 있다고 했고,[43] 장서조蔣瑞藻는 『소설고증小說考證』에서 「동곽외전」은 가부서가 지은 것이라고 했다.[44] 그러나 유계평의 『청초고사이곡선』은 구징취가 지었다고 했고, 「민간문학가 마익저와 그의 작품」에는 목록 가운데 「동곽기고사」가 들어 있으니 기력은 마익저가 이 작품을 지었다고 본 셈이다. 한편 노대황은 가부서와 구징취 중 한 사람이 작자라고 주장했다.[45]

이상을 정리하면, 「동곽외전」을 지었다고 언급된 인물은 연배순으로 가부서(1590~1674), 정야학(1599~1669), 포송령(1640~1715), 마익저(1757년에 세공생이 됨) 등이며, 생졸 연도가 불분명한 구징취까지 포함하면 다섯 사람이나 된다. 이제 각각의 근거를 살펴보고 그 타당성을 검토하려 한다.

① 먼저, 가부서설은 노대황이 기존의 포송령설에 대해 반론을 펴는 과정에서 제기했다. 그는 건륭 연간에 산동 남부 가상嘉祥 사람인 증연동曾衍東(1750~1825)이 쓴 『소두붕小豆棚』에 가부서가 「동곽외전」을 지었다는 기

---

42 平井雅尾, 『聊齋研究』, 46쪽.
43 葉德均, 『戲曲小說叢考』, 北京: 中華書局, 1979, 682쪽. 이 가운데 馬遵烈(乾隆 17년, 즉 1752년 鄕試에 급제)은 山東 『臨朐縣志』 人物 부분의 馬益著의 바로 前項에 기록이 있으나, 고사를 지었다는 언급은 전혀 없다. 葉德均 또는 그에게 자료를 전해준 쪽에서 馬遵烈과 馬益著를 혼동한 것이 아닌가 추측된다.
44 蔣瑞藻, 『小說考證』, 上海: 商務印書館, 1919, 538쪽. 劉階平 編, 『淸初鼓詞俚曲選』, 9쪽에도 재인용됨.
45 路大荒, 『蒲松齡年譜』, 95쪽.

록이 있다는 것을 증거로 들었다.[46] 그러나 유계평은『소두붕』의 '예문부藝
文部'에는 「동곽외전」이 아닌 「제인장」이 집입輯入되었다고 지적했고,[47] 서
복령徐復嶺도『소두붕』에 실린 것은 「맹자제인장」이라고 확인했다.[48]『소두
붕』의 '가부서고사' 대목에는 다음과 같이 쓰여 있다.

　목피산객木皮散客은 곡부曲阜의 가부서이다. 어려서부터 재주가 뛰어나고 고
사를 설창하기 좋아했다. (……) 그의『논어』패사稗詞는 동당東塘〔공상임孔尚
任〕이『도화선』에 채입하기도 했고, 「역대사략」은 내가 여러 차례 사람들이 연창
하는 것을 들어본 적이 있다. 오늘 이산정李山亭이 있는 곳에서 「맹자제인孟子齊
人」한 대목도 보게 되어 여기에 적어둔다.〔이후 「제인장」의 본문이 이어짐〕[49]

이에 따르면 가부서가 지은 고사는 적어도 세 편이 확인된다. 특히 「맹
자제인」을 발견한 증연동이 그 본문을 초록함으로써 위의 「제인장」의 작자
가 가부서라는 주장이 더욱 설득력을 얻게 된다. 그런데 노대황은 「제인장」
과 「동곽외전」이 같은 작품이라고 생각했고, 따라서『소두붕』에 실린 「제
인장」이 바로 「동곽외전」이라고 생각했을 가능성이 크다. 유계평은『청초
고사이곡선』에 실린 「제인장」이 가부서의 작품이라고 했는데, 「제인장」과
「동곽외전」은 모두『맹자』의 한 대목을 소재로 했기 때문에 기본적인 내용
이 같다. 그러나 「제인장」이 산문 약 960자와 운문 180구로 이루어져 있는
데 비해 「동곽외전」은 산문 약 4,360자와 운문 392구로 이루어져 있어, 특

46　路大荒,『蒲松齡年譜』, 95쪽. 한편『小豆棚』에 대해서는 徐正綸·陳銘, 「『小豆棚』述評」,『浙江學
　　刊』1981年 第1期, 97쪽; 寧稼雨,『中國文言小說總目提要』, 濟南: 齊魯書社, 1996, 356~357쪽
　　참조.
47　劉階平 編,『淸初鼓詞俚曲選』, 7쪽.
48　徐復嶺,『醒世姻緣傳作者和語言考論』, 濟南: 齊魯書社, 1993, 132쪽.
49　"木皮散客, 曲阜賈鳧西也. 少負辨才, 好說鼓詞. …… 其論語稗詞, 爲東塘采入桃花扇中. 歷代
　　史略, 余嘗聽人唱演. 今于李山亭處, 又見孟子齊人一段, 附錄于後." 譚正璧·譚尋 蒐輯,『評彈通
　　考』, 北京: 中國曲藝出版社, 1985, 499~500쪽에서 재인용함.

히 산문 부분에서 차이가 크고 운문도 2배 이상 차이가 난다. 유계평은「제인장」을 바탕으로「동곽외전」이 이루어졌으리라는 가설을 제기했는데,[50] 이 가설을 인정한다면 가부서가「제인장」을 지었고 다른 사람이 이를 바탕으로 손질을 가해「동곽외전」을 완성했다는 추정이 가능하다. 이처럼 소재와 내용 전개가 거의 같은 두 작품은 사실상 한 계열로 볼 수 있다. 즉,「제인장」과「동곽외전」은 한 유형type의 두 각편version이라고도 할 수 있다. 이상의 논의에 따른다면 가부서가「동곽외전」이 아닌「제인장」을 지었다고 보는 것이 온당할 것이다. 즉,「동곽외전」은 가부서의「제인장」을 바탕으로 하여 확장된 것이지만, 가부서가 확장했다는 증거는 찾을 수 없다.

② 구징취설은 어떠한가. 노대황과 유계평은「동곽외전」을 구징취가 지었다는 증거로『광요현지廣饒縣志』를 인용하고 있다. 유계평이『청초고사이곡선』에 실은 필사본에도 천승千乘(광요의 옛 명칭) 사람 구징취가「동곽외전」을 지었다고 기록되어 있다. 노대황이 인용한『광요현지』「구징취전」을 보겠다.

　　구징취는 호가 이재二齋이고 읍에서 서북쪽으로 20리 떨어진 석신진石辛鎭 사람이다. 젊어서 읍의 제생諸生이 되었다가 정혁鼎革 이후에는 다시 과거를 보지 않았다. 저서로는『평심설平心說』,『사서천주四書淺注』,『소학토진小學吐眞』 등이 있었는데 안타깝게도 오래전에 일실되었다. 그리고 평생토록 지은 여러 탄사 작품이 특히 많았는데, 지금 전하는 것은「동곽전」하나뿐이다. 대체로 자여씨子輿氏의「제인일처일첩」장을 바탕으로 지은 것인데, 전체가 수천 자에 이른다. 세정 묘사가 이것을 읽은 사람들로 하여금 자신을 반성케 할 수 있을 정도로 뛰어나고, 이것을 듣는 자는 깊이 깨닫는 바가 있게 된다. 말을 만들고 붓을 놀려 문장의 뜻을 잘 포괄한 작품이다.[51]

50　劉階平 編,『木皮散客鼓詞』,臺北: 正中書局, 1954, 44쪽.
51　路大荒,『蒲松齡年譜』, 95쪽: "邱澂翠號二齋, 邑西北二十里之石辛鎭人也. 少爲邑諸生, 鼎革後不復進取. 著有平心說, 四書淺注, 小學吐眞諸書, 惜久軼, 而生平所作各彈詞爲尤夥, 今存者, 惟

여기에는 구징취가 정혁 후에 관직에 나아가지 않았다고 했는데, '정혁'은 왕조 교체를 뜻하므로 그가 명 말엽에 이미 읍의 제생이었던 것을 알 수 있다. 구징취가 명 말에 태어난 가부서와 거의 비슷한 시기에 생존한 사람이었다고 추정할 수 있는 것이다. 노대황은 광요현의 지인이 필사해서 보내준 『광요현지』를 참고했다고 했는데, 중화민국 24년(1935)에 편수된 『속수續修광요현지』는 있으나 그 이전에 간행된 『광요현지』는 존재하지 않는다. 다만 중화민국 7년(1918)에 광요의 옛 이름인 낙안樂安을 사용한 『낙안현지』가 간행되었는데, 이 기록이 노대황이 인용한 내용과 거의 같고, 구징취가 「동곽전」을 남겼다는 기록도 있다.[52] 또한 『낙안현지』에는 노대황이 인용한 내용 외에도 고사와 관련된 언급이 다음과 같이 이어진다.

같은 때 제성에 살았던 정야학 같은 이의 목피자木皮子는 [작품이] 많지 않다. 구징취의 사적이 세상에 전하는 바가 많았는데, [고사와 같은] 기이한 말들은 대개 모두 가볍고 천박하며 경망스러운 것들이었으니, 품덕과 학문을 모두 갖추었음을 어찌 알 수 있었으랴. 이런 까닭에 자세히 살펴 위와 같이 적어둔 것이다.[53]

이러한 기록을 보면 구징취가 「동곽전」 외에도 "가볍고 천박하며 경망스러운" 고사 작품을 많이 남겼음이 더욱 확실하다. 『속수광요현지』 제5책 「인물지」에도 그에 대한 기록이 있다.

東郭傳一則. 蓋卽子輿氏齊人一妻一妾章, 點綴成之, 全書不下數千言, 其描繪世情, 足使當者知愧, 聞者深醒, 造詞使筆, 亦括盡文章能事." 한편 劉階平 編, 『淸初鼓詞俚曲選』에는 작품 이름을 소개한 대목이 "今存者, 惟東閣傳一則."이라고 되어 있다.

52 『小學吐眞』을 『小子吐眞』이라고 한 것 정도가 다르고 나머지는 의미에 차이가 없는 표현상의 미묘한 차이만 있는 정도이다.

53 『樂安縣志』 卷10 人物志: "同時若諸城丁野鶴之木皮子者, 不足多也. 按徵翠事世所傳多, 異詞無慮皆佻薄輕僄之爲, 烏知以品以學兩皆有, 當玆故詳爲考錄之如右." 여기서의 木皮子는 鼓詞의 별칭으로 보인다.

저서로는『평심설』,『사서천주』,『소학토진』및 탄사 여러 종이 있었으나 모두 오래전에 일실되어 전하지 않는다. 그의 생평 사적은 세상의 기록에 전하는 행적이 많은데, 영리하지만 좀 가벼웠다고 한다. 민국 초의『지志』〔1918년 간행된『낙안현지』를 가리킴〕는 그가 인품과 학식이 모두 뛰어났다고 했다. 아마도 현자였는데 변란 시기에 살았던 까닭에 완세불공玩世不恭하는 태도가 있게 된 것이리라.[54]

이상에서 본 것처럼『낙안현지』와『속수광요현지』를 근거로 한다면 구징취가 '제인유일처일첩齊人有一妻一妾' 이야기를 바탕으로「동곽전」, 곧「동곽외전」을 썼다고 볼 수 있을 것이다.

③ 정야학설은『정야학유저』를 근거로 제시되었는데, 앞에서 봤듯이 이 필사본의 유래가 명확하지 않고, 제목 이외의 다른 증거는 찾아볼 수 없으며,『제성현지』등에 기록된 정야학의 저작 가운데는 고사 작품이 없고,[55] 필사본으로 전하는「제경공대공자오장」만이 정야학의 것으로 추정되고 있다(뒤의「제경공대공자오장」부분 참고). 필사자가 정야학의 작품인「제경공대공자오장」을 필사하면서 널리 전하고 있던「동곽외전」을 합쳐 넣어『정야학유저』라는 제목을 붙였을 가능성이 크다. 실제로「남창몽」의 말미에 정섭鄭燮의「도정道情」의 시작 부분 일부가 포함되어 있는 점이 이러한 가능성을 뒷받침한다.

④ 포송령설은『요재백화운문』,『요재전집』등에서도 주장되었고,『요재연구』에도 포송령이 지은 것인지 앞으로 연구할 필요가 있다고 언급되어 있다.[56] 반면 노대황은 이 책자들의 편집 과정에 문제점이 있음을 지적한 후

---

54 『(續修)廣饒縣志』, 29쪽: "著有『平心說』,『四書淺注』,『小學吐眞』及彈詞多種. 皆舊軼無存. 其生平行事, 據世傳述類多跡, 近償薄之擧. 民初志謂其品以學兩皆有當. 或亦賢者身處國變而故爲此玩世不恭乎."

55 앞의 제2장 제2절 참고.

56 平井雅尾,『聊齋研究』, 46쪽.

앞에서 설명한 것처럼 구징취설을 제시하고 포송령설을 반박했다.[57]

⑤ 마익저설은 마강후가 『제남일보』에 투고하며 주장했고,[58] 산동성도서관 소장 『수재전』에 실린 「동곽기고사」도 작품 앞에는 작자가 밝혀져 있지 않지만 마익저가 『수재전』을 편찬했다고 하기 때문에 검토할 필요가 있다.[59] 광서 10년인 1884년에 편수된 『임구현지臨朐縣志』 권14 인물 부분을 보면,

> 마익저는 자가 석명錫明 또는 매계梅谿이다. 읍 남쪽 호매간湖梅澗 사람이다. 건륭 연간에 세공생이 되었다. 성품이 총명하여 10살 때부터 문장을 잘 지어서 어른들이 경탄하였다. 자라서는 널리 배우고 여러 잡가들의 예사藝事를 익혀서 어느 것이나 다 잘했다. 80살이 넘어서도 날마다 일하여 끊임없이 글을 써서 유작이 매우 많다. 간행된 것으로는 『사서성운편四書聲韻編』, 『무아시해無牙詩解』, 『시운촬요詩韻撮要』가 있다. 탐방조사.[60]

라고 되어 있다. 여기에는 마익저가 고사 작품을 지었다는 기록은 없고, 다만 '잡가들의 예사'를 익혔다고만 했다. '잡가들의 예사'가 고사 등의 통속 문예를 가리킬 가능성이 크지만 더 자세히 알 수는 없다. 그런데 중화민국 24년(1935)에 편수된 『임구속지臨朐續志』 권15 예문략藝文略 부분에는 보다 상세한 사항이 적혀 있는데, 그 가운데 일부를 보겠다.

> 구지舊志〔『임구현지』〕에는 적혀 있지 않지만 그 밖에도 「시경편십가詩經篇什

---

57 路大荒,「聊齋全集中的『醒世姻緣』與『鼓詞集』的作者問題」,『蒲松齡年譜』, 95쪽.

58 平井雅尾,『聊齋研究』, 46쪽.

59 冀歷,「民間文學家馬益著及其作品簡介」에 「東郭傳鼓詞」의 제목으로 소개된 것은 山東省圖書館 所藏本에 근거한 듯하다.

60 『(光緒)臨朐縣志』 卷14: "馬益著字錫明一字梅谿. 邑南湖梅澗人. 乾隆間歲貢. 賦性聰穎, 十歲能屬文, 長老異之. 及長博學多聞, 兼習雜家藝事, 無不精妙. 年逾八旬, 日勤著作不輟, 遺藁甚富. 刊行者有四書聲韻編, 無牙詩解, 詩韻撮要. 採訪."

歌」,「수재전」,「유태화전劉太和傳」,「동곽기」,「좌주해담佐酒諧談」,「일용오언잡자日用五言雜字」 등의 필사본이 세상에 전하고 인구에 회자되고 있다. (……) 청 건륭 정축년[1757]에 세공생이 되었다.[61]

여기에는 『임구현지』에 기록되지 않은 작품 몇 편이 더해져 있고,「수재전」,「동곽전」 등의 고사 작품이 포함되어 있다. 그런데 『임구속지』의 편수 시기는 『요재백화운문』이 나온 이후이다. 『요재백화운문』의 편자 마입훈은 「동곽외전」이 포송령의 작품이라고 믿었지만, 5년여가 지난 1935년에 임구현 현지에서는 오히려 마익저의 작품으로 여긴 것이다. 반면에 산동성도서관 소장 『수재전』에 실린 「동곽기고사」는 작자 표시가 없어서, 마익저가 손수 지은 것이 아니라 다른 사람의 것을 자신의 선집에 끼워 넣었을 것이라는 의심이 들게 한다. 어떻든 「동곽외전」이 최소한 마익저의 손을 거쳐 전해졌을 가능성은 있지만, 그가 직접 지었다는 확실한 증거는 없다.

지금까지 「동곽외전」의 작자 문제를 상세히 검토했다. 정리하자면, 이 작품의 작자로는 가부서, 구징취, 마익저, 포송령, 정야학 등 여러 사람이 거론되었으나 모두 확정할 만한 증거가 없었다. 다만 가부서가 지었다는 「제인장」이 산동 지역에서 광범위하게 전승되면서 변형과 개작을 거쳤고, 구징취가 개작하여 「동곽외전」을 완성했으며, 마익저는 이렇게 개작된 것을 소장했다가 후세에 전했을 가능성이 있다. 한 가지 확실한 것은 「동곽외전」이 이처럼 여러 문인에게 잘 알려졌고, 이를 통해 이 작품이 산동 지역에 널리 퍼져 유행했음을 알 수 있다는 것이다.

---

61 『臨朐續志』卷15 藝文略: "舊志今考, 其所著尙有「詩經篇什歌」,「水災傳」,「劉太和傳」,「東郭記」, 「佐酒諧談」,「日用五言雜字」, 皆行鈔於世, 膾炙人口. …… 淸乾隆丁丑年歲貢."

(3) 「공부자고아사」

『요재전집』 수록본 및 『요재연구』에 따르면 「공부자고아사」는 포송령의 작품이다. 그러나 노대황은 이 작품의 저자는 조한각曹漢閣이라고 했고, 『청초고사이곡선』도 역시 조한각을 저자로 기록했다. 노대황은 1954년 치천 사람 하수당何樹棠에게서 빌렸다는 필사본 「공자전孔子傳」에 있다는 구절 "조한각 선생작〔系漢閣曹老師所作〕"을 증거로 들었다. 그는 이어서 이 필사본의 서언緖言도 소개했는데, 그 일부는 다음과 같다.

이 책 가운데 지금까지 알려진 공자 시대의 사실이나 연도와 다른 것은 모두 본조本朝의 강신수江愼修의 설을 바탕으로 하여 고친 것이지 결코 멋대로 바꾼 것이 아니다. (……) 이 책은 원래 학생들이 암송하기 어려운 사실들을 고사로 엮어서 즐겁게 읽고 싶은 생각이 들게 하려고 지은 것이다. 강호객들은 이를 사심을 갖고 시비하지 말았으면 한다.[62]

강신수(1681~1762)는 이름이 영永이고 무원婺源(지금의 강서성 무원현) 사람으로 십삼경十三經에 조예가 깊은 경학가이자 문자학자였다.[63] 조한각이 강영에게 사실史實을 물어서 「공부자고아사」의 내용을 손질했다면 그 시기는 빨라야 강영이 성인이 된 18세기 초반 이후였을 것이다. 또한 공자의 생애를 학생들이 암송하기 쉽게 고사로 엮었다는 기록을 보면 조한각은 교육에 관심을 가진 하급 사인士人층이었을 가능성이 크고, 이는 '조 선생'이라는 호칭으로도 뒷받침된다.

---

62 路大荒, 『蒲松齡年譜』, 95~96쪽: "此書孔子年紀間有與備考年譜不合者, 俱本本朝江愼修參定, 幷非任意妄作. …… 此書原爲子弟輩難于記誦, 因編成鼓詞, 取歡欣鼓舞而欲讀之, 江湖客不得取爲射利之資."

63 張撝之·沈起煒·劉德重 主編, 『中國歷代人名大辭典』, 上海: 上海古籍出版社, 1999, 711쪽.

(4) 「제경공대공자오장」

『청초고사이곡선』에는 「제경공대공자오장」의 작자는 정야학이고, 가부서로 표기된 필사본도 있다고 기록되었다. 『정야학유저』 수록본에도 역시 정야학의 작품이라고 기록되어 있다. 그러나 「산동 민중문예와 예인」에 따르면 이 작품은 가부서가 지었다. 『청초고사이곡선』에서는, 이 작품에 제성諸城 일대의 방언이 많이 나오고 그 근처에서 많이 나는 해산물이 등장한다는 근거를 들어 정야학이 지었을 가능성이 크다고 했다.[64] 장군張軍과 곽학동郭學東도 『산동곡예사山東曲藝史』(1997)에서 이를 정야학의 작품으로 단정했다. 필자 역시 산동 출신 학생의 도움을 받아 작품을 읽으면서 산동 동부 방언이 많음을 확인했고, 이 작품을 정야학이 지었을 가능성이 크다고 생각한다.

정야학은 산동 제성 사람으로, 성격이 호방하고 책을 많이 읽었다. 만년에는 눈병이 들어서 목계도인木鷄道人이라고도 불렸다. 제생 신분으로 강남을 돌아다니며 저명 화가 동기창董其昌(1555~1637)의 문하에서 진고백陳古白 등의 여러 문인과 교유를 했다. 후에 제성으로 돌아와 상곡橡谷에 살면서 역대 사적을 소재로 『천사天史』를 지었다. 명에서 청으로 왕조가 바뀔 때에는 의병을 모집하여 명 왕조를 위해 싸우려 했으나 실패하기도 했다. 순치 연간에는 국자감의 공생貢生이 되어 양백기鑲白旗(청나라의 군사 행정 조직이었던 팔기八旗의 하나)에서 교습敎習(교관) 직책을 맡았고, 1654년에는 하북河北 용성容城의 교유敎諭(교수)가 되었다. 1659년에 복건福建 혜안惠安의 지현知縣으로 자리를 옮겼다가 모친의 노환으로 은퇴했다. 그는 가부서와 절친했다고 알려져 있는데, 1664년에 가부서를 찾아가 피난생활을 한 것이

---

64 劉階平 編, 『淸初鼓詞俚曲選』, 11쪽.

대표적인 일화로 전한다.[65]

(5) 「태사지적제전장」과 「역대사략고사」

이들은 모두 가부서의 작품이다. 가부서(1590~1674)는 이름이 응총應寵이고 자가 사퇴思退, 진번晉蕃, 부석符錫이다. 부서鳧西는 호인데, 담포澹圃, 목피산객木皮散客이라고도 했다. 산동 곡부曲阜에서 태어나 40세가 넘어서야 공생이 되었고, 1638년에 하북 고안高安의 현령이 되었다. 1641년에는 호부주사戶部主事가 되었고, 청조가 들어선(1644) 이후인 1651년에는 형부낭중刑部郎中이 되었다. 이듬해에 관직을 그만두고 자양滋陽(지금의 산동성 연주시兗州市)으로 이사하여 많은 고사를 지으며 살다가 그곳에서 세상을 떠났다. 그는 이 두 작품 외에도 고사「제인장」을 지었을 가능성이 크고, 『담포항언澹圃恒言』, 『담포시초澹圃詩草』 등의 시문집도 전한다. 정야학, 염이매閻爾梅(1603~1662, 패현沛縣 사람으로 항청抗淸 운동을 했다)와 교유가 깊었다고 알려져 있다.[66]

(6) 「경술수재전고아사」

이 작품의 작자는 마익저이다. 『임구속지』(1935) 권15 마익저 대목에 「수재전」의 제목이 보이고, "옹정 8년[1730] 읍 경내에서 일어난 홍수 피해를

---

65 丁野鶴의 생애는 『諸城縣志』, 乾隆29年(1764) 외에도 주로 劉階平 編, 『淸初鼓詞俚曲選』, 10~11쪽; 劉階平 編, 『木皮散客鼓詞』, 22~24쪽; 丁文方 等 編, 『山東歷史人物辭典』, 濟南: 山東人民出版社, 1990, 377쪽; 丁野鶴 著, 孔一 標點, 『續金瓶梅』, 3~4쪽 등을 참조함.

66 劉階平 編, 『木皮散客鼓詞』 卷上; 關德棟·周中明 編, '前言', 『賈鳧西木皮詞校注』, 濟南: 齊魯書社, 1982; 徐復嶺, 「賈鳧西生平事跡考略」, 『醒世姻緣傳作者和語言考論』, 濟南: 齊魯書社, 1993 등 참조.

적은 것"이라고 쓰인 것으로 미루어보면 이 작품이 지어진 시기도 최소한 1730년 이후일 것이다.[67]

(7) 「전가락」

『청초고사이곡선』, 『석파천경』 수록본 모두 작자 미상이다. 유계평은 이 작품에 산동 동부 방언이 많으므로 작자가 산동 동부 사람일 것으로 추측했다. 산동 동부의 고사 작가로는 정야학이 있는데, 이 작품을 그가 지었다는 다른 증거는 아직 발견되지 않고 있다.

(8) 「남창몽」

『청초고사이곡선』과 『석파천경』에는 이 작품의 작자가 명시되어 있지 않으며, 『정야학유저』 수록본에는 정야학이 작자라고 기록되어 있다. 유계평은 본문에 나오는 "제가 말씀드릴 이야기는 내주부萊州府 교주膠州 남쪽에서 일어난 일인데, 해변에 사는 예순쯤 된 이름 모를 도사가 겪은 일입니다"라는 구절을 들어 이론을 제기했다. 그는, 교주는 청 초 이후에 직예부直隸府에 속하게 되었으므로, 「남창몽」은 교주가 아직 내주부에 속했던 청 초에 지어진 것이라고 주장했다.[68] 교주는 제성에서 동북쪽으로 약 50킬로미터 떨어져 있다. 이러한 시기와 장소는 청 초 제성 사람이었던 정야학과 연관된 부분이 많고, 비록 유래가 불분명하지만 산동대학 소장본에 정야학의 작품으로 표기되어 있는 점 등을 감안하면 정야학과 「남창몽」의 관계를 더 깊이 조사할 여지가 있다.

---

67 馬益著에 대해서는 전술한 「東郭外傳」 작자 문제 부분을 참조 바람.
68 劉階平 編, 『淸初鼓詞俚曲選』, 12쪽.

(9)「문천어」

『정야학유저』에 따르면 이 작품의 작자는 정야학이지만, 유계평은 작자를 알 수 없다고 했다. 마사오 히라이는 『요재연구』에서 이 작품을 '지방에 전하는 요재 유고'로 소개했으나 구체적으로 작자를 제시하지는 않았고, 게이오대학 소장 요재문고 자료 목록에는 포입덕의 작품으로 기록되어 있다.[69] 이 책에서도 일단 포입덕의 작품으로 보고자 한다. 이 작품에는 청조의 천박함이나 정성공鄭成功을 은유한 구절이 있으며, 청조를 전복하고 명조를 회복하려는 뜻도 담겨 있다고 하였으니,[70] 이 역시 청 초에 지어졌을 개연성을 뒷받침한다.

(10)「목마랍마」

『석파천경』 수록본과 「산동 민중문예와 예인」 모두 작자 표기가 없거나 무명씨로 되어 있다.

(11)「설경전」

『(임구)문사자료선집』 제4집 수록본에 마익저가 지은 것으로 기록되어 있다.

---

69 藤田祐賢·八木章好 共編, 「慶應義塾所藏聊齋關係資料目錄」, 『藝文研究』 53, 1988, 128쪽.
70 劉階平 編, 『淸初鼓詞俚曲選』, 2쪽.

(12) 「자화사어제전장고사」

『(임구)문사자료선집』 제4집 수록본에는 이 작품을 마익저가 지었다고 표기되어 있다. 「산동 민중문예와 예인」에는 가부서의 작품으로, 「민간문학가 마익저와 그의 작품」에는 마익저의 작품으로 기록되어 있다. 『(임구)문사자료선집』 제4집 수록본은 마익저의 후손인 듯한 마일심馬一心이 제공했다고 하는데, 마익저의 작품인지에 관한 다른 증거는 제시되지 않았다. 공상임이 지은 「목피산객전」에 가부서가 "『논어』 몇 대목을 강講해주었는데 모두 〔통상과는〕 반대로 말한 것이었다"[71]라는 대목이 있는데, 이는 가부서가 『논어』의 몇 대목을 부연하여 고사로 '강'했다는 것이다. 「태사지적제전장」 외에 「자화사어제전장」도 그중 하나였을 가능성이 있다. 따라서 「제인장」과 「동곽외전」의 관계처럼 가부서의 원작을 마익저가 소장했다가 전했을 수도 있으나, 다른 증거가 나타나지 않은 상황에서는 일단 입수된 자료에 기재된 대로 마익저의 작품으로 간주하고자 한다.

(13) 「도박사」

게이오대학 요재문고 소장본과 『요재연구』에는 포송령이 지은 것으로 되어 있고, 「산동 민중문예와 예인」에는 작자 미상으로 되어 있다. 이 책에서는 포송령의 저작으로 간주할 만한 보강 증거가 나올 때까지 잠정적으로 작자 미상으로 남겨둔다.

---

71 關德棟·周中明 編, 『賈鳧西木皮詞校注』, 162쪽: "講論語數則, 皆磻案語."

(14) 목록만 전하는 작품들의 작자 문제

목록만 전하는 작품들도 몇 사람이 작자로 거론되지만, 모두 확실하게 알 수는 없다. 지금까지 거론된 작자와 근거를 다음과 같이 정리했다.

① 「추강몽」: 미상(「산동 민중문예와 예인」)
② 「풍월단」: 미상(「산동 민중문예와 예인」)
③ 「이십사효고아사」: 포송령(『요재연구』)
④ 「추녀자가」: 포송령(『요재연구』), 미상(『청초고사이곡선』)
⑤ 「소도문」: 포송령(『요재연구』)
⑥ 「요재외편」: 포송령(『요재연구』)
⑦ 「누항단」: 미상(『청초고사이곡선』)
⑧ 「장가사」: 미상(『청초고사이곡선』)
⑨ 「열녀사」: 미상(『청초고사이곡선』)

2. 작자층의 성격

지금까지 전기 고사계강창의 작자를 검토하는 과정에서 여러 사람이 등장했는데, 이제 이들의 생존 연대와 활동 지역 및 신분에 대해 정리하고자 한다. 먼저 생존 연대는 다음과 같다. 가부서(1590~1674), 정야학(1599~1669), 구징취(명 말~청 초), 포송령(1640~1715), 포입덕(1684~1751), 조한각(18세기 초 이후), 마익저(1757년에 세공생이 됨). 이를 다음과 같이 도시할 수 있다.

* 전기 고사계강창의 작자 및 생존 연대(연한 막대는 추정되는 생존 연대를 뜻함)

이들의 생애는 16세기 후반부터 18세기 후반의 약 200년 사이, 즉 명 말, 청 초부터 건륭 후기까지 걸쳐 있다. 가부서, 정야학, 구징취가 초기 그룹을 형성하고 있고, 포입덕, 조한각, 마익저가 후기 그룹을 이루었다. 초기 그룹이 확립한 고사의 전통이 후기 그룹으로 이어졌음을 알 수 있다. 초기 그룹과 후기 그룹의 중간에 위치한 포송령은, 비록 그의 고사 작품의 존재가 명확히 입증되지는 않았지만 고사 작품들이 그의 이름을 빌려 널리 전해졌다는 사실을 볼 때 고사의 전승에 간접적이나마 역할을 했다고 평가할 수 있다.

작품별로 보면 「역대사략고사」, 「태사지적제전장」, 「제인장」, 「동곽외전」, 「제경공대공자오장」, 「문천어」, 「남창몽」 등 7편은 가부서, 정야학, 구징취 또는 불분명한 작자가 청 초에 지은 작품이 확실하고, 「문천사」, 「공부자고아사」, 「경술수재전고아사」, 「설경전」, 「자화사어제전장」 등 5편은 강희 후기 이후부터 건륭 후기에 걸친 시기의 작품들이다. 「전가락」, 「목마랍마」, 「도박사」는 시기를 알 수 없다. 이처럼 17세기 중반인 청 초에 많은 작가와 작품이 집중되어 있는 것이 특징인데, 그 가운데 특히 4편의 고사를 남긴 가부서는 전기 고사계강창의 대표 작가로 평가할 만하다. 또한 가부서가 최초로 '고사'라는 이름이 붙은 10언 운문 위주의 강창문학작품을 남김으로써 그의 작품이 광범위하게 전해지며 하나의 모델이 되어 비슷한 형식의 작품들이 고사라고 불리게 되는 계기를 마련한 의의도 지적할 수 있다. 후기 그룹에 속한 작자 가운데는 마익저가 초기 그룹의 전통을 이어 창작과 전승의 양면에서 비중 있는 역할을 했다고 볼 수 있다.

한편 전기 고사계강창 작자들이 생애 동안 거주한 지역은 모두 산동 지방이었다. 구체적으로는 곡부, 자양, 제성, 광요, 치천, 임구 등지이다. 이 가운데 산동 남부가 두 곳(곡부, 자양)이고, 산동 중부가 세 곳(광요, 치천, 임구)이며, 산동 동부가 한 곳(제성)이다. 작품별로는 「제인장」, 「동곽외전」, 「역대사략고사」, 「태사지적제전장」 등 4편이 곡부와 자양에서 살았던 가부서의 것이고, 「제경공대공자오장」은 제성 사람 정야학의 것일 가능성이 크다. 「남창몽」과 「전가락」도 작자는 불분명하지만 산동 동부의 방언을 담고 있다. 또한 「문천사」, 「공부자고아사」, 「경술수재전고아사」, 「설경전」, 「자화사어제전장」 등 5편은 산동 중부 사람이 지은 것이다. 「문천어」와 「목마랍마」는 창작 배경이나 작자를 알 수 없다. 따라서 초기 작품들은 대부분 산동 남부와 동부의 인물이 지었고, 후기 작품들은 주로 산동 중부 작가가 지었음을 알 수 있다. 이를 통해, 전기 고사계강창의 필사본이 산동의 남부와 동부에서 중부로 전파되었을 것이고, 한 발 더 나아가 민간에서 유행한 지역이 변화하거나 확대된 양상도 이와 무관하지는 않으리라고 추측된다. 어떻든 이 지역들은 대도시가 아닌 전형적인 향촌이었고, 이 농촌지역들의 민간 강창의 역사는 이러한 문인들의 기록 작품들을 떠나서는 논할 수 없다.

전기 고사계강창 작자들의 신분을 살펴보면, 가부서(형부낭중), 정야학(혜안 지현), 마익저(세공생) 등은 상층 신사에 해당하고, 구징취(읍 제생), 포입덕(읍 상생), 조한각(교육자) 등은 하층 신사라고 할 수 있다. 상층 신사와 하층 신사의 신분 격차는 비교적 컸지만, 양자 모두에는 향촌 사회질서의 유지를 담당한 측면과, 개인적인 지향이나 영향력으로 인해 국가권력에 대해

원심력적 작용을 한 측면이 공존했다.[72] 다시 말해, 사상적인 면에서 명·청대 신사계층은 지배이념으로서의 유교 사상을 함양했으면서도 경우에 따라서는 지배 권력에 반하는 정서를 가진 사람도 적지 않았다. 특히 명·청 왕조의 교체기라는 혼란기에는 신사라는 사회적 중간계층의 동요 역시 컸을 것이고, 그 결과 청 초 신사층에게는 사회질서 유지라는 역할과 개인적 지향 사이에서 나타날 수밖에 없는 심리적 갈등과 함께 새 이민족 왕조에 협력해야 한다는 또 하나의 압력이 가중되었을 것이다.[73] 전기 고사계강창의 작자들은 바로 이러한 신사계층에 속하는 인물들이었고, 이들이 지은 고사 작품에는 그들 나름의 세계관과 문제의식이 투영되어 있을 것이다. 전기 고사계강창이 신사층의 생각을 일정하게 반영한 문학적 투영물이라고 할 때, 고사계강창을 통상 민간문학 또는 속문학이라는 단일한 척도로만 평가해 온 관점은 수정 내지 보완될 필요가 있다. 다음 장에서 작품에 대한 보다 구체적인 분석을 통해 이를 논증하고자 한다.

---

72 상층 신사와 하층 신사의 구분은 張仲禮, 김한식 등 역, 『中國의 紳士』, 서울: 신서원, 1993, 22쪽의 도표를 참조. 또한 신사의 역할은 같은 책 「제1장 신사의 구성과 성격」과 오금성, 「명청시대의 국가권력과 신사」, 서울대학교동양사학연구실 편, 『강좌 중국사 IV』, 서울: 지식산업사, 1989, 224쪽 등 참조.

73 이 시기 山東 지방의 紳士가 淸朝에 협력하게 되는 과정은 李成珪, 「淸初地方統治의 確立過程과 鄕紳―順治年間의 山東地方을 中心으로」, 『서울대동양사학과논집』, 1977을 참고할 수 있다.

제4장 전기 고사계강창의 형식, 소재, 내용

1. 전기 고사계강창의 형식

고사계강창의 형식은 작품의 길이, 운문과 산문의 구성 비율, 운문의 특징 등을 의미한다. 전기 고사계강창의 형식에 대한 귀납적 정리는 이후 등장하는 각종 고사계강창과의 관계를 파악하기 위해서도 필요하다. 현전하는 작품들의 형식을 다음의 도표에 정리했다.

도표를 통해 알 수 있는 것은 다음과 같다. 첫째, 전기 고사계강창은 운문과 산문이 결합되거나 혹은 운문만으로 이루어진 두 가지 형식을 보이고 있다. 12편의 작품 가운데 운문만으로 이루어진 작품은 「제경공대공자오장」, 「문천사」, 「전가락」, 「목마랍마」, 「문천어」 5편이고, 극히 짧은 산문이 삽입된 「자화사어제전장」을 사실상의 운문전용체로 간주하면 모두 6편이다. 그 외의 작품은 모두 운문과 산문이 결합된 형식이다. 운문만으로 이루어진 형식은 상대적으로 작품의 길이가 짧고, 운문과 산문이 결합된 형식은 상대적으로 길다. 편폭이 비교적 긴 작품이 운문과 산문이 결합된 형식인 이유는,

문장구성\n작품 제목	산문(字)	운문(句)															
		소계	3언	4언	5언	6언	7언	8언	9언	10언	11언	12언	13언	14언	15언	16언	17언
역대사략고사	3,990	521	4	2		14	65	34	29	129	107	74	40	12	8	2	1
태사지적제전장	350	56					10	2	5	18	6	3	3	5	2	1	1
제인장	1,073	180			30		1	1		116	16	9	5	2			
동곽외전	4,360	399			38		14	16	16	255	36	19	2	3			
제경공대공자오장	0	222						5	2	152	40	15	6	1	1		
문천어	0	60							1	53	5	1					
남창몽	1,388	208			54		2	2	2	81	41	16	6	3	1		
문천사	0	246					82	96	31	25	8	2	2				
공부자고아사	7,329	690			64		16		4	596	8	2					
경술수재전고아사	2,105	301			62		37	16	11	115	35	17	6	1	1		
전가락	0	234				6	10	5	8	159	40	5		1			
목마랍마	0	64								63	1						
설경전	136	54	8	8	1	13	16	6		2							
자화사어제전장	9	36			10		2	1		9	11	2	1				
소계	20,740	3,271	12	10	259	33	255	184	109	1,773	354	165	71	28	13	3	2
(%)		100.0	0.4	0.3	7.9	1.0	7.8	5.6	3.3	54.2	10.8	5.0	2.2	0.9	0.4	0.1	0.1

* 전기 고사계강창의 문장구성

연창자가 장편 작품을 연창할 때 일정한 길이를 한 단락으로 하여, 노래가 너무 길어서 연창이 힘들어지지 않도록 조절하고 숨을 고르기 위한 것과 밀접하다.

둘째, 운문을 기준으로 했을 때 작품의 길이가 긴 순서대로 나열하면「공부자고아사」,「역대사략고사」,「동곽외전」,「경술수재전고아사」,「문천사」,「전가락」,「제경공대공자오장」,「남창몽」,「제인장」,「목마랍마」,「문천어」,「설경전」,「태사지적제전장」,「자화사어제전장」의 순이다. 산문을 기준으로 하면「공부자고아사」,「동곽외전」,「역대사략고사」,「경술수재전고아사」,「남창몽」,「제인장」,「태사지적제전장」,「설경전」의 순이다. 전체적으로 길이가 긴 작품은 「공부자고아사」, 「역대사략고사」, 「동곽외전」, 「경술수재전고아사」 등이고, 비교적 짧은 작품은 「제인장」, 「목마랍마」, 「문천어」, 「태사지적제전장」, 「설경전」, 「자화사어제전장」 등이다.

셋째, 각 작품의 문장구성을 보면 운문은 3언부터 18언까지 길이가 다양한데, 이 가운데 10언구가 50% 이상을 차지하고 있으며, 그다음이 11언, 5언, 7언, 8언, 12언의 순서로 나타난다. 10언구는 본래 7언구의 파생 형태였고 원·명대 사회에도 쓰였지만, 전기 고사계강창에서 압도적으로 빈번히 사용됨으로써 새로운 기본형으로 정착되었다고 할 수 있다. 아울러 11언이나 12언 등도 '了', '的' 등의 허사가 포함된 구절이 매우 많아 사실상 10언과 크게 다르지 않다는 점을 고려하면 10언구의 비중은 더욱 높다. 다만 「문천사」는 특이하게 7언구와 8언구의 비율이 매우 높고, 「설경전」은 6언과 7언의 비율이 높으면서 다른 작품에는 없는 4언구가 나타나는 점이 독특하다. 어떻든 전기 고사계강창의 운문은 상당히 자유롭게 길이를 선택할 수 있었지만, 그중에서도 10언구가 기본형으로서 가장 빈번하게 사용되었음을 알 수 있다.

2. 전기 고사계강창의 소재와 내용

전기 고사계강창의 소재는 크게 두 가지로 나눌 수 있다. 하나는 『논어』나 『맹자』 등의 고전에 나오는 단락에서 소재를 취하거나, 공자나 맹자와 관련된 일화에서 소재를 취하여 부연한 것이다. 「제인장」, 「동곽외전」, 「태사지적제전장」, 「제경공대공자오장」, 「공부자고아사」, 「자화사어제」, 「누항단」이 이러한 작품들이다. 다른 하나는 고전이 아니라 여러 역사적 사건이나 당시 생활상, 그 밖의 여러 요소에서 소재를 가져온 종류이다. 「역대사략고사」, 「목마랍마」, 「이십사효고아사」, 「열녀사」는 역사에서 소재를 취했고, 「수재전」, 「전가락」은 홍수나 귀농 등 당시 생활상과 직접 관계가 있는 일에서 소재를 가져왔다. 또한 「문천사」와 「문천어」는 작자의 불만스러운 심정을 하늘에 호소하는 내용인데, 이들 역시 시사와 관계된 것이라고 할 수 있다. 「설경전」에는 가난한 숙사의 한탄이, 「도박사」에는 도박을 경계하는 권면의 뜻이 담겨 있다. 현재 목록으로만 알 수 있는 「소도문」, 「추녀자가」, 「풍월단」, 「장가사」, 「추강몽」 등도 대개 일상사와 관련되었을 것이다. 그밖에 「남창몽」은 파리와 모기 등의 곤충이 등장하여 세사를 풍자하는 우언적 성격이 강하다. 「요재외편」은 기이한 일이 소재인 것으로 추측된다. 다음으로는 소재별로 각 작품의 근원이 된 문헌을 제시하고 줄거리를 정리하고자 한다. 이를 통해 이 작품들에서 공통적으로 드러나는 경향을 도출하고 주제의 공통적 특징을 검토하고자 한다.

(1) 『논어』에서 소재를 취한 작품

1) 「제경공대공자오장」: 혼몽한 군주와 독선적 은자에 대한 공자의 비판

정야학이 지은 이 작품은 『논어』 「미자微子」 편에 나오는 구절을 취하여 부연했다. 『논어』의 본래 내용은 다음과 같다.

㉮ 제 경공이 공자에 대한 대우에 관하여 말했다. "계씨季氏처럼 그를 대우해 주지는 못하겠지만, 계씨와 맹씨孟氏의 중간 정도로 그를 대우하겠다." 〔그 후〕 다시 말하기를 "나는 늙어서 그를 쓰지 못하겠다"라고 했다. 이에 공자는 〔제나라를〕 떠나버렸다.

㉯ 제나라 사람이 여인 악무단을 보내오자 〔노나라의〕 계환자季桓子는 이를 받고는 사흘이나 조회를 열지 않았다. 이에 공자는 〔노나라를〕 떠나버렸다.

㉰ 초나라의 미치광이 접여接輿가 공자의 앞을 지나며 노래를 불렀다. "봉황이여, 봉황이여! 어찌하여 덕이 그리 쇠하였는가? 지나간 일은 탓해도 소용없지만 앞일은 바로 쫓아갈 수 있는 것이니, 말지어다 말지어다! 오늘날 정치에 종사하는 것은 위태로운 짓이다." 이에 공자는 수레에서 내려 그와 말을 하려 했는데 그가 피해서 가버려 이야기를 나누지 못했다.

㉱ 장저長沮와 걸닉桀溺이 함께 밭을 갈고 있었다. 공자가 그곳을 지나다가 자로를 시켜 나루가 어디에 있는지 물어보게 했다. 장저가 이에 "저 수레고삐를 잡은 사람은 누구인가?"라고 물으니, 자로子路는 "공구孔丘이십니다"라고 대답했다. 장저가 "노나라의 공구란 말인가?"라고 하자 자로가 "그렇습니다" 하고 대답하니, 그는 "그렇다면 그가 나루가 어디 있는지를 알 것이다"라고 했다. 자로가 다시 걸닉에게 물어보니 그는 "당신은 누구인가?"라고 물었다. "중유仲由라고 합니다"라고 대답하자 다시 "노나라 공구의 제자 말인가?"라고 물으므로 "그렇습니다"라고 대답했다. 그러자 걸닉은 이렇게 말했다. "도도히 흘러가듯 온 천하가 가고 있는데, 누가 그 방향을 바꾸겠는가? 또한 당신도 사람을 피해 다니는 사람을 따라다니는 것보다는, 어찌 세상을 피해 사는 사람을 따르는 것이 낫지 않겠는가?" 하고는 씨앗 뿌리는 것을 멈추지 않았다. 자로가 돌아와서 이를 고하니, 공자께서는 언짢아하며 말씀했다. "새나 짐승과는 같은 무리로 어울릴 수가 없도다. 내가 이 세상 사람들의 무리가 아닌 그 누구와 더불어 어울리겠는가? 천하에 바른 도가 행해지고 있다면, 나는 개혁하려 들지 않을 것이다"라고 했다.

㉲ 자로가 공자를 수행하다 뒤처졌는데, 막대기에 대그릇을 매단 사람을 만났다. 자로가 "노인장께서는 저의 선생님을 보셨습니까?" 하니, 노인은 "[자네는] 사지도 수고롭게 하지 않고 오곡도 분별하지 못하는데 누가 선생인가!" 하고 말하고는 막대기를 꽂아놓고 김을 맸다. 자로가 손을 모아 잡고 서 있자, 그 노인은 자로로 하여금 머물러 집에 묵게 하고 닭을 잡고 기장밥을 지어 먹이고는 자기의 두 아들을 만나보게 했다. 이튿날 자로가 떠나 와서 공자께 고하니, 공자께서 말하기를 "은둔자이니라" 하고는 자로에게 "다시 돌아가보아라"라고 했다. 자로가 되돌아가보니 그는 떠나버리고 없었다. 자로가 [그 집 사람에게 공자의 뜻을 전하여] 말하기를 "출사出仕하지 않으면 불의한 일이다. 장유長幼의 예절도 저버

릴 수 없거늘 군신의 의리를 어찌 저버릴 수 있겠는가? 자기의 몸만 정결케 하고 자 하는 것은 도리어 큰 인륜을 어지럽히는 것이로다. 군자가 벼슬하는 것은 그 의를 행하고자 하는 것이니, 올바른 도가 행해지지 않고 있음은 이미 다 알고 있다'라고 했다.[74]

㉮는 제 경공이 공자에 대한 대우를 고민하다가 결국 공자를 받아들이지 않자 공자가 제나라를 떠난 일에 관한 내용이고, ㉯는 노나라의 실권자인 계환자가 제나라에서 보내 온 여악을 받고 정사에 힘쓰지 않자 역시 노나라를 떠난 일을 말한 것이다. 또한 ㉰는 초나라의 접여가 공자가 걸어온 길을 풍자하면서 정치를 그만두라고 말하자 이를 들은 공자가 그와 이야기를 나누고자 했으나 접여는 은둔해버린 일에 관한 내용이고, ㉱ 역시 초나라의 두 은자가 기울어가는 천하를 바로 세우고자 하는 공자를 비판하자 공자가 개혁의 뜻을 더욱 강조한 것을 말하고 있다. ㉲ 또한 은자인 노인이 공자를 비판하자 공자는 의로운 일을 행하기 위해 벼슬을 해야 함을 강조한 일을 말하고 있다. 앞의 두 단락은 통치자들에 대한 공자의 비판 정신을 드러내고, 뒤의 세 단락은 자신만을 위해 세상을 버리고 은둔한 사람들을 비판하는 공자의 태도를 보여준다. 이 대목을 고사로 엮은 「제경공대공자오장」

---

74 ㉮ "齊景公待孔子曰: '若季氏, 則吾不能; 以季孟之間待之.' 曰: '吾老矣, 不能用也.' 孔子行." ㉯ "齊人歸女樂, 季桓子受之, 三日不朝, 孔子行." ㉰ "楚狂接輿, 歌而過孔子曰: '鳳兮鳳兮! 何德之衰? 往者不可諫, 來者猶可追. 已而, 已而! 今之從政者殆而!' 孔子下, 欲與之言. 趨而辟之, 不得與之言." ㉱ "長沮桀溺耦而耕, 孔子過之, 使子路問津焉. 長沮曰: '夫執輿者爲誰?' 子路曰: '爲孔丘.' 曰: '是魯孔丘與?' 曰: '是也.' 曰: '是知津矣.' 問於桀溺. 桀溺曰: '子爲誰?' 曰: '爲仲由.' 曰: '是魯孔丘之徒與?' 對曰: '然.' 曰: '滔滔者天下皆是也, 而誰以易之? 且而與其從辟人之士也, 豈若從辟世之士哉?' 耰而不輟. 子路行以告. 夫子憮然曰: '鳥獸不可與同群, 吾非斯人之徒與而誰與? 天下有道, 丘不與易也.'" ㉲ "子路從而後, 遇丈人, 以杖荷蓧. 子路問曰: '子見夫子乎?' 丈人曰: '四體不勤, 五穀不分. 孰爲夫子?' 植其杖而芸. 子路拱而立. 止子路宿, 殺鷄爲黍而食之, 見其二子焉. 明日, 子路行以告. 子曰: '隱者也.' 使子路反見之. 至, 則行矣. 子路曰: '不仕無義. 長幼之節, 不可廢也; 君臣之義, 如之何其廢之? 欲潔其身, 而亂大倫. 君子之仕也, 行其義也. 道之不行, 已知之矣.'"

의 문장구성은 다음 표와 같다.[75]

(서시)운 4	(제1단)운 34	(제2단)운 48	운문 222구
(제3단)운 18	(제4단)운 50	(제5단)운 72	삽입 대사 12구

형식 측면에서 이 작품은 운문으로만 이루어진 것이 독특하다. 이야기의 구성은 소재가 된『논어』이야기를 크게 벗어나지 않는다. 그렇지만 서술의 분량 면에서『논어』와「제경공대공자오장」은 큰 차이가 있다. 단락별로 비교해보면,『논어』의 ㉮, ㉯, ㉰는 비교적 간단한 사실만을 기록하고 있으며, 그나마 ㉱와 ㉲에서 비교적 많은 대화가 오가고 묘사도 상세한데,「제경공대공자오장」은 제3단이『논어』㉰ 단락의 내용을 거의 보충하지 않고 간략하게 재구성한 것을 제외하면, 나머지 단락에서는『논어』의 간략한 서술을 보완하여 풍부하게 묘사한 구절이 많이 나타난다. 일례로『논어』의 ㉲ 단락에서 자로가 공자에게 돌아와 은둔자를 만난 사실을 고했다는 한 구절이「제경공대공자오장」에서는 다음과 같이 길게 묘사되고 있다.

(운문)

"他說道'我看你鍁钁鋤鐮不入手,	〔자로의 말〕"그 사람이 '내가 보니 당신은 밭일도 못하여
一定是拿着棉花當槐藍,	면화를 괴람槐藍〔쪽의 일종〕이라고 할 것 같은데,
沒來由問我老汗找夫子,	난데없이 내게 당신 선생님을 묻다니,
您夫子可是个瘦疤啦是个胖漢?'	당신의 선생님은 말랐는가 뚱뚱하신가?'
你看他數量一飩就鋤地,	그는 저를 한번 훑어보더니 다시 김을 매면서,
他竟是不理門生怠之焉.	결국 저를 신경 쓰지도 않았습니다.

75 山東大學圖書館 소장본에 따름.

俺這裡站在一旁拱了拱手,	제가 이쪽에 서서 읍하고 있자니,

(삽입 대사)

那老頭說: '失敬的狠着哩!'	그 노인이 '크게 무례했습니다!' 하더니,

(운문)

霎時間回嗔作喜開笑顏.	금방 웃음을 터뜨리는 것이었습니다.
這一回掃了活樂往家裡讓,	그래서 기쁘게 저를 집으로 맞이했는데,
到一個小小庄村甚可觀.	작지만 경치 좋은 마을에 도착했습니다.
但見那翠竺青松迷人徑,	거기는 죽송이 우거져 길을 잃을 지경이었고,
眞果是別有天地非人間.	정말이지 별유천지비인간이었습니다.
進門去矮矮的簷頭窄窄的屋,	문 안으로 들어가니 나지막한 처마 아래 좁은 방이 있었는데,
他俱是不用磚瓦用草苫.	벽돌을 안 쓰고 풀로만 지은 것이었습니다.
庭前裡奇花異草甚幽靜,	뜨락에는 온갖 풀과 꽃이 가득 우거졌고,
桌兒上古書瑤琴放的安.	서탁에는 고서와 거문고가 놓여 있었습니다.
當此時端上來的黃米飯,	그때 누런 쌀밥이 올라왔고,
還有荣哩實在是現殺肥雞香油饊.	금방 잡은 살진 닭고기가 먹음직하게 올라 왔습니다.
又叫他兩個兒子來使禮,	또 두 아들을 불러 인사를 시켰는데,
俱都是美〔眉〕清目秀生的不凡."[76]	모두 이목구비가 뚜렷하고 비범했습니다."[77]

이처럼 원문의 간략한 상황을 자세하고 생생하게 확장한 고사는 건조할 수도 있는 대목에 활기를 불어넣어 관객과 독자의 흥미를 끌었을 것이다.

---

[76] '美〔眉〕'는 원문에 '美'로 되어 있지만 뜻이 통하려면 '眉'가 맞는 글자라는 의미이다. 이하 동일하다.

[77] 山東大學圖書館 소장본.

2)「태사지적제전장」: 도가 쇠퇴한 노나라와 악관들의 이탈

가부서가 지은 이 작품 역시『논어』「미자」편에 나오는 '태사지적제太師
摯適齊' 이하 몇 구절을 취하여 산문으로 엮고, 산문 사이에 상당한 분량의
운문을 추가했다.『논어』의 원문은 다음과 같다.

> 태사太師 지摯는 제齊나라로 가고, 아반亞飯 간干은 초楚나라로 가고, 삼반三
> 飯 요繚는 채蔡나라로 가고, 사반四飯 결缺은 진秦나라로 가고, 북잡이 방숙方叔
> 은 하수河水로 가고, 작은북잡이 무武는 한수漢水로 가고, 소사少師 양陽과 경磬
> 을 치는 양襄은 바다로 갔다.[78]

이 대목에 대해 고주古注는 노나라 애공哀公 때의 일이라고 했고, 주희朱
熹는 다른 옛 주석을 인용하여, 주나라의 도가 쇠하여 음악도 쇠퇴하자 공
자가 위衛나라에서 노나라로 돌아와 음악을 회복했으나, 그 후에도 노나라
의 도가 더욱 쇠하고 삼환씨三桓氏의 전횡이 심해지자 노나라의 악관들이
뿔뿔이 흩어졌음을 말한 것이라고 했다. 이 부분을 고사로 엮은 작품의 구
성은 다음과 같다.[79]

산 230 – 운 8 – 산 23 – 운 10 – 산 36 – 운 12 – 산 39 – 운 8 – 산 21 – 운 14 – 운 4	산문 약 350자 운문 56구

이 작품은『논어』와 마찬가지로 노나라의 악관이었던 태사 지가 노나라
의 권력자들인 삼환씨의 전횡을 참지 못하여 제나라로 떠나자 그 밑에 있던
여러 악공도 여러 나라로 뿔뿔이 흩어져 떠난 이야기와, 권력자의 횡포에
상관없이 음악을 바르게 하고 육경을 편정한 공자를 칭송하는 내용으로 이

---

78 "太師摯適齊, 亞飯干適楚, 三飯繚適蔡, 四飯缺適秦, 鼓方叔入於河, 播鼗武入於漢, 少師陽擊磬
   襄入於海."
79 關德棟·周中明 編,『賈鳧西木皮詞校注』수록본에 따름.

루어져 있다. 『논어』에는 각 악공들이 제각기 다른 나라로 떠난 사실이 간략하게 언급되어 있는 데 비해, 고사 작품에는 이들이 떠나게 된 이유와 과정, 그리고 목적지에 대한 희망, 예악 회복을 위한 공자의 끈질긴 노력 등이 구체적으로 표현되어 있다. 「태사지적제전장」에서 태사 지가 제나라로 가서 활동하는 상황을 자신이 직접 이야기하는 대목을 들어본다.

(산문)

那樂太師名摯, 他第一個先適了齊. 他爲何適齊? 聽我道來.
그곳의 악관 태사는 이름이 지인데, 그가 가장 먼저 제나라로 갔습니다. 그가 왜 제나라로 갔을까요? 내 말을 들어보시지요.

(운문)

好一個爲頭爲領的太師摯,	악관 가운데 우두머리인 태사 지가
他說: "咳, 俺爲甚麼替撞三家景陽鐘?	말하기를, "에이! 내가 왜 삼가들을 위해 경양종을 쳐야 한단 말인가?
往常時瞎了眼睛在泥窩裏混,	옛날에 눈이 멀어 진흙탕 같은 곳에서 살다가,
到如今抖起身子走個淸!	이제야 떨쳐 일어나 깨끗이 떠나게 되었다네!
大撒步竟往東北走了去,	성큼성큼 걸어 동북쪽 제나라로 가서,
合夥了敬仲老先纔顯我能."	경중敬仲 선생〔제나라의 세력가 진완 陳完〕과 함께 내 이름 날려보자."
管喜的孔子三月忘肉味,	공자께서는 〔제나라에 와서 음악을 듣고〕 기뻐서 석 달 동안 고기 맛을 모르시고,
景公擦淚側着耳聽.	제 경공도 눈물을 훔치면서 귀 기울여 듣네.
那賊臣就是吃豹子心肝熊的膽,	〔노나라의〕 저 몹쓸 신하들은 흉악한 마음을 먹고서도,

| 也不敢向姜太公家裏去抓樂工. | 감히 강태공 나라에 와서 악공을 |
| | 잡아가지 못하네![80] |

이 작품도 천하와 노나라에서 쇠미하는 도와, 공자의 예악 회복 노력을 대비시키면서 대화체와 감정 표현을 추가하는 등 상세하게 묘사하는 방법을 통해 공자의 성인 됨을 부각시키고 있다.

3) 「공부자고아사」: 공자의 실의와 방랑

조한각이 지은 것으로 추정되는 이 작품은 제목에 나타나듯 공자의 일생을 고사로 엮은 것이다. 작자는 작품 첫머리의 '원서原序'에서 이 작품을 짓게 된 동기와 과정을 다음과 같이 설명하고 있다.

> 내가 한가할 때에 고금의 서책과 『공자가어』, 『궐리지』, 『역빙기』, 『연보』, 공자의 저술과 그의 제자들의 책 및 『남화경』 등의 여러 책을 읽고서 성인이 언제 태어나고 언제 세상을 떠났으며 어느 나라에 가서 어떠한 일을 했는지, 가계와 부모처자의 생년 등을 자세히 따져 고사를 엮어서 「지성至聖공부자고아사」라고 이름 지었다.[81]

이 작품은 이처럼 여러 책의 기록을 두루 참조하고 공자의 생애를 전반적으로 재구성하여 고사로 엮은 것이다. 이 작품은 단락이 구분되어 있지는 않지만, 구성상 네 단락으로 구분할 수 있다. 각 단락은 '잠시 기다렸다가 다음 회에 설명드리겠습니다〔且等着下一回裏溯根源〕'와 유사한 표현으로 구분

---

80 關德棟·周中明 編, 『賈鳧西木皮詞校注』, 150쪽.
81 "余於無事之時, 謹讀古今書籍, 以及家語, 闕里志, 歷聘記, 年譜, 以及孔業及弟子諸書, 以及南華諸書, 將聖人生於何日, 卒於何年何月何日何時, 至某國有某事, 按其人年代世孫, 以及父母妻子生卒, 考核詳明, 編成鼓詞, 名曰至聖孔夫子鼓兒詞."

된다.[82] 「공부자고아사」의 문장구성은 다음과 같다.[83]

서단	운 4-산 11	운문 4구 산문 11자
제1단	서강월西江月 76-운 16-산 142-운 20-산 273-운 18-산 153-운 18-산 204-운 16-산 226-운 18-산 192-운 12-산 183-운 16-산 137-운 32-산 236-운 30	서강월 1수 운문 196구 산문 1,746자
제2단	서강월 50-산 181-운 32-산 196-운 24-산 320-운 14-산 196-운 16-산 300-운 28-산 225-운 14-산 255-운 22-산 156-운 29	서강월 1수 운문 179구 산문 1,829자
제3단	청강인淸江引 83-산 327-운 16-산 226-운 16-산 128-찬贊 109-운 14-산 155-운 24-산 228-운 10-산 149-운 14-산 255-운 24-산 294-운 12-산 359-운 35	청강인 1수 운문 165구 산문 2,121자 찬 109자
제4단	운 8-산 319-운 14-산 123-운 14-산 148-운 20-산 179-운 12-산 241-운 20-산 111-운 16-산 119-운 18-산 310-운 20-산 72	운문 142구 산문 1,622자
미성	운 4	운문 4구
	사詞 3수, 운문 690구, 산문 7,329자, 찬 109자	

표에 나타난 바와 같이 각 단락은 '서강월'이나 '청강인'과 같은 사詞로 시작하고,[84] 그 뒤로 운문과 산문이 번갈아가며 나타난다. 각 단락의 내용을 간략히 살피면 다음과 같다.

제1단: 공자의 선조에 대한 설명, 공자의 탄생, 공자 탄생 때의 기적, 부모 사망, 3년상, 어렸을 때 담자郯子와 노담老聃에게 배움, 주나라에 가서 배움, 노나라에서 계손씨季孫氏와 소공昭公이 싸우자 노나라를 떠나 제나라로 감, 제나라에서 소韶 음악을 들음, 상양商羊이라는 새가 나타나자 이를 보고 앞일을 예견

---

82 제2단은 "다음 회에 자세히 말씀드리겠습니다〔還得是下一回裏說分明〕", 제3단은 "좀 기다리시면 다음 회에 이어서 말씀드리겠습니다〔且等等下一回裏接前言〕"로 각각 끝난다.

83 路大荒·趙苕狂 編, 『聊齋全集』 수록본에 따름.

84 제4단은 사가 없고 대신 7언시 8구가 앞서 나온다.

하고 제 경공이 그를 등용하려 하나 안영晏嬰이 방해하여 실패함, 노나라로 귀국, 교육에 힘씀, 50대에 사공 등의 관직을 얻음, 제나라가 노나라에 여인 악단을 보내자 계환자가 이에 빠져 정치를 돌보지 않자 노나라를 떠남, 위나라에 감, 진晉나라에 가서 광匡 땅에서 목숨을 잃을 뻔함. (56세까지)

제2단: 양호陽虎라는 악당와 닮은 까닭에 광에서 위험을 당하지만 자로의 활약으로 벗어남, 위나라로 돌아가자 남자와의 사건이 일어남, 송나라로 가서 나무 아래에서 강연할 때 사마환퇴司馬桓魋가 보낸 사내들이 와서 위협하여 도피함, 진陳나라로 가서 사성정자司城貞子(진의 대부大夫)를 만나 의기투합함, 이때 신기한 뼈와 화살 등에 대해 설명함, 오나라가 진나라를 침범하자 포蒲 땅으로 피신하다가 도적들에게 포위됨. (59세까지)

제3단: 도적들에게 포위되었을 때 제자 공량유公良孺가 활약하여 일행을 구함, 위나라로 감, 진나라로 가다가 황하에서 되돌아와 위나라로 돌아감, 위군이 현명하지 못하여 진나라로 감, 노나라에 큰 불이 남, 계환자가 옛날 공자에게 해악을 입힌 것을 후회하고 세상을 떠나면서 아들에게 공자를 중용하라고 유언하지만 방해를 받아 실현되지 못함, 진나라와 채나라를 오가며 방황함, 초나라의 초빙을 받아 가다가 진·채가 막는 바람에 고비에 부딪히지만 초나라 지원군 덕분에 무사히 초나라에 도착함. (63세까지)

제4단: 초나라에 가서 봉지를 받게 되었으나 역시 방해로 실현되지 못함, 위나라로 감, 부인 사망, 염유 등이 관직을 드리려 하나 사양하고 경서를 편정함, 아들 백어 사망, 제자 안연 사망, 기린이 잡히자 절필, 꿈을 꾼 뒤 병에 걸려 세상을 떠남, 제자들이 장례를 지냄. (74세까지)

제1단에는 공자의 생애 가운데 56세까지의 행적이 압축되어 나열되었고, 이후 세 단락에 약 20년간의 노년의 행적이 비교적 상세히 묘사되었다. 「공부자고아사」를 관류하는 주제는 실의와 방랑이라고 할 수 있다. 공자의 일생이 요직에 등용되지 못하고 위험한 일을 수없이 당하면서 천하를 방랑한 좌절의 일대기로 그려져 있는 것이다. 제2단에는 그의 간고한 일생을 여실히 보여주는 대목이 다음과 같이 전개된다.

孔夫子急忙過鄭要投陳,	공자 급히 정나라를 지나 진나라에 몸을 맡겼는데,
這時節正當阨難暗傷心.	이때 액운을 당하여 마음을 상하고 말았네.
回想起從前已往多少事,	옛날에 지나간 많은 일들을 돌이켜보지만,
到幾時得遇明王見聖君.	언제쯤이나 되어야 현명한 임금을 만나게 되려나.
齊國裏去了一次不中用,	제나라에 갔다가 쓰이지 못하고,
本國裏司寇高升又離分.	노나라에서 사구를 맡았다가 다시 떠나게 되었고,
那一年經過匡地遭了難,	그해에 광 땅을 지나다 위난을 당했는데,
多虧了此歌彼和一曲琴.	금곡금곡琴曲을 화창和唱한 덕에 벗어나셨고,
今日裏習禮大樹在宋地,	얼마 전 예법의 땅 송나라에서는
被桓魋幾乎弄了一個昏.	환퇴 때문에 정신을 잃을 뻔했네.
這都是從前已往傷心事,	이것은 모두 예전에 지나간 가슴 아픈 일,
爲的是日在火中衆黎民.	모두가 날로 도탄에 빠지는 백성들을 위해서였다네.[85]

공자의 주유천하에 관한 일화는 비교적 사람들에게 익숙했으나, 공자의
일생을 통속적인 형식으로 체계화한 작품은 쉽게 찾아볼 수 없었다. 「공부
자고아사」는 유가 교육을 충분히 받을 기회가 없었던 하층민이나 아동들에
게 공자의 생애와 행적에 대한 지식을 알리는 데에 적지 않은 공헌을 했을
것이다. 형식적으로는 처음부터 끝까지 각 구절이 10언으로 이루어졌는데,
이는 연행이라는 목적을 방기하거나 폐기한 것이라기보다는 작자가 가사
를 정형화하는 노력을 통해 연행과 독서라는 두 차원 모두에서 완성도를 높
이고자 했다고 이해하는 것이 타당하다.

4) 「자화사어제전장」: 백성에게 고통을 준 공자

마익저의 「자화사어제전장」은 『논어』 「옹야雍也」 편의 다음 대목을 고사
로 엮은 것이다. 『논어』의 본래 내용은 다음과 같다.

---

85 路大荒·趙苕狂 編, 『聊齋全集』, 49쪽.

자화子華〔공서적公西赤〕가 〔공자의 심부름을 위하여〕 제나라로 사절로 떠나
자 염자冉子〔염유冉有〕가 그의 모친에게 곡식을 주기를 공자께 청하였다. 공자
께서 "여섯 말 네 되를 주어라"라고 하셨다. 염자가 더 드리자고 청하니, 공자께
서는 "그럼 열여섯 말을 주어라"라고 하셨다. 염자는 그러나 곡식을 여든 섬이나
주었다. 이에 공자께서 말씀하셨다. "공서적이 제나라에 갈 때 살진 말을 타고 가
벼운 갖옷을 입었다. 내 듣기로 군자는 남이 다급한 것은 도와주지만 부자에게
더 보태주지는 않는다 하였다."〔후에〕 원사原思를 가신으로 삼으셨을 때 곡식 9
백을 주시자 원사가 사양했는데, 공자께서 이렇게 말씀하셨다. "사양하지 말고
너희 이웃과 고을 사람들에게 주어라."[86]

　　동한東漢의 정현鄭玄(127~200)은 이 부분의 주에서, 염유가 가산이 넉넉
한 자화의 집에 곡식을 너무 많이 준 것을 공자가 비판한 것이라고 했다. 공
자가 원사에게 많은 곡식을 주고 마을 사람들과 나누라고 한 말에는 곡식이
더욱 필요한 사람들에게 골고루 돌아가도록 하라는 뜻이 잘 드러나 있다.
「자화사어제전장」의 문장구성은 다음과 같다.[87]

운 10－산 4－운 14－산 5－운 12	산문 9자 운문 36구

　　「자화사어제전장」은, 염자가 심부름을 떠난 자화의 모친에게 필요 이상
으로 많은 곡식을 주자 공자가 이를 꾸짖은 일과, 가난한 원사에게 너무 청
렴을 고집하지 말고 주위 사람들에게도 곡식을 베풀라고 공자가 권고한 일
을 전후 두 단락으로 나누어 노래하고 있다. 역시 『논어』 원문의 대화를 보
다 길고 생생하게 재현하여 전달력을 높인 점이 두드러진다. 공자가 원사에

---

86 『論語·雍也』: "子華使於齊, 冉子爲其母請粟. 子曰與之釜. 請益. 曰與之庾. 冉子與之粟五秉. 子
曰赤之適齊也, 乘肥馬, 衣輕裘. 吾聞之也, 君子周急不繼富. 原思爲之宰, 與之粟九百, 辭. 子曰,
毋, 以與爾隣里鄕黨乎." 『史記』 卷67 「仲尼弟子傳」에도 비슷한 기록이 있다.

87 中國人民政治協商會議 山東省臨朐縣委員會 編, 『(臨朐)文史資料選輯』 수록본에 따름.

게 당부하는 말이 이어지는 후반부를 보겠다.

"論起來見財不貪也算好,　　"재물을 탐하지 않는 것도 좋지만
却不該把朝廷的俸祿作等閑.　　조정의 봉록을 멀리하지는 말게나.
你就是家貧不容留長物,　　자네는 집안이 가난하여 좋은 물건은 두지
　　　　　　　　　　　　못하니,
找個區處收拾收拾也不難.　　거처를 마련하여 챙겨두는 것도 어렵지 않을
　　　　　　　　　　　　것이네.

您莊裏沒的是那窮朋友,　　자네 마을에 가난한 친구들이 없던가,
你也該撒潑撒潑濟濟飢寒.　　무리해서라도 추위와 배고픔은 면해야지.
差些的你就給他四五斗,　　좀 모자라는 이에게는 네댓 말을 주고,
急着的你就給他石二三.　　많이 어려운 자에게는 두세 섬을 주게나.
那裏擁撮不了也把土糧食,　　거기서 끌어 모으지 못하면 흙이라도 파먹게,
必然是干打白班才算淸官."　　아무 소득 없는 일을 해야만 청관이라 할 걸세."
緊虧了夫子多這一句話,　　공자님의 이 말씀 덕택에
着他那隣裏鄕薰過了個好歉年.　　마을 사람들은 흉년을 보냈다네.[88]

『논어』에는 가난한 사람들에게 곡식이나 재물을 충분히 주고자 한 공자의 뜻이 나타나 있지만, 「자화사어제전장」에서는 공자가 관리에게 이익을 추구하도록 권장하여 백성들이 괴로움을 당했다는 내용으로 변형되어 당시 현실을 풍자하는 방향으로 나타나고 있다. 이 작품은 『논어』나 『맹자』의 내용을 활용한 고사 작품 가운데 유일하게 원전의 뜻을 적극적으로 바꾸어 작품화한 점이 주목할 만하다. 앞에서 가부서가 "『논어』 몇 대목을 강해주었는데 모두 〔통상과는〕 반대로 말한 것이었다"고 한 기록을 상기해볼 때, 통속적인 강창의 매력은 이러한 재해석 또는 비틀기에도 담겨 있지 않았을까 생각된다.

---

[88] 中國人民政治協商會議 山東省臨朐縣委員會 編, 『(臨朐)文史資料選輯』 第4輯, 1985, 115쪽.

이 밖에 공자 제자들의 일화를 소재로 한 작품으로 제목만 전하는 「누항단」이 있다. 유계평에 따르면 대략적인 내용은 다음과 같다. 공자의 제자인 자로와 공야장公冶長이 안회顏回를 방문하여 각자의 포부를 밝히고 있었다. 그때 문득 까마귀 우는 소리가 들렸다. 이를 듣고서 새소리를 알아듣는다는 공야장이 웃기에 사람들이 그 까닭을 물으니 까마귀가 "찌그러진 집 속에 있는 자들은 모두 궁생원들"이라 했다고 한다.[89] 이를 보면 「누항단」은 『논어』의 어느 한 구절을 직접 인용한 것이 아니라, 세 제자의 성격을 잘 살려 우화적으로 이야기를 전개한 작품이라고 추측된다.

(2) 『맹자』에서 소재를 취한 작품

1) 「제인장」과 「동곽외전」: 허세 가득한 남편을 둔 아내의 슬픔

가부서의 「제인장」과 구징취의 「동곽외전」은 『맹자』 「이루하離婁下」의 마지막 부분에 나오는 '제인유일처일첩齊人有一妻一妾' 이야기를 소재로 취했다. 『맹자』 원문의 내용은 다음과 같다.

한 제나라 사람에게 아내와 첩이 있어 한집에서 살았다. 그는 외출할 때마다 항상 배불리 먹고 술에 한껏 취하여 귀가했다. 아내가 남편에게 누구와 함께 먹고 마셨느냐고 물으니, 그는 부유하고 권세 있는 친구들과 먹고 즐긴다고 대답했다. 이에 아내는 첩에게 "남편에게 누구와 함께 먹고 마시는지를 물었는데, 돈 많고 세도 있는 사람들이라고 대답했다오. 하지만 한 번도 그런 귀한 친구들이 집에 온 적이 없는데, 이번에는 남편을 몰래 쫓아 어디로 가는지 봐야겠다오"라고 말했다. 다음 날 새벽에 그녀는 남편을 미행했는데, 성내에서는 남편과 이야기를 주고받는 사람이 하나도 없었다. 남편은 결국 동쪽 교외의 묘지에 가더니 거기에

---

89 劉階平 編, 『淸初鼓詞俚曲選』, 서문 참조. 한편 公冶長이 새소리를 알아들었다는 이야기는 『論語』에 직접 나오지는 않지만 梁代 皇侃(488~545)의 『論語集解義疏』에 처음 나타난 이후 특히 민간에 널리 유포되었다. 이에 대해서는 金文京, 「公冶長解鳥語考」, 『漢學研究』第1冊, 8卷 1期, 1990, 505~512쪽 참조.

서 제사 지내는 사람에게 다가가 남은 음식찌꺼기를 얻어먹고, 그것도 모자라 다른 곳까지 가서 구걸해 먹는 것이었다. 이것이 그가 실컷 먹고 만족하는 방법이었다. 아내는 집으로 돌아와 그 사실을 첩에게 말했다. "남편이란 우리가 우러러보며 평생을 같이할 사람인데 지금 이 같은 꼴이라니!" 그리고 함께 남편을 원망하며 뜰에서 통곡을 했다. 남편은 이런 줄도 모르고 으스대며 돌아와서 아내와 첩에게 위세를 부리는 것이었다. 군자가 볼 적에, 부귀와 출세를 구하는 방법이 그 아내나 첩이〔알고 나서도〕부끄러워하지 않고 서로 흐느끼지 않게 하는 경우는 드물 것이다.[90]

이 이야기는 아내와 첩을 둔 한 사내가 가족에게는 자신이 부유하고 권세 있는 사람들과 교유하는 것처럼 말했지만 실제로는 묘지의 젯밥이나 구걸하여 얻어먹고 다니는 신세임을 밝혀, 관직이나 재물을 구하는 세상 사람들의 행태는 이 사내와 크게 다를 바 없이 가족들이 알면 부끄럽고 슬퍼할 정도라고 개탄하고 있다. 앞에서 「제인장」과 「동곽외전」은 한 유형의 두 각편各篇이라고 보았는데, 「동곽외전」이 「제인장」에 비해 3배 정도 길고 문장도 다듬어진 흔적이 있는 것으로 보아 역시 「제인장」이 「동곽외전」보다 앞선 시기에 지어졌을 가능성이 큼이 재확인된다. 두 작품의 구성을 비교해보겠다.[91]

「제인장」	산 218-운 16-산 109-운 10-산 121-운 14-산 82-운 24-산 160-운 24-산 122-운 14-산 102-운 32-산 74-운 22-산 26-운 10-산 59-운 14	산문 1,073자 운문 180구

---

90 "齊人有一妻一妾而處室者, 其良人出, 則必饜酒肉而後反. 其妻問所與飮食者, 則盡富貴也. 其妻告其妾曰: '良人出, 則必饜酒肉而後反; 問其與飮食者, 盡富貴也, 而未嘗有顯者來, 吾將瞷良人之所之也.' 蚤起, 施從良人之所之, 徧國中無與立談者. 卒之東郭墦間, 之祭者, 乞其餘; 不足, 又顧而之他. 此其謂饜足之道也. 其妻歸, 告其妾, 曰: '良人者, 所仰望而終身也, 今若此-'與其妾訕其良人, 而相泣於中庭, 而良人未之知也, 施施從外來, 驕其妻妾. 由君子觀之, 則人之所以求富貴利達者, 其妻妾不羞也, 而不相泣者, 幾希矣."

91 각각 劉階平 編, 『淸初鼓詞俚曲選』과 馬立勛 編, 『聊齋白話韻文』 수록본에 따름.

「동곽 외전」	서두: 운 8-산 400	제1단: 산 150-운 23	산문 약 4,360자 운문 399구 삽입 대사 11구
	제2단: 산 270-운 12	제3단: 산 300-운 16	
	제4단: 산 120-운 52, 삽입 대사 5	제5단: 산 600-운 30, 삽입 대사 1	
	제6단: 산 350-운 30	제7단: 산 400-운 26	
	제8단: 산 90-운 16, 삽입 대사 1	제9단: 산 130-운 18	
	제10단: 산 100-운 18	제11단: 산 210-운 22	
	제12단: 산 230-운 14, 삽입 대사 1	제13단: 산 180-운 12	
	제14단: 산 130-운 28	제15단: 산 140-운 14	
	제16단: 산 300-운 32, 삽입 대사 3	제17단: 산 260-운 28	

표에 나타난 바와 같이 「동곽외전」은 「제인장」에 비해 운문은 약 2.2배, 산문은 약 4배 길다. 「동곽외전」 가운데 『요재백화운문』 수록본에는 산문과 운문 한 쌍이 전개된 다음 부분에 구분 표시가 있는데, 이에 따르면 서두 부분을 제외하고 17단락으로 나눌 수 있다. 또한 「동곽외전」에는 「제인장」에서는 볼 수 없는 '삽입 대사' 11구가 있다. 이것은 대개 연창자들이 즉흥적으로 삽입한 감탄이나 탄식, 설명 등의 역할을 하는 것으로, 연출 현장의 분위기를 생생하게 전달한다. 한편 『맹자』 '제인유일처일첩' 이야기, 「제인장」, 「동곽외전」의 순으로 분량이 많아지는 데 비례하여 내용 면에서도 다기함이 증대되는 것을 볼 수 있다. 먼저 세 텍스트를 비교하여 작품이 확장되거나 부연이 가해진 실태를 알아보고, 비교 결과 나타나는 결과를 근거로 「제인장」과 「동곽외전」 두 각편이 『맹자』 '제인유일처일첩'의 본래 내용에서 어떻게 변이했는지를 확인하고자 한다. 먼저 『맹자』 '제인유일처일첩', 「제인장」, 「동곽외전」의 이야기 전개를 비교하면 다음의 표와 같이 정리할 수 있다.

단락	『맹자』 ('제인유일처일첩')	「제인장」	「동곽외전」
①		공자가 주유천하하며 법도를 지킨 것을 소개함, 이야기를 시작하겠다고 알림	공자가 주유천하하며 법도를 지킨 것을 소개함, 『맹자』의 한 대목을 취하여 고아사를 엮었다고 알림
②			맹자가 인의에 입각한 실천을 행하며 열국을 주유한 것을 소개함, 법도를 지키는 사람은 버림받고 아첨하는 무리만이 중용되는 현실을 비판함
③	제나라 사람에게 아내와 첩이 있음	제나라에 한 사람이 있는데, 처복이 있고 식신이 붙은, 겉만 번지르르하고 천한 사람	제나라 사람 가운데 처복이 있고 식신이 붙은 사람이 있는데, 겉모습은 당당하지만 실상은 품행이 엉망인 추물이라고 소개함
④			이 제나라 사람은 날마다 창피한 언행만을 일삼으면서도 집에서는 부인들을 학대하고 기만한다고 소개함
⑤	남편은 외출할 때마다 항상 배불리 먹고 술에 한껏 취하여 귀가함	문을 나서면 배불리 취하도록 빌어먹음	이 사람은 항상 밖에서 배불리 먹고 마시고 다님
⑥	아내가 남편에게 누구와 먹고 마시는지를 물음	아내가 누구와 먹고 마시는지를 물음	아내가 이 사람에게 누구와 먹고 마시는지를 물음
⑦	남편은 친구와 마신다고 대답함	남편은 다급해하면서도, 권세가들과 함께 마신다고 미리 생각해둔 말로 대답함	아내의 질문에 남편은 당황하지만, 미리 준비해둔 답변으로 아내를 속여 넘김(길게 부연)
⑧	아내가 첩에게 남편을 미행하겠다고 말함	아내는 속으면서도 의심이 들어 첩에게 미행해보겠다는 뜻을 말함	아내는 남편의 말을 믿으면서도 한편으로 의심도 들어, 첩을 불러놓고 남편을 미행하겠다는 뜻을 밝힘
⑨		아내는 다음 날 미행 때문에 잠이 오지 않고 새벽에 일어나서 준비함	아내는 잠이 들어 호강하는 꿈을 꾸다가 깨어남

⑩	미행함	남편이 나가자 쫓아 나감	새벽에 남편이 밖으로 나가자 아내는 뒤를 쫓아감
⑪	남편과 이야기를 주고 받는 사람이 하나도 없음을 발견함	번화한 도회를 지나가는데 한 사람도 남편에게 말을 걸지 않음을 발견함	번화한 도회를 지나가면서 기대에 부풀었다가 아무도 남편에게 말을 붙이지 않자 점차 실망하기 시작함
⑫		남편이 동곽문을 나서자 아내는 불길한 생각이 들기 시작함	
⑬		더 미행할까 그만둘까 주저하다가 계속 쫓아가보기로 함	동관에 이르러 아내는 더 미행할 것인지 갈등하다가 계속 쫓아가기로 결심함
⑭			동곽문을 나서서 묘지로 감
⑮			송림에 음식판이 벌어진 곳이 나오자 부인은 남편이 친구의 한식절 행사에 초대받은 것으로 생각하고 기대해봄
⑯	남편이 동쪽 교외의 묘지와 여러 곳에 가서 음식찌꺼기를 얻어먹는 것을 발견함	남편은 성묘하러 온 사람들에게 무릎을 꿇고 음식을 빌어먹음	남편은 거지 차림새로 꾸며대고 음식을 구걸하여 게걸스럽게 먹기 시작함
⑰		아내가 이를 발견하고 후회하며 귀가하지만, 남편은 계속 먹고 있음	남편의 추태를 본 아내는 충격을 받아 슬픔에 잠긴 채 귀가함
⑱	아내는 집으로 돌아와 이 사실을 첩에게 말하고 통곡함	아내가 집으로 돌아와 첩에게 사실을 말하고, 두 사람은 함께 통곡함	집에 돌아온 아내는 첩에게 실상을 이야기하고 함께 통곡하며 슬퍼함
⑲	남편은 들통 난 줄도 모르고 의기양양하게 위세를 부림	남편이 다시 나타나서 행세를 하려 하다가 자신의 행동이 발각된 것을 알게 됨	남편이 집에 돌아와 자신의 거짓된 행실이 탄로 난 줄도 모르고 위세를 부리려 하다가 부인들이 사실을 알아버린 것을 알고서 머리를 숙이며 숨을 곳을 찾음
⑳	논평	논평	논평-호가호위, 구장인세狗仗人勢를 비판함

표를 통하여 몇 가지 사항이 드러난다. 첫째, 내용상의 단락은 『맹자』 '제인유일처일첩' 이야기가 11단락, 「제인장」이 16단락, 「동곽외전」이 19단락으로 차이가 있다. 이는 세 텍스트 가운데 이야기 구성이 가장 간단한 것이 『맹자』 이야기이고 가장 복잡한 것은 「동곽외전」임을 뜻한다. 다시 말해서 분량뿐만 아니라 이야기 구성 면에서도 「동곽외전」이 가장 발달한 모습을 보이고 있다. 둘째, 그럼에도 불구하고 핵심적인 이야기 구성은 큰 차이가 없다. 『맹자』 이야기에 없고 「제인장」이나 「동곽외전」에서 나타나는 단락은 ①, ②, ④, ⑨, ⑫, ⑬, ⑭, ⑮, ⑰ 등이다. 이 가운데 ①과 ② 단락은 연창을 시작하기 위한 도입부 역할을 위해 첨가된 부분으로 이해되고, 나머지 단락들은 이야기 전개에 큰 영향을 끼친다고 보기 어려운 부차적인 부분이다. 어떻든 「제인장」과 「동곽외전」이 모두 『맹자』의 이야기를 소재로 하여 본래 이야기의 구성적 틀을 유지하면서도 서술을 상당히 늘리고 설명을 부연하여 쉽고 흥미로운 전개로 발전시켰음을 알 수 있다.

이상에서 살펴본 『논어』, 『맹자』의 이야기를 소재로 취한 작품들의 공통점으로는, 원작의 줄거리를 거의 그대로 옮기되 세부 장면을 상당히 추가하여 내용을 풍부하게 확대하고 인물들의 형상을 보다 생생히 그려냈다는 형식적 측면과, 불우한 처지에 대한 동정이나 유가적 도리에 어긋난 행동에 대한 비난을 표현한 주제의 측면을 지적할 수 있다.

(3) 역사적 사건이나 인물에서 소재를 취한 작품

1) 「역대사략고사」: 약육강식의 역사에 대한 분노와 약자에 대한 연민

가부서의 「역대사략고사」는 전설시대부터 당시까지의 중국 역사를 개괄하면서 작자의 주관과 감정을 기탁한 작품이다. 전기 고사계강창 가운데 가장 널리 알려졌고, 특히 '고사'라는 말이 최초로 나타난 작품으로서의 역사적 가치는 앞에서 언급한 바와 같다.

작품의 외형을 구체적으로 살펴보면, 작품 전체는 시작을 알리는 '개장치어開場致語', 서론에 해당하는 '인자引子', 본문인 '정전正傳', 그리고 마무리 부분인 '미성尾聲'의 네 부분으로 구성되어 있다. 이 작품의 전체 문장구성은 다음 표와 같다.[92]

개장치어		산 720
인자		운 20-산 1,160-운 28-산 210
정전	제1단	운 8-산 100-운 24-산 60
	제2단	운 50-산 760-운 6-산 90
	제3단	산 120-운 28-산 260-운 16-산 80-운 15
	제4단	산 250-운 58-산 90-운 26
	제5단	산 100-운 24
	제6단	산 40-운 22
	제7단	산 80-운 72
	제8단	산 90-운 62
미성		운 8-산 170-애강남哀江南 7수首-산 190-운 12-산 80-운 30-산 60-운 12
합계		산문 3,990자, 운문 521구

먼저 '개장치어'에서는 본격적인 이야기에 들어가기에 앞서 작자의 세계관 또는 인생관을 드러내는 언급이 나오고 '인자'로 넘어가기 위해 연결하는 말이 이어진다. 즉, 천지를 논할 때는 핵심을 잘 이야기해야 하며, 속세의 명리를 떠나 안분자족하며 사는 삶이 존경받는 삶이라고 말하면서, 고금의 역사에 대한 설창을 준비하는 모습을 보여준다. 그다음에는 '인자'가 이어지는데, 서두는 1천 년이 넘게 이어져온 세속적 명리 추구의 악습을 비판하고, 자신은 속세를 떠나 조용히 지내고 싶다는 말로 시작하고 있다. 이후 고

---

92 關德棟·周中明 編, 『賈鳧西木皮詞校注』에서 정리된 판본을 기준으로 함.

사를 지어 공연하게 된 사연을 말하는데, 그 이유도 역시 약육강식의 세상에 대해 분노했기 때문이라고 밝힌다. 이어, 선행을 한 사람은 고난 속에 살다가 비참하게 죽음을 맞이하고, 악행을 일삼은 자들이 오히려 득세하였다고 개탄한다. 이러한 이야기들은 "슬프고도 처량한 것 같지만 실은 작은 서두일 뿐"이고 '정전'에서 더욱 본격적으로 "감개무량한 이야기"가 진행된다는 예고로 '인자'가 마무리된다.

이어 이 작품의 중심 부분인 '정전'이 이어진다. 전체적으로는 반고로부터 시작하여 명나라가 망할 때까지의 역사를 간추려 엮고 있다. 이 부분은 신화, 전설, 역사가 혼재되어 있고, 내용은 일반적으로 알려져 있는 것과 크게 다르지 않다. 다만 때로 작자의 감정이나 주관이 개입된 부분이 있는데, 이러한 감정과 주관이야말로 이 작품의 지향을 파악할 수 있는 단서가 될 것이다.『가부서목피사교주』의 구분에 따라 단락별 내용을 살펴보겠다. 먼저 제1단에는 수인씨燧人氏, 유소씨有巢氏를 비롯하여 포희씨包義氏(복희씨伏羲氏), 여와씨女媧氏, 신농씨神農氏, 황제黃帝, 치우蚩尤 등 신화 속의 인물들과 이들의 주요 업적이 나열된다. 제2단에는 지擊, 요堯, 곤鯀, 우禹, 예羿, 단주丹朱, 순舜, 소강小康, 걸桀, 탕湯, 주紂 등 전설시대와 상대商代의 통치자들이 등장하고 이들의 업적이 나열되는데, 특히 요와 순이 선양을 하게 된 이유를 산문 부분에서 추측 형식으로 길게 부연하고 있다. 제3단에는 주나라의 문왕文王, 무왕武王, 주공周公, 강태공姜太公, 그리고 공자와 백이伯夷, 숙제叔齊 등이 등장하는데, 특히 주 무왕이 상을 멸망시킨 일에 대해 중점적으로 서술하고 있다. 제4단에는 진시황, 유방, 항우, 왕망王莽, 유수劉秀, 조조, 유비, 관우, 장비, 조자룡, 제갈량 등 진·한대의 군신들이 등장하고, 특히 후반부에 조조가 간웅으로 성공한 것에 대해 부정적인 시각으로 길게 서술하고 있다. 제5단과 6단에는 육조시대와 수나라의 역사가 간략히 서술되고, 제7단에는 당나라에서 원나라에 이르는 기간의 일들이 서술되는데, 당

현종, 양귀비, 안녹산, 오대五代의 여러 인물들, 조광윤趙匡胤, 악비岳飛, 진회秦檜, 아골타阿骨打, 문천상文天祥, 쿠빌라이 등 유명 황제와 장군, 문신 등이 등장한다. 제8단은 먼저 '한담'을 몇 마디 한 후 명대의 일을 서술하는데, 주원장朱元璋, 방효유方孝儒, 엄숭嚴嵩, 위충현魏忠賢 등 황제와 현신, 간신들이 등장한다.

이후 명나라의 멸망을 암시하는 대목에 이르러 정전이 끝나고 미성이 이어진다. 여기서는 마무리를 위해 남방의 곡조인 익양강弋陽腔으로 부르는 '애강남哀江南' 7수가 나타난다. '애강남' 노래가 끝나면, 새벽이 밝아오니 마쳐야 할 때가 왔다고 하면서 박수를 유도하며 몇 구절의 운문을 마지막으로 결말을 짓는다. 정전의 앞부분 일부를 옮겨보겠다.

(산문)

蓋自盤古開天, 三皇治世, 日久年深, 原沒有文字記纂, 盡都是沿襲口傳, 附會荒唐, 難作話柄. 說的是此後出頭的人物, 各各要制伏天下: 不知經了多少險阻! 除了多少禍害! 干了多少殺人放火沒要緊的營生! 費了多少心機! 教導壞了多少後人!

반고가 하늘을 열고 삼황이 세상을 다스리기 시작한 후로 세월이 오래 흘렀는데, 기록도 없고 구전에만 의지하여 황당하기만 하니 이야깃거리로 삼기 어렵네. 강설할 것은 이다음에 나타난 사람들로, 모두들 천하를 제패하려 한 사람들이지. 얼마나 많은 위험을 거쳤는지, 얼마나 많은 화를 없앴는지, 얼마나 많이 사람을 죽이고 불을 지르는 허튼 일을 했는지, 얼마나 많은 마음을 썼는지, 얼마나 많은 후인들을 다치게 했는지 모르겠네!

(운문)

你看起初時茹毛飲血心已狠,	보시게나, 옛날 생고기를 먹었을 땐 마음도 짐승 같았는데,
燧人氏潑醬添鹽又加上熬煎.	수인씨가 간장과 소금을 뿌려서 불에 익혔다네.
有巢氏不肯在山窩裏睡,	유소씨는 산의 동굴에서 잠자는 것을 싫어했으니,

楡柳遭殃滾就了椽.	느릅나무, 버드나무는 재난을 만나 서까래가 되었네.
庖犧氏人首蛇身古而怪,	포희씨는 사람 얼굴에 뱀의 몸으로 이상한 모양이었는데,
鼓弄着百姓們結網打淨了灣.	백성들을 다그쳐 그물을 만들어 물고기를 몽땅 잡았다네.
自古道牝鷄司晨家業敗,	옛날부터 이르길 암탉이 새벽에 울면 집안이 망한다는데,
可怎麽伏羲的妹子坐了金鑾.	어찌하리, 복희씨의 누이동생이 금빛 수레 탔다네.
女媧氏煉石補天空費了手,	여와씨는 돌을 갈아 하늘을 꿰매는 데 힘썼는데,
到如今抬頭不見那補釘天.	지금까지도 하늘에는 기운 자국이 안 보이네.
老神農闇着個牛頭嘗百草,	신농씨는 소머리를 하고서 온갖 약초를 맛보다가
把一些旺相相的孩子提起病源.	멀쩡한 아이에게 병을 만들어주었네.
黃帝平了蚩尤的亂,	황제가 치우의 난을 평정하고자 하니,
平穩穩的乾坤又起了爭端.	평화로운 세상에 다시 싸움이 일어났네.
造作下那槍刀和弓箭,	창칼과 활, 화살을 만들었으니,
這是慣打仗的祖師不用空拳.	이것은 싸움에 익숙한 선조들이 맨주먹을 쓰지 않은 것이라네!
嫌好那毛鬆歪的皮子不中看,	싫다 싫어, 저 산발한 껍데기 인간들 못 봐주겠으니,
弄出來古董斯文又制上衣冠.	골동품 같은 유가 문장을 써내고 의관을 만들어내서,
桑木板頂在腦蓋子上,	뽕나무 판자를 머리통 위에 쓰고서,
全不怕滴溜着泥彈兒打了眼圈.	솔기가 달랑대며 눈을 치는 것도 두려워 않네!
更可笑古里古董的講禮數,	더욱 웃기는 것은 고리타분하게 예교를 강설하고,

| 蹴着個屄股唱的甚麽啫圓. | 엉덩이를 흔들면서 무슨 예, 예 하는 소리로 창을 하네.[93] |

이 부분은 중국 상고시대의 신화적 인물들의 이야기를 노래하고 있다. 일반적으로 이들은 중국인의 조상으로 여겨지므로 신성을 갖춘 존재로 숭배되고 있으나, 여기서는 이들로 인해 백성들이 고생한 일이나 아이들이 병든 것과 같은 결과 등을 말하며 풍자적으로 묘사하고 있다. 또한 끝부분에서는 유가 예교에 대한 조롱도 이어지고 있다. 이는 지배층이나 이념에 대한 작자의 거부감이나 반발이 간접적으로 표출된 것이다.

이처럼 전설시대부터 명대까지의 주요 역사적 사건이나 인물 들을 소재로 구성한 통속문예 작품은, 통치자들의 정치사를 엄격하고 자세히 서술한 사서史書들과 달리 민간 문인 작자가 기층문화의 역사 인식과 평가를 적극 수용한 관점에서 서술한 점이 큰 특징이다. 「역대사략고사」는 그중에서도 고사 양식으로 창작된 최초의 작품이다. 그런데 강창 형식으로 역사를 압축하여 요약한 연대기적 작품은 「역대사략고사」 이전에도 존재했다. 명나라 때 사천 출신의 문인 양신楊愼이 지은 「역대사략십단금사화」이다. 우선 「역대사략십단금사화」의 구성을 살펴보자.[94]

분류	제목	구성
제1단	총설	서강월－7언구－산문－'찬십자攢十字'－서강월
제2단	설삼대說三代	남향자南鄕子－7언구－산문－'찬십자'－서강월
제3단	설진한	임강선臨江仙－7언구－산문－'찬십자'－서강월
제4단	설삼분양진	서강월－7언구－산문－'찬십자'－서강월
제5단	설남북사	청평락淸平樂－7언구－산문－'찬십자'－서강월

93 關德棟·周中明 編, 『賈鳧西木皮詞校注』, 24~25쪽.
94 『楊愼詞曲集』 수록본에 따름.

제6단	설오호난화說五胡亂華	점강순點絳唇-7언구-산문-'찬십자'-서강월
제7단	설수당이대	임강선-7언구-산문-'찬십자'-서강월
제8단	설오대사	정풍파定風波-7언구-산문-'찬십자'-서강월
제9단	설송요금하	접련화蝶戀花-7언구-산문-'찬십자'-서강월
제10단	설원사	서강월-7언구-산문-'찬십자'-서강월

위의 표와 같이 「역대사략십단금사화」는 각 단락마다 크게 사-시-산문-'찬십자'-사의 순서로 연결되어 있다. 각 단락 서두의 사는 각각 다르지만 단락 끝부분의 사는 모두 '서강월'인 것이 특색이다. 이처럼 「역대사략십단금사화」 역시 기본적으로 운문과 산문이 교차되는 강창 형식이고 소재도 역대의 주요 사건을 나열식으로 다루어 「역대사략고사」의 문장구성, 소재와 유사한 측면이 많은 까닭에, 「역대사략십단금사화」가 「역대사략고사」의 창작과 공연에 상당한 영향을 끼쳤을 가능성이 크다고 생각된다.

그러나 다른 한편으로 「역대사략십단금사화」의 문장은 「역대사략고사」에 비해 구어와의 거리가 더욱 멀어 보인다. 특히 7언구와 산문은 전통 시문의 형식과 다르지 않고, 사 역시 문인사의 특징이 두드러진다. 「역대사략십단금사화」 제1단의 산문 부분이 시작되는 대목을 예로 들어본다.

竊聞誦詩讀書, 要知今古, 撫琴彈劍, 須待賞音. 昔者太極初分, 鴻濛始判, 有大聖人盤古出世, 能明天地之道, 達陰陽之變, 爲三才首君. 自後三皇五帝, 世代相傳. 按『史記』, 盤古之後, 有天地人三皇.『春秋元命苞』曰, 開闢以來, 至春秋魯哀公十四年獲麟之歲, 凡二百二十六萬七千年, 分爲十紀.『索隱』曰, 凡三百二十七萬六千年, 分爲十紀. 雖有參差, 大槪是世遠不能詳考, 不必細推.

내가 듣기로, 시·서를 송독하려면 고금에 통달해야 하고, 금·검을 만지려면 음악을 감상할 줄 알아야 한다. 옛날 태극이 처음 나뉘고 원기가 처음 갈라질 때에 성인 반고가 출세하여 천지지도에 밝고 음양지변에 통달하여 삼재수군이 되었다. 그 후 삼황오제가 대대로 전해졌다.『사기』는 "반고의 뒤에 천·지·인 삼황이 나왔다"고 했고, 『춘추원명포春秋元明苞』는 "개벽 이래 춘추 노 애공 14년 획린獲麟의 해까지 무릇 226만 7천 년을 10기로 나눈다"고 했다. 또 『색은索隱』은 327만 6천 년을 10기로 나눈다고 했다. 비록 차이는 있지만 시대가 오래되어 상고할 수 없는 까닭에 그런 것이니 자세히 따지지 말 것이다.[95]

이러한 문어체는 「역대사략십단금사화」 전반에 나타나는데, 이 서술은 산문 부분이 구어에 가까운 백화로 이루어진 「역대사략고사」와 크게 다르다. 이 점을 참고한다면 「역대사략십단금사화」와 「역대사략고사」는 지어진 동기나 감상 방법 등에 다른 점이 많았다고 볼 수 있다. 적어도, 「역대사략십단금사화」를 각색을 거치지 않고 바로 공연에 활용하기에는 불편한 점이 많았을 것이고, 오히려 문인들이 독서를 통해 감상할 수 있는 기회가 더욱 많았을 것이다.

한편 「역대사략십단금사화」의 '찬십자'는 3/3/4의 10언 운문으로 이루어진 것으로, '성화설창사화成化說唱詞話', 「대당진왕사화大唐秦王詞話」 등에도 자주 나타난다. 찬십자는 3/4/3의 10언구와 함께 청대 고사계강창에서도 흔히 볼 수 있는 중요한 형태인데, 이것이 명대 사화부터 민간에 가까운 작품이나 문인들의 작품에 나타났다는 것은 이미 강창문학의 주요 성분으로 정착했다는 것을 뜻한다. 「역대사략십단금사화」 제1단 찬십자의 첫 부분을 들어보겠다.

(산문)
今將歷代史書大略, 編成一段'攢十字'詩詞, 雖然言語粗疏, 僅可略知大槪, 少資談論, 以共知音.
지금 역대의 사서를 대략하여 '찬십자' 시사를 엮었는데, 비록 말이 거칠고 성기

---

95 『楊愼詞曲集』, 成都: 四川人民出版社, 1984, 280~281쪽.

136   제2부 전기 고사계강창의 문학과 공연

지만 대강을 알 수 있게 해주고 이야깃거리를 약간 제공하는 까닭에 여러분께 바치는 바이다.

(운문)

盤古王一出世初分天地,	반고왕 세상에 나올 때 천지가 처음 갈라지고,
至三皇傳五帝乾立坤.	삼황오제에 이르러 하늘과 땅을 세웠다네.
天皇氏定干支陰陽始判,	천황씨 간지를 정하니 음양이 처음 나뉘고,
地皇氏明氣候序列三辰.	지황씨 기후를 구분하니 절기가 차례 매겨지며.
人皇氏相山川君臣定位,	인황씨 산천을 살펴서 군신이 자리를 정하게 되며,
有巢氏辨人獸物以群分.	유소씨 사람과 짐승을 갈라 무리에 따라 나누었네.
燧人氏治熟食鉆燧取火,	수인씨 음식을 익히고 불을 취하였고,
女媧氏補蒼天復立崑崙.	여와씨 하늘을 깁고 곤륜산을 다시 세웠으니.
紀年數凡三百二十七萬,	햇수로 327만 년,
稱尊號共一百八十餘君.	존호는 모두 180여 임금이라.[96]

이후에는 역대 제왕들이 나열된다. 이처럼 「역대사략십단금사화」는 구성과 소재가 「역대사략고사」와 유사하지만 문어체로 이루어졌기 때문에 직접적인 공연 가능성은 비교적 적은 차이점이 있다. 한편 찬십자라는 형태가 이후 강창문학의 주요 구성요소로 정착된 것까지 생각한다면, 「역대사략십단금사화」가 「역대사략고사」 및 후대 고사계강창에 적지 않은 영향을 끼쳤다고 할 수 있다. 실제로 「역대사략고사」와 같은 연대기적 고사 작품은 청말에 「역대흥망고아사歷代興亡鼓兒詞」(필사본), 「신간십자구법감략고사新刊十字句法鑒略鼓詞」(유리창琉璃廠 간인刊印) 등으로 이어졌는데,[97] 이들에 대해서는 앞으로 연구가 더 진행되어야 할 것이다.

---

96 『楊愼詞曲集』, 283쪽.

97 李雪梅 等, 『中國鼓詞文學發展史』, 上海: 上海人民出版社, 2012, 160쪽.

2)「문천사」: 뒤집힌 세상에 대한 애타는 질문

포입덕이 지은「문천사」도 운문으로만 이루어져 있다. 이 작품은 모두 246구로 되어 있고, 『요재백화운문』의 구분에 따르면 16단락으로 나눌 수 있다. 이 작품도「역대사략고사」와 비슷하게 상고시대부터 청대에 이르는 동안에 벌어진 주요 역사적 사건들을 나열하면서 작자의 심정을 기탁하고 있다. 이 작품의 주된 정서는, 착하고 올바른 일을 하는 사람은 고된 운명에 얽매여 힘들게 살거나 일찍 죽는 반면, 악행만 일삼는 자들은 오히려 부귀공명을 누리며 장수하는 역사와 현실을 개탄하는 것이다. 즉, 세상이 어찌하여 이처럼 전도되었는지를 애타는 심정으로 하늘에 묻는 형식으로 이루어져 있는 것이다. 제12단을 예로 들어본다.

俺今日說了些不平的事,	제가 오늘 불평스러운 이야기를 좀 강설하자니,
到惹的滿腔火氣往上翻.	온몸의 열이 위로 뻗쳐온다네.
古來大聖說孔子,	옛부터 성인이라면 공자를 말하지만,
一生困苦老轍環.	일생토록 고생을 겪으며 세상을 돌아다녔고,
古來智略推諸葛,	옛부터 지략으로는 제갈량을 꼽았지만,
三分事業做不完.	삼분천하의 사업을 완수하지 못했다네.
歇後鄭五爲宰相,	헐후시歇後詩 지은〔재주꾼〕정오鄭五〔정계鄭綮〕는 재상이 되었지만,
有經濟的豪傑困在林泉.	뜻있는 호걸들은 모두 재야에 묶여버렸네.
棄子在姪鄧伯道絶了嗣,	자식 버리고 조카 남겨둔 등백도鄧伯道는 후사가 끊겼고,
奸曹倒生了二十五男.	간신 조조는 오히려 아들을 스물다섯이나 두었네.
屈殺了孝婦天無眼,	억울하게 효부들을 죽이니 하늘은 눈도 없으신지,
難爲了百姓大旱三年.	백성들이 못살도록 가뭄도 세 해나 들었다네.
忠良的後嗣多微弱,	충신의 후손은 어렵게 살고,
奸邪子弟貴且賢.	간신배의 자손은 부귀해지네.
蓼莪孝子終不得養,	장성한 효자는 부모 봉양코자 하나 모시지 못했고,

忤逆之人父母雙全.　　간신배들의 부모는 모두 살아 있네.
聰明男子娶了個醜貌婦,　총명한 남자는 추한 부인을 맞고,
絶代佳人配了個癡呆男.　절세가인은 멍청한 남자에게 시집가지.
忠良偏遇着無道主,　　충신은 법도가 없는 군주를 만나고,
聖明朝裏有奸權.　　　성군의 시대에는 모리배들만 있다네.
文如班馬不得掌制誥,　문장이 뛰어난 사람은 관직을 얻지 못하고,
才疎學淺得了兵權.　　재주와 학식이 얕은 자가 병권을 쥐고 있네.
是爲何不會做的偏叫他做,　어째서 못하는 자한테 일을 맡긴단 말인가?
會做的却着他一旁裏觀?　능력 있는 사람은 어째서 옆에서 바라보고만 있어야
　　　　　　　　　　한단 말인가?[98]

이처럼 '하늘에 묻는' 형식의 원조 격은 굴원屈原의 초사楚辭 「천문天問」
이라 할 수 있다. 「천문」은 자연현상, 신화·전설, 상고사 등의 문제에 대한
100여 가지의 질문을 370여 시구로 엮은 것이고, 여기에는 "회의와 파멸의
길에 빠진 가장 고난스런 영혼이 표현"되어 있다.[99] 고사 「문천사」의 작자
는 역사시대의 굴절된 인간사에 대해 회의와 파멸의 태도로써 하늘에 그 연
유를 묻고 있다. 다만 이 초사와 고사는 시대적 거리가 멀고, 전자가 세계와
인간의 근원에 대한 질문과 성찰을 바탕으로 한 것에 비해 후자는 상대적으
로 세속적인 문제—출세와 불우—에 천착하여 불우한 입장에서의 심정을
표출하고 있는 점이 양자의 문학적 완성도와 가치를 구분하는 근거가 된다.
그렇지만 초사 「천문」과 고사 「문천사」의 문학적 성취에 차이가 있음에도
불구하고, 「문천사」의 작자가 「천문」의 서술 방식을 접하고 이러한 형식을
빌려 고사를 엮었을 가능성이 적지 않다. 오히려 고사 「문천사」와 초사 「천
문」의 서술 방식의 유사성에 주목한다면 양자의 관계에 대해 보다 진전된

98　馬立勛 編,『聊齋白話韻文』, 16~18쪽.
99　劉大杰,『中國文學發展史』, 上海: 上海古籍出版社, 1983, 114쪽.

토의가 가능할 것이다.

3)「목마랍마」: 제갈량의 청혼

작자 미상의「목마랍마」는 제갈량이 스승 황승언黃承彦의 딸을 아내로 삼는 이야기를 10언 위주의 운문 64구에 담은 짧은 작품이다. 이 이야기는 민간에서 널리 전해 내려오고 있는데,[100] 가장 이른 기록으로는『삼국지』권35「제갈량전」의 주에 인용된「양양기襄陽記」에 다음과 같은 내용이 전한다.

> 황승언은 면남沔南의 명사이다. 제갈량의 장인으로, 제갈량이 부인을 고를 때 모습이 추하지만 재주가 뛰어난 딸을 그에게 시집보냈다. 사람들은 이를 두고 웃음거리로 삼아 "제갈량처럼 신부를 고르지 말게나, 그러다가는 황승언의 못생긴 딸을 얻는다네"라는 말이 향리에 돌았다.[101]

또한 황정보黃正甫가 간행한 명대 판본과 가정본嘉靖本『삼국지통속연의』에도 이에 관한 이야기가 실려 있다.[102]

「목마랍마」의 내용은 다음과 같다. 어느 날 제갈량이 스승 황승언의 집에 갔다가 나무로 만든 개와 말, 어린아이 들을 보고서 놀랐다. 이것들은 황승언의 딸이 만든 것이었다. 제갈량은 이 여자를 아내로 맞이하면 그 기술로 조조의 군사를 물리칠 수 있겠다고 생각하여 청혼을 했다. 이야기 내용은 전승 지역에 따라 다소 차이가 있겠지만, 한 여자가 나무로 움직이는 사물을 만드는 기술이 있는 것에 감탄하여 그녀에게 청혼한다는 것이 핵심 내용

---

100 鍾敬文 主編,『諸葛亮的傳說』, 蘭州: 甘肅人民出版社, 1984, 3~7쪽에는 민간에서 수집된 '諸葛亮求婚'의 이야기가 실려 있다.

101 『三國志』卷35「諸葛亮傳」: "黃承彦, 沔南名士, 諸葛亮岳父. 諸葛亮擇婦時, 以醜女才堪相配而嫁之. 時人以爲笑樂, 鄉里諺云, 莫作孔明擇婦, 正得阿承醜女."

102 黃正甫가 간행한 책의 제목은『新刻考訂按鑒通俗演義全像三國志傳』이다. 陳翔華,『諸葛亮形象史研究』, 杭州: 浙江古籍出版社, 1990, 281~282쪽 참조.

이다. 본문 가운데 마지막 부분을 보겠다.

黃承彦素日與他相與□, 　　황승언은 평소에 그〔제갈량〕와 알고 지내어서,
因此上不用人傳自問安. 　　사람을 통하지 않고 직접 문안을 드리네.
這先生邁步一直往前走, 　　이 사람은 성큼성큼 곧장 앞으로 가서는,
不提防□下□的消息□. 　　조심하지 않고 …… 소식을 ……
平地裏起來一只獅毛犬, 　　난데없이 사자털이 난 개 한 마리가 일어나더니
惡狠狠闖到近前撕衣衫. 　　사납게 가까이 달려와서 옷을 찢는 것이었네.
諸葛亮嚇的倒退好幾步, 　　제갈량이 놀라서 뒤로 몇 걸음 물러나니,
那只犬復連竄了好幾竄. 　　그 개는 연신 몇 차례나 들썩이며 씩씩거렸다네.
孔明說: "黃老與我□打狗", 　　공명이 "황 선생님, 제게서 개를 쫓아주십시오"
　　　　　　　　　　　　하는데,
你看他裂了衣服不是玩. 　　보게나, 그의 옷이 많이도 찢어졌다네.
黃承彦見此光景呵呵笑, 　　황승언이 이 광경을 보고 껄껄 웃으며
就說道: "先生放心不相干." 　　말하기를, "선생은 안심하시게, 괜찮다네."
他那裏走向前去拍一把, 　　그가 앞으로 가서 한 대 때리니,
那只犬□方□在地平川. 　　그 개는 땅바닥에 납작 엎드리네.
看了看原來是只木頭犬, 　　보아하니 원래는 나무로 만든 개였으니,
諸葛亮又把黃老問一番. 　　제갈량이 또 황승언에게 물어보았네.
"請問□□物却是何人做?" 　　"이 물건은 누가 만든 것입니까?"
承彦說: "小女雕刻拴着玩. 　　황승언이 "딸아이가 만들어서 갖고 노는 것이라오.
他還多造的幾匹木頭馬, 　　그 녀석이 또 나무 말을 몇 필 만들었는데,
逐日裏磨房拉磨飛轉轉." 　　날마다 연자매를 나는 듯이 빠르게 돌리고 있다네."
孔明說: "黃老說話我不信", 　　공명이 "선생님의 말씀을 믿을 수가 없습니다" 하니,
黃老說: "先生不信可去觀." 　　황승언이 말하기를 "못 믿겠다면 가서 보시게."
不多時轉灣抹角到後合, 　　이윽고 모퉁이를 돌아 뒤뜰로 가보니,
只見那木馬拉磨跌脚竄. 　　나무 말이 바쁘게 연자매를 돌리고 있었네.
爲一個木奴身裏把□打, 　　…… 때리는 나무 하녀 만들어놓고,
還爲個木童身裏執着鞭. 　　채찍 쥔 나무 아이도 만들어놓았네.
諸葛亮看罷不信連喝采, 　　제갈량은 이를 보고 눈을 의심하면서 갈채를 보내며,

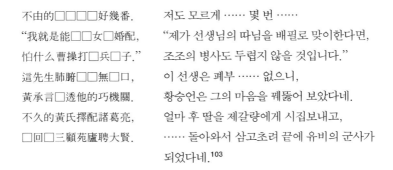

不由的□□□□好幾番.	저도 모르게 …… 몇 번 ……
"我就是能□□女□婚配,	"제가 선생님의 따님을 배필로 맞이한다면,
怕什么曹操打□兵□子."	조조의 병사도 두렵지 않을 것입니다."
這先生肺腑□□無□口,	이 선생은 폐부 …… 없으니,
黃承言□透他的巧機關.	황승언은 그의 마음을 꿰뚫어 보았다네.
不久的黃氏擇配諸葛亮,	얼마 후 딸을 제갈량에게 시집보내고,
□回□三顧苑廬聘大賢.	…… 돌아와서 삼고초려 끝에 유비의 군사가 되었다네.[103]

여기에도 제갈량과 황승언의 대화가 생생하게 묘사되어 있다. 제갈량이 자신의 지혜로도 생각하지 못했던 발명품들을 보고 놀라는 모습이 생생하다. 다만 작품의 보존 상태가 좋지 않아 글자를 알아보기 어려운 부분이 적지 않은데, 앞으로 보다 완정한 상태의 텍스트가 나타나기를 기대한다.

4) 「이십사효고아사」와 「열녀사」

「이십사효고아사」는 포송령이 지었다고 기록된 판본이 있다는 것만 간접적으로 확인될 뿐, 작품은 확인되지 않는다.[104] 이 이야기의 바탕은 원대 곽거경郭居敬이 지었다는 『이십사효』로 여겨지는데, 역사 인물 24명의 효행을 기록한 이 책은 서序와 시詩로 이루어져 있고 소아 교육용으로 널리 쓰였다.[105] 「이십사효고아사」도 이들의 행적을 나열하며 청중에게 효도를 장려

---

103 山東省圖書館 所藏 필사본.

104 平井雅尾, 『聊齋研究』, 關德棟, 「聊齋俗曲偶記」(『曲藝論集』에 수록됨) 참조. 平井雅尾 수집 자료는 慶應大學 聊齋文庫에 소장되어 있다. 藤田祐賢·八木章好 共編, 『聊齋研究文獻要覽』, 東京: 東方書店, 1985 참조. 2007년 聊齋文庫를 방문했으나 「二十四孝鼓兒詞」의 목록만 확인하고 작품 자체는 소재를 찾지 못했다.

105 24명은 각각 虞舜, 漢文帝, 曾參, 閔損, 仲由, 董永, 郯子, 江革, 陸續, 唐夫人, 吳猛, 王祥, 郭巨, 楊香, 朱壽昌, 庾黔婁, 老萊子, 蔡順, 黃香, 姜詩, 王褒, 丁蘭, 孟宗, 黃庭堅 등이다. 한편 조선에서는 『五倫行實圖』라는 책을 펴내 이들의 효행을 칭송하며 백성을 계몽하는 데 쓰기도 했다.

하는 뜻으로 공연되었을 것이다. 마사오 히라이는『요재연구』에서, 자신이 작연당綽然堂에 거주하던 필씨畢氏가 소장한 것으로 추정되는「이십사효고아사」를 수집했다고 밝히고 작품의 목차를 소개했다.[106] 작연당은 원래 포송령이 학동들을 가르친 서당의 이름이니,[107] 이 작품은 역시 교학용으로 쓰기 위해 엮였을 가능성이 크다.

「열녀사」도 제목만 전하는데, 유계평에 따르면 세간의 열녀 이야기를 엮은 것이다.[108] 이 작품 역시 역대 열녀들의 행적을 엮어서 노래했을 것이다.

이상과 같이 역사 고사를 소재로 한 작품들은 대체로 다음과 같은 공통점이 있다. 형식 면에서 많은 작품이 한 사건을 간단하게 서술한 문장을 연결하여 나열식 문장을 이룬다는 점이다. 이로 인해 대부분 사건이 간단하게 서술되기 때문에 구체적인 상황의 전개는 서술되지 않는다. 한 작품에서 많은 사건이 한꺼번에 나열된다는 점에서는 '서사'가 많지만, 구체적인 묘사가 미약하다는 점에서는 사건이 복잡하게 전개되는 이른바 '서사성'이 약한 것이다. 내용이나 주제 면에서는「역대사략고사」,「문천어」,「문천사」등이 강자만이 승리하고 약자는 항상 패배하기 마련이라는 서술 태도와 주제의식이 반영된 풍자적인 관찰의 특성을 보여주는 반면,「이십사효고아사」와「열녀사」는 유가적 덕목인 효, 정절을 계도하는 성격이 강하다. 또한 제갈량이 아내를 맞이하는 이야기인「목마랍마」는 한 사건을 구체적으로 다루고 있어서 생생한 묘사가 돋보이고, 풍자나 계도와는 거리가 있는 오락적인 면을 추구한 독특한 작품이다.

---

106 목차는 다음과 같다. "舜帝耕田, 文帝嘗藥, 齧指心痛, 鞭打蘆花, 子路負米, 鹿乳奉親, 斑衣娛親, 典身葬父, 郭巨埋兒, 龐氏感泉, 蔡順拾椹, 丁蘭刻木, 陸績懷橘, 負親逃難, 黃香扇枕, 王袞泣墓, 吳猛飽蚊, 王祥臥氷, 孟宗哭竹, 黔婁嘗糞, 唐氏乳姑, 康叔尋母, 楊香打虎, 山谷滌穢." 平井雅尾,『聊齋研究』, 59~60쪽.
107 平井雅尾,『聊齋研究』, 100쪽.
108 劉階平 編,『清初鼓詞俚曲選』, 3쪽.

(4) 당시의 현실에서 소재를 취한 작품

1)「문천어」: 부조리한 세상에 대한 개탄

작자 미상의「문천어」는 모두 60구의 운문이 남아 있는데, 이것이 전부라면 앞의「문천사」보다 길이가 훨씬 짧은 작품이다. 이 작품은 제목과 서두에 "하늘에 묻고자 한다"라는 표현이 등장하며, 전체적인 내용은 명예와 이익만을 재빠르게 좇는 사람들이 승승장구하고, 바르고 착한 일을 하고자 하는 사람들에게는 시련과 가난이 겹치는 부조리한 세상을 개탄하며 비판하고 있다. 현재 남아 있는 작품의 중간 부분을 보겠다.

南天門高高掛出牌一面,	남천문 높이 걸려 있는 현판에는,
上寫着停松〔訟〕息爭爲農忙.	싸움 그치고 농사일 열심히 하라는 말 쓰여 있네.
老天爺坐觀成敗不理事,	하늘은 지켜보기만 할 뿐 관여하지 않으며,
一任那宇宙黑白自奔忙.	저 우주의 밤낮이 자유롭게 운행되도록 놓아두었네.
怎忍的孝婦寒冬衣未絮,	어찌하리오, 효부는 겨울에 솜옷 한 벌 없고,
便宜那翠被靑樓小淫娼.	저 비취이불 덮은 청루의 창기는 편하게 지내는 것을.
你看那學究不飽半粒米,	보게나, 저 학구學究는 밥도 제대로 못 먹는데,
是怎麽强盜時常吃整羊!	어찌하여 강도들은 양 한 마리를 통째로 잡아먹는단 말인가!
你看那瘦犬何曾舍故主,	보게나, 저 말라빠진 개가 언제 옛 주인을 버리던가,
一任那饞猫串隣赶腥湯.	게걸스러운 고양이만 제멋대로 주위를 돌아다니며 고깃국 먹는다네.
你看那落寞王孫不曉理,	보게나, 저 영락한 왕손은 세상 이치를 모르고,
顯的那新鮮公子會展腔.	저 신흥 공자는 더럽게 잘난 체만 한다네.
老牛畊地保不住皮合肉,	소는 밭을 갈아도 목숨도 부지하지 못하고,
猛虎攔跳倒吃的牙黃.	호랑이는 길거리를 다니며 배불리도 먹는다네.
行院裡的財主捐了頂帽,	돈 많은 사람은 극단의 배우들을 사서 연극 구경하고,

可憐殺的儒生守着寒窓.   불쌍한 유생은 차가운 창가만 지키고 있구나.[109]

효부와 선비는 가난하고 창기와 강도들은 편안하게 지내는 것, 충직한 개나 소는 목숨 부지하기 어렵지만 게걸스러운 고양이나 호랑이는 배불리 지내는 것, 영락한 왕손이나 유생은 세상이 어떻게 돌아가는지도 모르지만 권세가나 졸부는 잘난 맛에 사치스러운 생활을 일삼는 것 등을 대비시키며, 이렇게 뒤집어진 세상이 어찌 나타나게 되었는지를 하늘에 묻는 것이다. 이런 면에서 「문천어」는 앞의 「문천사」와 유사한 형식을 통해 세상을 보는 작자의 주관을 뚜렷이 드러내고 있다. 다만 「문천사」가 역사적 인물이나 사건 등을 중심으로 전개되는 데 비해 「문천어」는 역사적 맥락보다는 당대當代의 현실을 비판하는 성격이 강한 점이 다르다.

2) 「전가락」: 귀농생활의 즐거움

작자 미상의 「전가락」은 복잡하고 골치 아픈 세속을 떠나 전원에 안거하면서 얻은 즐거움을 노래한 작품으로, 운문 234구로 이루어져 있다. 도입부에서 작자는 역사상의 많은 인물이 명리를 탐했지만 이들은 모두 진정한 즐거움이 무엇인지를 깨닫지 못했다는 생각을 표현하고 있다. 그다음 부분부터는 이러한 망념을 없애고 진정한 즐거움을 얻기 위해 전원으로 돌아가는 광경을 묘사하기 시작하여 작품의 끝에 이르기까지 전원생활의 모습을 구체적이고도 다양하게 그린다. 이러한 전원생활의 모습으로, 엄격하지는 않지만 대체로 절기에 따라 하는 일과 풍습 등을 그리고 있으며, 특히 음식에 대한 묘사가 매우 생생하여, 이 작품을 지은 사람의 출신지라고 여겨지는 지방의 민속적 특색을 잘 보여주고 있다. 한식을 전후한 때의 생활 모습(㉠)과, 10월이 지나 겨우살이를 준비하며 여러 가재도구와 음식을 장만하

---

109 山東大學 圖書館 所藏 筆寫本.

는 부분(㉯)을 들어본다.

㉮

好春氣寒食前後下了種,　　봄기운 화창한 한식 날쯤 씨를 뿌리니,
你看那青苗出土茂堂堂.　　보게나, 저 파란 싹이 한 아름 무성하게 돋아나네.
百忙裏抗起鋤來往外走,　　바쁜 중에도 호미를 들고 밖으로 나가고,
又打上蠶起三眠教採桑.　　또 세 번째 자는 누에 치며 뽕 따도록 시키네.
恨沒有三頭六臂分身法,　　〔너무 바빠서〕 몸을 두세 개로 나누지 못하는 게
　　　　　　　　　　　　　　아쉬울 뿐,

你看那小麥靑靑大麥黃.　　보게나, 저 푸른 밀과 누런 보리를.
喜煞人兩樣粽子一鍋煮,　　좋구나 좋아, 두 가지 종자粽子를 한데 쪄서,
手拏着便宜宜的蘸白糖.　　손에 들고 값싼 설탕에 찍어 먹네.
撮紅花割罷了豌豆打了麥,　　붉은 꽃 따고 완두콩과 보리를 걷어서,
一家家不憂不愁好時光.　　온 가족이 걱정 없이 좋은 시절 보내네.
這纔是田家趣味逢時樂,　　이야말로 농사짓는 맛이며 한 시절을 즐기는 것,
你看他烙着油餅赶着麵湯.　　보게나, 저들은 유병油餅 굽고 국수 말아 먹잖나.[110]

㉯

直鬧到十月初旬九月盡,　　9월이 다 가고 10월 초순까지 시끌시끌하다가,
場園裏乾乾淨淨一掃光.　　마당을 깨끗이 청소하네.
攢下些蕎麥稭灰好煉繭,　　메밀짚 모아서 누에고치를 삶아 〔실을 뽑고〕,
一概使撓頭棘子拖了牆.　　어지러운 가시덤불을 담에 꽉 묶어 세우네.
屋裏的犁耬耙耡收成處,　　집 안의 쟁기, 써레, 보습을 잘 정리하고,
驢棚裏高弔榜柴點糞筐.　　나귀 우리의 걸개, 고무래도 잘 점검해두네.
捆成捆白麻苧麻梁頭上放,　　백마, 저마를 잘 묶어 서까래 위에 두고,
明晃晃鏟頭犁子床底下藏.　　반짝이는 삽과 쟁기는 마루 밑에 두네.
羅壓羅蘆葦摺子荆條囤,　　갈대풀은 잘 모아 쌓아놓고,
個擠個米缸麵缸大酒缸.　　쌀독, 국수 항아리, 술 항아리를 잘 정돈하네.

110 劉階平 編, 『淸初鼓詞俚曲選』, 142~143쪽.

有的是潞州鍋子宜興礶,　　노주 솥과 의흥 단지 가득하고,
有的是南礶磁甁把醬油裝,　　남쪽에서 만든 단지와 자주磁州 병에는 장을 가득
　　　　　　　　　　　　　　담아두고,

有的是辣菜白菜茼蒿菜,　　매운 야채절임, 배추절임, 쑥갓나물 가득하고,
有的是五香豆豉糯米漿,　　오향메주, 찹쌀된장 가득하고,
有的是葱韭芥末紅皮蒜,　　파, 부추, 겨자, 붉은 껍질 마늘 가득하고,
有的是春芽花椒小茴香,　　콩나물, 산초, 회향 가득하네.
碗架上醋甁油甁高高掛,　　선반 위에는 식초병, 기름병 높이 걸어놓고,
緊挨着壓車一輛弓一張.　　옆에는 누르개와 활 하나씩 걸어놓네.[111]

이러한 전원 지향적인 모습은 도연명의 「귀원전거歸園田居」, 「귀거래사
歸去來辭」와 같은 명작을 연상시킨다. 이 작품이 반드시 도연명을 의식하고
모방하여 지은 것이라고 단정하기는 어렵지만, 작품의 소재나 기본적인 지
향점 등이 유사한 면이 있으므로 함께 거론할 필요가 있다. 「귀원전거」의
일부를 보겠다.

榆柳蔭後簷,　　느릅나무, 버드나무는 뒤편 처마를 덮었고,
桃李羅堂前.　　복숭아며 오얏은 당 앞에 늘어섰다.
曖曖遠人村,　　인가는 어슴푸레 멀고,
依依墟里煙.　　마을의 연기는 솔솔 바람을 따라 피어오른다.
狗吠深巷中,　　골목 안쪽에서는 개가 짖고,
鷄鳴桑樹前.　　뽕나무 위에서는 닭 우는 소리.
戶庭無塵雜,　　집 안엔 시끄러운 일 없고,
虛室有餘閒.　　텅 빈 방 안엔 한가함이 있을 뿐이로다.
久在樊籠裏,　　오래 조롱 속에 있다가,
復得返自然.　　다시 자연으로 돌아왔노라.[112]

---

111 劉階平 編,『淸初鼓詞俚曲選』, 146~148쪽.
112 黃堅,『古文眞寶』수록본 의거.

도연명의 이 시는 고향 마을의 평화로운 정경을 그림으로써 그것을 바라보는 작자의 안온한 심정을 간접적으로 드러내고 있다. 이러한 묘사 방식은 앞에서 인용한 고사 「전가락」과 매우 유사하다. 도연명의 시가 함축적이고 표현이 은근하다면, 「전가락」은 다양한 사물들을 구체적으로 나열하여 생생한 장면을 제시하는 점이 특징이다. 「귀거래사」도 귀향하여 평화로운 마음을 얻고자 하는 바람이 주요 모티프라고 할 수 있는데, 고사 「전가락」도 본문에 이러한 의도가 뚜렷이 나타나 있다. 다만 도연명이 자신의 근원적인 소망을 한 차원 높게 승화시켜 철리화한 성과를 이룬 데 비해, 「전가락」은 깊은 성찰이나 자기반성의 모습은 미흡하다고 하겠다. 어떻든 「전가락」이 도연명의 작품들과 유사한 일면을 보인다는 것은, 양자 모두 선비로서의 좌절과 낙백이 근본적인 원인으로 작용하고 있음을 드러낸다.

한편 「전가락」은 어떠한 사건이 발생하여 전개와 위기를 거쳐 결말에 이르는 서사적 전개 과정을 갖추었다고 하기 어렵다. 다시 말해 도입부에서 전원으로 귀향하는 동기를 설명한 후 본격적으로 전원생활의 면면을 묘사하는 데 중점을 두고 있기 때문에 특별한 사건 전개가 없는 것이 특징이다. 이러한 사실은 앞에서 살핀 역사적 사건이나 인물에서 소재를 취한 작품과 함께 강창 형식의 문학작품이 서사적이지 않을 수도 있다는 점을 분명히 보여주고 있다. 이러한 특징은 운문의 기능과 역할을 탐구하는 과정에서 좀 더 명확히 밝혀질 것이다.

3) 「경술수재전고아사」: 홍수의 비참상

마익저가 지은 「경술수재전고아사」는 1730년(옹정 8)에 일어났던 대홍수의 참상을 전하는 일종의 보고문학작품이다. 1730년 직예直隷와 산동에서 일어난 황하, 회하 일대의 대홍수는 중국 역사에서 손꼽히는 수재였다. 『산동성역사홍수조사자료山東省歷史洪水調査資料』에 따르면 이 해 6월 19일부

터 폭우가 강소 공유贛楡현부터 산동 일조日照, 거현莒縣, 기수沂水, 임구 등
지에 쏟아졌고, 오랫동안 넓은 지역에 내린 비가 심각한 재해를 유발하여
오늘날에도 해당 지역 사람들 사이에서는 당시의 홍수에 관한 이야기가 전
한다고 한다.[113] 일부 지방지에는 보다 생생한 기록이 나타난다. 『거주지莒
州志』에는 다음과 같은 기록이 있다.

> 5월 초순부터 장마가 40여 일간 이어졌다. 6월 19일부터는 이레 동안 하루도
> 쉬지 않고 밤낮으로 퍼붓듯이 쏟아졌고, 24일에는 홍수가 넘쳐 동쪽 옥루부터 서
> 쪽 부래까지 40여 리의 평지가 잠겨 호수처럼 되었다. 25일에 성곽이 무너지고
> 성문 북쪽에는 집이 일곱 채만 남고 5, 6천 명이 목숨을 잃었다. (……) 마을마다
> 묘지가 무너져 해골들이 물에 떠다녔고 모래가 밭을 덮었으며 사람이나 가축 들
> 이 물에 떠내려가서 말할 수 없을 지경이었다.[114]

이 밖에 『기수현지沂水縣志』, 『등현지滕縣志』, 『정도현지定陶縣志』 등에도
홍수에 관한 기록들이 있다. 이 자료들을 통해 당시 홍수의 규모와 피해 정
도가 어떠했는지를 알 수 있다. 「경술수재전고아사」는 바로 이러한 천재天
災를 목격한 입장에서 생생한 모습을 전하고 있는 것이다. 이 작품의 문장
구성은 다음과 같다.[115]

운 8−산 100−운 8−산 330−부賦 200−운 29−산 280−운 46−산 225−운 56−산 270−운 26−산 30(반쪽 없음)−운 24−산 430−운 32−산 180−운 16−산 100−서강월 50−산 160−운 56	산문 약 2,105자 운문 301구 부 200자 서강월 50자

113 「淮河流域洪澇災害簡介」, '新華网'(www.xinhuanet.com) 2002년 10월 23일자.
114 "夏五月初旬陰雨連綿四十餘日. 六月十九日大雨如注七晝夜, 無一時止息, 二十四日洪水橫流,
　　東至屋樓, 西至浮來, 接連四十餘裏, 平地深淵. 二十五日沖毀城垣, 城門北關只存房屋七間, 淹
　　死五六千人. …… 鄉區村莊墳墓骸骨隨波而起, 沙壓良田, 滄桑盡變, 人畜漂沒, 不可勝言."
115 山東省圖書館 소장본에 따름.

다른 작품에는 없는 부賦 형식의 문장이 있고 '서강월' 사詞가 작품의 서두가 아니라 후반부에 등장하는 점이 독특하다. 내용의 구성을 살펴보면, 서두에는 수해를 입기 전의 비교적 평화로운 농촌 풍경을 그리다가 5월 말, 6월 초가 되자 비가 20여 일 이상 계속 내리는 상황을 묘사하기 시작한다. 폭우가 쏟아지는 광경을 이 작품은 다음과 같이 묘사하고 있다.

(산문)

好大雨! 只下的天昏地暗, 日沈風悲, 墻傾柱折, 屋倒墻張. 這家子骨碌碌塌去了東山, 看那家叭喇! 擦去了後壁. 樓臺瓦殿且傾圯, 何論草舍茅庵; 危壁岩墻難支持, 少不乃風餐露處. 一個家心膽背裂, 魄教魂飛, 哀聲遍地, 號哭連天. 好苦! 起初時, 見那雨大風急, 也還拿鍬找鑛, 尋梯覓杌, 滾箔掛席, 實指望下乃幾日, 也還晴乃幾天. 誰知道, 白下到黑, 黑下到白, 全然無個止息. 今下到明, 明下到後, 甚應是個斷頭. 人見那天又不淸, 雨又不住, 墻又待張, 屋又待塌, 水也沒處改了, 箔也沒處掛了, 席也沒處遮了, 老驚少怕, 子哭兒啼. 也有抬着櫃子的, 也有挾着包袱, 也有領着孩子的, 將着閨女的, 也顧不的那紅裙綉襦, 襪小鞋弓, 禮裳赤足, 垢面蓬頭, 在那泥沴之中, 水灣之內, 撲蕾撲蕾東奔西逃, 尋宅佳宿, 全然沒個區處, 好苦!

엄청난 비로다! 천지는 캄캄하고 해는 침침하고 바람은 슬피 울고 담장은 무너지고 기둥은 부러지고 집은 무너지고. 이 집은 동산 쪽으로 와르르 무너지고, 저 집은 콰르릉 뒷담으로 넘어갔습니다. 누대와 기와집도 다 기울었는데, 초가집 오막살이는 말할 필요가 있을까요. 담장은 위태위태하니 이러다가 풍찬노숙하겠네. 마음이 찢어지고 혼비백산, 통곡 소리가 온 천지에 들리네요. 괴롭구나! 처음엔 비바람이 크게 몰아쳐도 호미 쟁기 챙겨들고 사다리 걸상 찾아들고 돗자리 찾아챙겨 걸면서, 그래도 며칠 내리다가 며칠 개겠지 하고 바랐는데, 누가 알았으리오, 밤낮 낮밤을 이어가며 쉬지 않고 내릴 줄을. 오늘부터 내일, 모레, 언제나 그칠 것인가. 날도 개지 않고 비도 멈추지 않고 담장도 무너지려 하고 집도 무너지려 하고 물을 길어놓을 곳도 없고 자리를 걸어놓을 데도 없게 되었으니, 어른 아이 할 것 없이 두려워하고 아이들은 울기만 합니다. 궤짝을 들고 있는 사람, 봇짐을 지고 있는 사람, 아이를 데리고 있는 사람, 규수를 데리고 있는 사람 모두들 붉은 치마, 신발 버선을 조심할 새도 없이 광목 치마 맨발에 봉두난발로 저 흙탕물

물굽이에서 동분서주할밖에. 집을 찾아보아도 갈 데가 없으니, 괴롭도다!

(운문)

自下這場雨, 家家吵呵呵.	이 비 내리기 시작한 후로 집집마다 아우성이네.
快忙改水道, 陽溝俠楊楝.	허겁지겁 물길을 바꾸고, 막대기로 도랑을 파내네.
屋墻眼看倒, 找楊頂把着.	집 담장 무너지는 걸 보고선 막대기로 버티어놓네.
就塌一半點, 晴了再扎裏.	반절이나 넘어갔으니, 날이 개면 고쳐야지 하지만,
怎奈無情雨, 死往墻上挼.	어찌하리오 무정한 비를, 담장 위로 몸을 피하네.
濕的墻土透, 眼看就婆羅.	담장 흙이 축축이 젖어서, 콰당 무너져버리는구나.
不多時忽弄一聲連天響,	이윽고 콰르릉 하늘이 연신 울려대니,
极的那大男小女亂吆喝.	남녀 할 것 없이 정신없이 아우성치네.
這家子東山擦半壁,	이 집은 동산이 절반이나 무너졌고,
那家子後墻跐了踐脚.	저 집은 뒷담 아래쪽이 툭 터졌네.
這家子培了屋里糧食困,	이 집은 곳간이 못쓰게 되어버렸고,
那家子砸了碟碗瓢盆杓子鍋.	저 집은 살림살이 그릇들이 몽땅 깨져버렸네.
三間屋塌去了兩間半,	방 세 칸 중 두 칸 반이 무너져버리고,
合家子躱在墻根孤堆着.	식구들은 담장머리에 웅크려 있네.
又看梁歪柱斜不久的倒,	또 기둥, 서까래도 곧 무너질 터이니,
倘若是連這間張了才不誚話.	여기까지 무너진다면 더 말할 게 없을 것이네.
叫了聲: "大男小女咱出去罷,	소리치기를, "모두들 나가자,
看做了湯潑老鼠死成窩!"	물에 빠진 생쥐 꼴로 움막에서 죽겠다!"
分明是些無頭子鬼,	정말 머리 없는 귀신들 같은 꼴이니,
只是怕見五閻羅.	염라대왕 만날까만 두렵구나.
見幾個挾着包袱抬着櫃,	얼마나 보았던가, 봇짐 들고 궤짝 진 사람들을.
見幾個領着孩子和老婆.	얼마나 보았던가, 아이, 할멈 데리고 있는 사람들을.
見幾個八十老翁拿不住拐,	얼마나 보았던가, 여든 늙은이가 지팡이도 짚지 못한 것을.
見幾個佳人蓮步又難挪.	얼마나 보았던가, 여인네 발걸음 떼지 못하는 것을.

見幾個一步一跌流痛淚,	얼마나 보았던가, 한 걸음 걸을 때마다 넘어져 눈물 가득 흘리는 것을.
見幾個行走行哭戰朶娑.	얼마나 보았던가, 가며 울며 부르르 떠는 모습을.
見幾個走不動的嬰兒把他爺娘喚,	얼마나 보았던가, 갓난아기가 엄마 아빠 찾는 것을.
見幾個磕劯闘的弱弟叫哥哥.	얼마나 보았던가, 곱사등이 동생이 형 찾는 모습을.
見幾個泥猪疥狗不像人模樣,	얼마나 보았던가, 개돼지처럼 흙 범벅 되어 사람 같지 않은 모습을.
見幾個蓬頭垢面似蟒蟆婆.	얼마나 보았던가, 봉두난발에 시커먼 얼굴이 두꺼비 같은 것을.
顧不的脚下泥泞頭上雨, 一個家脱鞋的足把泥和.	발밑 진흙, 머리 위 빗줄기를 돌아볼 틈도 없이, 온 힘을 다해 맨발로 진흙과 싸우네.[116]

이다음에는 곡식이 모두 흩어져 음식을 만들 수 없게 되고 집들이 무너져 인명을 잃는 재난을 당하여 슬픔에 빠진 모습을 그린다. 중간에는 물에 사는 갖가지 생물들의 모습도 삽입하여 묘사하고 있으며, 마지막 부분에서는 가공할 재난에 맞서 관리도 노력했지만 수포로 돌아갔음을 이야기하는 것으로 전체를 마무리하고 있다. 전체적으로 홍수가 덮친 마을의 참상을 적나라하게 이야기하고 있는데, 이 작품을 짓게 된 동기 또는 의도는 본문에 뚜렷이 나타나지 않는다. 가까운 과거의 대재난은 역사적인 교훈이나 계도의 소재가 되기에 적절했을 것이고, 이 작품의 공연을 통해 많은 사람이 수재를 잊지 않고 대비하며 겸허하게 생활하기를 바라는 뜻이 있었을 것이라고 생각된다.

---

116 山東省圖書館 소장본 및 張軍·郭學東, 『山東曲藝史』, 75~76쪽.

4)「설경전」: 향촌 문인들의 어려운 생활

역시 마익저가 지었다는 이 작품은, 글을 배웠으나 과거에 급제하여 관직에 나아가 뜻을 펼칠 길을 얻지 못하고 향리에서 초빙 교사인 숙사로 지내는 인물의 어려운 생활과 괴로운 심정을 담고 있다. 진사로 출세하는 사람보다 그렇지 못한 재야의 문인들이 훨씬 많았음은 청대에도 마찬가지였을 것이다. 「설경전」에는 바로 이러한 사람들의 모습이 잘 드러나 있다. 이 작품은 먼저 130여 자의 산문으로 시작한 뒤 50여 구의 운문이 이어지고 있다. 일부를 보겠다.

(산문)

世品萬端, 惟有教學可憐. 自幼讀詩書, 至長考經傳. 古人學道修身, 今人功名爲念, 有志之破壁飛去, 無志之熬成窮酸.

세상의 직품은 여러 가지인데, 가르치는 일이 가장 불쌍하지. 어려서부터 책을 읽고, 성인이 되어서도 경전을 공부하지. 옛사람들은 도를 배우고 몸을 닦았지만, 오늘날의 사람들은 공명만을 생각하니, 뜻이 있는 자는 벽이라도 뚫고 날아가지만, 뜻이 없는 자는 가난한 수재가 되고 만다네.

(운문)

這樣人, 最可憐,	이러한 사람들이 가장 불쌍하니,
戴了些舊頭巾,	낡은 두건을 쓰고,
穿了些破衣衫,	다 떨어진 옷을 입고,
住了些氷房屋,	차가운 냉방에 살면서,
吃了些冷茶飯,	식어버린 밥이나 먹고,
聽了些奴僕呼師傅,	하인들이 선생님 부르는 소리를 들으면서,
踏了些百家門兒遍,	이 집 저 집 돌아다니며,
討了些今三明四帶彆錢,	오늘 서푼 내일 너 푼 동전 벌어 와도,
賺了些父兄妻子常離散.	부모님과 처자식은 늘 흩어져 있다네.[117]

---

117 中國人民政治協商會議 山東省臨朐縣委員會 編, 『(臨朐)文史資料選輯』第4輯, 81쪽.

이 작품은 다른 작품들과 마찬가지로 운문에 7언구가 가장 많지만 5언, 6언, 11언으로 이루어진 구절도 적지 않아서 다소 독특한 리듬감이 느껴진다. 내용 면에서는 숙사의 어려움을 호소하는 데 집중하고 있으므로 특정한 이야기가 전개되는 많은 작품들에 비해 서사성이 약해 보이는 것이 사실이다. 그러나 공부에 매진하는 사람이 뜻을 이루지 못하는 현실의 문제를 풍자적으로 고발하는 태도를 드러내고 통속적인 표현으로 상세한 묘사를 이어간다는 점에서 다른 고사 작품들과 마찬가지로 전기 고사계강창의 전체적인 성격과 부합한다고 하겠다.

5) 기타

그 밖에 당시의 현실 생활을 소재로 한 작품들로 「도박사」, 「소도문」, 「추녀자가」, 「풍월단」, 「장가사」 등이 있으나 제목만 전한다. 이들은 대부분 작품을 직접 확인하지 못하여 그 규모와 정확한 내용을 알 수 없다. 다만 작품의 제목으로 보아 「도박사」와 「소도문」은 도박의 폐해를 지적한 것이고, 「추녀자가」, 「풍월단」 등은 여성을 중심으로 소재를 취한 작품이며, 「장가사」는 농가의 일상생활을 그렸을 것이라고 추측된다.[118] 이들을 비롯하여 제목만 전하는 작품들은 추후 지속적인 수집과 확인이 필요하다.

(5) 우언을 소재로 현실을 풍자한 작품

1) 「남창몽」: 명리 추구의 부질없음

이 작품은 한 선비의 꿈속에서 파리, 모기, 그 밖의 여러 벌레가 등장하여 서로 자신들의 입장을 내세우며 다투는 내용을 담고 있다. 먼저 내용의 전

---

118 「醜女自嫁」, 「莊家詞」 등 두 작품은 劉階平 編, 『淸初鼓詞俚曲選』에 간략히 소개되어 있다. 이에 따르면 「醜女自嫁」는 외모는 추하지만 현숙한 규수가 아름답게 혼인하는 내용이고, 「莊家詞」는 농촌의 생활을 엮은 것이다.

개에 따라 일곱 단락으로 구분하여 문장구성을 살펴보겠다.[119]

제1단	자고천鷓鴣天 55자-산 166-운 14	산문 1,388자
제2단	산 220-운 24	운문 208구
제3단	산 240-운 4-산 20-운 4-산 120-운 16-산 30-운 40	
제4단	산 220-운 28	
제5단	산 50-운 14-산 90-운 32-산 120-운 12	
제6단	산 12-운 12	
제7단	산 60-운 6-산 40-운 2	

내용 전개를 보면, 제1단에서는 한 도사가 남창에 기대어 졸기 시작하고, 제2단에서는 모기와 파리가 만나서 서로 예의를 차리면서도 자기 자랑을 늘어놓는다. 제3단에서는 썩은 복숭아 하나를 발견한 두 벌레가 먹을 것을 다투고, 제4단에서는 책벌레가 파리와 모기 사이의 싸움을 말린다. 제5단에서는 전갈이 나타나 약육강식의 현실을 강조하는데, 제6단에서는 새벽이 밝아와 어두운 곳으로 달아나다가 파리와 모기가 거미줄에 걸려 목숨을 잃고 만다. 제7단에서는 도사가 꿈에서 깨어나 파리, 모기처럼 때 묻은 인간들이 없는 깨끗한 세상을 찾아 떠나간다.

파리와 모기가 평소에는 호형호제하며 사이좋게 지내는 듯하다가도 어떤 이익이 나타나기만 하면 지체 없이 자기만을 위하는 이중적인 모습을 풍자한 대목이 뛰어나다. 두 벌레가 싸우기 시작하는 대목의 일부를 들어본다.

(산문)
原來那窗戶臺上, 有道士吃剩下的半個桃子, 爛而且壞, 未免有些臭味. 那蒼蠅聞着只是撲鼻的香. 就對蚊子說道: "賢弟呀, 那裏有一顆鮮桃, 咱且去享受一享受如何?" 蚊子說: "願往!" 他兩個走到那爛桃邊, 看了看, 一個蟻蚌和一個來板蟲, 正在那裏喫, 這爛桃所剩的也就有限了! 這蒼蠅是經過了一宿的淸齋, 肚裏又飢又渴, 見

---

119 劉階平 編, 『淸初鼓詞俚曲選』 수록본에 따름.

了這爛桃, 那裏還顧到蚊子兄弟呢? 便上之下之, 左之右之, 不住嘴的吃. 那蚊子身小力薄, 看了看, 全沒處下嘴! 如今的人爲爭東西吃, 成嫌結怨的原極多, 況這蒼蠅蚊子是下等的蠢物, 知道甚麼是禮? 曉得甚麼是讓? 而且蚊子度量原小, 再搭上尖嘴薄舌; 眼看蒼蠅這個樣子, 他敢則忍耐不住, 就說道:

원래 이 창문틀에는 도사가 먹다 남긴 복숭아 반쪽이 있었는데, 썩어 문드러져 악취가 났지요. 이것을 코를 찌르는 향기라고 여긴 저 파리는 모기에게 말했습니다. "동생, 저기 신선한 복숭아가 있으니 우리 함께 가서 맛을 보세." 이에 모기가 "그러지요!" 하고서는 둘이 그 썩은 복숭아 있는 곳으로 가보니, 개미 한 마리와 책벌레 한 마리가 벌써 그것을 먹고 있어서 조금밖에 남지 않은 것이었어요! 이 파리는 하루저녁 동안 배를 곯아서 배도 고프고 목도 마른지라 이 썩은 복숭아를 보니 어디 동생 모기 생각이나 나겠습니까? 얼른 사방으로 돌면서 쉬지 않고 먹어댔지요. 저 모기는 힘도 모자라서 보고만 있으려니 입을 댈 곳도 없습디다! 오늘날에는 사람들도 먹을 것을 얻기 위해서라면 앞뒤 안 가리고 달려드는 경우가 흔한데, 하물며 파리나 모기 같은 하찮은 것들이야 무슨 예의나 양보를 알기나 했겠습니까? 또 모기는 그릇이 원래 작은 데다가 입은 삐죽하고 혀도 얇아서, 파리가 그러는 꼴을 보더니 참지를 못하고 이렇게 말합디다.

(운문)

"兄弟相與須相親,	"형제가 함께 있으면 서로 위해주어야 하는데,
是怎麼見了東西不讓人?	어찌하여 먹을 것을 보더니 양보할 줄 모르는가?
你於今貪利忘義搶着搗,	너는 지금 이익 탐하고 의리 잊은 채 빼앗아 게걸스럽게 먹어대니,
只怕你飽了肚子壞了心!"	배불리 먹지만 마음은 나빠질까 걱정되네!"

(산문)

那蒼蠅聞聽此言, 又是羞, 又是惱; 也就沒好氣的道:
저 파리는 이 말을 듣더니 창피하고 화도 나서 막 지껄이기를,

(운문)

| "錢財無假客無眞, | "돈은 가짜가 없고 손님에는 진짜가 없나니, |

你猻孫戴帽死裝人！　　　　원숭이가 모자 쓰고서 사람인 척하는 것만 같구나！
似你這瘦瘦的身子尖尖的嘴，　너 이 비쩍 마른 몸에 삐죽한 입으로，
輕薄東西玷汙斯文！"　　　　경박한 놈이 문자를 쓰는구나！"

(산문)

列位, 你說這蒼蠅從那裏說起呢? 原來這'蚊子', 有'文'之名, 而無'文'之實, 這是明明的罵他呢. 這蚊子又是何等陰毒之物, 如何受得這個? 他敢則就眞果惱了, 說道: "哼! 你是何物? 敢來譏誚我! 且把你的耳朶, 洗的淨淨, 聽我說說你的本領:

여러분, 이 파리 녀석이 무슨 소릴 하는 것인가요? 원래 이 모기란 녀석의 이름에는 글월 文 자가 들어가지만 문자는 도대체 쓸 줄 모르니, 파리의 이 말은 분명히 모기를 욕하는 것이지요. 이 모기는 또 얼마나 독한 녀석인데, 이런 말을 어떻게 참을 수 있겠습니까? 그 녀석은 곧장 화를 내면서 이렇게 말했지요. "흥! 넌 뭐냐? 감히 나를 비난하다니! 귀나 깨끗이 씻고서 내 말을 들어보아라.

(운문)

我看你營營逐逐在紅塵，　　내 보아하니 너는 홍진에서 허겁지겁 쫓아다니면서
但學着光天化日擾亂人.　　대낮에 사람들 괴롭히는 것만 배웠구나.
恰像似牢裏赦出的餓死鬼，감옥에서 풀려나온 아귀마냥，
人未曾撥碗你就先聞！　　밥그릇도 아직 안 놓았는데 네가 먼저 맛보는구나！
今日裏撞到張家吃個飽，　오늘은 장씨네 집에 가서 배 터지게 먹고，
明日裏跑到王家醉醺醺.　내일은 왕씨네 집에 가서 흠씬 취하고，
羞煞人吃飯不論香和臭，　창피해라, 좋은 음식 나쁜 음식 가리지 않고，
吃酒不顧淸和渾！　　　　청주 탁주도 가리지 않는구나！
帶着個趨炎附勢小人樣，　해바라기처럼 권세가만 좇는 소인배처럼，
全不往淸凉之處留一留心！청량한 곳에 가서 마음을 다스릴 줄 모르는구나！
終日裏吮癰舐痔誇能幹，　종일토록 악착같이 빨아대는 것만 할 줄 알아서，
到處裏上頭撲臉是精神！"　도처에 가서 고개를 들고 얼굴 비벼대는 데 정신을 파는구나！"[120]

---

120 劉階平 編,『淸初鼓詞俚曲選』, 165~168쪽.

「남창몽」은 일종의 액자 구조로 이루어져 있다. 도사의 꿈속에서 여러 이기적 존재들이 싸우는 장면들이 이어지다가 주인공들이 목숨을 잃는 것이 유가적 정의가 실현되는 것이라면, 꿈에서 깨어난 도사가 '깨끗한 세상'을 찾아 떠나간다는 결말은 도가적 귀결이라고 할 수 있다. 이 작품의 작자도 다른 작품의 작자와 마찬가지로 '강한 자가 좋은 자이고, 약한 자는 늘 틀린 사람'[121]이라는 폭력적 가치관에 대한 반감을 드러내고 있다. 작자의 이러한 세계 인식은 역으로 현실에서의 좌절과 방황이라는 작자의 정신적 행로를 보여준다고 할 수 있다.

(6) 기타

「추강몽」과 「요재외편」은 구체적인 소재를 알 수 없다. 「요재외편」은 「요재지이」와 비슷하여 기이한 소재들을 취했을 가능성이 있으나 추측일 뿐이고, 앞으로 조사가 진행되어야 할 것이다.

(7) 소결: 유가적 이상과 현실

이상으로 필자가 수집할 수 있었던 작품을 중심으로 전기 고사계강창의 소재와 내용을 검토했다. 이들을 다시 도표로 정리하면 다음과 같다.

소재	작품	비고
『논어』 또는 공자	「태사지적제전장」,「제경공대공자오장」,「공부자고아사」,「자화사어제전장」	검토
	「누항단」	미검토

---

121 제5단 전갈의 말.

『맹자』	「제인장」, 「동곽외전」	검토
역사고사	「역대사략고사」, 「문천사」, 「경술수재전고아사」, 「목마람마」	검토
	「이십사효고아사」, 「열녀전」	미검토
시사	「전가락」, 「문천어」, 「설경전」	검토
	「도박사」, 「소도문」, 「추녀자가」, 「풍월단」, 「장가사」	미검토
우언	「남창몽」	검토
기타	「추강몽」, 「요재외편」	미검토

위의 표를 보면 『논어』, 『맹자』, 공자와 관련된 이야기 등에서 소재를 취한 작품은 7편이다. 이 가운데 「태사지적제전장」, 「제인장」 등은 가부서의 작품이고, 「제경공대공자오장」 등은 정야학의 작품이다. 가부서와 정야학은 교유가 깊었는데, 이들은 『논어』, 『맹자』 등의 유가 경전에 매우 익숙했을 것이고, 따라서 가장 흥미 있고 중요하다고 생각한 대목을 골라 고사로 엮어보고자 했을 것이다. 또한 역사적 사건을 소재로 한 6편 역시 대체로 유가적 색채가 짙다. 이 가운데 「역대사략고사」와 「문천사」는 역대의 주요 사건들을 다루면서 약육강식의 현실을 비판하고 있으며, 「이십사효고아사」와 「열녀사」는 제목에 나타나듯이 효나 정절 등의 유가적 덕목을 계몽하려는 성격이 짙다고 추측된다. 시사적인 문제를 다룬 것 가운데 「남창몽」은 모기, 파리 등의 곤충을 등장시켜 세상을 빗댄 풍자적인 우화이고, 「문천어」, 「도박사」, 「소도문」, 「설경전」은 현실 비판적 성격이 강한 작품인 듯하며, 「전가락」과 「장가사」는 복잡한 세상사를 떠난 귀농생활의 안온하고 즐거운 심경을 노래한 작품이다.

이들 가운데 제목에 제나라가 등장하는 작품이 4편이나 되는 것이 두드러진다. 이러한 현상은 이 작품들의 작자들이 모두 산동 지방 사람이라는 점과 밀접한 관계가 있다. 유가의 발상지인 산동 지역에서 태어나고 교육받은 작자들은 유가적인 전통에 익숙했으며, 이러한 익숙한 소재를 사용하여 때로는 풍자적이고 때로는 교육적인 작품을 쓰고자 한 것은 당연한 귀결이다. 또한 이들은 신분이 비교적 상층에 속하는 신사였으므로, 자연히 사대부로서의 공의식과 교육자로서의 지도의식을 체득했을 것이다. 이러한 의식적 지향 아래에서 『논어』, 『맹자』, 역사, 현실, 풍자 등 유가적 이념을 담은 소재를 보다 많은 사람들, 특히 아이와 부녀자를 비롯한 문맹 또는 반문맹 들에게 전달하기 위해서는 독서보다는 구비공연이라는 형태가 더욱 효과적이었을 것이다. 이 작품들의 가장 두드러진 특징은 소재 면에서는 유가적 이념을 담은 것들을 채택했으면서도 내용 면에서는 그것이 대체로 좌절, 비판, 풍자, 도피라는 형태로 굴절되어 표현된 점이다. 물론 고사를 보고 들은 청중 역시 그 지방 사람들이고 공자나 맹자의 자랑스러운 이야기를 어렸을 때부터 많이 들으며 자랐을 것이므로, 유가적 이념에 대한 기본적 지식과 지향을 이미 어느 정도 갖추고 있었다고 전제할 수 있다.

결국 이 작품들은 대개 현실 지향과 현실을 등지는 경향이 모순적으로 공존한 향촌 신사계층의 의식이 반영된 산물이었고, 이 작품들의 주조를 이루는 풍자나 계몽은 청중이 좋아하거나 청중에게 요구되는 덕목을 전달하는 데에 유용한 형식이었던 것이다.

제5장 전기 고사계강창의 서술 방식

이 장에서는 전기 고사계강창에 나타난 서술 방식들을 규명하고자 한다. 여기서 서술 방식이란 강창문학의 주요 구성요소인 운문〔唱〕과 산문〔講〕의 역할 분담 방식을 의미한다. 운문만 있거나 산문만 있는 연행예술 형태도 존재하는데, 이 경우 운문이나 산문은 이야기 전개, 상황 묘사, 정서 고양 등의 기능을 두루 지닌다. 그러나 한 작품에서 산문과 운문이 교차 서술된다면 이 산문과 운문이 모종의 역할 분담을 한다고 가정할 수 있다. 이 책에서는 운문만 있는 운문전용체 작품과 산문과 운문이 모두 있는 운·산문혼용체 작품을 구분하여 전기 고사계강창의 서술 방식을 검토하면서 두 서술 방식의 차이를 살펴보고, 특히 운·산문혼용체의 경우 운문과 산문의 역할과 의미가 어떻게 다른지를 확인하려 한다. 이러한 시도는 강창문학의 창작 원리뿐 아니라 연행 원리를 이해하는 데도 도움이 될 것이다. 즉, 강창문학의 기본 원리라고 할 수 있는 산문과 운문의 상호작용을 규명함으로써 옛 공연모습을 추정하고 나아가 공연을 복원하는 데에도 기여할 수 있을 것이다.

1. 운·산문혼용체 작품의 결합 방식과 각 서술 단위의 역할

운·산문혼용체 강창문학작품의 서술 방식에 대한 기존의 견해를 살펴보면, 먼저 섭덕균은 강창문학작품의 운문과 산문의 조합 방식은 복용複用, 연용連用, 삽용揷用의 세 가지로 구분된다고 했다. 복용은 먼저 산문 서술을 한 단락 제시한 후 운문으로 앞의 내용을 중복하여 서술하는 것이고, 연용은 운문과 산문을 중복시키지 않고 순서대로 연결하는 것이며, 삽용은 대개 첫머리에 '입화入話' 성격의 추가적인 시사를 삽입하여 공연의 효과를 더욱 높이는 장치로 쓰는 방식이다.[122] 국내에서는 김학주가 강창의 서술 방식을 '산문으로 강술한 다음 운문으로 되풀이하여 노래하는 것', '산문으로 이야기의 실마리를 끌어내고 운문으로 자세히 계속해서 설명하는 것', '산문과 운문이 맡은 표현의 구별 없이 번갈아가며 고사를 설명하는 것' 등으로 구분한 바 있다.[123]

설보곤薛寶琨과 포진배鮑震培는 창사唱詞와 백사白詞의 결합 방식을 네 가지로 나누었는데, 첫째, 백으로 사건의 시작을 열고 창으로 이를 중복·확대 서술하는 경우, 둘째, 창과 그 뒤를 연결하기만 하는 백으로 구성되는 경우, 셋째, 백이 앞뒤를 모두 연결하며 앞부분을 총결하고 다음 창의 시작을 여는 경우, 넷째, 창과 무관한 백으로 이루어지는 경우이다.[124] 이들의 구분

---

122 葉德均, 「宋元明講唱文學」, 628~630쪽. 楊蔭深은 『中國俗文學概論』에서 重疊的, 連用的, 混成的으로 구분했는데, 앞의 양자는 각각 葉德均의 복용, 연용과 상응하는 것이고, 표현이나 서술이 뚜렷한 구분 없이 혼란스럽게 이어진 것을 설정한 것이다. 楊蔭深, 『中國俗文學概論』, 上海: 世界書局, 1946; 臺北: 世界書局, 1961, 95~98쪽. 또한 高國藩은 「敦煌民間文學」에서 銜接式, 重複式, 强調式으로 구분했는데, 앞의 양자는 각각 葉德均의 연용, 복용과 상응하는 것이고, 강조식은 상세하게 확장하여 묘사하는 중복식을 따로 설정한 것이다. 高國藩, 『中國民間文學』, 臺北: 學生書局, 1995, 44~48쪽.
123 金學主, 『中國文學槪論』, 서울: 신아사, 1977, 356쪽.
124 薛寶琨·鮑震培, 『中國說唱藝術史論』, 石家莊: 花山文藝出版社, 1990, 88~91쪽.

은 한 작품을 단위로 한 것이 아니라 각 단위 창과 백의 결합 양상을 설명한 것이라는 점에서 진일보한 의미가 있다.

　운문과 산문의 기능에 대한 연구는 최근 국내에서 더욱 활발하다. 이창숙은 원대 잡극의 구성 원리를 규명하려 한 논문에서, 한 작품 내에서 각 부분이 어떠한 역할을 수행하며 전체의 조화를 이루어가는지를 설명하려 한 바 있다. 그에 따르면 원 잡극은 서사적, 극적, 서정적, 서사적, 골계적 지향이 번갈아 나타나며 진행되고, 이를 담당하는 표현수단으로 백白, 과科, 분장分場, 곡曲 등이 각각 적절하게 운용됨으로써 각종의 지향이 표현된다. 여기서 주목되는 것은 그가 서정적 지향의 표현수단으로 곡을, 골계적 지향의 표현수단으로 백과 과를 각각 들고, 이때 이야기 줄거리의 진행은 정지된다고 지적한 것이다.[125] 다시 말해 서사적 지향과 극적 지향이 나타나는 부분에서는 이야기가 진행하고, 서정적 지향과 골계적 지향이 나타나는 부분에서는 이야기가 정지한다는 것이다. 전홍철은 돈황 강창문학의 연행 양상을 분석하면서 "산문적 진술과 대등한 삽입 시가"의 기능을 교술적 진술, 서정적 진술, 서사적 진술, 희곡적 진술로 구분하여 살피는 방법을 통해 창 부분의 역할을 해명하고자 했다.[126] 김우석도 운문이 우위를 차지하면서도 산문이 교차 서술되는 송·원대 제궁조諸宮調의 '서술구조'를 분석하고 백과 창의 기능과 역할을 상세히 규명하려 했다. 그는 백의 활용 양상을 사건 사이의 연결, 연행 효과, 시가 삽입 등으로 나누고, 창의 활용 양상을 사건 서술과 극적 대사, 심리 묘사와 경물 묘사 등으로 구분했다.[127] 이상의 국내외 성과들을 참고하면서 전기 고사계강창의 서술 방식을 분석하고자 한다.

125　李昌淑, 『원잡극의 틀과 원리』, 서울대학교 박사학위논문, 1995 참조. 특히 280~282쪽.
126　全弘哲, 『敦煌 강창문학의 敍事體系와 演行樣相 硏究』, 한국외국어대학교 박사학위논문, 1995, 210~241쪽.
127　金遇錫, 『諸宮調硏究』, 서울대학교 박사학위논문, 1996, 108~131쪽.

(1) 운문과 산문의 결합 방식

전기 고사계강창 가운데 운·산문혼용체 작품은 「역대사략고사」, 「태사지적제전장」, 「제인장」, 「동곽외전」, 「남창몽」, 「공부자고아사」, 「경술수재전고아사」 등이다. 이들의 운·산문 결합 방식은 크게 순차연결형과 복합설명형으로 나뉜다. 순차연결형은 섭덕균이 말한 연용체에 해당하는 유형을 평이한 표현으로 바꾼 것으로, 「남창몽」과 「공부자고아사」가 전형적인 사례이고 「제인장」과 「동곽외전」도 해당한다고 할 수 있다. 「남창몽」은 운문과 산문의 서술이 거의 중복되지 않고 이야기가 순차적으로 전개되는 가장 전형적인 작품이다. 시작 부분을 예로 들어보겠다.

(산문)

這一曲鷓鴣天說的是日月如流, 人生若夢, 其中勾出一件故事, 不見經傳, 詞俚荒唐. 不會說話的, 也要說話; 不會講理的, 也要講理; 豈不可笑? 但是編書的人, 撒謊的多, 說實話的少. 似如西遊記上說, 孫行者是個猴子精, 猪八戒就是個猪精, 還有那狐狸黑魚, 香獐, 金蟬, 都會說起話來, 講起理來. 難道說那禽獸魚鱉之類許他說話, 這蚊虻之類, 就不許他講理麼? 在下說的這件故事, 出在萊州府膠州南裏, 海邊子上, 有一個道士, 年近六旬, 却忘其姓名了!

이 '자고천'은 세월이 유수 같고 인생은 꿈만 같다는 뜻인데, 이 가운데에서 이야기를 하나 끄집어내보려고 합니다. 경전에 나오는 이야기도 아니고 좀 황당하기도 하지요. 말을 할 줄 모르는 사람도 말을 해야 하고, 이치를 논할 줄 모르는 사람도 이치를 논해야 하니, 이 어찌 웃기지 않겠습니까? 하지만 글을 엮는 사람은 거짓말이 많고 진실은 적습니다. 『서유기西遊記』에서는 손행자가 원숭이고, 저팔계가 돼지고, 여우, 물고기, 노루, 매미 들이 모두 말을 할 줄 알고 이치를 논할 줄도 아는데, 설마 저 금수나 물고기 들도 말을 하는데, 모기나 날벌레라고 이치를 논하지 못한다는 법이 있겠습니까? 제가 말씀드리는 이 이야기는 내주부 교주 남쪽의 바닷가에 사는 예순 넘은 이름 모를 도사한테 들은 것이올습니다.

(운문)

這個人道號姓名俱失傳,	이 도사의 이름은 알 수가 없지만,
但見他一衣一鉢自安然.	단지 옷 한 벌과 바리때 하나만으로 안분자족하는 사람이었네.
恨的是熱鬧場中人情冷,	안타깝게도 떠들썩한 세상의 인정 차가워,
緊靠着海崖結了個小茅庵.	바닷가에 초가집 짓고 근근이 살고 있다네.
房裏面安排繩床並衾枕,	방 안에는 침대와 침구가 있고
上擺着一卷黃庭斷又殘!	위에는 『황정경黃庭經』한 권이 있는데 그나마 너덜너덜 떨어져버렸다네!
終日裏南窗寄傲堪容膝,	온종일 남창 아래에서 겨우 무릎 펴고 앉아 있지만,
可惜他食少病多只自憐.	먹을 것 부족하고 병만 많아 스스로 가련해하네.
那一時熬過遲遲春三月,	때는 바야흐로 춘삼월을 지나,
不覺的炎炎夏至六月天.	어느새 무더운 하지 유월이 되었네.
既沒有歌兒舞女搖大扇,	부채질해주는 가동歌童이나 무녀도 없으며,
更沒有錦帳羅幃把身安.	몸을 쉴 만한 비단장막 드리워진 곳은 더구나 없다네.
從來說人凡有病多眈睡,	옛말에 이르기를 병들면 잠이 많아지는 법이라는데,
恨煞人蒼蠅蚊子又來纏!	죽겠구나, 파리 모기가 또 와서 귀찮게 구네!

(산문)

大凡這夏天, 白日裏睡個覺, 不消說是受不盡蒼蠅的氣. 黑夜裏睡個覺, 又受不盡蚊子的氣. 這個道士是個有病的人, 那一夜被蚊子咬的沒曾閉一閉眼. 到了那東方發亮的時候, 蚊子漸漸的散去了, 蒼蠅還沒有進來, 他依靠南窗, 矇矇朧朧的纏待睡着; 只見那南窗之上, 蚊子欲出, 蒼蠅待進, 兩家遇在一處. 叙了家鄉, 說了姓名; 蒼蠅居長, 蚊子居幼. 蚊子說: "久聞老兄大名, 如雷貫耳, 因小弟有個毛病, 白日裏不敢行動, 所以就不能與老兄常相聚會." 蒼蠅說: "愚兄也有個毛病, 黑夜裏就不能施展, 所以亦不能與賢弟常談. 今日纏得巧遇, 咱且略待片刻, 叙叙家常, 賢弟以爲如何?" 蚊子說: "妙極!"

이 여름날 낮잠을 자려면 파리가 날아와 귀찮게 하고, 밤중에 잠을 자려고 하면 모기가 날아와 괴롭히니, 이 병든 도사는 그날 저녁 모기에게 뜯겨서 한잠도 못

자다가, 동이 틀 때가 되어 모기가 점점 사라지고 파리는 아직 꼬이지 않는 시간에 남창에 기대어 몽롱하게 잠이 들려고 했습니다. 그때 남창에서는 모기는 나가려고 하고 파리는 들어오려고 하다가 서로 만나게 됐지요. 고향을 묻고 이름을 묻더니 파리가 형님이고 모기가 아우가 되더군요. 모기가 "노형의 성함을 익히 들었소이다. 이 동생이 좀 문제가 있어서 낮에는 통 다니질 못하니 노형을 뵐 수가 없었지요"라고 하니, 파리가 "이 형도 문제가 있어서 밤중에는 날개를 펼 수가 없어서 동생을 만나지 못했네그려. 오늘 이렇게 잘 만났으니 이야기 좀 함세. 자네 생각은 어떤가?"라고 하자 다시 모기가 "좋지요!" 하데요.

(운문)

兩下立住脚, 款款叙寒溫.	둘은 내려와 서서 날씨 이야기를 하네.
交頭接耳的, 情同兄弟親.	머리와 귀를 맞대고, 마치 형제처럼 친하구나!
咱雖不同道, 一見如故人.	우리는 비록 같은 벌레는 아니지만, 한번 만나니 친구만 같구나.
投契是朋友, 知趣可談心.	의기투합하니 친구라 할 수 있고, 취향을 아니 마음 터놓고 얘기할 수 있네.
獨手拍不響, 孤樹不成林.	손바닥 하나로는 소리가 울리지 않고, 나무 한 그루로는 숲을 이룰 수 없네.
從今你和我, 早晚通信音.	이제부터 너와 나는 자주 소식을 전하게 될 것이네.
約着衆兄弟, 找上人家門.	여러 형제들과 약속하고, 친구들 집을 찾아가리.
白日黑夜鬧, 誰敢把咱嗔?	밤낮으로 떠들어도 뉘 감히 우리에게 화내겠는가?
蒼蠅說; "白日的勾當我能幹!"	파리: "낮일은 내가 잘한다네!"
蚊子說: "黑夜的營生俺能通神!"	모기: "밤일은 내가 귀신이지요!"
蒼蠅說: "暗度陳倉全仗賢弟."	파리: "저녁 때 곡식창고에 가는 것은 자네가 하게!"
蚊子說: "明修棧道必待兄駕臨!"	모기: "낮에 잔도棧道 만드는 곳엔 꼭 형님이 광림하십시오!"

(산문)

蒼蠅說: "賢弟不知, 愚兄身軀雖短, 頗有膽量.
파리가, "자네는 내가 몸은 짧아도 담이 자못 크다는 것을 아는가,

(운문)

深山裏的猛虎俺能剜他的眼!"   심산 호랑이의 눈도 내가 도려낼 수 있지!"

(산문)

蚊子說: "老兄不知, 小弟力量雖小, 善於鑽營.
모기가, "형님은 내가 힘이 비록 작아도 잘 빌어먹는다는 것을 아시나요,

(운문)

金屋裏的嬌娃俺能近他的身!"   대갓집의 규수한테도 가까이 갈 수 있다니까요."
這纔是相逢說到投機處.   이렇게 서로 만나 의기가 투합하더니,
猛然間一陣香風撲腦門!   갑자기 바람이 불어와 앞이마를 때리는구나![128]

이처럼 「남창몽」은 산문과 운문이 번갈아 나오며 사건을 연속적으로 서술하는 구성을 취하고 있다. 이에 비해 「공부자고아사」에서는 먼저 운문으로 사건을 읊고 산문으로 반복한 후, 산문으로 읊고 운문으로 부연하는 서술 방식이 나타난다. 이러한 형태는 설보곤 등이 제시한 것 가운데 세 번째인 백이 앞뒤를 연결하며 앞부분을 총결하고 다음 창의 시작을 여는 경우에 해당하는 것으로, '산문(총결·개시)―운문(부연)―산문(총결·개시)―……'의 서술 방식이다. 이는 순차서술형 가운데서도 산문의 가교적인 역할이 커진 형태이다. 「공부자고아사」 가운데 공자의 탄생부터 공자가 노자를 만나러 갈 때까지의 일을 읊는 부분을 보겠다.

---

128 劉階平 編, 『淸初鼓詞俚曲選』, 161~165쪽.

(산문)

話說的是聖母生了夫子, 心中甚是歡喜, 覺着老來有了依靠. 光陰迅速, 日月似箭,
不覺已是三載, 孔子就是三歲了. 是年聖父壽終, 孔子幼而無知. 聖母料理喪事, 耶
邑人將他牖在五父之衢. 不覺又是三載, 孔子就是六歲了. 便爾戲陳俎豆, 演習一
切禮容. 到了十九歲聖母爲夫子完婚, 娶了宋女幷官氏爲妻. 二十上仕於魯國爲委
吏之職, 是年生了伯魚, 取名鯉. 二十一又仕魯國爲乘田之職, 孟子說他爲委吏, 爲
乘田, 卽其時也. 二十二歲廣敎門徒, 闕里之中人才濟濟矣. 到了二十四歲聖母顔氏
不幸嗚呼哀哉昇仙去了.

화설, 성모께서 공자님을 낳으시니 마음속으로 심히 기뻐하시면서, 늙으니 기댈
곳이 생기는구나 하셨더라. 세월이 어느새 쏜살같이 3년이 흘러 공자가 세 살이
되셨으니, 이 해에 부친께서 세상을 떠나셨으나 공자는 어려서 잘 알지 못하셨더
라. 성모께서 초상을 치르시니 추읍 사람들이 그를 오부五父의 거리에 묻어주었
더라. 또 어느새 3년이 흘러 공자가 여섯 살이 되셨으니, 제사 그릇을 가지고 놀
고 여러 예법을 익히셨더라. 열아홉 살이 되니 성모는 공자에게 혼사를 치러주셔
서 송나라 사람 계관씨幷官氏를 아내로 삼아주셨더라. 스물에 노나라 위리의 직
에 임관되셨고, 이 해에 아들 백어를 낳고 이름을 이鯉라고 지으셨더라. 스물하
나에 다시 노나라에서 승전의 직을 맡으시니, 맹자가 "공자께서는 위리와 승전의
직을 맡으셨다"고 한 것도 이때였더라. 스물둘에 제자들을 널리 가르치셔서 궐리
에는 인재들이 가득했더라. 스물넷에 성모 안씨께서 불행을 당하시니, 오호 슬프
도다, 승천하시고 말았도다.

(운문)

說起孔夫子, 命裏算是孤.	공자님에 대해 말하자면, 운명은 외로웠다고 하겠네.
三歲喪了父, 多虧有聖母.	세 살 때 부친상을 당했지만, 다행히 어머님 계셨네.
撫着他成人, 受盡多少苦.	성인이 되도록 돌보아주시며 온갖 고생을 겪으시더니,
到了二十四, 母親又嗚呼.	스물네 살이 되었을 때, 어머님께서도 오호라!
少不的昊天罔極恩情重,	하늘의 은혜 망극하고 은정이 중하더니,
閃的他棲棲惶惶一身孤.	결국 처량하게 홀로 남고 말았네.
少不的衣衾棺槨整喪理,	수의와 관을 잘 준비하고,
少不的修理墳塋把喪出.	묘지도 잘 준비하여 상여 나서네.

少不的起他父親來合葬,　　부친과 합장하여,
同埋在新遷塋地是房居.　　새 묘지에 안장하네.
孔夫子守制三年哀盡禮,　　공자님은 삼년상을 다 치르고
說不盡制滿才把孝服除.　　예법을 다한 후에야 상복을 벗으셨다네.

(산문)

話說孔子守制三年, 居喪之禮自不必細說. 到了二十八歲正直鄰國郯子來朝於魯,
孔子聞知郯子能言官紀, 遂身入魯國, 問官郯子. 郯自將鳥火雲龍之紀, 一一爲孔
子細說. 後人遂得古人命官之義. 孔子到家細細玩味, 實有至理, 由是博覽古今, 遇
物究明. 其事亦難枚舉. 及至三十五歲, 聞周有老耼博古知今, 通禮樂, 明道德, 欲
往問焉. 此時有門弟子南官敬叔, 孫魯桓公之苗裔. 因言於魯君昭公曰: "臣師孔子,
聖人之後也. 今將適周, 觀先王之遺制, 考禮樂之所極. 君何不以乘資之." 昭公聞
焉, 心中歡喜, 賜了孔子車一乘馬二匹. 孔子拜而受之. 遂一車兩馬出了曲阜, 往周
朝去了.

화설, 공자께서 삼년상을 치르신 것은 자세히 말할 필요가 없고, 스물여덟이 되어
담郯나라의 담자가 노나라에 왔을 때, 공자께서는 담자가 관리 임용에 대한 예법
을 잘 알아서 노나라에 왔다는 것을 들으시고 담자에게 물으셨더라. 담자가 관
리 임용의 이치를 공자께 일일이 설명하니, 후인들은 마침내 옛사람들이 관리를
임용한 이치를 알 수 있게 된 것이라. 공자께서 성실하고 세세하게 음미하시더니
결국 지극한 이치를 깨달아 이에 고금을 통달하셨으니, 사물의 이치를 따지신 일
은 일일이 들기 어려울 정도로 많았더라. 서른다섯이 되었을 때에는 주나라의 노
담이 고금을 통달하고 예악을 잘 알며 도덕에 밝다는 것을 듣고 그곳에 가서 배
우고자 하셨더라. 이때 제자 남궁경숙이 있었는데 그는 노 환공의 후예였기에 노
소공에게 고하기를, "신이 성인의 후예 공자를 모시고 주에 가서 선왕의 유제를
보고 예악을 살피고자 합니다. 수레를 내려주심이 어떠하올지요"라고 하였더라.
소공이 이를 듣고 기뻐하며 공자에게 수레 한 승과 말 두 필을 하사하니, 공자께
서는 절을 하고 받은 후 이것을 타고 곡부를 나서 주나라로 떠나셨더라.

(운문)

孔夫子一心要去朝周天,　　공자님 한마음으로 주나라에 가서,

要把那禮樂根源探眞詮.　예악의 근본을 탐구하고자 하시네.
我世會屈指從頭算一算,　나도 손꼽아 처음부터 세어보니,
正是那昭公二十有四年.　딱 저 소공 24년일세.
一路上飢餐渴飮難盡數,　도중에 굶주림과 목마름을 수없이 견뎌가며,
少不的急急忙忙奔陽關.　총총망망하게 가서 양관陽關에 다다르셨네.
師徒們馬不停蹄來的快,　스승과 제자가 탄 말 쉬지 않고 빨리 달려서,
那一日洛陽不遠咫尺聞.　어느 날 낙양이 멀지 않은 지척에 다가왔네.
洛陽城許多景致無心看,　낙양성의 많은 좋은 경치를 볼 겨를도 없이,
進了城且尋下處把身安.　성에 들어서서 몸 쉴 곳부터 찾으셨네.
見了那如龍老子先問禮,　저 용과도 같은 노자를 만나 먼저 예에 대해 여쭙더니,
又合那萇弘車賈把樂談.　또 저 장홍萇弘, 빈모가賓車賈와 함께 악樂에 대해
　　　　　　　　　　　　　이야기하시네.
觀了觀明堂四門善惡象,　명당 사문의 선악의 모습을 살피고,
看了看周公抱主坐金鑾.　주공께서 임금을 모시고 금란에 앉아계신 것을
　　　　　　　　　　　　　살피시네.
又入了太祖后稷廟堂內,　다시 태조 후직의 묘당에 가보시니,
見金人三緘其口右階前.　금인이 계단 오른쪽에 말없이 서 있네.
自此後聖人學文大長進,　이로부터 성인의 학문이 크게 발전하여,
回了家徒弟招聚有三千.　집으로 돌아와 제자를 모으시니 3천 명이 모여
　　　　　　　　　　　　　들었네.[129]

이처럼 산문과 운문이 사건을 순차적으로 서술하는 방식은 「제인장」과 「동곽외전」에도 나타난다. 그런데 이 두 작품에는 「남창몽」과 같은 단순한 순차서술뿐 아니라, 산문 부분에서 사건이 시작되고 개요가 설명된 후 운문 부분에서 사건의 구체적인 상황들이 자세히 묘사되는 방식도 나타난다. 이 것을 응용된 순차서술형이라고 할 수 있다. 다시 말해 「제인장」과 「동곽외 전」의 서술 방식은 「남창몽」보다 형태가 다양하다. 다음은 「동곽외전」의 제

129　路大荒·趙苕狂 編, 『聊齋全集』, 38~40쪽.

15단으로, 순차서술형이 응용된 사례이다.

(산문)

話說齊婦把良人行徑述了一遍, 不由的放聲大哭. 起初他小婆子見他姐姐從外回來, 面帶憂色, 還尋思着大半是路上遇着雜毛行子, 被他欺負了一場! 不就是沒弄嚴實, 着他良人看見, 打了一頓撞回來了! 不想說來說去, 纔知道良人, 眞是個討米才. 眞正是心如刀攪, 淚流滿腮; 手拉手就哭起來了, 就罵起來了.

화설, 부인은 남편의 행적을 다 말하고서는 저도 모르게 방성대곡하거든요. 둘째 부인은 애당초 첫째 부인이 걱정스러운 얼굴을 하고 돌아오는 것을 보고서 생각하기를, 아마도 길에서 못된 사람을 만나 사기를 당하거나 아니면 허술하게 쫓아가다가 남편에게 들켜서 한바탕 얻어맞고서 쫓겨 돌아오나 보다 생각했지요. 그런데, 이게 웬일, 듣고 보니까 남편은 정말로 거지거든. 마음을 칼로 도려내는 것 같고 눈물이 줄줄 흐르며, 두 사람이 손에 손을 붙잡고서 통곡하다가 욕하다가 합니다.

(운문)

他二人共坐房中好傷懷,	두 사람이 방에 함께 앉아 속상해하는데,
不由的鼻涕瀉涎哭起來.	저도 모르게 콧물까지 흘리며 울기 시작하네.
想必是那一輩子裏傷了天理,	생각해보니, 전생에 천리를 거슬러서,
積作的今生攤着這要飯才!	쌓아놓은 업보 때문에 이승에서 밥 빌어 먹는 처지가 된 것이구나!
昨夜晚這般叨叨的話,	엊저녁 번지르한 말만 하더니,
今日裏如此弄醜態.	오늘은 이렇게 추태를 보이네!
這個說: "這個漢子, 辱沒煞我!"	이 사람은, "이 남자가 나를 능욕했네!"
那個說: "狗娘養的你再休來!"	저 사람은, "개가 기른 당신 다신 오지 말아라!"
這個說: "不如你死了, 俺守淸寡!"	이 사람은, "차라리 당신이 죽어버리고 내가 과부가 되지!"
那個說: "他死了, 我也就許下吃長齋!"	저 사람은, "그 인간이 죽어버리면 나도 제삿밥이나 먹겠어요!"

這一個哭的鼻涕長其嘴,	이 사람은 콧물이 입가에까지 흐르고,
那一個淚珠流的滿面腮.	저 사람은 눈물이 온 얼굴을 적시네.
他兩個房中號咱且不表,	이들이 방 안에서 통곡하는 것은 잠시
	접어두고,
再講那辱門敗祖的討飯才.	다시 저 패가망신한 밥거지 얘기를
	하겠네.[130]

이 부분은 '산문(상황 서술)−운문(확장 부연)'의 서술 방식을 보이는데,「제인장」과「동곽외전」은 전체적으로 이러한 방식이 주류를 이룬다.

한편 이 책에서 처음으로 설정하는 복합설명형이란 명칭은 산문이 운문을 단순하게 연결 또는 중복하는 서술로 이루어지는 것이 아니고 두 가지 형태를 모두 갖추고 있으면서 사건을 설명하는 역할을 한다는 의미이다. 이는 해당 작품의 운문과 산문의 서술 방식이 앞에서 검토한 '응용형 순차서술형'보다 더욱 다양한 형태임을 뜻한다. 여기에 해당하는 작품으로는「역대사략고사」가 있다. 이 작품은 운문으로 노래한 후에 산문에서 앞의 시기에 벌어진 사건들을 다른 각도에서 부연 설명하거나 논평하며, 중복(강조)의 특징이 강하면서도 논평형 서술이 첨가되어 있다. 삼국시대를 그린 다음 대목에서는 먼저 운문으로 조조와 사마씨의 왕위 찬탈을 읊고 나서 짧은 산문으로 앞의 사건을 논평하고 있다.

(운문)

曹賊當年相漢時,	조조 놈이 한나라에서 승상으로 있을 때
欺他寡婦與孤兒,	과부와 고아를 못살게 굴었는데,
全不管行下春風有秋雨,	'봄바람 불던 곳에 가을비 내리는 것'은
	생각지도 않았다가,

---

130 劉階平 編,『淸初鼓詞俚曲選』, 85~86쪽.

到後來他的寡婦孤兒又被人欺.	나중에 그의 과부와 고아도 다시 남에게 속임을 당했네.
這不是從前說的鐵版話,	이것은 옛말에 이르는 불변 진리가 아니더냐,
細看他枉做了奸雄有甚麽意思!	자세히 보면 조조가 간웅이 되었지만 헛된 일이 되고 말았네!
我想那老賊一生得意沒弄好臉,	그놈은 일생 동안 득의했지만 명예는 얻지 못했으니,
他大破劉表就喜多了脂.	유표를 깨뜨리고 즐거워했었지.
下江東詐稱"雄兵一百萬!"	강동에 내려가서는 거짓으로 "웅병 1백만!"이라 허풍 치면서도,
中軍帳還是打着杆漢家的旗.	지휘본부에는 여전히 한나라 깃발을 꽂고 있었지.
赤壁鏖兵把鼻兒搊,	적벽의 열전에서 코가 깨지더니만,
拖着杆槍兒可賦的甚麽詩?	창 끌고 달아나면서 무슨 놈의 시는 읊었던가!
倒惹得一把火燎光了胡子茬,	오히려 관우를 만나,
華容道幾乎弄個脖兒齊!	화용도에서 하마터면 모가지가 달아날 뻔했지!
從此後打去興頭沒了陽氣,	그 후 영웅의 호기는 사라지고,
銅雀臺也沒撈着喬家他二姨!	동작대에서도 두 교씨 미인을 붙잡지 못했으니!131
到臨死賣履分香丟盡了丑,	죽을 때가 되어서도 신발 팔아 살아가라 하고 향 나눠주며 온갖 추한 짓 했지만,
原是老婆隊裏的磣東西!	원래는 부인네들 사이의 지저분한 것이었지!
始終是教導他那小賊根子篡了位,	시종 제 아들로 하여금 황위를 찬탈케 하면서,

---

131 제갈량이 동오東吳의 주유에게, 조조의 평생 소원 중 하나가 오나라 교씨의 두 딸을 얻어 동작대에서 만년에 즐기는 것이라고 하면서 조조의 아들 조식이 쓴 「동작대부銅雀臺賦」의 한 대목인 "두 다리를 동서로 놓아 잇고〔連二橋於東西兮〕"를 "두 교씨를 동남에서 끌어와서〔攬二喬於東南兮〕"로 변조하여 보여준다. 두 교씨는 바로 손권과 주유 자신의 아내였으니, 이 말을 들은 주유는 격노하며 위나라를 치겠다고 다짐한다. 인용문은 조조가 적벽대전에서 패하여 바람을 이루지 못했음을 말하고 있다.

他要學那文王的伎倆好不蹺蹊!	저 주 문왕의 기량을 배우려 했으니 얼마나 괴상쩍은가!
常言道: "狗吃蒺藜病在後",	이르기를 "개가 가시나무를 먹으면 나중에 탈이 난다"고 했는데,
準備着你"出水方知兩腿泥".	네 녀석 조조는 "물을 나와서야 비로소 두 다리가 진흙투성이라는 것을 아는" 지경을 준비했던 셈.
你看他作了場奸雄又照出個影,	보시게나, 저놈은 간웅이 되었고 또다시 그림자를 남겼는데,
可巧的照樣又來了個司馬師.	묘하도다, 그대로 사마씨가 등장했네.
活象是門神的印板只分了個左右,	마치 문신門神을 찍어내는 판자는 좌우 구분만 있는 것처럼,
你看他照樣的披挂不差一絲.	보시게나, 사마씨도 조씨와 하나도 다를 것 없이 무장했다네.

(산문)

這不又是那曹操篡漢司馬圖曹的故事! 從來說: "前脚不正後脚斜", "上梁不正下梁歪". 自從三代以後, 那裏見强取來的天下, 到後來有個善終的? 這也是天理循環, 自然而然的報應, 咱且洗着眼睛, 再看那晉家的結果.

이것이 조조가 한나라를 찬탈하고 사마씨가 조씨의 것을 빼앗은 이야기가 아니던가! 옛부터 말하기를 "앞다리가 바르지 아니하면 뒷다리가 어려워진다", "윗대들보가 바르지 않으면 아랫대들보도 비뚤어진다"라고 했지요. 삼대 이후로 약육강식의 천하에서 나중에 잘 죽은 사람이 있었습니까? 이것도 천리의 순환이고, 자연히 이루어진 보응이지요. 잠시 눈을 씻고 진나라의 결과를 보도록 합시다.[132]

이처럼 운문으로 먼저 읊고 산문으로 요약, 논평하는 형태는 「역대사략고사」 '정전' 부분의 주요한 서술 방식으로, 운문이 많은 비중을 차지하고 산문은 보조적인 역할을 하고 있다. 그러나 때로는 운문에서 읊은 일 가운

---

132 關德棟·周中明 編, 『賈鳧西木皮詞校注』, 53~62쪽.

데 일부를 산문에서 매우 길게 부연하거나 설명하는 대목도 있는데, 요임금과 순임금이 선양을 하게 된 동기를 자세히 설명하는 산문 부분이 전형적인 예이다.

(운문)

隔兩輩帝摯禪位把兄弟讓,	두 세대 지나서 지摯는 신위를 동생〔요堯〕에게 물려주었는데,
那唐堯雖是個神聖也遭了磨難.	저 요임금은 신성하였는데도 역경을 만났다네.
爬爬屋三間當了大殿,	좁다란 방 세 칸을 대궐로 삼고,
袞龍袍穿着一領大布衫.	곤룡포로는 포대기 하나 뒤집어썼다네.
嘈都都洪水滔天誰惹的禍?	우루루, 홍수는 누가 일으킨 재앙이었는가?
百姓們驚嚙魚吞死了萬千!	백성들은 물고기한테 잡아먹혀 수많은 사람들이 죽었다네!
拏問了治水大臣, 他兒子續了職,	치수대신〔곤鯀〕의 죄를 다스려 그 아들〔우禹〕이 직책을 물려받았고,
穿着些好古董鞋兒跑的腿酸,	해진 신발을 신고 이리저리 뛰어다니며,
教伯益放起一把無情火,	백익에게 불을 놓아 짐승을 쫓도록 하니,
那狼蟲虎豹也不得安然!	저 사나운 짐승들도 편치 못하게 되었다네!
有一日十日幷出晃了一晃,	하루는 해가 열 개나 떠서 빛나니,
嚇得那狐子妖孫盡膽寒,	저 만물들이 겁을 먹었는데,
多虧了後羿九枝雕翎箭,	다행히 예가 화살 아홉 개를 쏘아서,
颼颼的射去, 十個紅輪只剩了一個圓.	쉭— 하고 날아가 해 아홉 개를 떨어뜨렸네.
聽不遍這椿椿件件蹺蹊事,	이렇게 기이한 일들을 다 듣지 못했지만,
急把那揖讓盛典表一番.	저 양위의 광경을 말해보겠네.
常言道: "明德之人當有後",	옛말에 "덕을 갖춘 사람은 반드시 훌륭한 후예가 뒤를 이을 것이다"라 했지만,
偏偏的正宮的長子忒痴頑.	태자는 어리석고 고집이 세었네.
放着個欽明聖父不學好,	밝으신 성군 계시건만 왕업을 배우지 않았고,

教了他一盤圍棋也不會塡. 바둑을 가르쳐도 둘 줄을 몰랐다네.
四岳九宮薦上大舜, 사방에서 순舜을 천거하여,
倒贅了個女婿掌江山. 사위로 삼아 천하를 주었네.
商均不肖又是臣作了主, 〔순의 아들〕 상균도 못나서 다시 신하가
주인이 되었는데,

是怎麼神禹爲君他不傳賢? 우왕은 어찌하여 왕위를 현자에게 물려주지
않았던가?

從今後天下成了子孫貨, 그때부터 천하는 자손들의 물건이 되니,
不按舊例把樣子翻. 옛 전례를 따르지 않고 바꾸어버린 것.
中間裏善射的後羿篡了位, 중간에 활 잘 쏘는 예가 왕위를 차지했지만,
多虧了少康一旅整朝權. 소강 덕분에 다시금 진압되었다네.
四百年又到了商家手, 400년이 지나 다시 상나라가 세워지니,
桀放南巢有誰哀憐! 걸桀이 남소로 도망갔어도 그 누가 슬퍼하던가!
雖然是祖輩的家業好過活, 비록 조상의 가업은 훌륭했으나,
誰知道保子孫的方法不如從前! 누가 알았으랴, 자손을 보위하는 방법이
옛날만 못하게 되었음을!

再說那成湯解網稱仁祖, 다시 저 탕왕을 이야기하면, 법망 걷어치워
인자한 임금이라 불렸으니,

就應該風調雨順萬民安. 천하가 태평하고 백성이 편안해졌다네.
爲甚麼大旱七年不下雨? 어찌하여 7년 동안이나 가뭄이 들었는가?
等着他桑林擺桌鋪起龍壇. 그는 뽕나무 숲에 제단 쌓고 기우제 지냈다네.
更可笑翦爪當牲來禱告, 더욱이 우습게도 손톱을 잘라서 제물로 썼으니,
不成個體統眞是歪纏. 체통이 서지 않고 정말 뒤죽박죽이 돼버렸다네.
那迂學包子看書只管瞎贊嘆, 저 사리 모르는 자는 책만 파며 한탄할 줄만
알고,

只怕那其間的字眼兒有些訛傳! 글자가 틀렸는지나 걱정하고 있네!
自從他找桀爲君弄開手, 그가 걸을 벌하여 임금이 된 후로,
要算他征誅起稿第一位老先. 그는 정벌을 시작한 최초의 왕이 된 셈이네.
到後來自家出了個現世報, 나중에는 인과응보를 당하여,
那老紂的結果更比老桀慘! 주紂의 결말은 걸보다 더욱 비참했네!

現成成的天下送給周家坐,	완비된 왕국을 주나라에 넘겨주었는데도,
不曾道個生受也沒賞過錢.	고맙다는 말을 하거나 돈을 주지도 않았다네.
淨賠本拐上一個脖兒冷,	본전 다 잃고 목숨까지 잃었으니,
把一個黑色牛犢變了個大紅犍!	튼튼한 검은 소가 피범벅의 붉은 소로 변해버린 셈!
這正是: 漿里撈來的水裏去,	그야말로 풀죽 속에서 겨우 건졌다가 물에 떠내려가버린 꼴이니,
一根裏的荷包照樣兒穿!	같은 뿌리의 형제들을 옛날처럼 찔러버렸던 것!

(산문)

這不是: 中古以來, 磣天磕地, 踢山掀海的人物, 各各施展武藝, 抖摟精神! 就裏幹的事情, 也有停當的, 也有不停當的; 若論極停當的, 只有神堯, 大舜兩人而已. 他二位雖然只做了一朝人王帝主, 却得萬古留名; 不要說他爲君的本領, 只這讓位的想頭, 便已高出千古. 你說堯爲甚麼把天下讓于舜呢? 堯想: 我這寶座原是我帝摯哥哥的, 我把這個熱騰騰的場兒, 一氣占了七八十年, 于今發白齒落, 却也快活够了! 可惜我大兒子不爭氣, 混理混賬, 立不得東宮. 待要于八位皇子中, 揀一個聰明伶俐的傳以江山, 又道是: '天下爹娘向小兒', 未免惹的七爭八吵. 況且驩兜, 三苗, 崇伯, 共工, 這些利害行貨, 乘機動起刀兵, 弄一個落花流水, 我已閑眼去了, 有力沒得使, 豈不悔之晚矣! 尋思一個善全之策: "舍得却是留得", 不如把這個天下, 早早擁撮给別人, 作一個不出錢的經紀. 前番也找了兩位名賢, 一是巢父, 一是許由. 滿心把天下讓他, 他偏拏腔做勢, 一個家洗耳牽牛, 躲的影兒也沒有. 目下又得了個歷山的好漢, 吃辛受苦, 孝行服人; 可巧我有娥皇, 女英兩個女孩兒, 便招贅他爲駙馬. 我老之後, 把天下交付在他手. 閨女幷班嫁了皇帝, 九個兒子靠着姊妹度日, 且後代已不是龍子龍孫, 也免受刀下之慘. 這是: 不得把天下給了兒, 便把天下給了女, 總是'席上掉了炕上', 差也差不多兒. 所以應將天下傳于舜. 舜爲甚麼把天下又讓于禹呢? 舜想: 我這天下是別人送我的, 原不是世傳祖業. 又想起: 鯀之治水無功, 也是天地的劫數, 不是他故意教那水懷山襄陵, 淹害了百姓. 我承岳父之命, 一時錯了主意, 把他殛死于羽山, 變了蓋黃熊, 結果的好苦! 我偏養下賽他娘舅不成貨的癡子, 他却生出神通廣大的好兒來, 治水九年, 功蓋天下, 人人敬服, 個個歸依. 我年紀衰邁, 漸漸壓伏他不住, 日後念着父讐, 弄出事來, 却待怎了! 我于今一條舌根, 已

賞遍了苦辣酸甛; 難道說四個眼珠, 還辯不出靑黃白黑! 常言說: "打倒不如就倒", 何不把這儻來的天下照舊讓他? 結識了一個英雄, 他也好恩怨兩忘, 我也好身名無累. 所以應又將天下傳給了禹.

이것은 정말, 중고시대 이래로 천지간을 돌아다니며 산천을 주름잡았던 사람들이 각각 무예를 펼치고 정신을 발양한 것이 아닌가! 여기에서 벌어진 일들 가운데에는 옳은 사람도 있고 그릇된 사람도 있었습니다. 옳은 사람들로는 요순 정도밖에 없을 것입니다. 두 분은 비록 한 세대만을 통치했지만 만고에 이름이 남았지요. 그들의 능력에 대해서 말할 것도 없이, 이 양위한 일만 보더라도 천고에 드높음을 알 수 있지요.

요임금이 어째서 순에게 왕위를 넘겨주었을까요? 요임금은 이렇게 생각했을 겁니다. 이 보좌는 원래 제지帝摯 형님의 것이었는데, 이 자리를 7, 80년이나 차지했고 이제는 백발에 이도 다 빠져버렸으니 다 산 것이 아니겠는가! 가석하게도 내 아들이 총명하지 못하니 태자로 삼질 못하겠구나. 여덟 왕자 가운데 총명한 녀석 하나를 뽑아 천하를 준다면 '천하의 어버이가 작은 아들만 편애한다'고 할 테니 시끌시끌해지겠지. 하물며 환두, 삼묘, 숭백, 공공과 같은 흉악무도한 자들이 기회를 잡고서 난리를 일으켜 난장판이 되면, 난 이미 눈을 감아서 어찌할 수 없는 지경에 이르고 말 것이니 후회해도 소용없으리라! 좋은 방책을 생각해보자. "버리는 것이 남는 것이다"라 했으니, 차라리 이 천하를 일찌감치 다른 사람에게 주어버려서 남지 않는 장사를 해버리자. 이번에 두 현자를 찾았는데, 하나는 소보, 하나는 허유이다. 이들에게 천하를 넘겨주려 했지만 기어코 거절하면서 하나같이 물가에서 귀를 씻고 종적도 없이 사라져버렸다. 지금 또 역산의 사나이 하나를 얻었는데, 그는 천신만고 끝에 효도를 다한 사람이지. 마침 내게 아황과 여영 두 딸이 있으니 그를 부마로 맞아들이자. 내가 늙은 뒤에 천하를 그에게 넘겨주자. 규수들이 함께 황제에게 시집가서 아홉 아들이 두 자매에 의지해서 살아갈 것이니, 후대는 이미 황제의 자손이 아니게 되었고, 칼 아래 비참하게 죽는 꼴도 당하지 않을 것이다. 이것은 천하를 아들에게 물려주지 못하니 천하를 딸에게 물려주어 결국 '돗자리에서 부뚜막으로 옮긴 셈'이니, 별 차이가 없는 것이다. 그러니 순에게 물려주자.

순임금은 어째서 우에게 천하를 물려주었을까요? 순임금은 이렇게 생각했을 겁니다. 이 천하는 남이 나에게 물려준 것이니 원래부터 조상님 것이 아니었지. 또 생각했을 겁니다. 곤이 치수사업에 실패한 것도 액운이었고, 그가 고의로 회산 양릉에 백성들이 빠져죽게 만든 것도 아니었다. 나는 장인(요)의 명을 받아 한때 잘못 생각하여 그(곤)를 우산에서 죽게 하여 노란 곰으로 변하게 했으니, 결과는 정말 괴롭구나! 나는 또 외삼촌처럼 어리석은 아들을 낳았지만 그(곤)는 오히려 신통하고 훌륭한 아들(우)을 낳았고, (우는) 9년 동안 치수사업을 한 끝에 천하에 공을 남겼고 사람들이 모두 그를 존경하고 따른다. 나는 이미 늙었고 점점 그를 누를 수가 없는데, 나중에 아버지의 원수를 생각하여 일을 벌이면 어쩌란 말인가! 내 오늘 쓴맛 단맛 다 보았는데, 설마 이 네 눈 가진 순이 색깔도 구분 못하는 것은 아니겠지! 옛말에 '물리치는 것은 맞이하는 것만 못하다' 했는데, 굴러들어온 천하를 그대로 그에게 물려주는 것이 어떨까? 영웅 한 사람을 알게 되면 그도 은혜를 잊지 않을 것이고, 나도 편할 것이다. 그러니 천하를 우에게 물려주자.[133]

한편 산문만으로 이루어진 개장치어는 전체 도입부 역할을 하고, 운문과 산문으로 이루어진 인자는 전체의 주제를 나타내는데, 여기서는 구체적인 사건이 전개되지 않고 인과응보의 대의가 이루어지지 않는 현실을 개탄하는 내용이 서술되고 있다. 미성 부분에도 산문과 운문이 있고, 특히 익양강 '애강남' 곡을 첨가하여 작자의 감정을 기탁하며 마무리로 이끌고 있다. 이처럼 「역대사략고사」는 각 부분별로 서술 방식이 독특하고, 이들이 모여 전체적으로 다양한 형태를 보여주고 있다.

「경술수재전고아사」는 주로 홍수가 일어난 모습을 묘사하고 있으므로 사건의 순차적 전개라는 서사적 특성은 비교적 약하다. 따라서 산문과 운문이 교차 서술됨에도 불구하고 뚜렷하게 역할이 분담되는 것은 아니다. 산문과 운문에서는 공통적으로 거대한 재난의 규모, 재난을 당한 사람들의 참상 등이 묘사된다. 이러한 서술 방식은 '단순묘사형'이라고 부를 수 있다. 예문을 들어보겠다.

---

133 關德棟·周中明 編, 『賈鳧西木皮詞校注』, 29~32쪽.

(산문)

話說這雍正八年, 歲在庚戌, 朝廷有福, 萬民樂業. 自二月三日, 以至四月五日, 這幾個月裡, 要風是風, 要雨是雨, 要耕得耕, 要種得種. 二麥成熟, 家家半得倉中粒, 三苗遍野, 三農屬望隴頭秋, 眞是風調雨順, 物阜民安. 那大家小戶, 老的少的, 貧的富的, 誰不說是十分年景. 雖則說是錢糧緊急, 新舊幷征罷, 眼看着滿坡的莊稼, 也還五分歡喜. 誰知道天災流行, 民當劫數. 到了那夏盡秋初, 嗒! 才遭了這一場好大雨. 自從那五月將盡, 六月出頭, 早晴晚陰, 晚陰早晴, 乍陰乍晴, 淋淋漉漉的也下了二十餘日. 常言道的好, 天到了三伏, 火煙鋪地. 三日是一小旱, 五日是一大旱, 能撬的幾日不下雨呢? 像這等發脾汗的呀似的, 隔二日一場, 隔一日一場, 濕了晒晒, 干了淋淋, 到是救命的及時雨. 誰知到了二十二三的時節, 那一場雨就不同小可. 只見那雲生西北, 霧起東南, 雷聲掃動那竪裏風, 攪着那橫裏雨, 沒白沒黑, 沒頭沒臉, 沒上沒下, 沒休沒歇的下將起來. 怎見得, 有賦爲證.

화설, 이 옹정 8년은 경술년으로, 조정에는 복이 깃들고 만백성은 즐겁게 생업에 매진했는데, 2월 3일부터 4월 5일까지 몇 달 동안은 바람이 필요하면 바람이 불고, 비가 필요하면 비가 내렸고, 밭을 갈려면 밭 갈 수 있고, 씨를 뿌리려면 씨 뿌릴 수 있었습니다. 쌀보리가 패서 집집마다 창고에는 곡물이 반쯤 차 있고, 곡식의 싹은 들판에 가득하고, 농부들은 가을녘의 밭을 바라보았습니다. 정말 비바람이 적당해서 곡물이 풍부하고 백성들은 평화로웠습니다. 집집마다 노인, 젊은이, 부자, 가난한 사람 그 누구도 대풍년이라고 말하지는 않았습니다만, 재물이나 양식이 좀 빠듯하기는 했지만, 다 거둬들이고 나서 가득 쌓인 곡식을 바라보면 그래도 반절은 기뻤지요. 그런데 누가 알았겠습니까, 천재가 내리고 백성들이 곤궁에 빠지게 될 줄을. 그해 여름이 다 가고 가을이 올 무렵, 아! 이 폭우를 만났던 겁니다. 그해 5월 말 6월 초에 아침저녁으로 흐렸다 갰다 하더니, 스무 날을 계속해서 내렸던 겁니다. 옛말이 딱 맞지요. '삼복이 되면 찌는 듯하게 덥고, 사흘 비가 안 오면 작은 가뭄, 닷새 안 오면 큰 가뭄이니, 비가 안 오면 며칠이나 견디겠는가?' 그래서 이렇게 더운 때면 이틀 건너 한 번, 하루 건너 한 번 적셨다가 말랐다가 하면 목숨을 구해주는 단비라고 할 수 있는 것이지요. 그런데 스무사나흘 동안을 계속 내린다면 크게 다른 것입니다. 서북쪽에서 구름이 생겨나고 동남쪽에서 안개가 피어나더니만 천둥 벼락이 치고 비바람이 몰아쳐 밤낮없이 머리도 얼굴도 없고 위아래도 없고 쉴 새 없이 몰아쳤습니다. 어떠한 모습이었는지, 그것을 말해주는 부賦가 있습니다.

(부賦)

玄武發怒, 箕伯施威. 玄武發怒, 滑喇喇倒峽傾河; 箕伯施威, 忽忽忽摧草拔木. 律令傳教, 列缺騰光. 律令傳教, 骨磉磉一片沈雷; 列缺騰光, 明晃晃千行閃電. 觀音有意, 藥師無心. 觀音有意, 要灑盡瓶裏之波; 藥師無心, 竟錯行了太原之雨, 紅輪匿影, 碧月無光. 紅輪匿影, 日裏金烏鎖愁雲; 碧月無光, 殿上嫦娥流夜淚. 風趁雨勢, 雨趁風威. 風趁雨勢, 正也刮, 邪也刮, 橫也刮, 竪也刮, 颼颼颼, 冷就是鑿墻刀劍; 雨趁風威, 小一陣大一陣, 慢一陣, 緊一陣, 滑喇喇, 好一似潑鼠滾湯. 哎, 離騷續韻, 端的是浪裏乾坤; 宋玉悲秋, 熬不乃水中日月. 眞果是:

현무가 노하고 기백이 위세를 보이네. 현무가 노하니 콰르릉 계곡이 무너지고 강이 넘치고, 기백이 위세를 보이니 우지끈 초목이 넘어가네.〔신령이〕명령을 내린 듯, 갈라져서 빛이 튀네. 명령 내린 듯이 쿠르릉 벼락이 치고, 갈라져서 빛이 튀어 번쩍번쩍 번개가 치네. 관음보살이 무슨 뜻이 있는 듯하고, 약사여래는 무심하기만 하도다. 관음보살이 무슨 뜻이 있어서 호리병 속의 물을 모두 쏟아버리는 듯하고, 약사여래가 무심하여 태원에 뿌릴 비를 잘못 뿌리는 것 같구나. 붉은 해는 흔적도 없고 밝은 달도 빛을 잃었네. 붉은 태양 흔적도 없으니, 태양은 먹구름을 잡아놓고 달도 빛을 잃었으니 궁궐의 항아는 밤에 눈물을 흘리네. 비바람 몰아치고, 바람비 쏟아지네. 비바람은 똑바로 불었다가 비껴 불었다가 가로로 불었다가 세로로 불었다가 차갑게 칼처럼 몰아치고, 바람비 쏟아지는 것은 조금 내리다가 많이 내리다가 천천히 내리다가 급히 내리다가 쏴아 마치 쥐 떼가 왔다 갔다 하는 것 같네. 아!「이소離騷」를 이어 부르는 이 노래는 정말 물속의 천하를 노래하고, 송옥宋玉처럼 가을 슬퍼하는 이 노래는 물속의 세월을 이기지 못하네. 정말로,

(운문)

四下黑暗暗, 一片烏罩罩.	사방이 모두 캄캄하고 먹구름만이 덮여 있네.
風婆沒好氣, 雨師也心焦.	바람할멈은 성질도 못되었고, 비 신령도 마음이 초조하네.
兩下齊下手, 風雨不相饒.	두 신령이 함께 도술을 부리니 비바람이 서로 싸우는구나.

一會家千條金線垂弱柳, 　잠시 천 줄기 금 실이 가는 버들가지처럼 뿌리더니,

一會家萬顆明珠聚冰雹. 　금세 만 개나 되는 구슬 같은 우박이 뿌리대네.

一會家灑潤飛甘聲細細, 　잠시 뿌려대는 소리가 가느다랗다가,

一會家珠聯玉散滾芭蕉. 　금세 옥구슬들이 파초 위를 구르는 소리.

一會家風線雨絲撐成縵, 　잠시 비바람이 줄기처럼 쏟아지더니,

一會家澎澎打倒架葡萄. 　금세 퍼부은 비에 포도나무 틀이 쓸려 가버렸네.

一會家濛星霧露連雲暗, 　잠시 안개와 구름이 캄캄하게 내리더니,

一會家倒峽傾盆下九霄. 　금세 하늘에서 계곡을 무너뜨리는 큰비가 내리네.

好一似雲漢隄開崩兩岸, 　은하수 제방이 뚫려 서쪽 강둑이 무너진 듯,

因此上建瓶直下賽瓢澆. 　이리하여 물동이 쏟아 붓고 표주박 쏟아 붓는 듯.

恨殺那牛郞織女施手段, 　원망스럽도다, 저 견우 직녀가 몰래 만나,

安排着瀉幹了天河省塡橋. 　은하수 다리에서 눈물을 쏟는 듯하네.

直下的山中猿猴無穴地, 　죽죽 내려, 산속의 원숭이는 숨을 곳이 없고,

直下的樹上飛禽軟翎毛, 　죽죽 내려, 나무 위의 날짐승도 깃털이 다 젖었고,

直下的白日不見金烏影, 　죽죽 내려, 낮에도 햇빛 그림자도 보이지 않고,

直下的夜裏那得月兒高, 　죽죽 내려, 밤중에도 달 뜨지 않네,

直下的旅店客商心如刺, 　죽죽 내려, 여관의 객상은 마음만 아프고,

直下的孤幃少婦淚生潮, 　죽죽 내려, 휘장 속의 규수는 눈물만 흘리고,

直下的人望晴來雨不住, 　죽죽 내려, 날이 개기를 기다려도 그칠 줄 모르고,

直下的樹欲靜時風不饒. 　죽죽 내려, 나무는 가만히 있고자 하나 바람이 용서하질 않네.

好一個七日七夜沒住點, 　정말이지 이레 날 밤을 쉬지 않고 내리니,

極的人, 子哭兒啼都亂了椒. 　아이들은 모두 울고 난리가 났네.[134]

마지막으로 「태사지적제전장」의 서술 방식을 살펴보겠다. 길이가 짧은 이 작품의 산문은 서두에서 사건의 배경을 소개하는 부분을 제외하면 운문과 운문을 이어주는 짧은 가교 역할을 하고 있다. 특히 이 연결 산문은 공연 과정에서 청중에게 물어보고 대답하는 의사소통의 기능을 담당하는 것이 대부

---

134 張軍·郭學東, 『山東曲藝史』, 74~76쪽.

분이므로, 이를 제외하면 운문만 있는 작품으로 볼 수도 있다. 아래를 보자.

(산문)

擊鼓的名方叔入於河, 播鼗的名武入於漢, 少師名陽, 擊磬的名襄入於海. 這四人爲
何另是個去法? 聽俺道來.

북잡이 방숙은 하수로 가고, 작은북잡이 무는 한수로 가고, 소사 양과 경을 치는
양은 바다로 갔네. 이 네 사람은 어째서 다른 길을 떠났을까? 내 말을 들어보시게.

(운문)

這敲磬搖鼓的三四位,	이 북 치는 서너 사람이
都說: "你丟下這亂紛紛的排場俺 也幹不成!	모두들 말하기를 "당신이 이 어지러운 판국을 내팽개치시니 우리도 도리가 없습니다!
悪嫌這裏亂鬼當家又去別尋主,	어지러운 귀신이 집안을 맡고 있는 이곳이 싫으니 다른 주인을 찾아 떠나려는데,
只怕到那裏低三下四還幹舊營生!	다만 그곳에서도 예전 같은 일 하면서 살게 될까 걱정스러울 뿐!
才離了紅塵路上寃屈氣,	겨우 굽실거려야 하는 관장官場을 떠났는데,
爲甚麼淸萍幕下又去談兵?	어찌 다시 또 다른 관장으로 가서 또 병법을 논해야 한단 말인가?
俺們一葉扁舟桃源路,	우리는 일엽편주 도원길을 떠나니,
這纔是江湖滿地幾個漁翁!"	정말이지 강호 천지에 어부 몇 사람일세."

(산문)

這四個人, 走的好, 走的妙, 走的有意思; 聽他說些甚麼.

이 네 사람이 신나게 걸어가는데, 그들이 뭐라 말하는지 들어보시겠습니까?

(운문)

他說: "十丈珊瑚映日紅,	이들이, "열 길 산호는 햇빛 받아 붉게 빛나고,
珍珠捧着水晶宮.	진주는 수정궁을 받치고 있네.
龍王留俺宮中宴,	용왕은 우리를 붙잡아 잔치를 열어주고,

那金童玉女不比凡同.	저 금동옥녀는 비할 바 없이 훌륭하네.
鳳簫象管龍吟細,	봉황피리, 상아피리 소리 가냘프게 울리니,
可教人家吹打着俺們聽.	여기서는 되레 남에게 연주 시켜서 우리가 듣네.
那賊臣就是溜着河邊來趕俺,	저 간신이 우리를 강가까지 쫓아오는데,
這萬里烟波路也不明!	여기 만리 안개 길은 분명하지도 않네!
這纔是山高水遠有知己,	산 높고 물 깊은 곳에 지기知己 없다고 말하지 말게,
海角天涯都有俺舊弟兄.	보게나, 하늘 끝 바다 끝 모두 우리 옛 형제들인 것을.
全要打破窗紙看世界,	모두 창문을 찢어버리고 세상을 바라보아야 하니,
虧了那位神靈提出俺火坑.	다행히도 저 신령께서 우리를 불구덩이에서 구해 내셨네.
任世上滄海變田田變海,	세상이 상전벽해처럼 변하는 것도 상관 않고서,
你看俺老師傅只管朦朧着兩眼去定經!"	저 스승님은 노안을 희미하게 뜨고서 육경을 편찬 하시네."
魯國團團一座城,	노나라 도성에서는,
中間悶煞幾英雄.	영웅이 몇 사람이나 답답하게 죽어갔던가?
荊棘叢裏難容鳳,	가시밭길에는 봉황이 있기 어렵고,
滄海波心起蛟龍.	푸른 바다 파도 한가운데에서 용이 솟아오르네![135]

지금까지 운문과 산문이 교차 서술되는 작품들의 결합 방식을 검토한 결과는 다음과 같다. 먼저 운문과 산문이 사건의 전개를 순차적으로 연결하여 서술하는 순차서술형에는 「남창몽」, 「공부자고아사」, 「제인장」, 「동곽외전」 등이 해당한다. 이 가운데 「남창몽」과 「공부자고아사」가 가장 전형적인 단순 순차서술형인 데 비해 「제인장」과 「동곽외전」은 단순한 순차서술 위주이면서도 산문에서 제시된 내용을 운문에서 확대, 논평하는 서술 방식도 나타나는 복합 순차서술형이라고 할 수 있다. 한편 「역대사략고사」는 각 부분

---

135 關德棟·周中明 編, 『賈鳧西木皮詞校注』, 151~152쪽.

별로 다양한 서술 방식이 나타나지만, 사건이 전개되는 순차서술형보다는 사건을 서술하면서 묘사하는 복합설명형에 가깝다. 「경술수재전고아사」는 사건이 단순하여 운문과 산문 사이의 서술 방식이 뚜렷한 역할 차이가 없이 사건을 묘사하는 단순묘사형이라고 할 수 있다. 「태사지적제전장」은 산문이 보조적 역할에 그치는 형태로, 운문만 있는 형태의 서술 방식과 가깝다. 이 작품들 가운데 사건의 전개가 두드러지는 순차서술형 작품은 서사성이 비교적 강한 반면, 다양한 방식으로 서술되는 작품이나 단순하게 묘사되는 작품에서는 서사성이 비교적 약한 모습을 볼 수 있다. 이처럼 운문과 산문이 같이 존재하는 작품들의 결합 방식은 형태가 매우 다양한데, 이러한 특성은 운문과 산문의 기능과 역할을 검토하고 각 서술 단위의 지향을 살펴보면 더욱 명확히 드러날 것이다.

(2) 운문의 역할과 기능

운문과 산문이 병존하는 작품들에서 운문이 맡는 역할과 기능은 논설적 진술, 극적 대사, 사건의 진행, 서정적 토로 등으로 나뉜다. 이러한 구분은 모든 문학작품을 서정, 서사, 희곡, 교술 등으로 구분하는 장르론의 관점을 참조하면서 개별 작품의 실상을 명확히 드러내기 위해 필요한 변형을 가하여 명명한 것들이다.

논설적 진술이란 주로 작품의 도입부에서 사물의 이치를 논설하며 사건의 개시와 개요를 설명하거나, 결말부에서 사건이 종결되는 방식에 대한 설명이나 논거를 제시하는 진술을 뜻한다. 논설적 진술은 작품의 주제나 작품을 쓴 동기를 파악하는 데 유용하다. 논설적 진술의 대표적인 사례인 「역대사략고사」의 '인자' 부분을 보겠다.

十字街前幾下搥皮千古快,	네거리에서 북 치며 설창하니 천년 세월 빠르게 흘러가고,
八仙桌上一聲醒木萬人驚.	팔선탁자 위의 성목 소리에 만백성이 놀라네.
鑿破渾沌作兩間,	혼돈이 쪼개져 두 개가 되더니,
五行生剋苦歪纏.	오행이 상생상극하여 이리저리 얽혔다네.
兎走鳥飛催短影,	세월이 빠르게 흐르는 동안
龍爭虎鬪耍長拳.	용쟁호투가 있었다네.
生下都從忙里老,	태어나서 바쁘게만 지내다가 늙어버리니,
死前誰會把心寬!	죽기 전에 그 누가 마음이 넓어지겠는가!
一腔塡滿荊棘刺,	가슴 가득 가시덤불뿐이고,
兩肩挑起亂石山.	두 어깨에 돌산 얹은 것만 같이 마음 무겁네.
試看那漢陵唐寢麒麟塚,	저 한나라, 당나라 화려했던 무덤도,
只落得野草閑花荒地邊!	이제는 황량한 곳에서 풀에 덮여버렸다네!
到不如淡飯粗茶茅屋下,	오히려 초막에서 거친 밥과 차 들면서,
和風冷露一蒲團.	따스한 바람과 찬 이슬 맞으며 조용히 지내는 것만 못하네.
科頭跣足剗野菜,	상고머리에 맨발로 채소 썰며,
醉翁狂歌號‘酒仙’.	취옹처럼 미친 듯이 노래하니 사람들은 나를 ‘주선’이라 부르네.
正是那: “日出三竿眠未起,	정말 “해는 벌써 중천에 떴는데 아직도 잠 깨지 않으니,
算來名利不如閑!”	명리는 한적함보다 못한 셈이로구나.”
從古來爭名奪利落了個不乾淨,	옛날부터 명리를 탐하는 더러운 싸움을,
叫俺這老子江湖白眼看!	나 이 늙은이는 강호에서 경멸하고 있다네![136]

여기에는 온통 모함과 계교뿐인 세상을 ‘취옹’처럼 바라보면서, ‘명리를 탐하는 더러운 싸움을 경멸’하는 작자의 논평적 시선이 뚜렷이 드러나 있는데, 이러한 의식은 작품 전체를 관통하는 관점이다. 「동곽외전」의 마지막

---

136 關德東・周中明 編, 『賈鳧西木皮詞校注』, 11~12쪽.

부분에도 이러한 논설적 진술이 나타난다.

(운문)

滿口裏欷歔歎世情,　　　크게 세상을 탄식하노니,
看了看天下滔滔盡喪行.　　보아하니 천하의 덕행은 모두 사라지네.
見幾個轟轟烈烈多威武,　　위용에 찬 웅장한 모습을 몇이나 보았고,
見幾個巍巍赫赫勢崇崇,　　위풍당당한 모습은 몇이나 보았던가.
見幾個嬌妻美妾房中滿,　　미녀 부인네들 방 안 가득한 것을 몇이나
　　　　　　　　　　　　보았고,
見幾個無忌無憚瞎崢嶸!　거리낌 없이 마구 솟아난 모습 몇이나 보았던가.
他覺得一時邀得君王寵,　　그는 일시에 임금의 총애를 얻게 되면,
就算是驚天動地大英雄.　　경천동지할 대영웅이 되는 셈이라고 생각했지.
想一想干謁由來進身路,　　사람 만나는 경위, 처신하는 태도를 생각해
　　　　　　　　　　　　봤지만,
幸虧了他那婆子沒去聽聽風.　다행히도 부인이 가서 소식을 듣지는 않았네.
倘若是偸出閨門看一看,　　만약에 규문을 몰래 나서서 봤다면,
只怕是都要哭的淚濕衣衫血染紅!　통곡의 피눈물 붉게 옷을 적셨을까 걱정될 뿐.
雖則是坐轎騎馬裝人物,　　비록 가마 타고 말 탄 인걸처럼 꾸며댔지만,
究竟是討米才的骨頭輕.　　결국은 밥 빌어먹는 가벼운 뼈다귀일 뿐인 것을.

(삽입 대사)

看到這裏, 令人那一副應世的心腸就冷淡了!
여기까지 보아하니, 시속에 따르는 마음이 당장 차가워지네!

(운문)

說甚麼穿綢着緞衣服美,　　무슨 놈의 화려한 옷을 입는다 말하고,
說甚麼呼奴使婢家業豐,　　무슨 놈의 노비 부려서 많은 가업을 한다 말하며,
說甚麼執印掌權官聲顯,　　무슨 놈의 도장 집어 들고서 명령 내린다 말하고,
說甚麼今陞明調命運通!　　무슨 놈의 오늘 내일 운이 트였다고 말하는가.

可笑那作法的商鞅虧了景監,	우습다, 법을 만든 상앙은 〔진의 대신〕 경감 덕을 봤고,
哈尿的范雎坐了關中,	오줌 마신 범저는 관중에 주저앉았으며,
將死的張儀誇他那舌尙在,	죽을 뻔한 장의는 헛바닥 아직 있는 걸 자랑하고,
縈藤條的蘇秦又把相封.	등나무 덩굴에 묶였던 소진은 재상이 되었다네.
那一時位高多金弄大款,	당시는 자리 높고 재물 많아 멋대로 하였지만,
嚇的他沒見嘎的老婆害頭痛.	아무것도 못 보았던 부인은 놀라 머리가 아플 지경이었네.
看看來狐假虎威總是妄,	보아하니 호가호위는 결국 망령된 짓이러니,
盡都是狗仗人勢瞎充鷹.	모두가 주구 노릇 하고 거짓 송골매 행세하는 것과도 같다.
這驕妻傲妾是誰的傳手?	이 교만한 처첩들은 누구의 후손이던가?
都該拜齊人是他親祖宗.	모두 제나라 사람들이 그들의 친조상일지니.[137]

앞에서 말한 바와 같이 전기 고사계강창 작자들이 유가적 세계관을 근간으로 하면서도, 부패하고 고난스런 현실세계를 목도하며 느낀 번민과 답답한 심정을 논설적 진술을 통해 직·간접적으로 드러낸 것은 어쩌면 당연한 귀결일 수도 있다.

극적 대사는 운문을 통해 작중 인물들이 일인칭적인 대화를 나누거나 작중 화자가 작중 상대방을 앞에 놓고서 길게 말하는 부분을 뜻한다. 여러 작품에 이와 같은 직접 대화가 상당히 나타나는데, 이 부분은 작품들이 공연될 때 연극적 특성을 강화시켜주는 역할을 했을 것이다. 이러한 극적 대사가 두드러지게 나타나는 작품은 「제인장」, 「동곽외전」, 「남창몽」 등이고, 「태사지적제전장」, 「공부자고아사」, 「경술수재전고아사」에서도 적지 않게 쓰이고 있다. 다만 역대의 사적을 나열한 「역대사략고사」는 구체적인 인물이 등장하여 개별 사건을 전개할 만한 여유가 부족하기 때문에 대화는 거의

---

137 劉階平 編, 『淸初鼓詞俚曲選』, 91~94쪽.

찾아볼 수 없다. 「동곽외전」에서는 매일 어디선가 배불리 먹고 취하여 집에 돌아오는 남편을 의심하게 된 부인이 그에게 누구와 함께 먹고 마시는지 묻는 대목이 노래로 불린다.

齊婦開言叫, 叫聲孩子達,	부인이 말문을 여네, 애기 아빠,
逢着出門去, 醉飽纔回家.	문을 나가면 취하고 배불러서 돌아오시는데,
我且問道你, 都是和誰家?	여쭙건대 누구랑 함께 드시는 건가요?
……	
像你這天天有酒天天醉,	이렇게 매일 취해서 돌아오시니,
我且問肆筵設席在誰家?	나는 누구 집에서 잔치를 열었는지 여쭙고 싶어요.
反正是你這幾個窮朋友,	가난한 친구 몇 분들한테
不住的常去打擾做甚麼?	끊임없이 가서 뭐 한답니까?
倘若是一遞一口驢唶癢,	만약에 '나귀를 먹여주면 나귀도 사람 가려운 데를 입으로라도 긁어주는 법'이라면,
你就該一往一來把鋸拉.	당신도 한번 갔다가 한번 오는 톱질처럼 〔친구들을 초청〕해야 할 텐데요.[138]

「남창몽」에서도 파리와 모기가 처음에는 형제처럼 친하게 지내자고 다짐했다가 썩은 복숭아 하나에 이기적인 본심을 드러내며 서로 헐뜯고 싸우는 대화가 운문으로 생동감 있게 묘사되고 있다.

兩下不認錯, 還要各自誇!	양쪽이 잘못을 시인하지 않고 자기 자랑만 하려 하네!
說長論短的, 有些瞎話吧.	크고 작은 것을 대봐도 거짓말뿐.
甚麼兄和弟? 敵國和讐家!	무슨 놈의 형제란 말인가, 원수지간이지!
一時翻了臉, 瞪眼又磨牙.	일시에 안색 변하고, 눈 부릅뜨고 이를 가네.
這個說: "你暗地裏算計, 沒有天理!"	이놈〔파리〕은 "너는 캄캄한 속에서 계산만 하니 천리를 모르는도다!"

---

138 劉階平 編, 『淸初鼓詞俚曲選』, 52~53쪽.

那個說: "你白晝裏搶奪,	저놈[모기]은 "너는 백주에 남들 것을 빼앗아
罪更加!"	먹기만 하니 죄가 더욱 크도다!"
這個說: "孝婦節烈死的好	파리: "효부가 절개를 지키려니 정말 힘들다."
苦."	
那個說: "朝廷誥命傳的大	모기: "조정의 명령을 전하려니 크게 어긋난다."
差!"	
這個說: "忠厚的歐陽還把	파리: "충신 구양수도 너를 싫어할 것이다."
你惡!"	
那個說: "聰明的東方纔識	모기: "총명한 동방삭만이 네 놈의 근본을 알
你根芽!"	것이다."
這個說: "你怎麼該逼的孝	파리: "너는 어째서 효자에게 희생을 강요하느냐!"
子把身捨?"	
那個說: "你爲甚麼惹的書	모기: "너는 왜 서생에게 칼을 뽑도록 만드느냐!"
生把劍拔!"	
這個說: "你草科裏的皇帝	파리: "너, 풀숲 속의 황제는 누구를 부릴 수나
照着誰使?"	있느냐?"
那個說: "你灶科裏的漢子	모기: "너, 부뚜막의 사나이는 자랑할 데나 있느냐?"
又對着誰誇!"	
他兩個你一言來我一語,	이것들은 너 한마디 나 한마디 주고받으면서,
不提防隔壁有耳暗嗟呀!	이웃집에서 듣고서 개탄하는 것도 아랑곳 않네![139]

연창자는 이러한 극적 대사에 목소리 연기와 몸동작을 가미하여 관객에
게 생생한 장면을 전달함으로써 작품의 극적 흥미를 배가시키고 주제 전달
력을 높였을 것이다. 고사의 이러한 연극적 특성은 강창이라는 연행 형태
가, 인적자원과 자본이 보다 집중적으로 필요한 연극적 공연 형태가 뿌리
내리기 전에 농촌을 중심으로 공급자와 향유자의 층을 형성하여 일종의 본
격 연극의 전 단계에 해당하는 공연예술로서 의미가 있었음을 설명해준다.

---

139 劉階平 編, 『清初鼓詞俚曲選』, 171~172쪽.

다음으로, 전기 고사계강창 작품에서는 산문뿐 아니라 운문에서도 사건
이 진행되는 과정이 서술되는데, 여기서는 이를 사건의 진행이라고 부르고
자 한다. 사건의 진행 속도는 작품에 따라 빠른 것과 느린 것으로 구분된다.
사건의 진행 속도가 빠르다는 것은 일정한 분량의 작품 속에서 전개되는 사
건이 많다는 의미인데, 이에 해당하는 작품은 「역대사략고사」, 「공부자고아
사」 등이다. 「역대사략고사」에서는 상고시대부터 명 말에 이르는 역사적 대
사건들이 한두 행으로 간략히 처리되며, 「공부자고아사」에서는 공자의 일
생이 시기별로 간단히 소개된다. 한편 사건의 진행 속도가 느리다는 것은
한 작품 내에서 전개되는 사건의 양이 적다는 의미인데, 이에 해당하는 작
품은 「태사지적제전장」, 「제인장」, 「동곽외전」, 「남창몽」, 「경술수재전고아
사」 등이다. 이 작품들에서는 전개되는 사건이 적지만 집중적으로 자세히
묘사된다. 「역대사략고사」는 당이 망하고 오대五代가 흥망한 일을 다음과
같이 간략하게 기록하고 있다.

最可恨碭由賊子升了御座,	불행하게도 탕산의 도적〔양 태조 주전충朱全忠〕 이 어좌에 오르자,
只有箇殿下的猢猻搞他幾搞!	전하〔당 소종〕의 원숭이도 그자를 때렸다네.
從此後失溫家爺們滅了人理,	이후 주전충은 천리를 거스르면서
落得箇爬灰賊頭血染沙.	며느리를 범하다가 머리가 잘려 피가 모래 위에 흩뿌려졌네.
沙陀將又做了唐皇帝,	사타의 장수〔후당 장종〕가 다시 후당 황제가 되었지만,
不轉眼生鐵又在火炭上爬.	곧바로 생철〔후당 폐제 이종가李從珂〕이 불길에 뛰어들어 죽어〔후당도 망하였네〕.
石敬塘奪了他丈人家的碗,	석경당〔후당 명종의 사위〕이 장인의 밥그릇을 빼앗았으니,
倒踏門的女婿靠着嬌娃.	데릴사위가 되어 부인 덕을 본 것이라네.

李三娘的漢子又做了劉高祖,	이삼랑의 남편[유지원劉知遠]이 다시 [후한의] 고조가 되었고,
咬臍郎登基不值箇脚渣渣.	교제랑[고조의 아들]이 등극했으나 무능하기만 하더니,
郭雀兒的兵來招不佳,	곽작아[후주 태조 곽위郭威]의 병사가 쳐들어오니,
把一箇後漢的江山白送給他.	후한의 천하를 공짜로 그에게 넘겨주고 말았네.
姑夫的家業又落在妻姪的手,	고모부[곽위]의 가업이 다시 처조카[세종]의 손에 넘어갔으니,
柴世宗販傘的螟蛉倒不差.	세종은 우산 장수 하다가 [곽위의] 후계자가 되었네.
五朝八姓轉眼過.	다섯 왕조, 여덟 성씨의 시대가 눈 깜짝할 사이에 지나가버리더니,
日光磨盪照天涯.	하늘 끝에서 [송나라의] 서광이 비치기 시작했네.[140]

70여 년 동안의 복잡한 왕조사가 이처럼 간략히 언급된 이유는 다른 왕조들에 비해 상대적으로 덜 알려졌기 때문에 자세히 언급할 필요성을 느끼지 않아서이기도 했겠지만, 한 시대를 몇 구절 정도로 간단히 언급하는 것은 정도의 차이는 있더라도「역대사략고사」를 관통하고 있는 서술 방식이다. 이에 비해「경술수재전고아사」는 수해를 당한 순간의 모습을 상세히 묘사하고 있다. 이러한 특성은 짧은 시간을 확대 묘사하는 것으로,「역대사략고사」의 서술 방식과는 상반된다. 이러한 부류의 작품은 한 상황에 대한 서술의 분량이 많고 묘사가 자세하며, 무엇보다도 연창자가 이것을 하나의 대목(단위)으로 인식하여 집중적으로 재현해낸다는 특징이 있다. 다음은「경술수재전고아사」의 일부이다.

---

140 關德棟·周中明 編,『賈鳧西木皮詞校注』, 71쪽.

沒用開刀就把水神祭,　　희생을 바쳐 물의 신께 제사 올리지 않았더니,
老天爺你和生靈萬戶那的仇.　하느님, 만물과 무슨 원수를 지셨단 말입니까!
沒婆家的閨女都隨了流郎去,　시집도 못 간 처녀도 파도 따라 떠내려가고,
沒得第的秀才都去碰鰲頭.　낙방한 수재도 〔떠내려가서〕자라 머리에
　　　　　　　　　　　　부딪히네.

鶴髮的衰翁都隨着水葬,　　백발의 노인들 모두 물에 휩쓸려가 버리고,
私生的嬰兒丟在御溝.　　　사생아는 개천에 버려져 있네.
好吃酒的灌他個稀爛醉,　　술 좋아하는 사람은 취하도록 실컷 〔물을〕먹고,
沒吃飯的撐一個脹勾勾.　　밥 못 먹은 사람은 배가 탱탱하게 불렀네.
富的也不消把那洪福享,　　부자도 저 큰 복을 누리지 못하고,
窮的也不得把那醜架丟.　　가난한 사람도 궁상떨지 않아도 되네.
貪生怕死的也說不得那句話,　죽기 싫다고 떠벌리는 사람도 말 한번 못 해보고
　　　　　　　　　　　　죽고,
臨深履薄也都是枉嘔憂.　　진중한 사람이라도 버티지 못하네.
縱有那掀天的英雄也砥不住中　설사 기세 좋은 영웅이 있어도 저 물속의 기둥을
流柱,　　　　　　　　　　붙잡고 있진 못하고,
可憐那無論淸渾一旦休.　　가련하게도 청탁을 막론하고 모두 하루아침에
　　　　　　　　　　　　쓸어가 버리네.

把一些村村落落鄰與舍,　　마을마다 집들은
都作了浮浮沈沈水上鷗.　　모두 둥둥 떠서 물가의 갈매기처럼 되었네.
可憐這遭劫的倉生作了游魚輩,　가련타, 조난당한 이 백성들 물고기 신세
　　　　　　　　　　　　되었지만,
那討個江上魚翁來垂釣鉤.　　어찌 저 강가의 어부 불러 낚아달라 할 수
　　　　　　　　　　　　있으리오.[141]

　운문의 역할 가운데 마지막으로 서정적 토로를 들 수 있다. 이는 주로 작
자의 감정이 기탁된 표현들이다. 앞에서 살핀 논설적 진술이 이성적 판단에
기초하며 작품의 서두를 열고 마무리하는 역할을 하는 작자의 논평이라면,

141 張軍·郭學東,『山東曲藝史』, 80쪽.

서정적 토로는 사건이 시작되거나 진행되는 과정에서 작자 또는 작중 인물들이 느끼는 감정적 고조 상태에서 나타나는 표현을 뜻한다. 「역대사략고사」의 미성 부분에 쓰인 '애강남' 곡과 그 뒤에서 이어지는 운문 부분에 이러한 표현들이 나타난다. 총 7수의 곡들 가운데 앞의 두 곡을 들어보겠다.

(北新水令·總起) 山松野草帶花挑, 猛抬頭秣陵重到. 殘軍留廢壘, 瘦馬臥空濠. 村郭蕭條, 城對着夕陽道.
(북신수령·총기) 산의 소나무와 들풀을 꽃과 함께 둘러메고 고개를 들어보니 다시 말릉이구나. 패잔병들이 폐허가 된 성에 주둔해 있고, 비쩍 마른 말은 물 메마른 해자에 누워 있네. 마을은 쓸쓸하고, 성 건너편은 석양 지는 길이라네.

(駐馬聽·弔金陵) 野火頻燒, 護墓長楸多半焦, 山羊群跑, 守陵阿監幾時逃逃. 鴿翎蝙糞滿堂抛, 枯枝敗葉當階罩, 誰祭掃? 牧兒打碎龍碑帽.
(주마청·조금릉) 들불이 일어나니 묘 지키는 개오동나무는 거의 타버리고, 산양이 떼를 지어 달리니 능 지키는 사람은 언제나 그것을 피하려나. 비둘기 깃털과 박쥐 똥이 온 사당에 지저분하고, 메마른 가지의 죽은 나뭇잎은 계단을 덮고 있네. 누가 치우랴? 목동이 비석머리를 깨뜨리네.[142]

그런데 서정적 토로는 흔히 논설적 진술과 함께 전달되는 경우가 많다. 이 작품들의 시점이 작자의 시점과 작중인물의 시점을 수시로 넘나들기 때문에 작중인물의 감정이 작자의 논평으로 드러나기도 하고 작자의 관점이 작중인물의 감정 속에 기탁되기도 하기 때문이다. 이러한 점은 공연자가 능력에 따라 여러 인물로 순간적으로 변신하면서 각 인물들의 성격을 생동감 있게 대변하는 강창의 공연 특성이, 기록된 작품에도 남은 흔적이라고 할 수 있다.

이상으로 운문과 산문이 있는 작품에 나타난 운문의 역할과 기능을 살펴

---

142 關德棟·周中明 編, 『賈鳧西木皮詞校注』, 92~93쪽.

보았다. 이들의 역할은 논설적 진술, 극적 대사, 사건의 진행, 서정적 토로 등으로 구분하여 검토했고, 운문이 이러한 여러 역할을 담당함으로써 해당 작품을 더욱 다양하고 생생하게 공연하는 데 기여할 수 있음을 확인했다. 각 작품별로 두드러지는 운문의 역할을 정리하면 다음과 같다.

「역대사략고사」   논설적 진술, 사건의 진행, 서정적 토로
「태사지적제제전장」 논설적 진술, 사건의 진행
「제인장」   논설적 진술, 사건의 진행, 극적 대사
「동곽외전」   논설적 진술, 사건의 진행, 극적 대사
「남창몽」   논설적 진술, 사건의 진행, 극적 대사
「공부자고아사」   논설적 진술, 사건의 진행
「경술수재전고아사」 논설적 진술, 사건의 진행

이처럼 해당 작품에 공통적으로 나타나는 운문은 논설적 진술과 사건의 진행을 담당한다. 「역대사략고사」는 말미에 서정적 토로가 나타나 내용 전개에서 정서를 고양하는 효과를 발휘하는 점이 다른 작품과 구별된다. 또한 「제인장」, 「동곽외전」, 「남창몽」에는 작중인물들의 극적인 대사가 많이 나타나는데, 이 대사들은 공연에서 더욱 생생한 표현을 가능하게 해준다.

(3) 산문의 역할과 기능

산문과 운문이 교차 서술되는 작품에서는 산문도 운문처럼 다양한 역할과 기능을 한다. 그런데 이 작품들에서 산문, 곧 공연에서 백白에 해당하는 부분은 기본적으로 청중에게 말을 건네는 형식으로 이루어진다. 청중과 대면하여 공연하면서 말을 하는 까닭에 그들을 의식하고 그들과 직·간접적으로 의사소통할 필요가 생긴다. 따라서 전체 또는 한 단락의 이야기를 시작하

면서 청중을 부르는 호칭이나 공연자 자신을 겸손하게 표현하는 호칭이 수시로 등장한다. 이러한 호칭으로는 청중을 가리키는 '여러분〔列位, 列位名公, 列位老東主, 明公〕', '영감님〔大令〕', '어르신〔看官〕' 등의 표현과, 공연자 자신을 가리키는 '저〔在下〕' 등의 표현이 있다. 이러한 표현들은 공연 중에 주의를 환기하여 청중의 관심을 공연자에게 집중시키는 효과가 있다. 공연자는 청중을 부르는 형식으로 이야기 밖으로 나와 청중과 직접 대화하며 새로운 단락의 이야기를 효과적으로 전개하게 되는 것이다. 「역대사략고사」 '개장치어'의 마지막 부분은 앞으로 공연할 이야기를 다음과 같이 소개하고 있다.

> (拱介) 明公, 休道俺談策的是睡夢中妄語, 實能與民情天理, 不爽分毫. 莫聽作街市上俗談, 正要與易象春秋, 互相表裏. (嗽介, 拭唇介) 所以話到口邊, 不得不說. 但古今書史, 充棟汗牛, 從何處說起? 天祿石渠千箱萬卷, 打那裏講開? (拭唇介, 嗽介) 呵, 有了! 釋悶懷, 破岑寂, 只向熱鬧處說來.
> (절을 하며) 어르신들! 제가 말하는 방책이 헛된 망언이라고 말씀 마오, 실로 백성들 마음이나 천리와 털끝만큼도 어긋나지 않는 것이외다. 길거리의 속된 말로 듣지 마오, 정말이지 『주역』, 『춘추』와 같은 이치올시다. (헛기침하며 입을 훔친다.) 말이 목구멍까지 넘어왔으니 안 할 수 없구려. 하지만 어렵도다! 고금의 역사가 산더미같이 많거늘, 어디서부터 시작한단 말인가? 천록각이나 석거각에는 책이 수만 권 있거늘, 어디서부터 이야기한단 말인가? (입을 훔치며 헛기침한다.) 음! 그렇지! 답답한 가슴을 풀어주고 적막한 기분을 깨뜨리려면 시끌시끌한 일부터 말해야겠습니다.[143]

이처럼 산문은 청중과 직접 대화하는 기능 외에 논설적 진술, 사건의 진행, 사건의 연결, 지문, 짧은 추임새 등의 역할도 하고 있다. 논설적 진술은 주로 작품의 서두나 말미에 나타나는데, 그 내용은 대체로 사리를 논하여 잘못된 일을 비판하는 것이다. 「역대사략고사」 '개장치어'의 서두는 다음과

---

143 關德棟·周中明 編, 『賈鳧西木皮詞校注』, 2쪽.

같은 논설적 진술로 시작된다.

論天談地, 講王說霸, 第一件不要支離不經; 第二件切忌迂腐少趣. 須言言可作箴
銘, 事事堪爲龜鑑. 教那剛膽的人, 聽說忠臣孝子, 也動一番惻隱; 那婆心的人, 聽
說那賊徒奸黨, 也發一陣瞋怒. 如說到那荊軻報仇, 田橫死節, 要使人牢騷激烈, 吐
氣爲虹. 說到那長沙逐臣, 東海孝婦, 要使人感喟欷歔, 揮淚如雨. 曹操殺董承, 秦
檜害岳飛, 說到這箇去處, 要使人怒髮衝冠, 切齒咬牙; 恨不得生嚼他幾口. 武二郎
手刃西門慶, 黑旋風法場劫宋江, 說到這箇去處; 要使人歡呼鼓掌, 醒脾快心, 眞果
要替他操刀. 如辟穀之張良, 歸湖之范蠡, 飄然入海之魯連, 看這些人後半截的施
爲, 大功業儘該去作. 如霸吳之伍員, 驂乘之霍光, 挾功請王之韓信, 看這些人後半
截的結果, 閒名利也就不必爭了. 見多少拔山扛鼎的好漢, 如羿善射奡盪舟, 到後
來反害其身; 可見生死各難逃之天. 縱使盡了千斤氣力, 倒不及這懦夫庸才. 見多少
覆雲翻雨的能人, 如儀秦之舌, 孫龐之智, 到後來百無一成; 可見成敗有一定之數.
可見成敗有一定之數. 雖用煞了十分智謀, 却輸與那婦人孺子. 看周公尙且恐懼流
言, 王莽却能謙恭下士; 可見人情叵測, 眞僞難明, 未到蓋棺之時, 不可以言貌取人.
陽虎譏侮仲尼, 臧倉毀謗孟子; 可見毀譽無憑, 是非顚倒, 正値鑠金之時, 誰能爲聖賢叫
屈! 嘗過了這些滋味, 參透了這些機關, 纔知道保身是哲士, 貪位是鄙夫, 安分是君
子, 妄爲是小人; 虞夏商周, 不過與秦楚漢魏, 竝入滄桑; 巢許沮溺, 可以和伊呂周
召, 同稱伯仲. 泥蟠雲躍, 存乎其人; 鼎食卉衣, 從吾所好.

천지를 논하고 패업을 말할 적에 가장 중요한 것은 지리멸렬하여 핵심을 놓치지
않는 것이고, 그다음은 진부하여 맛이 없어지는 것을 피하는 것이다. 마디마디
잠언이 될 만해야 하고 일마다 귀감이 될 만한 것이어야 한다. 저 강직한 마음을
지닌 사람도 저 충신 효자의 이야기를 들으면 측은한 마음이 들고, 저 인자한 사
람도 저 불한당들의 이야기를 들으면 진노하게 해야 하는 것이다. 저 형가가 복
수하고 전횡이 절개로써 죽는 이야기에 이르면 불만이 격렬해지고 내뿜는 숨이
무지개가 될 정도가 되고, 저 장사에서 쫓겨난 신하[굴원], 동해의 효부 이야기
에 이르면 탄식하여 비 같은 눈물을 뿌릴 정도가 되며, 조조가 동승을 죽이고 진
회가 악비를 모해하는 이야기에 이르면 진노한 머리카락이 관모를 뚫고 이를 갈
며 씹어 먹지 못하는 것을 한스러워할 정도가 되고, 무송이 서문경을 칼로 치고
흑선풍이 사형장에서 송강을 구해내는 장면에 이르면 환호하고 박수 치며 통쾌

하여 정말로 이들을 위해 칼이라도 휘두르려 할 정도가 되어야 하는 것이다. 또 산속으로 은거한 장량이나 호반으로 돌아간 범려, 표연히 바다로 돌아간 노련 같은 사람들의 전반생을 보면 큰 공적도 마다하지 않았건만, 오나라의 오자서와 참승 곽광과 공을 세우고 왕을 바란 한신 같은 사람의 후반생의 결과를 보면 명리는 다툴 필요도 없었을 것을. 역발산 기개세의 호한을 얼마나 많이 보았던가, 그렇지만 활 잘 쏘는 예羿나 힘이 장사인 오奡도 나중에는 신세를 망쳐버렸지. 생사의 운명은 피할 수가 없는 것. 온 힘을 다했어도 도리어 평범한 사내들만 못하였지. 술책을 잘 부리는 사람은 또 얼마나 많이 보았던가, 장의나 소진의 세치 혀나 손빈이나 방연의 지략도 나중에는 하나도 쓸모없는 것이 되고 말았지. 성패에는 정해진 운명이 있는 법. 온갖 지략을 써도 저 아녀자나 아이들만큼도 못되었지. 주공도 유언비어를 두려워했고 왕망도 선비들을 널리 썼으니, 사람의 마음은 헤아리기 어렵고 진위도 판명하기 어려우니, 관을 닫을 때까지는 말과 겉모습으로 사람을 판단하지 말아야 한다. 양호는 공자를 비방했고 장창도 맹자를 비난했으니, 칭찬이나 비난도 제멋대로 이루어진 것이요, 옳고 그름도 전도된 것이다. 쇠녹이듯 비방한다면 그 누가 성현한테 지겠는가! 이러한 이치를 알고 나니 보신이 현명한 처사이고, 자리나 탐내는 것은 멍청한 사람이고, 안분자족하는 사람이 군자이고, 망령되이 행동하는 것이 소인임을 알겠네. 우·하·상·주나라도 진·초·한·위나라와 더불어 창해상전 속으로 사라졌지만, 소보, 허유, 장저, 걸닉은 이윤, 여망, 주공, 소공과 함께 존경받네. 용이 진흙 속에 숨어 있건 구름 위를 날건 사람한테 달렸으니, 귀한 밥을 먹든 허름한 옷을 입든 내 좋아하는 바대로 따르리.[144]

이 단락에서는 작자가 "칭찬이나 비난도 제멋대로 이루어진 것이요, 옳고 그름도 전도된" 현실을 비판적으로 바라보고 있음을 알려주고, 특히 많은 역사적 인물들을 예로 들면서 선악의 가치가 전도된 역사와 현실을 개탄한다. 이 같은 논설적 진술은 「제인장」, 「동곽외전」, 「공부자고아사」 등의 서두 또는 말미에서도 두드러지게 나타나는데, 특히 「공부자고아사」의 후반

---

144 關德棟·周中明 編, 『賈鳧西木皮詞校注』, 1~2쪽.

부에는 청중과 직접 대화하는 방식의 논설적 진술도 보인다.[145] 또한 「남창몽」의 서두에서 "말을 할 줄 모르는 사람도 말을 해야 하고, 이치를 논할 줄 모르는 사람도 이치를 논해야 하니, 이 어찌 웃기지 않겠습니까? 하지만 글을 엮는 사람은 거짓말이 많고 진실은 적습니다"라고 말하는 것도 논설적 진술이라 할 수 있다. 논설적 진술은 운문에서와 마찬가지로 작품의 주제와 의도를 알 수 있게 해주는 중요한 통로이다.

산문의 주요 기능 중 하나는 사건을 진행하는 것이다. 이러한 기능은 이야기를 공연하는 강창문학작품에서 빠질 수 없는 부분이다. 이 때문에 사건을 진행하는 역할을 맡은 산문은 해당 작품들 모두에 고루 나타나고 있다. 「남창몽」의 서두에서 모기와 파리가 처음 만나 인사하는 대목을 들어보겠다.

大凡這夏天, 白日裏睡個覺, 不消說是受不盡蒼蠅的氣. 黑夜裏睡個覺, 又受不盡蚊子的氣. 這個道士是個有病的人, 那一夜被蚊子咬的沒曾閉一閉眼. 到了那東方發亮的時候, 蚊子漸漸的散去了, 蒼蠅還沒有進來, 他依靠南窗, 朦朦朧朧的纔待睡着; 只見那南窗之上, 蚊子欲出, 蒼蠅待進, 兩家遇在一處. 叙了家鄕, 說了姓名; 蒼蠅居長, 蚊子居幼. 蚊子說: "久聞老兄大名, 如雷貫耳, 因小弟有個毛病, 白日裏不敢行動, 所以就不能與老兄常相聚會." 蒼蠅說: "愚兄也有個毛病, 黑夜裏就不能施展, 所以亦不能與賢弟常談. 今日纔得巧遇, 咱且略待片刻, 叙叙家常, 賢弟以爲如何?" 蚊子說: "妙極!"

이 여름날 낮잠을 자려면 파리가 날아와 귀찮게 하고, 밤중에 잠을 자려고 하면 모기가 날아와 괴롭히니, 이 병든 도사는 그날 저녁 모기에게 뜯겨서 한잠도 못 자다가, 동이 틀 때가 되어 모기가 점점 사라지고 파리는 아직 꼬이지 않는 시간에 남창에 기대어 몽롱하게 잠이 들려고 했습니다. 그때 남창에서는 모기는 나가려고 하고 파리는 들어오려고 하다가 서로 만나게 됐지요. 고향을 묻고 이름을 묻더니 파리가 형님이고 모기가 아우가 되더군요. 모기가 "노형의 성함을 익히 들었소이다. 이 동생이 문제가 좀 있어서 낮에는 통 다니질 못하니 노형을 뵐 수

145 路大荒·趙苕狂 編, 『聊齋全集』, 59~60쪽.

가 없었지요”라고 하니, 파리가 “이 형도 문제가 있어서 밤중에는 날개를 펼 수가 없어서 동생을 만나지 못했네그려. 오늘 이렇게 잘 만났으니 이야기 좀 함세. 자네 생각은 어떤가?’라고 하자 다시 모기가 “좋지요!” 하데요.[146]

이 대목의 후반부에서는 사건이 주로 대화체 위주로 진행되고 있다. 「남창몽」의 산문에는 전반적으로 이러한 대화체 진행이 많이 나타난다. 「제인장」과 「동곽외전」에도 이러한 대화체 사건 진행이 많이 나타난다. 사건의 진행을 대화체 형식으로 이끌어간다는 것은 한 사람이 공연하는 강창에서 연극적 효과를 높이는 유용한 방법이었을 것이다.

산문은 또한 사건과 사건 사이를 연결해주고, 운문의 중간에서 짧은 추임새의 형식으로 나타나기도 한다. 사건 사이를 연결해주는 양상은 비교적 긴 산문 단락과 비교적 짧은 산문 단락으로 구별된다. 비교적 긴 산문 단락은 사건의 진행이나 논설적 진술 등 다른 기능을 겸하며 끝부분에서 다음에 오는 운문으로 연결해주는 기능을 하고, 비교적 짧은 단락은 대체로 사건 단위와 일치하는 운문들의 사이를 연결한다. 전자의 경우는 해당 작품 모두에서 공통적으로 나타나는데, 특히 앞의 운문에서 서술된 사건을 부연하고 뒤의 운문에서 서술될 사건의 단서를 열어주는 방식으로 산문이 서술되는 「공부자고아사」가 이 기능이 가장 발달한 작품이다. 또한 후자의 경우는 앞에서 인용한 「태사지적제전장」에서 두드러지게 나타난다.[147] 「공부자고아사」에서 공자가 아들과 제자 안회를 잃고 슬퍼하는 대목을 보겠다.

(운문)
〔백어가 세상을 떠난 일을 서술하는 운문: 생략〕

---

146 劉階平 編, 『淸初鼓詞俚曲選』, 163~164쪽.
147 앞의 「태사지적제전장」의 서술 방식 부분에서 인용한 부분 참고.

(산문)

話說孔子七十歲上死了伯魚. 家庭之間. 幾無生人之樂. 明公. 孔子雖是個聖人.
已覺難乎爲情. 猶幸否壇之間. 衆徒兒朝夕講道. 聊慰暮年. 誰想轉眼之間. 到了
七十一歲. 把一個得意徒兒顏淵又死了. 列位. 這顏淵一死. 可就與別人大不相同
了夫子不知不覺大放悲聲. 可就哭起來了.

화설, 공자께서 일흔에 아들 백어를 잃으시니, 집 안에는 살아있는 사람들의 즐거
움이란 거의 사라져버렸습니다. 여러분, 공자께서 비록 성인이시지만 이미 마음
다스리기 어려울 지경이 되셨지요. 다행히 살구나무, 박달나무 아래에서 제자들을
아침저녁으로 모아 강의하면서 노년을 안위하실 따름이었지요. / 그런데 누가 알
았겠습니까, 어느새 일흔하나가 되셨을 때 훌륭한 제자 안연이 또 세상을 떠나고
마는 것을. 여러분, 이 안연이 죽은 것은 다른 사람이 죽은 것과는 크게 달랐습니
다. 선생님께서는 저도 모르게 슬픈 소리로 방성대곡하기 시작하셨던 겁니다.

(운문)
〔안연이 세상을 떠난 일을 부연하는 운문: 생략〕[148]

번역문에서는 '/' 표시를 전후하여 산문 부분에서 사건이 전환되는데, 이
것은 크게 보아 앞뒤의 운문과 사건을 연결해주는 역할을 한다. 이렇게 비
교적 길게 부연되며 사건이 연결되는 이유는 그 자체가 사건의 진행을 담당
하고 있기 때문이기도 하다.

또한 산문은 지문, 짧은 추임새 등의 역할도 한다. 지문은 공연자의 행동
을 지시하는 것으로, 「역대사략고사」에 몇 차례 등장할 뿐 출현 빈도는 비
교적 낮다.[149] 짧은 추임새 역할이란 운문을 노래하는 도중에 짧게 내뱉는
일종의 감탄사인데, 「동곽외전」에 몇 차례 나타난다. 일례를 보겠다.

---

148 路大荒·趙苕狂 編, 『聊齋全集』, 65쪽.
149 앞의 「역대사략고사」 '개장치어' 인용 부분 참조.

齊人說:"您們哭的甚麼事?	제인이 말하기를, "어째서 그렇게 울었더냐?
莫非是有人欺負你們?	누가 당신들을 못살게 굴더냐?
是何人膽大來到咱家中?	어느 담 큰 놈이 우리 집에 왔더냐!
現放着我這頂天立地男子漢,	이 천하의 대장부를 놔두고서
那一個大膽恃勢來行區?	어떤 간 큰 놈이 행패를 부렸단 말이냐!
是那個來咱家裏欺負了您?	어디서 와서 당신들을 등쳐먹었소?
對着我, 一五一十說實情.	나한테 하나하나 말해보시오
我向那王侯手裏遞張紙,	내가 저 주공王公 댁에 가서 종이 한 장 전해주면
一霎時丟了他的命殘生!	삽시간에 그놈 목이 달아날 거요.
光棍, 你們瞎了眼了!"	이 도둑놈, 눈이 멀었구나!"[150]

「동곽외전」제16단에 나오는 이 운문은 밖에서 돌아온 남편이 자신의 진면목을 알아채고 울고 있는 부인들을 보고서 어찌 된 일인지를 묻는 대목이다. 이 가운데 밑줄 친 부분은 삽입 대사로, 이 부분이 바로 짧은 추임새 역할을 하는 문장이다. 이 부분은 필사본과 납활자본 모두 본문에서 약간 벗어난 곳에 작은 글자로 적혀 있다. 이러한 추임새는 운문 사이에 끼어드는 대사로, 잘 짜놓은 대본보다는 공연자의 즉흥적인 감각에 의지하는 성분이라고 할 수 있다. 한편「경술수재전고아사」는 산문 부분에서도 운문과 마찬가지로 수해를 겪는 장면에 대한 묘사가 두드러지게 나타난다.[151]

이상으로 산문의 역할을 몇 가지로 나누어 검토했는데, 각 작품별로 두드러지는 산문의 역할을 정리하면 다음과 같다.

「역대사략고사」	논설적 진술, 사건의 서술(연결), 지문
「태사지적제전장」	사건의 서술(연결)
「제인장」	논설적 진술, 사건의 서술(개시·연결·대화)

---

150 劉階平 編,『淸初鼓詞俚曲選』, 88~89쪽.
151 앞의 제4장「경술수재전고아사」인용문 참조.

「동곽외전」	논설적 진술, 사건의 서술(개시·연결·대화), 짧은 추임새
「남창몽」	논설적 진술, 사건의 서술(연결·대화)
「공부자고아사」	논설적 진술, 사건의 서술(연결)
「경술수재전고아사」	사건의 서술, 장면 묘사

그런데 이 산문들은 청중을 향한 직접적인 대사와 사건 서술이라는 기본적인 사항을 바탕으로 하면서 다른 기능과 역할도 겸비하는 특성이 있음을 주목해야 한다. 즉, 각각의 기능과 역할이 상관관계 없이 독립적이기보다는 적어도 두 가지 이상의 기능을 겸비하고 있으며, 이러한 복합적인 기능이야말로 강창문학의 근본적인 특질인 것이다.

2. 운문전용체 작품의 서술 방식과 각 서술 단위의 지향

운문으로만 이루어진 전기 고사계강창 작품은 「제경공대공자오장」, 「문천어」, 「문천사」, 「전가락」, 「목마랍마」, 「논어소단」 등이 있다. 이들의 서술 방식을 살피기 전에 검토할 문제가 있다. 이 작품들의 운문은 운·산문혼용 작품에서 운문과 산문이 하는 역할을 통합하고 있다는 가설과, 역시 운문은 운문만의 역할로 한정될 뿐 산문의 역할까지 겸비하기는 어렵다는 가설 가운데 어느 쪽이 실상에 가까운지를 생각해봐야 한다는 것이다. 만약 전자의 가설이 옳다면 운문만 있는 작품의 운문은 운·산문혼용 작품에서 산문이 갖는 주요 기능인 '사건의 진행'까지도 포괄한다는 논지가 성립될 것이고, 후자의 가설이 옳다면 운문만 있는 작품에서 '사건의 진행' 기능은 현저히 저하되거나 멈춰버린다는 논지가 성립될 것이다. 이러한 가설 가운데 어느 쪽이 사실에 가까운지를 검토하기 위해, 앞에서 살핀 운문의 기능을 기준으로 각 작품을 분석하고자 한다.

운문전용체 작품들에 나타나는 운문의 서술 방식은 크게 사건 서술, 장면 묘사, 의문 제기, 감정 토로 등으로 범주화할 수 있다. 「제경공대공자오장」 과 「목마랍마」에서는 사건의 서술이 대화나 행동 묘사 등의 방식으로 뚜렷 이 나타나고 있다. 「제경공대공자오장」 가운데 연극적인 대화를 통해 사건 을 서술하는 제4단을 모두 들어보겠다.

無奈何回來上車纔待走,	어찌할 수 없어 수레에 돌아와 떠나려 하는데,
忽見那波浪滾滾在眼前.	어느새 눈앞에는 물결치는 강물이 나타났네.
只得是差着仲由去問路,	할 수 없이 자로를 보내 길을 묻게 하였는데,
河垾上兩個農夫正畊田.	강변에 두 농부가 마침 밭을 갈고 있었네.
好子路邁動虎步往前闖,	자로는 호랑이 걸음으로 얼른 앞으로 달려가,
你看他叉手躬身禮數全.	두 손 모으고 절하며 예의를 갖추었네.
他說道:"弟問老哥一條路.	자로 왈, "길 좀 묻겠습니다,
望指教何處水淺好渡川?"	어느 쪽이 물이 얕아서 건널 만한지요?"
長沮說:"那車上坐的是那一個."	장저 왈, "저 수레에 앉은 분은 누구시오?"
子路說:"姓孔名丘天下傳."	자로 왈, "천하에 알려진 공구孔丘 선생님 입니다."
長沮說:"莫非家住兗州府?"	장저 왈, "집이 연주부 아닙니까?"
子路纔慌忙應曰:"然然然."	자로가 황망히 대답하기를, "네, 네, 네."
長沮說:"他七十二國創〔闖〕的遍,	장저 왈, "저 사람은 일흔두 나라를 다 돌아다 녔으면서도,
你替他問路纔是瞎顚懝."	당신이 저 사람 대신 길을 물으러 오니 눈이 먼 것 같소."
這子路聞言便知事不諧,	자로는 이 말을 듣고 일이 잘 안 되겠다 싶어서
又轉去照着桀溺作周旋.	걸닉 쪽으로 다가갔네.
桀溺說:"看你不是此處客,	걸닉 왈, "보아하니 이곳 사람이 아닌 것 같소,
且把你家鄉姓字訴根源."	이름과 고향을 밝혀보시오."
子路說:"小弟名由本姓仲."	자로 왈, "저는 중유라는 사람입니다."
桀溺說:"久仰了.	걸닉 왈, "성함은 일찍이 들었소.

你是那孔丘的徒弟慣好打拳.　　공구의 제자이고 무술을 잘한다고.

看世上滄海變田田變海,　　세상은 상전벽해처럼 빨리 변하는데,

好一似碧天連水水連天.　　마치 푸른 하늘이 물에 잇닿은 것과도 같소.

您師付撼然欲渡沒有扶手,　　당신 선생님은 강 건너려 해도 잡을 곳이 없고,

還恐怕風大浪高難行船.　　또 바람이 불어 파도가 커지면 배 저어 가기
　　어려울 것이오.

憑着你凜凜的身材昂昂的志,　　당신같이 늠름하고 당당한 사람이,

爲甚麼每日跋涉受辛艱.　　어찌 매일같이 고생을 밥 먹듯이 하오.

你與其跟着那迂學遙家裡創,　　저 둔한 선생을 좇아 멀리 떠도는 것보다는,

那如上跟着俺草野神仙樂淸閑."　　나와 함께 초야의 신선이 되어 한가함을
　　즐기는 것이 나을 것이오."

這桀溺說罷忙將畊牛套,　　걸닉이 말을 마치고 얼른 소 끌고 가버리는데,

滿口裡列列扯扯手加鞭.　　'이랴 이랴' 하면서 채찍질하고 가네.

仲先生從來沒遭着這臉面,　　스승님은 지금껏 이러한 체면 깎이는 일을
　　당한 적이 없는데,

着兩個輕薄狗頭氣乍了肝.　　저 개 같은 두 녀석에게 화가 나서 속이 타네.

到回來對着夫子說一遍,　　뛰어 돌아와서 공자께 말씀을 드리니,

夫子說: "咳. 這合那接輿狂徒是　　공자께선 "흠, 이 사람들은 저 미치광이

一班.　　접여와도 같구나!

天地間惟有禽獸非我類,　　천하엔 금수만이 나와 같은 무리가 아니니,

除此外那個合我不相干!　　이들 말고는 어느 누가 나와 상관없단 말인가!

眼看着生民塗炭如刀攪,　　백성들이 도탄에 빠진 것을 보고서도,

他還要飛上高枝效野蟬.　　그는 오히려 높은 가지로 올라가 들매미를
　　따르려 하는구나.

假若是天地已成個圪圇物,　　만약에 천지가 이미 원만하게 이루어졌다면,

我何必千辛萬苦作周全!"　　내가 어찌 천신만고를 겪으며 이렇게 돌아다니
　　겠는가!"[152]

152 山東大學 所藏 筆寫本.

운문만으로도 사건을 서술하는 대화가 이렇게 풍부한 점을 주목한다면, 이 작품에 사건의 서술을 주로 담당하는 부분인 산문(백白)이 없음에도 불구하고 이른바 서사성이 결핍 또는 훼손되었다고 보기는 어려울 것이다. 「목마랍마」에도, 간단한 일화이기는 하지만 사건이 구체적으로 전개되는 부분이 등장한다.[153] 적어도 이 두 작품은 산문이 있는 작품보다 서사성이 미약하지 않다. 「문천사」는 「역대사략고사」와 마찬가지로 상고시대부터 명대에 이르는 중국 역사를 읊고 나서 작자의 소회를 그 뒤에 덧붙인 작품이다. 여기서 전개되는 여러 역사적 사건도 「역대사략고사」처럼 간략하게 서술되어 개별 사건들에 대한 구체적인 묘사는 매우 적은 편이다. 일례로 당대의 역사는 다음과 같이 짧게 그려진다.

唐太宗殺了兄和弟,	당 태종은 형제를 죽이고,
臭淫婦則天坐金鑾.	악취 나는 측천은 금란에 앉았네.
快活了盧杞延齡李林甫,	노기, 연령, 이임보는 출세하고,
苦死了張巡許遠顔常山.	장순, 허원, 안상산은 고생 끝에 죽었네.
陸宣公經濟傳千古,	육선공의 경세술은 천고에 전하지만,
不遇明主又被讒言.	명군을 만나지 못해 참언을 당했다네.
韓昌黎文章起八代,	한창려의 문장은 8대 만에 일어났지만,
累困場屋不中狀元.	누차 장원이 되지 못했다네.
善對策的劉蕡落下第,	대책에 뛰어난 유분은 낙제하고,
會做詩的杜甫執着長鑱.	시를 잘 쓴 두보는 호미를 잡았네.
黃巢屠戮血流天下,	황소는 천하를 도륙하여
滅盡唐室遇着朱三.	당을 멸망시켰으나 주전충을 만났다네.[154]

　이와 같이 운문만 있는 「문천사」의 사건들이 「역대사략고사」에서 그려지

153　앞의 제4장 「목마랍마」 인용문 참조.
154　劉階平 編, 『淸初鼓詞俚曲選』, 194~195쪽.

는 사건들과 크게 다르지 않게 묘사되는 것은, 「문천사」의 서사성이 「역대사략고사」보다 미약하다고 말할 수 없음을 뜻한다. 「논어소단」도 역시 사건 전개와 서술 방식이 「태사지적제」와 유사하다.

그러나 「전가락」과 「문천어」는 사건의 전개가 뚜렷하지 않고 서술은 장면 묘사나 감정 토로에 치중하고 있다. 「전가락」은 어지러운 현실을 떠나 시골에 귀의하여 계절별로 일상생활을 하는 장면 위주로 구성되어 있다. 일부를 보겠다.

猛可的擧頭天外看世界,	갑자기 머리를 들어 저 멀리 세상을 보니,
原來是紅塵迷漫着詭詐場.	세속에는 거짓말이 판치고 있네.
你不如把妄念消除安本分,	당신은 차라리 망념을 없애고 본분을 지키며,
早早的收拾起扶手犁一張.	일찌감치 호미 한 자루 들고 나서게.
種幾畝半嶺半淫和輭地,	몇 마지기 비옥한 땅에 씨 뿌리고,
住幾間不高不矮草坯房.	방 몇 칸짜리 조그만 초가삼간에 살면서,
養幾隻下蛋母鷄看家地狗,	암탉과 집 지키는 개 몇 마리,
喂幾個滿膘的肥猪頂着錢糧.	살진 돼지 몇 마리 기르며 생계를 꾸리네.
繞莊院紅映桃花綠垂柳,	집 주위에 피어난 것은 붉은 복사꽃과 푸르른 버들,
齊離離桑柘成陰棗成行.	뽕나무 가지런하고 대추나무도 자라났네.
門兒前蘇子草麻葫蘆架,	문 앞에는 들깨와 조롱박이 얽혀 있고,
還有那茄子滴溜扁豆爬牆.	가지와 콩도 덩굴이 되어 담장에 붙어 있네.
豌豆架離溜魯都一片角,	완두콩은 얼키설키 한 모퉁이에 있고,
場園裏脚絲拌拉的番瓜秧.	밭에는 호박을 가득 심어놓았네.
好春氣寒食前後下了種,	봄기운 화창한 한식 날쯤 씨를 뿌리니,
你看那靑苗出土茂堂堂.	보게나, 저 파란 싹이 한 아름 무성하게 돋아나네.
百忙裏抗起鋤來往外走,	바쁜 중에도 호미를 들고 밖으로 나가고,
又打上蠶起三眠教採桑.	또 세 번째 자는 누에 치며 뽕 따도록 시키네.
恨沒有三頭六臂分身法,	〔너무 바빠서〕 몸을 두세 개로 나누지 못하는 게 아쉬울 뿐,
你看那小麥靑靑大麥黃.	보게나, 저 푸른 밀과 누런 보리를.

喜煞人兩樣粽子一鍋煮,　　　　좋구나 좋아, 두 가지 종자를 한데 쩌서,
手擎着便宜宜的蘸白糖.　　　　손에 들고 값싼 설탕에 찍어 먹네.
撮紅花割罷了豌豆打了麥,　　　붉은 꽃 따고 완두콩과 보리를 걷어서,
一家家不憂不愁好時光.　　　　온 가족이 걱정 없이 좋은 시절 보내네.
這纔是田家趣味逢時樂,　　　　이야말로 농사짓는 맛이며 한 시절을 즐기는 것,
你看他烙着油餅赶着麵湯.　　　보게나, 저들은 유병 굽고 국수 말아 먹잖나.
那怕那六月三伏天氣熱　　　　　저 유월 삼복더위가 어찌 두려우랴,
大樹下四面風來好乘涼.　　　　아름드리 나무 아래서 사방에서 불어오는 바람
　　　　　　　　　　　　　　　맞으며 더위 식히리.

披一領透風遮日晴天爛,　　　　바람 통하고 햇볕 막는 옷 한 벌 입고서,
到處裹任意坐臥省下床.　　　　어디서건 마음껏 앉아 쉬리니, 침상도 필요 없을
　　　　　　　　　　　　　　　것.

不覺的黍穀成熟高粱秀,　　　　어느새 곡식 익고 수수 팰 것이고,
緊接着籬中麻熟蒜好秧.　　　　곧이어 울타리 가의 들깨도 익고 마늘도 자라겠네.
忘不了白露前後看早麥,　　　　백로 전에는 이른 보리가 패는지 잊지 말고 살펴
　　　　　　　　　　　　　　　볼 일이고,
猛擡頭蕎麥開花豆葉兒黃.　　　문득 고개 들어보면 메밀꽃 피고 콩잎은 노랗게
　　　　　　　　　　　　　　　변할 것이네.[155]

　　이러한 장면 묘사가 사건의 진행과 다른 점은 작중 인물이 긴장 상태에
서 사건을 헤쳐나가는 상황이 아니라는 점이다. 다시 말해 매년 되풀이되는
일상생활에 주인공이 끼어들어 사건의 진행에서 적극적인 역할을 하지 않
고 있으며, 주인공이 복잡한 사건 속에서 활약하며 감상자에게 통쾌함을 가
져다주기보다는 평화로운 상황에 편입하여 소극적으로 적응해가는 느낌을
전달하는 것이다. 이러한 차이로 인해 감상자는「전가락」이 다른 작품에 비
해 서사적 측면이 다소 결여되었다는 인상을 받게 된다. 서사적 성격이 비
교적 약하다는 지적은「문천어」에도 해당된다.「문천어」는「문천사」와 유사

---

155 劉階平 編,『淸初鼓詞俚曲選』, 140~143쪽.

하게 하늘에 묻는 형식으로 구성되어 있으며, 세상에 대한 불만 토로가 주요 내용이고 구체적인 사건 전개는 찾아보기 어렵다.[156]

이상과 같이 운문만 있는 작품의 서술 방식은 사건 서술, 장면 묘사, 의문 제기, 감정 토로 등의 범주로 나뉜다. 해당 작품 중 사건의 서술이 비교적 뚜렷하게 나타난 것은 「제경공대공자오장」과 「목마랍마」 두 편이고, 「문천사」에도 간략하나마 여러 역사적인 사건의 진행이 나열된다. 「전가락」과 「문천어」는 이러한 서사성이 상대적으로 미약하지만 반대로 장면 묘사와 감정 토로의 성격이 두드러진다. 「문천사」와 「문천어」는 서사성의 정도에는 차이가 있으나 외형적인 면에서 하늘에 묻는 형식을 취한 공통점이 있다.

따라서 앞에서 제기한 문제, 즉 운문으로만 구성된 작품도 산문과 운문이 함께 있는 작품처럼 '사건의 진행' 기능이 충분히 수행되었는가 하는 문제는, 운문으로만 구성된 작품들 사이에서도 사건의 진행 정도가 비교적 뚜렷하게 구분된다는 대답으로 대신할 수 있다. 사실, 산문과 운문이 모두 존재하는 「경술수재전고아사」 같은 작품도 사건의 진행이 미약함을 지적한 바 있으니, 산문의 존재 여부가 서사성의 강도를 결정하는 유일한 요소는 아님을 다시 한 번 확인할 수 있다. 다만 이러한 사실 때문에 산문의 주요 역할이 사건 전개에 할애되는 점을 의도적으로 경시할 필요는 없을 것이다.

지금까지, 전기 고사계강창은 운문과 산문이 교차 서술되는 종류와 운문만 단독 서술되는 종류가 있으며 이들은 나름대로의 서술 방식을 가지고 있음을 검토했다. 운문과 산문이 교차 서술되는 작품들은 운문과 산문 사이의 연결 유형이 다양하며, 각 서술 단위들의 서술 방식과 지향 역시 매우 다양한 장르적 특성을 포함하고 있다. 강창문학은 대부분 일정한 이야기를 전달하는 서사적 성격을 기본적으로 담지하고 있다고 생각되어왔고, 이러한 생

---

156 앞의 제4장 「문천어」 인용문 부분 참조.

각이 앞의 검토에서도 어느 정도 확인되었지만, 개별 작품에 따라 서사성의 정도가 비교적 다양한 것도 사실이다. 이 점은 향후 강창문학 전반에 대한 고찰을 통해 장르적 특성을 규정할 때도 주의 깊게 고려해야 할 부분이다.

한편, 이러한 서술 방식 및 장르적 특성의 다양성은 이 기록 작품들이 공연되었을 때 나타난 다양한 연출 양식과 밀접한 관계가 있을 것이다. 공연자의 역량에 따라 서정적인 서술 단위에서 작중 인물의 감정이, 극적인 서술 단위에서 인물들의 연극적 대사가, 서사적인 서술 단위에서 작중인물들의 행위와 사건의 전개 상황이, 그리고 논평적인 서술 단위에서 발화자의 가치관과 불만이나 즉흥적인 추임새 등이 극대화되어 표현될 때, 청중은 설창자가 한 사람임에도 불구하고 소규모 연극 무대를 감상하는 듯한 유사효과를 경험할 수 있다. 전기 고사계강창도 다양한 서술 방식 및 장르적 특성을 공연무대에서 종합적으로 제시함으로써 공연문학의 성격을 뚜렷이 보여줄 수 있었다고 생각된다.

제6장 전기 고사계강창의 공연과 수용자층

1. 전기 고사계강창 공연의 형태와 장소

전기 고사계강창의 공연 모습에 대한 직접적인 자료는 많지 않으나, 공상임(1648~1718)의 장편 희곡 『도화선』과, 그가 가부서에 대해 쓴 전기문 「목피산객전木皮散客傳」 등이 도움이 된다. 「목피산객전」에 따르면 공상임의 부친 공정번孔貞璠은 가부서와 가까운 친구였으므로 『도화선』과 「목피산객전」에 묘사된 고사공연 모습은 실제와 매우 가까웠을 것이다. 먼저 『도화선』 제1척에 삽입된 「태사지적제」의 연창 모습을 보자. 『도화선』에서는 예인 유경정柳敬亭이 등장하여 ① 단상에 앉아 북과 짝짜기(목판)를 두드리며 설서를 시작하고, ② 서시를 읊은 후에 성목醒木을 치고, 공연할 내용을 소개한다. ③ 북과 짝짜기를 두드리며 노래한다. ④ 노래 한 대목이 끝나면 성목을 치고 대사를 한다.[157] 또한 공연 모습 및 장소와 관련하여 「목피산객

---

157 공상임, 이정재 역, 『도화선』, 서울: 을유문화사, 2008, 47~52쪽.

전」에는 다음과 같은 기록이 있다.

　　목피산객은 패관 고사를 잘했다. 나무〔木〕와 가죽〔皮〕은 북과 짝짜기를 뜻하
니, 기뻐하고 화내는 도구이다. 제생들의 서당에서 설창하고 관리들의 당상에서
설창하며 관서에서 설창하고 저자에서 설창했다. 목피를 몸에 지니고 있다가 마
당이 서면 놀았다. 신세가 궁할 때나 펴질 때나 목피를 항상 지녔다.[158]

　이를 보아도 북과 짝짜기는 고사 공연에서 가장 기본적이고 중요했음을
알 수 있다. 타악기인 이 둘은 후대 대고서와 방자강梆子腔 계통의 지방희에
서도 빠지지 않고 사용되었다. 당시 이 악기들이 어떻게 연주되었는지를 정
확히 알 길은 없지만, 현대의 각종 곡예에 사용되는 악기의 쓰임새를 참조
해 당시 모습을 추정할 수는 있다. 현대 곡예 가운데 짝짜기와 북을 함께 쓰
는 곡종은 각종 대고와 추자서墜子書, 소고 등이 대표적이고, 짝짜기만 쓰는
것은 산동쾌서山東快書와 쾌판快板이 유명하다.[159] 이들은 모두 연창자가 악
기를 두드리면서 노래한다. 노래를 시작하기 전에 북과 짝짜기를 두드리다
가 노래를 시작하면 북은 멈추고 짝짜기는 박자를 맞추기 위해 대체로 소절
마다 두드린다. 큰 단락이 끝나면 북을 치며 간주를 하다가 다시 노래를 시
작하면 북을 치지 않는다.
　이러한 타악기 반주로 이루어지는 공연은 이른바 남방(소주蘇州, 항주杭
州)의 탄사나 지방희가 비파 등의 현악기를 주로 사용한 것과는 크게 다르
다. 타악기는 박진감과 리듬감을 강조하는 데 효과적이고, 현악기는 세련된
가락을 강화하는 데 크게 기여하는 차이가 있다. 북방의 고사계강창은 남방

---

158 關德棟·周中明 編, 『賈鳧西木皮詞校注』, 161쪽: "木皮散客, 喜說稗官鼓詞. 木皮者, 鼓板也, 嬉
　　笑怒罵之具也. 說于諸生塾中. 說于宰官堂上, 說于郎曹之署, 說于市肆. 木皮隨身, 逢場作戲.
　　身有窮達. 木皮一致."
159 『中國大百科全書·戲曲曲藝』, 北京: 中國大百科全書出版社, 1983 참조.

의 탄사 계열에 비해 연주 효과 면에서 더욱 남성적이고 강렬한 힘을 지녔고, 이러한 공연 특성은 소재를 선택하는 데에도 영향을 끼쳤을 것이다. 전기 고사계강창의 유가(비판)적인 소재들은 현악기보다는 타악기로 반주하는 것이 더욱 적절했을 것이다.

앞의 「목피산객전」에 따르면, 전기 고사계강창은 원하는 사람이 있으면 학교, 관청, 시정 등지를 가리지 않고 공연되었다. 즉, 고정된 극장이나 찻집에서가 아니라 유동적인 장소에서 공연이 벌어졌다. 고정된 공연 장소는 도시화, 상업화가 어느 정도 이루어진 환경을 전제로 하는데, 산동 남부의 향촌이 인근 지역에 비해 경제적으로 성장했다는 증거는 보이지 않으며, 오히려 비교적 낙후한 지역이었음이 지적되고 있다.[160] 도시화, 상업화되지 않은 공연과 연관된 일이 본격적인 직업으로 정착하기는 어려웠을 것이다. 가부서 역시 관직 경력자라는 비교적 높은 신분으로 시정에서 돈을 벌어들일 목적으로 공연했을 가능성은 그리 크지 않다. 결국 가부서의 공연은 아마추어 성격이 강했다고 할 수 있다.

2. 전기 고사계강창의 수용자층

공연문학작품 창작과 공연, 그리고 전승의 주체는 창작자, 공연자, 기록자 등의 생산자와, 청중과 독자 등의 향유자이다. 전기 고사계강창의 생산자는 창작자, 공연자, 기록자의 세 층위를 포괄하고, 수용자는 청중과 독자를 포함한다. 여기서는 전기 고사계강창의 공연과 유통 방식을 이 생산·향유 주체들을 중심으로 규명하고자 한다.

---

160 Joseph W. Esherick, *The Origins of the Boxer Uprising*, University of California Press, 1987, 제1장 참조.

전기 고사계강창의 생산자 가운데 창작자, 즉 작자는 앞에서 검토한 것처럼 향촌문인이 많았고, 공연과 기록 역시 이들이 주축이 되었다. 전기 고사계강창은 한 작품의 창작자가 한 사람인 것이 원칙이다. 이러한 점에서, 민간에서 누군가가 짓고 많은 사람이 참여하여 성숙해가는 형태인 본래의 '민간문학(적층문학)'보다 작자의 개성이 강하게 드러나 있다. 그러면서도 이들 가운데 몇 작품은 후발 문인들의 개작이나 보충을 통해 증보되면서 한 유형의 작품으로 성장했다. 「제인장」과 「동곽외전」, 「태사지적제전장」 등이 좋은 사례인데, 이들은 전승을 통해 성장하는 민간문학적 특성을 전형적으로 보여준다. 전기 고사계강창에 이처럼 작가문학적 특성과 민간문학적 특성이 공존하는 현상은 생산자들의 사회적 위치와, 작품이 유통된 경로 혹은 방식을 여실히 드러낸다.

전기 고사계강창이 수용자에게 유통된 방식을 보다 구체적으로 논의하려면 앞에서 거론했던 강창문학의 유통상의 기준을 다시 참조할 필요가 있다.[161] 특히 해년이 언급한 공연 관련 문학작품의 공연지향성/독서지향성의 상이한 여러 형태를 상기한다면, 전기 고사계강창은 공연과 독서를 모두 지향했다고 할 수 있다. 공연과 독서를 함께 지향한 이러한 특징은 작품 자체에서 많이 찾아볼 수 있고, 각종 서발문이나 필기, 여러 판본의 전승을 통해서도 확인할 수 있다. 앞에서도 살펴봤듯이 「역대사략고사」를 비롯한 거의 모든 작품에는 공연자가 청중에게 건네는 말이나 공연 중에 즉흥적으로 삽입하는 대사가 자주 나타난다.[162] 「목피산객전」, 「소두붕」 등의 자료도 가부서나 다른 공연자의 공연 모습을 증언하고 있다. 「소두붕」 '가부서고사' 대목을 다시 보면,

---

161 이 책 제1부 제2장 3절 참조.
162 앞의 제5장 1절 부분 참조.

그의 「논어」 패사〔「태사지적제전장」〕는 공상임의 『도화선』에 편입되었다. 「역대사략」은 사람들이 연창하는 것을 들어보았다. 요즈음 이산정李山亭이 있는 곳에서 또 「맹자제인」 한 대목을 보게 되어, 뒤에 붙인다.[163]

라고 기록되었는데, 이에 따르면 「소두붕」의 작자 증연동은 적어도 「태사지적제전장」과 「역대사략고사」의 공연 상황을 목격하거나 직접 보지는 못했더라도 공연되었음을 알았을 것이다. 한편 주요 작품들이 여러 곳에서 필사본으로 발견된 것은 이들이 공연뿐만 아니라 독서를 통해서도 많은 사람에게 수용되었음을 말해준다.[164] 마익저가 이 작품들의 전승 과정에서 비중있는 역할을 했음은 앞에서 지적했다. 결국 대부분의 전기 고사계강창 작품들이 공연과 독서의 두 매개를 통해 광범위하게 전승되었음을 다시 한 번 확인할 수 있다.

수용자들은 자신들이 교육받은 정도에 따라 매체를 선택하여 전기 고사계강창을 수용했을 것이다. 다시 말해 독서는 어느 정도 교육을 받아서 문자를 해득할 수 있는 사람만 접근 가능했고, 공연은 문자해득층과 문맹층 모두가 접근 가능했으며, 문맹층은 공연을 통한 수용만 가능했다. 이와 관련하여 헤이걸Robert Hegel은 명·청대 통속문학의 청중에 대한 사례조사 연구에서 문학작품을 즐긴 청중을 다음의 표와 같이 개괄적으로 구분했다.[165]

---

163 譚正璧·譚尋 蒐輯, 『評彈通考』, 499~500쪽: "其論語稗史, 爲東塘采入桃花扇中. 歷代史略, 余嘗聽人唱演. 今于李山亭處, 又見孟子齊人一段, 附錄于後."

164 「歷代史略鼓詞」의 다양한 판본은 앞부분 참조 바람. 「東郭外傳」, 「問天詞」 등도 늦어도 청 말엽에는 출판과 필사가 많이 이루어져 널리 알려진 작품이 되었다. 이 장의 자료 정리 부분 참조 바람.

165 Robert E. Hegel, "Distinguishing Levels of Audiences for Ming−Ch'ing Vernacular Literature", in David Johnson, et al. eds., *Popular Culture in Late Imperial China*, University of California Press, 1985 참조. 특히 p. 132. 이 가운데 통칭 장르는 참고삼아 필자가 보충했음을 밝힌다. 한편 David Johnson, "Communication, Class, and Consciousness in Late Imperial China", in David Johnson, et al. eds., *Popular Culture in Late Imperial China*, University of California Press, 1985, p. 56에서 明清代 사회문화적 그룹을 사회적 지

청중		작품	통칭 장르
엘리트	고급식자층	『수사유문隋史遺文』	문언소설
		『수당연의隋唐演義』	문언소설
비엘리트	중간식자층	『수당양조지전隋唐兩朝志傳』	백화소설
		「대당진왕사화大唐秦王詞話」	강창
		『설당연의說唐演義』	백화소설
	주로 문맹층	명 잡극明雜劇	희곡
		경극京劇「쌍투당雙投唐」	희곡

* 명 잡극은 「노군당老君堂」, 「위징개조魏徵改詔」, 「사마투당四馬投唐」

그에 따르면 명 잡극이나 경극 등 공연을 통해 전달되는 작품은 주로 문맹층이 감상했고, 쉬운 백화로 쓰인 소설과 강창 작품은 이른바 '중간식자층'166부터 감상했으며, 문언문 위주의 소설 작품은 '고급식자층'이 감상했다. 이 점을 참고하면, 전기 고사계강창이 공연과 독서의 두 형태로 향유층에게 수용될 수 있었다는 것은 그 범위가 다양했음을 말해준다. 또한, 공연 형태였든 독서 형태였든 이 작품들을 수용한 청중·독자는 헤이걸이 구분한 광범위한 '비엘리트' 계층과 '엘리트' 계층을 모두 포함했다고 가정할 수 있다. 결국 전기 고사계강창은 다른 통속문학작품들처럼 문맹과 고급지식인이라는 넓은 범위의 청중·독자를 가질 수 있었고, 이들의 참여에 의해 시간과 지역의 장벽을 돌파하여 오랫동안 널리 향유되었다고 볼 수 있다.

위와 교육수준을 기준으로 아홉 가지로 분류한 자료를 참고할 수 있는데, 고전교육 향수층(A), 문자해독층(B), 문맹층(C); 법적특권층(a), 자립층(b), 의존층(c) 등의 조합 방식에 따라 Aa, Ab, Ac, Ba, Bb, Bc, Ca, Cb, Cc 등의 아홉 부류로 구분된다(영문 기호는 필자가 편의상 첨부했음).

166 李孝悌는 『淸末的下層社會啓蒙運動1901-1911』, 臺北: 中央研究院 近代史研究所, 1992, 20쪽에서 이를 "기본적인 글자를 아는 계층[粗通文字的]"으로 명명했다. 그에 따르면 이들은 '밭일꾼, 수공예인, 장사꾼, 군졸'과 10대 아이들, 부녀자, 또는 임금남이 말한 '도시 수레꾼, 간장 장수 등'이다. 앞의 주에서 제시한 Johnson의 분류에 따르면 이들은 Ba, Bb, Bc 등에 해당할 것이다.

따라서 전기 고사계강창이 과연 문맹층도 이해할 수 있을 정도로 쉬운 글로 쓰였을까 하는 의문, 다시 말해 작품에 쓰인 언어의 특성에 대한 의문을 간략히 검토할 필요가 있다. 전기 고사계강창 작품 대부분은 문언보다 구어에 가까운 글인 백화로 쓰였다. 특히 많은 작품에 민간의 방언을 그대로 반영한 표현들이 많이 나타나는데, 방언은 곧 해당 지역에서 쓰이는 일상 언어라는 점에서 구어적, 백화적 특성을 강하게 지닌다고 할 수 있다.[167] 전기 고사계강창에서 방언이 가장 두드러지게 나타난 작품은 「제인장」, 「동곽외전」, 「제경공대공자오장」, 「남창몽」, 「문천사」, 「전가락」 등이다. 이 가운데 「제경공대공자오장」, 「남창몽」에 쓰인 일부 방언을 예로 들겠다.[168]

「제경공대공자오장」

到了那金陵鎭上打頭尖.
저 금릉진에 가서 좀 쉬면서 먹을 것 좀 얻자꾸나.

還有那家鯢鱗刀一鹵鮮.
또 저 참돔과 갈치 절임도 있지.

這個老頭布擺大.
이 노친네〔공자〕는 도량이 크다네.

昨一日漫凹之中迷了路.
어제 하루는 여기저기를 돌아다니다가 길을 잃었습니다.

---

167 백화와 문언의 관계에 대해서는 張中行이 『文言和白話』에서 개괄적인 논의를 하고 있다. 그는 명확한 구분이 어려운 백화와 문언의 차이를 ① 단어와 句法, ② 사용층, ③ 시대적 변화의 속도, ④ 영향력, ⑤ 方言性, ⑥ 可讀性 등을 기준으로 설명하고자 한다. 張中行, 『文言和白話』, 北京: 中華書局, 2007, 156~163쪽.
168 山東 방언에 대해서는 山東大學 中文系의 李萬鵬(黃縣) 교수와 연구생 張泉(濟南), 楊雯(淄博) 등의 도움을 받았다.

不强其抗犁拉耙扎覓漢.
쟁기나 써래 끄는 일꾼 되라고 강요하지 않겠네.

「남창몽」

看了看一个蟻蜂.
개미 한 마리를 보았지요.

人家子撥碗來你就知聞.
사람이 밥을 차려 오면 너〔파리〕는 곧장 냄새를 맡지.〔撥=端〕

你於今貪利忘義搶着搗.
너는 지금 이익 탐하고 의리 잊은 채 빼앗아 게걸스럽게 먹어대니,

老大不通情.
마음이 정말 통하지 않는구나.

只宜量的背後一棍吃瞎了眼.
갑자기 등 뒤에서 한 대를 맞으니 눈앞이 캄캄해졌다.

書魚聽罷, 不敢再說, 也就不戲說了.
책벌레가 듣고서는 다시는 말하지 못하고, 말하고 싶지도 않았다.

縱有那稜睜性子也沒處去使,
저 성질 더러운 녀석들도 도망갈 곳이 없게 되었네.

이와 같이 방언이 사용된 사례를 일부 들었지만, 다른 많은 작품에서도 방언들이 널리 쓰였다. 방언을 자주 썼다는 것은 이 작품들이 산동 민간의 언어를 생생하게 반영했다는 의미이고, 문맹층이나 지식층을 막론하고 산

동 사람이라면 친숙하게 알아들을 수 있는 말을 널리 썼다는 뜻이 된다.[169]

한편 이 작품들은 필사되는 과정에서 속자, 약자, 동음자 표기 등이 많이 쓰였다. 이는 첫째, 필사자들이 이들을 엄숙한 문헌이 아니라 비교적 가벼운 흥미, 취미의 대상으로 간주했음을 뜻한다. 둘째, 이러한 필사본들은 공연과 직접 관련 있었을 가능성이 크다. 공연과 관련 있다는 것은 해당 필사본이 공연을 보고 나서 혹은 공연을 위해 초록한 것이라는 의미이다. 이 가운데 전자의 경우라면 일종의 받아쓰기로 급하게 초록되었을 것이므로 정체자보다는 속자, 약자, 동음자 등으로 속기할 필요가 매우 컸을 것이고, 후자의 경우라 하더라도 특별히 엄정한 필사가 요구되지는 않았을 것이다.[170] 산동대학 소장본 「제경공대공자오장」을 예로 들면 乱(亂), 属(屬), 担(擔), 个(個) 등 현재에도 보편적으로 사용되는 많은 약자와 흘려 쓰는 속자를 제외하고도 다음과 같은 속자, 오자 및 동음자의 사례가 있다.

속자/오자: 廂(痴), 俗(份), 揗(撤), 鼎(鼎)
동음자: 總是(縱是), 合(和), 代昭(待照), 答(搭), 幾(機), 創(闖), 眉(美)
근음자: 侵晨(淸晨)[171]

---

169 「孔夫子鼓兒詞」에는 '曰', '之' 등의 사용 빈도가 비교적 높은 부분이 있으므로 전기 고사계강 창 작품 가운데 상대적으로 문언문에 가까운 표현이 많다고 할 수 있으나, 전체적으로는 역시 백화체 표현이 주종을 이룬다.

170 Eoyang은 돈황 강창문학에 대한 글에서 필사의 착오 또는 변형을 두 가지로 지적한 바 있다. 첫째는 정자가 아닌 속자, 약자를 쓰는 경우이고, 둘째는 동음자를 쓰는 경우이다. 이들은 착오기보다는 필사에 걸리는 시간을 절약하기 위해 대체문자를 사용한 것이라는 지적이다. Eugene Eoyang, *Word of Mouth: Oral Storytelling in the* Pien-Wen(變文), Ph.D. diss., Indiana University, 1971, p. 170-171. 한편 Blader도 「龍圖公案」唱本에 보이는 속자, 약자, 동음자의 사례를 적시하고, 이들은 구비공연을 필사한 텍스트에서 공통적으로 보이는 현상이라고 했다. Susan R. Blader, *A Critical Study of* San-Hsia Wu-Yi(三俠五義) *and Relationship to the* Lung-T'u Kung-An(龍圖公案) *Song-book*, Ph.D. diss., University of Pennsylvania, 1977, p. 97.

171 이상은 모두 괄호 안의 글자가 바른 표기이다.

방언 등의 백화체 문장으로 쓰인 작품이 속자, 오자, 동음자 등과 함께 필사된 것은 결국 이 작품들의 일부를 민간의 애호가들이 비교적 빠른 속도로 필사했음을 시사한다. 즉, 이들이 실제 공연을 보며 필사하거나 그것을 재필사하는 과정에서 엄격하고 느린 정식 필사가 아닌 자유롭고 빠른 일종의 속기식 필사를 한 것이다.

이처럼 전기 고사계강창의 필사본 텍스트에 산동 방언이 많이 보이고 속기식으로 필사된 특징이 강한 현상은 전기 고사계강창이 지역적 특색이 강한 통속문예였음을 분명하게 보여주는 증거이다. 목각본 등의 인쇄물이 대량으로 생산되는 데 비해 필사본 텍스트는 유일본이나 소량으로 생산되기 때문에 그것을 직접 접한 사람들은 많지 않았을 것이고, 텍스트 자체만으로는 그것의 유통 범위나 공연 성행 정도를 정확하게 가늠하기 어렵다. 그렇지만 이 텍스트들에 지역민들에게 친숙한 방언이 적지 않게 쓰였고 속자로도 필사되었다는 점으로 미루어 그것이 해당 지역 사람들에게 폭넓게 환영받은 대중적 공연이자 문학이었다는 점을 부인하기는 어려울 것이다.

다시 헤이걸의 이론을 참고하면, 그는 작품에 사용된 언어를 기준으로 수용 가능한 청중·독자를 구분하고, 작품 속에서 전개되는 사건이 지닌 역사적 근거의 정도를 잠재적 청중을 구분하는 척도로 삼았다. 그에 따르면 이밀 이야기와 관련하여『수사유문』,『수당연의』등의 '엘리트 소설'에서 역사적으로 근거가 있는 사건의 비율이 36%이고 아무런 근거가 알려지지 않은 사건의 비율이 22%인 데 비해,『수당양조지전』,『대당진왕사화』,『설당연의』등 '일반 작품들'에서는 그 비율이 각각 19%와 38%로 나타나며, 명대 잡극과 경극「쌍투당」등의 연극 작품들에서는 각각 33%와 48%로 나타난다. 특히 강창문학작품인「대당진왕사화」에서는 역사적 근거가 확인된 것이 15%인 데 비해, 근거가 알려지지 않은, 즉 민간에서 전승되었을 가능성이 큰 사건은 56%를 차지한다. 이러한 수치들을 근거로 헤이걸은 '엘리트 독자'를 대상으로 한 작품들보다 '비엘리트 청중'을 대상으로 한 작품들에 민간전승의 영향이 크게 작용한다고 판단했다. 이러한 논증은 통속문학 전반에 대한 연구와 관련하여 시사하는 바가 많다.

그런데 이 같은 논증이 전기 고사계강창에 완전히 부합하지는 않는다. 「문천어」, 「남창몽」, 「경술수재전고아사」, 「전가락」 등 네 작품을 제외한 나머지는 모두 역사적 전거가 있다. 그 가운데 「역대사략고사」와 「문천사」는 역대의 주요 사건을 다루었고, 「제경공대공자오장」, 「공부자고아사」는 공자의 주요 행적을 다루었으며, 「태사지적제전장」과 「자화사어제전장」은 각각 공자 시대의 악관들과 공자 제자들의 행적을 다루었다. 「제경공대공자오장」, 「공부자고아사」, 「태사지적제전장」, 「자화사어제전장」 등 네 작품은 모두 『논어』에 기록된 내용을 재구성한 것이다. 또한 「제인장」과 「동곽외전」은 『맹자』에 기록된 이야기의 길이를 크게 늘여 구성한 것이고, 「목마랍마」는 삼국시대 제갈량의 젊은 시절에 대한 간단한 역사기록을 형상화한 것이다. 이 작품들은 모두 역사적 사건을 충실히 재현하는 데 일차적인 노력을 기울이고 있으므로 근거를 알 수 없는 민간전승은 거의 포함되지 않았다. 그렇지만 역사를 거의 가감 없이 강창문학으로 재구성했다는 사실 때문에 청중이 이들을 외면했다는 증거는 찾아볼 수 없다.

중요한 것은 작자와 공연자 들이 유가(비판)적 관점에서 풍자 또는 계몽의 의도를 가지고 역사적 사건을 그대로 이용한 작품들을 널리 전파하는 데 힘썼고,[172] 청중은 이를 별다른 거부감 없이 받아들였으리라는 점이다. 다시 말해, 사건이 역사전적에서 유래한 것일지라도 민간 수용자층의 기호에 알맞은 방식과 내용으로 재구성하고 형상화하면 민간 청중의 주의를 끌고 이들을 공연장에 모이게 하기가 보다 용이했으리라는 것이다. 결국 소재가 민

---

172 曹芥初 序, 「孔夫子鼓兒詞」, 『逸經』 第9期, 1936, '原序' 참고.

간전승이냐 역사적 사실이냐의 구분보다는 향촌문인이 민간 공연에 관심을 가지고 소재를 가공하여 제공한 사실이 보다 의미를 가졌다고 생각된다.

지금까지 살핀 결과를 종합하면, 전기 고사계강창은 본래 민간에서 유행하던 양식에 문인 작가가 개입하여 민간전승된 소재뿐 아니라 역사적으로 유명한 이야기들을 취하여 청중·독자의 기호에 맞는 '고사'로 엮어 문학적 성취도와 연극적 효과를 제고提高함으로써, 계층이 광범위한 청중(문맹층, 지식층)을 대상으로 다기한 유통 방식(공연, 독서)에 기대어 그 영향력을 넓히고 고사계강창의 전통을 형성하는 데 성공할 수 있었다는 귀결에 이른다.

제7장 전기 고사계강창의 의의와 영향

1. 전기 고사계강창의 의의

중국 강창문학에서 전기 고사계강창이 갖는 의의는 크게 두 가지 측면이 있다. 첫째는 전기 고사계강창으로 인해 이른바 고사계강창의 전통이 확립되었다는 점이다. 앞에서 논의한 바와 같이 고사계강창은 청대 이전부터 장기간에 걸쳐 형성되어온 명칭, 기예, 문체의 세 가지 전통이 축적된 바탕 위에서 확립되었고, 지금 볼 수 있는 가장 오래된 형태가 바로 전기 고사계강창이다. 전기 고사계강창은 최초에 산동 지방을 중심으로 유행하면서 많은 사람에게 널리 알려졌다. 특히 가부서가 북으로 반주하면서 '7·10언 운문을 기본으로 하되 길이가 비교적 자유로운 운문도 많이 쓰며, 산문과 번갈아 서술하는 문체'를 민간의 명칭을 참조하여 '고사(고아사)'라고 부르기 시작한 이후, 많은 작가가 이러한 작품을 지으면서 고사라는 명칭을 사용했다. 이러한 경과를 거치면서 고사(고아사)라는 용어가 화북 지방에 널리 퍼져 강희 연간부터는 북경에서도 그 용례가 나타나기 시작했다. 이후 소재나 길이가 다양해지면서 여러 이야기들이 장·단편 작품으로 창작되고 공연되면서 고사계강창의 전통은 청 말과 중화민국 시기까지 견실하게 전승되었다.

둘째로는 민간공연과 향촌 문인의 만남을 들 수 있다. 공연문학은 기본적으로 다수의 청중을 전제로 하는데, 청대의 신분체제에서 절대다수를 차지한 민간의 (반)문맹 청중이 청대 공연문학의 존재 가능성이나 성격 형성에 큰 영향력을 지녔다는 것은 분명하다. 따라서 많은 논자가 전기 고사계강창이 기록으로 정착된 문화적 배경으로 민간에서의 선행적인 형성을 들고 있는 것도, 기록만으로는 확인하기 어려운 민간전승의 존재를 긍정하는 관점을 가지고 있기 때문이다. 사실 민간전승이 문인들의 주목을 받아 기록되는 과정은 민가가 문언시가로, 민간사가 문인사로, 민간희곡이 문인희곡으로 변이하고 확장한 것처럼 문학사, 특히 음악과 관련된 분야에서 반복적으로 나타나는 현상임은 주지하는 바이다. 민간강창에 문인들이 개입하는 과정 또한 같은 맥락에서 이해할 수 있다.

산동의 향촌 문인들이 민간에서 전승되어온 강창을 받아들이고 창작, 전승 과정에 참여하면서, 민간에서 '고사'라고 불렸을 강창이 그 이름을 역사에 전하는 계기를 획득했고 그 자체의 성격도 변화한 것으로 여겨진다. 청초에 문인들이 개입하기 전의 이른바 '민간고사'에 대한 문헌 자료는 찾아볼 수 없지만 존재 가능성은 매우 높은데, 그것은 아마도 민간의 창작자, 예인과 청중이 선호한 유통 방식과 소재를 지녔을 것이다.

민간에서 전승되었던 고사는 무엇보다도 공연을 통해 유통되었을 것이다. 민간의 청중 가운데 (반)문맹층이 상당한 비중을 차지했으리라는 점을 감안하면, 이들은 독서보다 관람이라는 방법으로 작품을 받아들였을 것이다. 물론 예인들이 지녔던 대본으로서의 기록작품도 존재했을 가능성을 배제할 수 없지만, 대부분은 구비 전승 중심이었던 듯하며, 설사 대본이 있었더라도 생계수단인 비결이 공개적으로 전승되었을 가능성은 매우 적다. 즉,

민간고사의 주요 유통 방식은 독서가 아닌 공연이었다. 이에 비해 기록된 작품, 즉 문인들이 개입한 고사는 공연뿐만 아니라 도서 형태로도 전승되었다. 앞에서 살핀 「역대사략고사」는 현재까지 10여 종의 판본이 발견되었으며, 지역 역시 산동을 벗어난 여러 곳에 분포하고 있다. 도서 형태로 전승되었다는 것은 고사의 창작자, 전수자뿐 아니라 그것을 '읽은' 사람들, 즉 문자 해독층이 꽤 두텁게 존재했음을 뜻한다. 앞에서 거론한 많은 문인 작자의 작품을 감상한 사람들 중에는 공연에 참석한 '청중'뿐 아니라 책을 읽은 '독자'도 많았던 것이다. 유통 방식의 이러한 차이가 초기 민간고사와 현전하는 전기 고사계강창 작품의 성격 차이의 일면이었다고 생각된다.

많은 논자가 상정한 문인 개입 이전 단계의 '민간고사'는 작품도 전하지 않고 그에 대한 기록 역시 찾아볼 수 없다. 따라서 '민간고사'의 소재나 주제의식을 현전하는 전기 고사계강창 작품과 정면으로 비교할 수는 없다. 여기서는 이미 문인의 개입을 거쳐 현전하는 전기 고사계강창의 성격을 재확인하는 데 그치려 한다. 앞에서 검토한 것처럼 현전하는 전기 고사계강창 작품 중에는 유가적 이야기를 주요 소재로 활용하면서도 풍자와 계몽이라는 상반된 주제의식을 드러내는 작품도 있고, 은거 지향적인 주제의식을 지닌 작품도 있다. 이러한 현상은 작자인 당시 문인들의 위상을 반영하고 있다고 해석된다. 향촌의 정신적 지도자 역할이 주어졌으나 그와 동시에 뒤얽힌 지배질서에 대해 소외감 내지 비판의식을 함양했던 당시 신사계층의 이중적 성격과 일치하는 바가 적지 않기 때문이다.

2. 전기 고사계강창의 영향

전기 고사계강창은 전술한 대로 후기 고사계강창의 명칭, 공연 형식, 문학적 형식에 큰 영향을 끼쳤다. 특히 가경 이후 본격적으로 나타난 작품들이 대부분 고사라는 명칭, 강창이라는 공연 형식, 7·10언 운문과 산문의 교차 서술이라는 문학적 형식을 갖춘 것을 보면 전기 고사계강창이 끼친 영향이 매우 크다고 할 수 있다. 청 후기에 다양하게 나타난 고사계강창에 대해서는 제3부에서 상론할 예정이고, 여기서는 전기 고사계강창과 여러 측면에서 밀접하다고 여겨지는 산동 지방의 '고아사'에 대해 논의하려 한다.[173]

고아사는 산동 남부의 추현鄒縣, 등현滕縣, 역현嶧縣 일대에서 유행한 기예로, '목피자木皮子', '소고小鼓', '고판사鼓板詞'라고도 불렸다. 많은 예인들은 명 말, 청 초에 가부서 또는 석원랑石元朗이 이 기예를 창시했다고 주장하지만,[174] 대체로 청 중엽부터 본격적으로 전승되기 시작한 듯하다. 석원랑은 청조에 반감을 가지고 공연에 힘쓰다가 피살되었다고 전하지만 그의 제자들인 동치 연간의 예인 진충태陳忠泰, 이홍유李洪儒, 왕회정王懷正 등이 공연 형식을 개선하고 서목書目을 확충하여 더욱 발전시켰으며, 중화민국 시기까지 유행하다가 점차 쇠퇴했다.

고아사를 공연할 때는 연창자의 앞에 북 받침대를 설치하고 위에 직경 약 20센티미터의 서고書鼓를 올려놓고 책 받침대도 설치한다. 연창할 때는 왼손에 나무 짝짜기를 들고 박자를 치고, 오른손으로 북채를 잡고 북을 두드리며 반주한다. 창본은 책 받침대에 올려놓고 쇠로 된 서진으로 눌러 고정시켜 예인이 이를 보며 공연하도록 한다. 서목은 강사, 연의가 많으며 현재

---

173 '鼓兒詞'는 任瑞炎,「小鼓簡介」,『山東省文化藝術志資料匯編』, 第16輯; 沙棟居,「小鼓(又名鼓兒詞)」,『藝術論壇』, 1989年 第4期; 沙棟居,「小鼓發展始末」,『文化藝術志資料匯編』, 第21輯; 張軍·郭學東,『山東曲藝史』, 濟南: 山東文藝出版社, 1997, 106~108쪽 등에서 논의되고 있다. 이 책의 논의도 이들을 바탕으로 한다.

174 1962년에 滕縣의 藝人 趙恭運이 소장한 '門生帖(예인족보)'에는 1대 石元朗, 2대 杜殿選, 3대 王繼承, 4대 陳忠泰, 5대 劉鑫田, 6대 張躍麟, 7대 趙恭運의 이름이 적혀 있다. 또한 예인 韓宗禮가 소장한 족보도 거의 같다. 이를 근거로 한다면 石元朗은 대체로 청대 중엽에 활동했다고 생각된다. 張軍·郭學東,『山東曲藝史』, 106~107쪽.

20여 부의 필사본이 전한다.[175] 운문은 10자구로 이루어져 있고 읊조리는 형태에 가깝다. 연창자는 반드시 책을 보며 공연해야 하므로 예인들은 대개 일정한 문화적 수준을 갖추고 있었다. 다른 민간 곡예에 비해 문장이 전아한 편이어서 이 예인들을 '설서선생'이라고 존칭하는 것이 상례였다.

산동성 예술연구소의 장군張軍은 고아사가 전기 고사계강창과 밀접한 연관이 있을 가능성이 매우 크다고 설명하면서 그 이유를 다음과 같이 들었다. 첫째, 창본의 성격이 유사하다. 둘째, 유행 지역이 거의 같다. 셋째, 형성 연대가 거의 같다. 넷째, 양자 모두 현악기 반주가 없다. 다섯째, 작자, 예인이 모두 (준)문인이다.[176] 필자도 그의 견해를 중시하며, 전기 고사계강창과 현전하는 고아사가 특별히 밀접한 관계라고 간주한다.

예인들은 자신들의 기예를 '목피자', '고아사'라고 불렀으며, 가부서를 종사로 모시고 자신들이 그의 후예임을 내세웠다. 가부서와 이 예인들의 사제 관계를 증명하는 문헌자료는 찾을 수 없으며, 예인들이 유명 문인 가부서를 자신들이 공연하는 기예의 종사로 내세움으로써 무게를 갖추려 했을 가능성이 크다. 그러나 이들이 다른 기예인들에 비해 높은 문학적 소양을 갖추고 작품을 스스로 엮어서 공연한 점을 감안하면 적어도 가부서를 이상적인 작자 겸 예인으로 존중하고 따르려 한 점은 부인하기 어렵다. 따라서, 이들이 가부서에게 직접 배운 제자들의 제자라는 확증은 없지만, 그의 작품을 좋아하고 그의 성취를 계승하려 했다는 점에서는 관계가 밀접하다고 할 수 있다. 여기에, 동일하거나 매우 근접한 유행 시기와 장소, 북 반주의 공연

---

175 沙棟居의 「小鼓(又 名鼓兒詞)」에 따르면, 현재 확인되는 서목은 「銀河走國」, 「左傳春秋」, 「吳越春秋」, 「英烈春秋」, 「銀河春秋」, 「走馬春秋」, 「鋒劍春秋」, 「西漢」, 「東漢」, 「隋唐演義」, 「平東萊」, 「羅通掃北」, 「薛禮征東」, 「回唐」, 「薛丁山征西」, 「秦英征西」, 「黃河陣」, 「月唐」, 「殘唐」, 「天漢山」, 「劉定征南」, 「北宋」, 「天門陣」, 「血手印」, 「明英烈」, 「河間府」, 「白蛇傳」 등 27종이 전한다. 매 작품이 평균 8~12권이며 각 권은 10여 회로 이루어져 있다.
176 1997년 1월 대담.

형식, 시찬 계통의 운문 형식 등의 제반 형태를 보면 고아사가 현재로서는 이 책에서 논의한 전기 고사계강창과 가장 가까운 강창이라고 할 수 있다. 논의를 좀 더 확장하면, 근래의 고아사는 전기 고사계강창에 비해 상대적으로 무명인 작가, 예인들이 보다 민간에 가까운 형태로 전승한 것이고, 따라서 전기 고사계강창이 유행한 시기와 지역의 '민간고사'는 바로 이 고아사와 매우 유사했을 가능성이 크다. 따라서 고아사는 전기 고사계강창의 공연 모습을 알려주는 살아있는 증거이자, 그 전승이 오랫동안 끊이지 않고 이어져 왔음을 확인해주는 소중한 유산이라고 할 수 있다.

제3부

후기 고사계강창의 공연과 문학

제1장 서론

　제3부에서는 청 후기에 화북 지역을 중심으로 성장하여 중화민국 시기에 이르기까지 유행한 각종 고사계강창에 관해 살펴보려 한다. 청 후기와 중화민국 시기를 함께 다루는 이유는 고사계강창이 두 시기를 거치면서도 형식과 소재가 크게 변화하지 않고 같은 성격을 유지했다고 생각하기 때문이다. 실제로도 청 후기에 창작되어 중화민국 시기까지 공연되고 재출간된 작품이 많아서 두 시기를 하나의 단위로 파악해야 보다 정확한 이해가 가능하다. 또한 많은 작품이 처음 창작된 구체적인 시기가 불명확하고 그 시기를 추적하는 것이 거의 불가능한 데다 그 의미도 크지 않기 때문에 역시 하나의 시기로 묶어 다루고자 한다. 당시에는 '고(아)사', '대고(서)' 등의 명칭이 '7·10언 운문을 기본 요소로 한 강창'이라는 일정한 의미를 가지면서도 상황에 따라 매우 혼란스럽게 쓰였다. 따라서 이 시기 고(아)사, 대고(서)에 대한 정확한 이해를 위해서는 명칭보다는 공연의 특징과 문학적 형식을 근거로 살피는 것이 보다 중요하다. 여기서도 고사계강창이라는 용어로 고(아)사, 대고(서)를 포괄하면서 이들이 공연과 문학 면에서 어떻게 성장하고 변

천했는지를 추적하고자 한다.

후기 고사계강창으로 설정한 시기의 상한선은 청 가경 연간(1796~1820)으로, 하한선은 중일전쟁이 발발한 1937년으로 정하려 한다. 하한선을 이같이 설정한 것은 중일전쟁 발발 이후 전쟁 시기에 고사계강창을 비롯한 민간 기예들이 오락과 여가용이라는 종래의 역할을 넘어 '구국'을 위해 봉사하기 시작하면서 새로운 현실을 소재로 반영하고 선전을 위한 작품이 급증하여 문학사적으로 이전 시기의 고사계강창을 계승하면서도 새로운 의미를 가지므로, 이를 따로 떼어 살피는 것이 바람직하다고 생각하기 때문이다.[1]

후기 고사계강창에 대한 연구는 두 가지 의미를 지닌다. 첫째는 전기 고사계강창의 전통이 이어져 더욱 다양하고 풍부한 모습으로 발달한 실체를 바라보게 해준다는 점이다. 전기 고사계강창이 산동 지방을 중심으로 유행했고 유교적 소재를 취한 중·단편 작품들이어서 유행한 지방, 명칭, 문학적 형식, 소재 등이 비교적 단일하고 단순한 실체였던 것에 비해, 후기 고사계강창은 명칭, 형식, 소재 등의 모든 면이 매우 복잡하고 풍부하다. 이는 지역적으로 산동 지방을 넘어 보다 넓은 화북 농촌과 도시의 다양한 민간기예가 융화, 변형되는 과정이 나타났음을 뜻한다. 하지만 이에 관한 고찰은 제반 인식 부족과 자료 수집의 어려움 등의 몇 가지 이유 때문에 그 필요성에 비추어 연구 성과가 매우 미미하다. 이러한 면에서 전기 고사계강창을 계승하면서도 새로운 면모를 지닌 후기 고사계강창은 중요한 연구 대상이라고

---

1 이러한 시기 설정은 많은 논자들이 언급한 것이지만, 특히 Chang-tai Hung(洪長泰)의 시기 구분을 참고했다. 그는 중화민국 시기의 민간문화를 두 시기로 나누어 살핀 결과를 두 권의 저서로 출간했는데, 각각 *Going to the People: Chinese Intellectuals and Folk Literature, 1918-1937*, Cambridge: Harvard University Press, 1985와 *War and Popular Culture: Resistance in Modern China, 1937-1945*, Berkeley: University of California Press, 1994이다. 전자는 해당 시기 민간문화운동을 주도한 劉復, 周作人, 顧頡剛을 중심으로 하여 그들이 민간문학 연구 발전에 끼친 역할을 살폈고, 후자는 항일전쟁 시기 연극, 曲藝, 만화, 신문 등 다양한 민간문화체의 유통과 그 의미에 대해 살폈다.

할 수 있다.

후기 고사계강창에 대한 연구의 두 번째 의미는, 그것이 전통시기의 민간문화가 역사적 격변기를 거치면서도 일정하게 계승, 발전된 사례를 보여줌으로써, 전통문학과 현대문학의 가교를 잇는 논의에 중요한 단서를 제공한다는 점이다. 20세기 초에 개화한 신시, 신소설, 화극話劇 등이 외래문화의 도래와 더불어 급격한 변모를 겪은 장르들인 데 비해, 민간의 연극이나 강창은 큰 변화를 겪지 않고 전통적인 모습을 지닌 채 현재까지 이어지고 있다. 민간연극과 강창 등의 공연문학 예인들은 오랜 전통을 가진 유명 이야기들을 수없이 재공연함으로써 많은 농민, 도시의 중하층민에 대한 비공식적인 전통문화 교육을 담당하는 한편 당대인들이 겪는 일상생활과 그들이 가장 관심을 가진 사건들을 그들의 기호에 맞게 가장 생생하게 그림으로써 심리적 위안을 제공했다. 다시 말해, 공연문학은 라디오와 텔레비전 등의 현대적 대중매체가 널리 보급되기 전까지 전통적 대중에게 직접 강력한 영향력을 행사했다.[2] 이후로도 그 전통은 면면히 이어지고 있으며, 일부는 라디오, 텔레비전 등과 결합하여 새로운 방식으로 대중을 만나고 있다.[3] 이러한 점에서 전통시기와 현대를 가로질러 오랫동안 주요 대중매체 역할을 담당해온 공연문학의 의미를 재조명할 필요가 매우 크다. 따라서 이 시기 공연문학의 주요 줄기를 이루는 고사계강창에 대한 연구는 매우 중요한 의미가 있다.

여기서는 이상과 같은 문제의식을 가지고 먼저 후기 고사계강창에 대한

---

2 대중공연예술이 전통매체에서 현대매체로 이행하는 과정에 대해서는 Carlton Benson, *From Teahouse to Radio: Storytelling and the Commercialization of Culture in 1930s Shanghai*, Ph.D. diss., University of California, Berkeley, 1996 참고. 그는 이 박사논문에서 1930년대 上海의 講唱 공연의 무대가 찻집에서 라디오로 옮겨가는 현상을 분석했다.

3 주지하듯이 현재에도 중국의 많은 라디오와 텔레비전 채널에는 각종 戲曲, 評書, 相聲, 대고 등의 공연예술 프로그램이 정기적으로 편성되어 있고, 특히 中國中央電視台(CCTV)의 한 채널은 전통 공연예술 전문 채널로 독립되어 있다.

기초적인 조사 연구를 실시하고, 이를 바탕으로 이 시기 고사계강창의 변천사와 작품의 종류, 형식, 소재, 내용 등을 전반적으로 검토하여 향후 심화 연구의 초석을 다지고자 한다.

후기 고사계강창의 변천사를 살피는 방법으로 다음과 같은 세 가지 이항관계의 설정이 가능하다. 이들은 각각 공연/도서, 농촌/도시, 운문전용체/운·산문혼용체 등이다. 이 시기에 고사계강창 공연이 성행했다는 기록이 많이 남아 있고, 도서의 필사 및 간행도 매우 활발했다. 따라서 농촌과 도시라는 공간에서 열린 공연의 모습들을 먼저 살펴본 다음, 필사 및 간행된 도서의 규모와 내용을 살피고, 마지막으로 이 도서 자료들의 내용과 문체 등의 문제를 검토하겠다.

먼저 공연 측면에서는 주요 예인들의 활동을 통해 당시 고사계강창의 전개 양상을 살피고자 한다. 청 후기, 특히 청 말에 가까워질수록 예인들의 일화와 기록이 많이 전하므로 고사계강창이 전개된 상황을 살피기에 유리하다. 이 시기 고사계강창 공연은 화북의 각 농촌에서 광범위하게 성장하여 이후 각 대도시로 진입하는 과정을 거쳤다. 농촌의 고사계강창이 음악적, 문학적인 면에서 정련되지 않은 소박한 형태였던 것에 비해, 도시에서 공연된 고사계강창은 음악적 성분이 강화되고 문학적으로도 세련된 것들이 많다. 이 책에서도 성행 시기의 순서에 따라 농촌 강창의 형성 과정을 먼저 살피고 이들이 도시 진입과 함께 어떻게 변모했는지를 살피고자 한다.

또한 수많은 고사계강창 작품이 목판본, 필사본, 석판본, 납활자본 등 다양한 형태의 도서로 만들어졌는데, 이 작품 목록들을 수집한 경과 및 결과를 소개하고 작품들의 대체적인 간행 시기를 추정하려 한다. 동치·광서 연간까지는 주로 전통적인 목판본이 제작되었으나, 광서 연간부터 새로운 기술을 이용한 석판본이 나타났고, 중화민국 시기에 이르러서는 납활자본이 간행되었다. 필사본은 대체로 청 후기부터 중화민국에 이르는 긴 시기에 나타났다. 이러한 판단을 구체적으로 뒷받침하는 조사도 진행하고자 한다. 고사계강창의 필사·간행 시기에 대한 검토는 지금까지 막연하게 '청대 고사'라고만 생각되어온 많은 작품이 실제로는 청 말엽 및 중화민국 시기에 집중적으로 유통되었음을 밝히는 데 도움이 될 것이다.

마지막으로 필사 및 간행된 고사계강창 텍스트들을 검토하여 운문과 산문의 유무에 따라 운·산문혼용체와 운문전용체로 구분하고 각 해당 작품을 사례로 들어 연행 및 서술 원리의 성격을 밝히려 한다. 이를 통해 양자의 차이를 밝혀냄으로써 과연 한 종류가 분리(적창摘唱)나 통합(연결)의 과정을 거쳐 다른 종류를 만들어낸 것인지, 아니면 양자가 상대적인 독립성을 지녔다고 보는 것이 보다 타당한지에 대한 문제에 단서를 제공할 수 있을 것이다. 또한 운·산문혼용체와 운문전용체의 소재와 내용이 어떻게 분포하는지 검토함으로써 고사계강창의 형식이 내용과 어느 정도 상관관계를 지니는지를 시론적으로 탐색하고자 한다. 다만 작품들의 수량이 방대하여 여기서 모든 작품을 일일이 살피기는 어려우므로 전형적인 것으로 판단되는 몇 가지 사례를 들어 검토하려 한다.

제2장 농촌 고사계강창

1. 청 후기의 화북 농촌

청 후기 고사계강창의 발생과 성장 과정을 이해하기 위해서는 먼저 이 시기 화북 농촌의 사회적 상황을 살펴볼 필요가 있다. 이 시기 농촌 사회의 어떠한 측면이 사람들로 하여금 농업으로부터 이탈하여 강창 연행자의 길을 걷게 했는가를 살필 필요가 있기 때문이다.

통상 청대 화북의 농촌은 산동 전체, 직예直隸(하북)와 하남河南의 대부분, 강소江蘇와 안휘安徽 북부의 일부분을 포함하는 지역의 농촌을 가리킨다.[4]

---

4 華北이라는 명칭의 범위를 보다 명확하게 정의한 것은 스키너에 이르러서이다. 여기서도 그의 구분에 따른다. G. William Skinner, "Regional Urbanization in Nineteenth-Century China", in G. William Skinner, ed., *The City in Late Imperial China*, Stanford: Stanford University Press, 1977, pp. 214–215. 그는 North China라고 부른 746,470제곱킬로미터의 지역에 1843년을 기준으로 약 1억 1천만 명이 살았던 것으로 추산했다. 이는 蘇州, 杭州를 중심으로 한 양자강 하류Lower Yangtze 지역보다 약 4배 넓은 지역에 약 2배 많은 인구가 살았음을 뜻한다. 같은 논문, p. 213. 한편 각지의 한족 민가를 조사하여 그 '색채'를 구분하고자 한 시도도 있었는데, 여기서는 11개의 민가 구역을 구분했고 그 가운데 '동북부 평원' 지역이 스키너의 '화북 지역' 개념

화북 지역은 광대한 황하 평원이 펼쳐진 지역으로, 청대에는 인구밀도가 두 번째로 높은 반면 농촌경제의 상품화 정도는 가장 낮았다. 관개시설이 없는 농업 생산 지역이었고, 잉여 농산물은 극히 적었다. 화북 평원의 생태환경은 비교적 단일했기 때문에 지역 내부의 상품 작물 및 그에 따른 보조 활동의 지역적 전문화는 느릴 수밖에 없었고, 북방의 긴 겨울은 장기간의 농한기를 수반했기 때문에 주민들은 이 시기에 주로 방직 수공업으로 가정경제를 지탱했다. 도시화의 정도도 양자강 상류나 서남 지역보다 낮았다. 전반적으로 화북 지역은 도시가 적고 인구가 조밀하며 빈궁하고 낙후한 향촌 지역으로 남아 있었다.[5]

산동대고, 서하대고 등의 청 후기 고사계강창이 초기에 성장한 지역은 화북에서도 산동 서북부와 직예 남부에 걸친 농촌이었다. 이들은 행정적으로는 두 지역으로 구분되었지만 여러 면에서 공통점이 많았는데, 광대한 평원지대로 인구가 조밀하며 관개시설이 미비한 농업지대였기 때문이다. 화북의 농촌경제와 사회적 변화를 체계적으로 연구한 황Philip C. C. Huang(黃宗智)은 이 지역이 유사한 자연환경과 사회적 구조로 이루어진 단일 생태환경이라고 지적한 바 있다.[6]

그 가운데 19세기 산동 서북부는 산동의 여섯 지역 가운데 가장 넓고 인

과 기본적으로 일치한다. 저자는 결론에서 한족 민가구역은 지역, 문화, 언어의 구분과 기본적으로 일치하고, 서부와 북부는 범위가 넓지만 색채 면에서 단순하고 통일적이며 선명한 데 비해, 해양 동남부는 분잡하고 다변적이며 모호하고 상대적으로 협소한 지역을 점하고 있다고 보았다. 苗晶·喬建中, 『論漢族民歌近似色彩區的劃分』, 北京: 文化藝術出版社, 1987. 이 밖에 高曾偉도 『中國民俗地理』에서 이와 유사한 방식으로 구분했다. 高曾偉, 『中國民俗地理』, 蘇州: 蘇州大學出版社, 1996.

5 Joseph W. Esherick, *The Origins of the Boxer Uprising*, Berkeley: University of California Press, 1987, pp. 3-7.
6 Philip C. C. Huang, *The Peasant Economy and Social Change in North China*, Stanford: Stanford University Press, 1985, pp. 53-66.

구도 가장 많았다.[7] 주민들은 대부분이 농민이었지만, 곡물 생산량은 산동에서 가장 적고 수해와 염해鹽害가 잦았으며, 특히 황하의 범람과 그에 따른 운하의 폐기, 황제의 운하 통행에 따른 피해 등으로 인해 지역경제가 황폐했다. 다시 말해 이곳은 인구가 많은 빈곤한 농업지역이면서 천재와 인재의 피해를 가장 많이 당한 지역이었다. 더구나 재난을 구제하고 향촌을 관리할 대지주나 신사층이 매우 박약한 실정이어서 사회 통제력은 다른 지역에 비해 현저히 약화된 상태였다. 이 때문에 특히 재난이 닥쳤을 때 고향을 버리는 사람들이 많았고, 이들은 유랑민이나 거지로 전락하는 경우가 흔했다.[8] 즉, 서북부 농민들은 정착생활을 하는 전통적인 농민과는 성격이 크게 달랐고, 이러한 특수성이 이 지역의 유동인구로 하여금 농사일 이외의 다른 생계수단을 강구하도록 압박한 것이다. 이들은 적극적으로는 조직적인 세력을 형성하거나 편입되기도 하고, 소극적으로는 뿔뿔이 흩어져 각자의 삶을 이어나갔다.

재해는 경항京杭 운하와 그 주변의 중소 도시가 쇠퇴하는 요인으로도 작용했다.[9] 특히 황하 범람으로 인한 운하의 쇠퇴와 상대적으로 성장하기 시작한 해운의 영향으로 인해 운하 주변 도시가 점차 쇠락했다. 동창東昌은 1816년에는 인구가 많고 규모가 큰 번화한 도시였고 1860년대에도 중요한 도시로 인정되었지만 1897년에는 쇠락의 길을 걷기 시작했다. 임청臨淸

---

7 Esherick이 구분한 바에 따르면 山東은 자연환경과 생태적 조건에 따라 膠東半島(17/135), 北部斜面(15/311), 南部丘陵(12/191), 濟寧地域(10/291), 西南(9/312), 西北(44/252) 등으로 나눌 수 있다. A/B, A=所屬縣數, B=인구밀도. Joseph W. Esherick, *The Origins of the Boxer Uprising*, pp. 7-17.

8 Joseph W. Esherick, *The Origins of the Boxer Uprising*, pp. 7-37.

9 北京에 대한 물자 공급이 주목적이었던 北京과 杭州 사이의 京杭運河가 河北省과 山東省을 통과하는 구간에 있었던 도시는 다음과 같다. 天津-倉州-德州-臨淸-聊城-梁山-濟寧. 이 가운데 天津-臨淸 구간은 南運河, 臨淸-濟寧 구간은 魯運河라고 불렸고, 특히 臨淸은 남방과 북방의 종점이 만나는 도시로 무역과 왕래에 있어 중계 역할을 했다. 李文治·江太新, 『淸代漕運』, 北京: 中華書局, 1995, 500~506쪽 참조.

은 자연적인 쇠퇴 추세와 함께 19세기에 일어난 몇 차례의 농민반란으로 인해, 명·청대에 10만 호였던 가구 수가 19세기 말에는 4만 호 정도로 격감했다.[10] 운하와 주변 도시가 쇠퇴하자 이곳을 근거로 생계에 종사하던 직업 예인들이 주변 농촌으로 진출하여 공연하면서 농촌 고사계강창의 성장에 촉진제가 되기도 했다.[11]

이 같은 사회경제적 토대와 함께 문화적·종교적 저변도 이 시기 고사계강창의 성장에 중요한 원인이 되었다. 특히 송대에 기원을 둔 백련교白蓮敎는 명·청대에도 민간에서 크게 유행하여 지배구조에 대한 불안 요소로 작용했는데, 특히 19세기에 이르러 농민 출신 유동층이 가담하면서부터 민간신앙적 성격이 더욱 강화되었다.[12] 그 결과 이전부터 존중되어온 관우 등의 민간 신격의 중요성이 날로 커졌는데, 이러한 신격들은 향촌에 널리 알려진 『봉신연의』, 『삼국지연의』, 『서유기』, 그리고 기타 지방희 등의 통속문학작품이나 연극 등에서 유래한 것들이 대부분이었다. 한편 농촌에서는 농산물 등의 매매를 위해 열리는 '묘회廟會', '집시集市' 등에서 민간 예인의 공연을 구경하기도 하고, 명절에는 제의와 오락의 기능을 겸한 여러 형태의 공연을 열어서 스스로 즐기기도 했는데, 정규 교육을 받지 못한 향촌 농민들은 이러한 모임에 참가함으로써 많은 신격과 인물의 형상과 성격을 이해했다. 이들은 바로 앞에서 열거한 통속문학작품이나 연극에서 유래한 것들이었다. 특히 많은 서북부 향촌 농민들은 민간종교 세력에 흡수되거나 민간 제의에 참여하는 과정을 통해 전쟁과 영웅 이야기를 중심으로 한 전통 중국문학의 여

---

10 Joseph W. Esherick, *The Origins of the Boxer Uprising*, p. 15.

11 張軍·郭學東, 『山東曲藝史』, 88쪽.

12 조운의 쇠퇴로 인해 조운 종사자들이 대량으로 실업하고 이들이 유동층이 되었다가 다시 비밀 종교단체에 가담한 것도 큰 요인이었다. 彭雲鶴, 『明淸漕運史』, 北京: 首都師範大學出版社, 1995, 193~194쪽. 한편 白蓮敎와 민간종교문학의 관계에 대해서는 向達, 「明淸之際之寶卷文學與白蓮敎」, 『唐代長安與西域文明』, 北京: 三聯書店, 1957; 1987 참조.

러 인물들의 형상을 이해했다. 이들 가운데 공연 능력을 갖춘 몇몇 사람들이 이 이야기들을 재구성하여 공연하는 과정에서 고사계강창의 원형이 형성되고 그 소재, 길이, 형식 등도 점차 뚜렷해졌다고 가정할 수 있다.

2. 후기 고사계강창의 선행 연행 형태들

후기 고사계강창이 형성하고 성장하는 과정에서 직접적인 배경이 된 문학적 전통은 전기 고사계강창을 포함한 시찬계 강창, 방자강이나 경극 계통의 지방희, 그리고 민가, 소설 등이다. 이들은 명칭, 소재, 형식, 음악 등의 면에서 청 후기 고사계강창의 토대가 되었다.

청 전기에 산동 지방에서 유행한 고사는 그 전통이 청 후기에도 이어져서 많은 사람이 고사를 잘 이해하고 있었다. 당대 변문과 원·명대 사화로 발전한 시찬계강창의 전통이 청 전기에 산동에서 고사라는 이름으로 불리며 널리 전승되었기 때문에, 청 후기에 화북 농촌에서 형성된 시찬계강창이 고사라고 불린 것은 자연스러운 일이었을 것이다. 실제로 산문과 운문이 공존하고 비교적 긴 형태의 기예를 '고(아)사'라고 부르면서도 중화민국 시기에 이르러 이들을 '대고'라고 하고 그 가사의 뜻으로 고사라는 명칭을 부여한 것을 보면, 이들의 정확한 형식이나 명칭 문제를 차치하더라도 '고사'라는 말 자체가 매우 강력한 전통을 이어왔음이 확인된다. 전기 고사계강창은 이러한 명칭과 관련된 영향력과 함께 기본 형식이 10언 운문 중심의 시찬 계통이라는 점으로 인해 역시 시찬계가 압도적인 후기 고사계강창과의 유사성을 지적할 수 있다.

시찬계강창은 멀게는 당대 강창으로부터 가깝게는 원·명대 사화를 통해 청대까지 이어지며 악곡 계통의 강창과 양립하면서 하나의 중요한 축을 이루었는데, 이러한 시찬 형식의 노래를 근간으로 한 연행물은 강창뿐만 아니라 연극 형태로도 발전했다. 청대에 여러 지방에서 성행한 방자강 계통의 각종 지방희는 음악 면에서는 곡조보다는 박자 변화 위주로 노래가 진행되는 이른바 판식변화체板式變化體 희곡이었으며, 노래는 시찬 계통의 가사로 이루어졌다. 방자강 계통은 명대 서진강西秦腔에서 기원한다는 것이 통설이지만 정확한 형성 과정에 대한 이해는 미흡한 상황이다. 그런데 맹번수孟繁樹는 판식변화체 희곡의 변천에 관한 연구를 통해 방자강 계통 지방희의 원류를 시찬계강창, 특히 명대 설창사화와 원시적인 나희儺戲, 목우희木偶戲, 영희影戲 등에서 찾았다.[13] 이러한 관점은 연극이나 강창 등의 역사를 주로 장르 중심적 관점에서 연구해온 방법의 한계를 비판, 극복하고, 보다 근본적으로 민간에서 뿌리내린 연희가 다양한 모습을 통해 공연되고 향유되는 실상에 관심을 갖도록 하는 계기가 되었다.[14] 그가 연구한 진강秦腔 연극인 「노서고묘老鼠告貓」의 일부를 보면, 노래되는 운문은 7언 또는 10언 시찬 형식이 중심임을 알 수 있다.

小生灰豆睛, 西安府廣備倉有家. 我父揀乾, 一品首相. 母親黃氏大賢, 自幼曾娶中夜子白公之女爲妻, 不幸父母相繼去世, …… 是我那晚倉中竊糧, 實想多得些米料. 以防霖雨之阻; 怎知運乖, 偏遇著若大的狸貓, 將我夫妻一爪抓定, 一口咬住兩個脖項. 一霎時, 心似油煎, 魂不附體. 那狠心的孽障, 將我夫妻粉身碎骨, 皮毛盡餐. 三魂渺渺, 命歸陰曹. 是我等寃氣不散, 心想森羅殿上鳴寃, 一消心頭之恨. 不知娘意下何?

---

13 孟繁樹, 『中國板式變化體戲曲研究』, 台北: 文津出版社, 1991, 63~69쪽 참조. 그는 山西 河津 등지에서 '說書'라는 이름으로 불리며 유행하는 講唱에 관해 보고하면서 이것이 明代 說唱詞話의 후예라고 하며 이들의 기예와 대본을 소개했다.

14 金文京의 「詩讚系文學試論」, 『中國-社會と文化』7號, 1991은 이러한 관점을 확장하여 중국문학사에서 비교적 경시되어왔던 민간연희, 민간문학의 역사를 새로운 관점에서 재조명하고자 한 시도라고 평가할 수 있다.

남자: 소생은 회두정灰豆睛이라는 사람으로 서안부西安府 광비창廣備倉에 집이 있습니다. 제 부친 회간건灰揀乾은 수상이셨고, 모친은 황씨黃氏였습니다. 어려서 중야자 백공中夜子白公의 딸을 처로 맞았는데, 불행히도 부모님께서 차례로 세상을 떠나셨습니다. (……) 그날 저녁 창고에서 양식을 훔칠 때 조금이라도 더 얻어서 날이 궂을 때를 대비하려 했었지요. 그런데 재수가 없었던지 이만 한 살쾡이가 나타나서는 우리 부부를 붙잡아 가려고 한입에 목덜미를 꽉 물더군요. 그래서 삽시간에 마음이 다급하고 정신이 나가버렸지요. 그 악독한 녀석은 우리를 다 잡아먹어버렸습니다. 혼백이 아득하더니 목숨이 끊겨 저승길로 떠나게 되었지요. 우리는 원한 때문에 사라지지 못하니, 삼라전에서 원한을 호소하여 마음속의 한을 풀어볼까 하는데, 당신 뜻이 어떤지 모르겠소?

哎, 相公, 自古夫唱婦隨, 奴家有心早矣. 敢不如命.

여자: 상공, 자고로 부창부수라 했으니 저는 일찌감치 마음을 먹었습니다. 어찌 뜻대로 따르지 않겠나이까!

旣然如此, 駕起雲來, 走是走罷.

남자: 기왕 이렇게 되었으니 구름 불러서 타고 가도록 합시다.

(창唱)

灰豆睛來淚不乾,	이 회두정은 눈물도 마르지 않고,
思前想後好慘然.	앞뒤를 생각하니 정말이지 처연하도다.
在中途我只把狸貓怨,	도중에 나는 살쾡이가 원망스럽기만 하니,
無故的害我爲那端.	무고하게 우리를 해치다니.
我生前本是個夜行漢,	나는 생전엔 본래 밤에만 다녀서,
日每常在窟窿鑽.	대낮에는 늘 동굴에만 틀어박혀 있었지.
白晝間不敢把人見,	백주에는 사람들을 만나지 못하고,
到晚來運糧備素餐.	저녁이 오면 양식을 마련했지.
自那日遇見狸貓面,	그날 살쾡이를 만났는데,
他把我夫妻趕向前.	우리 부부를 쫓아왔지.
兩爪子抓定脊梁背,	두 발로 등을 움켜잡더니,
項下一口心痛酸.	목덜미를 물으니 정말 아팠다네.

連骨帶髓混吞咽,　　　　통째로 꿀꺽 삼키니,

因此上我命不周全.　　　내 명은 끝장나고 말았네.

細思想此仇怎得散,　　　생각해보면 이 원한 어찌 잊으리오,

五閻君面前訴屈冤.　　　염라대왕 앞에서 억울함을 호소하리.[15]

　방자강 계통은 기본적으로 이와 같은 시찬 형식의 창사들로 이루어져 있다. 현재 중국 각지에서 전승되는 방자강 계통의 지방희 종류는 26종이 확인된다. 상고시대부터 현대 중국을 배경으로 한 것까지 무수히 많은 작품이 상연되었거나 상연되고 있으며,[16] 특히 하북, 하남, 산동, 섬서陝西 등지에 다양한 극종이 분포되어 있다.[17] 방자강은 또한 중국의 전통극을 대표하는 경극의 형성 과정에서 중요한 작용을 하기도 했다.

　방자강 계통 지방희의 폭넓은 분포를 통해, 명대부터 특히 민간에 본격적으로 자리 잡기 시작한 시찬계 공연문학의 저변이 화북 일대에 뿌리 내렸고 이 토대 위에서 나희, 영희, 방자강 등의 연극 형태나 명대 사화, 전기 고사계강창 등 각지의 사정과 조건에 부합하는 시찬 계통의 연행 형태들이 성장했음을 알 수 있다. 청 후기에 화북 농촌에서 성장한 고사계강창 역시 시대와 조건에 따라 시기별로 명멸한 다양한 연행 형태 중 하나였다. 이들이 다행히 청 말, 중화민국 시기에 출판 기술의 발달과 대중화 덕택에 대량으로 기록되고 출판되어 보존됨으로써 방대한 작품 수량과 유행 정도를 짐작할 수 있는 것이다.

　후기 고사계강창의 소재는 유가적 소재가 주류인 전기 고사계강창보다 훨

15　孟繁樹,『中國板式變化體戲曲研究』, 71~73쪽.

16　『中國梆子戲劇目大辭典』, 太原: 山西人民出版社, 1991 참고.

17　『中國梆子戲劇目大辭典』의 부록에 따르면 이들의 지역 분포는 河北(9), 河南(8), 陝西(7), 山東(7), 甘肅(5), 山西(5), 四川(4), 靑海(3), 新疆(2), 安徽(2), 西藏(2), 內蒙古(2), 貴州(2), 江蘇(2), 天津(1), 湖北(1), 吉林(1), 北京(1), 雲南(1), 寧夏(1), 黑龍江(1) 등이다. 괄호 안의 숫자는 극종 수.

썬 다양하다. 이러한 차이는 후기 고사계강창의 소재가 민간 소곡小曲, 소설, 희곡, 강창 등의 형태로 민간에 광범위하게 전승된 이야기에서 유래했음을 뜻한다. 후기 고사계강창의 소재 분포는 뒤에서 종합적으로 살필 예정이다.

3. 농촌 고사계강창의 형성과 성장

농촌에서 형성된 고사계강창은 구비 전승의 특성으로 인해 직접적인 문헌 기록이 매우 적다. 강창의 전승자인 예인들은 대개 문맹이나 반문맹이었으므로, 전승도 대본을 통하기보다는 스승이 제자를 데리고 다니며 오랜 기간에 걸쳐 구두로 전하는 방식이었기 때문이다.[18] 따라서 원형적인 농촌 고사계강창의 초기 역사는 주로 예인들의 증언을 통해 간접적으로 재구성할 수밖에 없다. 이들의 증언 가운데 일부 과장되거나 왜곡되었을 가능성이 있는 부분은 신중하게 분별하여 이해할 필요가 있다. 화북의 각 지역에서 활동한 대고의 주요 예인들은 자신들의 유파의 기원을 멀게는 주 장왕周莊王(기원전 696~기원전 682 재위)으로 이야기하는데, 이러한 주장을 그대로 받아들이기는 어렵다.[19]

후기 고사계강창은 앞에서 서술한 화북 농촌의 문화지리적 배경과 문학적 토양 위에서 형성하여 성장했고, 후에 도시에 진입하여 이화대고梨花大

---

18 講唱의 전승 방식에 대해서는 思蘇, 「說書有無脚本?」, 『曲藝』 1962年 4期 참조. 이에 따르면 대다수의 예인들은 '脚本'이 없이 구전으로 기예를 배워왔고, 일부 고정된 구절만을 채록하여 공연용으로 참조할 뿐이다. '고정된 구절'이란 대개 특정 인물이나 사건에 대한 특정한 묘사를 위한 일종의 공식구formula로, 흔히 '詩歌' 또는 '賦贊'이라고 부른다. 山東省戱曲硏究室 등에서 편찬한 『說書賦贊選』(1983)에는 편자가 수십 년간 모은 이러한 고정구가 '人物', '景物', '兵器·戰陣', '其他'로 나뉘어 수백 종이 수록되어 있다.

19 王決, 「打鼓說書唱今古-大鼓的源流及五種大鼓簡介」, 『曲藝漫談』, 北京: 廣播出版社, 1982, 135쪽.

鼓, 서하대고西河大鼓, 경운대고京韻大鼓 등의 이름을 얻었다. 이들이 초기에 농촌에서 형성되기 시작했을 때는 이러한 이름이 아니라 간단히 '○○조調' 등으로 불리는 것이 일반적이었다. 세 종류의 대고는 현재 알려진 각종대고 가운데 비교적 이른 시기에 형성되었고 상관관계도 긴밀하여 후기 고사계강창의 실질적인 주류를 이룬다. 여기서도 이들이 형성된 시기와 방식을 중심으로 살피고자 한다.[20]

(1) 화북 농촌 강창의 형성

예인들의 증언에 의하면 후기 고사계강창이 형성된 시기는 청 초까지도 소급되지만, 본격적이고 구체적인 모습은 청 중엽 이후에 형성되었다. 통상 가장 이른 시기에 나타났다는 산동 지방의 이화대고는 유악劉鶚의 『노잔유기老殘遊記』(1904)에 그 이름이 처음 등장하지만, 사사씨師史氏(손점孫點)의 『역하지유歷下志遊』(1882) '외편外編' 권3 「가기지歌伎志」에 이미 이화대고의 원형이라고 할 수 있는 강창에 대한 언급이 보인다. 그중 일부를 보겠다.

곽대니郭大妮라는 인물은 본명은 알 수 없고 (산동) 무정武定 사람이라고 하며 고사를 잘했다. 고사라는 것은 찻집에 무대를 설치하고 맹인이 현을 타면 가수가 철판을 잡고 작은 가죽 북을 치면서 7자곡을 창하며 남녀노소 서너 명이 그를 따라 화창하는 것을 말한다. 장단과 고하가 절로 절주가 있어 북경의 대고서나 천진의 연화락이라는 것과 비슷하다. 원래 제남에는 고사가 없었는데, 어디 사람인지는 모르나 대니의 기생 어미가 처음으로 이 곡을 만들고 나서 어린 기녀 세 명을 사들였는데, 대니가 그 중 하나였다.[21]

---

20 화북 지역으로부터 확산되어 다른 지역에서 전승된 기타 고사계강창들에 대한 논의는 차후의 과제로 남긴다.

21 張軍·郭學東, 『山東曲藝史』, 97쪽 재인용: "郭大妮者, 不傳其名字, 說者謂武定人, 善鼓詞. 鼓詞者, 設場于茶寮, 一瞽者調絃, 歌者執鐵板, 點小皮鼓唱七字曲, 從而和者三四人, 老幼男婦不等.

이 기록에 따르면 곽대니의 기생어미가 현악기, 철판, 작은 북 등의 악기 반주로 7언 운문을 창하는 기예를 처음 만들었고 이를 제남에서 고사라고 했다는 것을 알 수 있다. 이 책에 따르면 곽대니는 1871년부터 1876년까지 제남에서 공연했고, 몇 년 후에 왕소옥王小玉도 같은 기예를 공연했다고 한다. 왕소옥은 바로 『노잔유기』에서 이화대고를 공연한 백뉴白妞였으니(제3장 도시 고사계강창 참고), 결국 곽대니도 나중에 이화대고라 불린 기예를 공연한 것이다.

1950년대에 산동성 예술연구소가 주관한 탐방조사에는 사대옥謝大玉 (1890~1978), 석진방石振邦(1874~1957 이후), 부태신傅泰臣(1889~1983), 유태 청劉泰淸(1904~1977) 등 원로 예인들의 증언이 포함되었다. 이들의 주장은 대체로 일치했는데, 산동 지방의 대고는 '산동 북부와 서북부의 위운하衛運河[22] 일대의 농촌에서 기원하여 나중에 산동 중부와 서남부로 전해졌으며 하북 남부, 하남 동부와 북부 등지로도 전파되었다'는 내용이다. 석진방, 이 장림李長林, 부태신 등은 다음과 같이 증언했다.

> 산동대고의 문호門戶가 세워진 것은 명 말, 청 초 때이다. 손수붕孫壽朋(고시固始 사람)과 조연강趙連江(임청臨淸 사람)이 세워서 '손조문孫趙門'이라고 불렸다. 이들은 명 말엽에 과거에 낙방한 거인擧人들이었는데, 청나라에서 벼슬 살지 않으려고 발분하여 민간에서 설서說書를 하게 되었다.[23]

이러한 증언에 따르면 늦어도 명 말엽에 산동 지방에 대고의 원형이 형성되었다고 하지만, 다른 증거가 없고 특히 창시자들 이후로 전승된 계통을

長短高下, 自有節奏, 仿佛都中之大鼓書, 津門之蓮花落者. 先是歷城無鼓詞, 大妮之鴇不知何許人, 始創此曲, 買雛伎三, 大妮其一也." 師史氏는 同治 光緖 연간에 활동한 것으로 짐작되는 安徽 建陽 출신의 孫點이라는 사람이고 字는 頑石이다.

22 山東 德州에서 冠縣에 이르는 운하 구간을 말한다.

23 張軍·郭學東, 『山東曲藝史』, 94쪽.

알 수 없기 때문에 그대로 믿기는 어렵다. 산동성 예술연구소 측은 1957년에 다시 석진방(당시 83세)을 방문 조사하여 다음과 같이 자세한 증언을 들을 수 있었다.

선배들이 전해준 말로는 손수붕과 조연강 두 분 조사께서 손조문을 창시했다고 한다. 하지만 그 후에 어떤 사람들이 이것을 전했는지는 알 수 없다. 내가 알고 있는 가장 오래된 선배는 〔인터뷰어 장군의 설명에 따르면 가경 연간부터 활동하기 시작한〕 '오대산五大山'이다. 이분들은 이기산李起山(무성武城 사람), 방청산房清山(청하清河 사람), 여염산呂廉山(하진河津 사람), 서보산徐寶山(청하 사람), 위구산魏九山(임청 사람)이다. 그때 이미 '노우대졸강老牛大捽繩〔소몰이 가락〕'과 '이화조梨花調'의 구분이 있었다. 오대산은 사형師兄, 사제師弟 사이였는데, 이기산은 제1유파로 '노우대졸강조'를 창했고 아래로는 방方, 쌍雙, 봉鳳, 천天, 증增, 태泰, 립立, 경慶, 복福, 상祥 등의 항렬자를 썼다. 하봉의何鳳儀, 부태신, 유태청 등이 있다. 방청산은 제2유파로 역시 '노우대졸강'을 창했는데 곽기태郭其泰(예명은 사할자四瞎子)만이 후배로 알려져 있다. 여염산은 제3유파로 '이화조'를 창했고 아래로는 기其, 장長, 진振, 서書, 상祥, 연延, 수壽, 영永, 년年, 강康의 항렬자를 차례로 썼다. 범기봉范其鳳, 사기영謝其榮, 사대옥謝大玉, 왕장지王長志, 손대옥孫大玉 등이 있고, 특히 백뉴, 흑뉴黑妞 등 여예인들이 도시에 진입하여 산동대고의 영향이 확대되었다. 서보산(일명 서고산徐靠山, 예명 흑할자黑瞎子)은 제4유파로 역시 '이화조'를 창했고 홍興, 춘春, 리利, 청淸, 서瑞, 길吉, 태太, 평平의 항렬자를 쓴다. 장흥륭張興隆(예명 나자㯊子), 장흥립張興立(예명 도자道子), 손춘유孫春瑜(예명 손삼나자孫三㯊子) 등 남자 예인이 나와서 임청을 비롯한 서북 일대에서 공연했다. 제5유파 위구산의 후배는 잘 모른다.[24]

사대옥과 그의 사형 이장림의 증언 내용도 위와 거의 일치했는데, 유태청은 이와는 약간 다른 이야기를 전했다.

---

24 張軍·郭學東, 『山東曲藝史』, 95~96쪽.

나는 이기산이라는 사람은 들어본 적이 없고, 다만 5대 사조가 여방괴呂方魁
이고 그다음으로 곽쌍전郭雙全, 하기봉何老鳳, 사천하謝天河, 주증과周增科로
이어졌다고만 들었다.[25]

그렇지만 유태청이 증언한 스승들은 이기산만을 제외하면 석진방이 증언
한 제1유파 계통과 일치하므로 큰 차이는 없다고 할 수 있다. 이 증언들을
참조하면 주로 산동의 서북 지방에서 형성된 고사계강창이 가경 연간 이후
부터 여러 유파를 형성하며 비교적 풍부하게 전승되었다고 추정된다.

산동성 예술연구소 조사 팀은 예인들의 증언과 조사를 통해 산동 농촌 대
고의 음악적 바탕이 산동 서북 농촌에서 유행한 앙가秧歌임을 발견했고, 청
중엽에 이르러 이들이 노우대졸강조老牛大捽繮調와 이화조梨花調로 구분되
었다고 분석했다. 비교적 이른 시기에 형성된 노우대졸강조(또는 노북구老
北口)는 곡조가 고박古朴하고 평직平直하며 발음이 무겁고 늘어지는 특징이
있고, 덕주德州, 혜민惠民, 요성聊城과 인접 하북, 하남 농촌에서 유행했다.
이화조(또는 남구南口)는 노우대졸강조보다 약간 나중에 성행했다. 기복이
다양하고 곡조가 빠르며 역동적으로 변화하는 특징이 있고 산동 서북부, 하
북 서남부, 하남 동북부 일대에서 유행했는데, 후에 여성 예인이 등장하고
제남 등의 대도시에 진입하면서 노우대졸강조를 압도했다고 한다. 이상의
증언을 토대로 하면 청대 중엽에 어느 정도 모습을 갖춘 산동 지방의 고사
계강창은 처음에는 산동의 서북부 농촌에서 유행하다가 다른 지역으로 널
리 전파되었음을 알 수 있다.[26]

---

25 張軍·郭學東, 『山東曲藝史』, 96쪽.
26 한편 雲游客, 『江湖叢談』, 天津: 百花文藝出版社, 1996, 25쪽에는 山東 지방 대고의 원류가 明
末의 柳敬亭에서 유래한다고 되어 있으나, 이는 예인들의 견강부회이다. 山東 지방 대고는 山
東 서북부의 민가와 음악을 바탕으로 하는데, 柳敬亭은 江蘇 泰州 사람이고, 주로 南京 등의 江
南 地方에서 살았으며 山東에 머무른 적은 거의 없었다. 柳敬亭에 대해서는 陳汝衡, 「說書藝人
柳敬亭」, 『陳汝衡曲藝文選』, 北京: 中國曲藝出版社, 1985 참고.

한편 후에 서하대고라고 불리게 된 하북 지방의 고사계강창은 초기에는 하간대고河間大鼓, 매화조梅花調, 이화편犂鏵片, 설서說書 등의 여러 이름으로 불렸고, 서하대고라는 명칭은 이 기예가 천진天津에 진입한 후인 1920년경에 생겨났다.[27] 이 고사계강창이 구체적으로 하북 지방의 어느 농촌에서 시작되었는지에 대해서는 몇 가지 주장이 있는데,[28] 청 초 하북 민간 강창의 기초 위에 형성되었으며 보정保定, 하간河間, 창주滄州 일대의 하북 중부에서 유래했다는 주장이 가장 설득력이 크다. 일찍이 건륭 이전 시기부터 하북 중부에서 유행했다고 추정되는 강창으로 후에 하간 목판대고木板大鼓, 창주 목판대고, 보정 목판대고, 현자서絃子書, 어고도정漁鼓道情, 기중락자冀中落子라고 불린 것들이 있었다. 이들은 모두 해당 지역 민가와 관계가 밀접했다. 각지의 목판대고 중에는 예인이 북과 함께 나무로 만든 짝짜기를 치고 삼현 반주를 추가한 것도 있었고, 북과 짝짜기만 치면서 연창하는 것도 있었다. 서하대고의 공연 형식은 현자서 및 각지 목판대고의 기초 위에서 형성되었다. 예인들의 증언에 따르면 건륭 중엽에 하북 보정의 단고판單鼓板과 현자서 예인이었던 유전경劉傳經, 조전벽趙傳壁, 왕로王路 등이 합연을 했으며 이때부터 북, 짝짜기, 삼현의 반주가 굳어지고 이후 계속 이어졌다고 한다. 이렇게 서하대고의 원형이 형성된 기초 위에, 하북 고양高陽의 목판대고 예인 마삼봉馬三鳳(마서하馬瑞河)의 활동 시기에 형태가 다듬어져 일차적인 발전을 이루었다고 한다.[29]

한편 북경에서 완성된 경운대고는 하북 하간 지방의 목판대고가 북경 등

---

27 鍾聲 編,『西河大鼓史話』, 石家莊: 花山文藝出版社, 1991, 7쪽.
28 첫째, 河北 武淸 北運河 옆의 河西務 기원설(이것은 명칭과 관련되어 제기된 주장인데, '西河大鼓'라는 이름은 '河西務'가 아닌 天津 사람들이 '西河'라고 부른 大淸河와 子牙河에서 유래된 것이라는 주장이 인정되고 있다). 둘째, 河北 間 기원설. 셋째, 河南省 기원설(傅惜華,「北京曲藝槪說」과 馬曾芬). 넷째, 청 초 河北 民間 講唱 기원설. 이상은 鍾聲 編,『西河大鼓史話』, 8~9쪽 참조.
29 鍾聲 編,『西河大鼓史話』, 3~4쪽.

지의 도시에 진입한 후 변화하여 형성되었으며, 이 과정에서 자제서와 경극의 영향을 여러 방면에서 받았다. 경운대고의 기틀이 된 하간의 목판대고는 북경에서는 '겁怯(시골 또는 사투리)대고'라는 다소 멸시적인 이름으로 불렸다. 운·산문혼용체의 장편이 많았는데, 형식이 간단하여 예인이 앉아서 단조로운 곡조를 노래하고 큰 목판과 대고로 반주했다. 공연 내용은 대부분『삼국지연의』,『수호전』,『서상기』 등 소설이나 희곡으로 널리 알려진 이야기나 당시 민간의 생활을 그린 이야기였다. 공연자들은 주로 농촌을 돌아다녔으며 묘회나 시장에서도 공연했다. 초기에는 반직업적으로 공연하는 사람이 많았다가 점차 직업 예인이 많아졌고, 이 직업 예인들은 삼현을 연주하는 맹인들의 기예인 현자서와 합동으로 공연하기도 했다. 이처럼 하간 목판대고와 현자서는 전형적인 농촌 강창의 특성을 보여주고 있다. 목판대고 예인으로 처음에는 하북 농촌에서 공연하다가 대략 광서 연간에 천진과 북경 등지로 진입한 인물로는 호금당胡錦堂(호십胡十), 송옥곤宋玉崑(송오宋五), 곽명량霍明亮 등이 있다. 이들은 초기 농촌 공연과 후기 도시 공연을 모두 체험한 예인들로, 변화한 환경에 적응하여 고사계강창의 변화를 이끌어냈다.[30] 이상에서 살핀 세 종류의 대고가 화북의 농촌에서 형성될 때 공헌한 대표적인 예인들의 활동과 행적을 정리하려 한다.

(2) 농촌 강창의 주요 예인들

산동 지방의 대고에 관한 저서를 쓴 우회영于會泳은 농촌 예인의 공연 모

---

30 京韻大鼓의 형성에 대해서는 白鳳鳴·王決·王素稔,「京韻大鼓的源流和鼓詞的創作」, 老舍 編,『曲藝創作和表演』, 北京: 工人出版社, 1956; 梅蘭芳,「談鼓王劉寶全的藝術創造」,『曲藝』 1962年 2期; Catherine Stevens, *Peking Drumsinging*, Ph.D. diss., Cambridge: Harvard University, 1973, 제4장 등 참조.

습을 이렇게 묘사하고 있다.

특히 가을철에 여러 마을에서 다투어 초빙하면 저녁 때 마을 입구에 있는 노적
장에 자리를 마련하고 앉아서 이화편 두 조각과 다리가 짧은 북을 두드린다. 바
로 옆에서는 반주자가 삼현을 반주한다. 개장을 거쳐서 장편 고사를 노래하기 시
작한다. 이것을 속칭 '창맥장唱麥場' 또는 '창향장唱鄕場'이라고 한다. 이때에는
여러 마을 사람들이 구름처럼 몰려와 마치 묘회나 사희社戲가 열리는 것 같았다.
장회章回 고사에는 화백話白(산문)이 아주 많아서 목을 쉴 시간이 비교적 많기
때문에 하루 저녁에 10여 회를 노래해도 피곤하지 않았다.[31]

이러한 묘사는 저자 자신이 직접 목격하고 들은 바에 근거했다는 것 외
에는 언제 어디서 누구의 공연을 보고 적었는지 불분명한 점이 있다. 그러
나 노적장에 자리를 깔고 앉아 이화편, 즉 쟁기 날 조각과 북을 두드리며 노
래하고 옆에서 삼현 반주자가 반주를 돕는 모습은 지역이나 시기에 따라 조
금씩 다를 수는 있지만 농촌 고사계강창 공연을 비교적 전형적으로 보여준
다.[32] 이러한 환경에서 공연을 펼쳤을 것으로 생각되는 각 지방의 주요 예인
들의 활동과 작품을 살펴보기로 한다.

1) 범기봉과 하봉의[33]

범기봉范其鳳(1833~1917)은 산동 하진夏津 사람으로 '오대산'의 한 지파인

---

31 于會泳, 『山東大鼓』, 北京: 音樂出版社, 1957, 3쪽.

32 張軍은 于會泳이 단 일주일간의 현지조사를 통해 『山東大鼓』를 썼다고 전하고, 따라서 그의 서
술이 모두 정확하지는 않을 것이라고 했다. 于會泳은 본래 음악 분야의 전문가로 문화대혁명
시기에 文化部長을 지내기도 했다. 그의 저작에 대한 많은 사람의 평가가 비판적인 것은 이러
한 그의 행적과도 관련 있어 보인다.

33 『中國曲藝志·山東卷』, 北京: 中國ISBN中心, 2002; 『中國戲曲曲藝詞典』, 上海: 上海辭書出版社,
1981; 『中國大百科全書·戲曲曲藝』, 北京: 中國大百科全書出版社, 1983; 車吉心 等 編, 『齊魯文
化大辭典』, 濟南: 山東敎育出版社, 1989 등을 주로 참조하고 그 외의 경우 출처를 밝힌다. 특히
생졸 연대는 『中國曲藝志』를 기준으로 했다.

여염산呂廉山의 제자이며, 남구南口인 이화조의 대표적 예인이다. 그는 크지 않은 키에도 목소리가 크고 발성이 분명하며 유머러스한 연기가 뛰어났다고 한다. 산동 서부와 북부를 중심으로 활동했으며, 「소영렬小英烈」, 「향마전響馬傳」 등의 장편과, 『유공안劉公案』 가운데 「대송가大送嫁」, 「범맹정추거范孟亭推車」 등의 중편을 잘했다고 전한다. 그는 하봉의何鳳儀와 같은 시대에 활동했고, 제자로는 왕장지王長志, 이장존李長存, 석진방石振邦 등이 있다. 이들은 다시 많은 제자 예인들을 길러내 이화조의 최대 세력을 이루었다고 한다.[34]

하봉의(약 1840~1900)는 하노봉何老鳳이라는 존칭으로 더욱 유명한데, 학노봉郝老鳳, 학내봉郝來鳳이라고 잘못 표기된 예도 있다.[35] 그는 하북 고성固城 출신이지만 산동과 하북 농촌 각지를 돌아다니며 공연한 전형적인 농촌 예인이었다.[36] 이른바 '손조문' 가운데 제1유파의 대표 예인으로 당당한 체격에 얼굴이 하얗고 길었으며, 우렁차고 탁 트인 목소리로 '한 글자로 구멍을 파듯〔一字砸一坑〕' 길게 끄는 소리가 특징이었다. 그는 항상 나귀를 타고 대여섯 명의 제자를 이끌고 산동 서부와 북부, 하남 북부, 하북 남부 등지를 돌아다니며 시회市會, 집회集會에서 기예를 팔고 나중에는 제남, 천진 등지의 대도시까지 진출했다. 하봉의는 전쟁이나 역사 소재의 강창을 주로 공연했는데, 「삼전진三全鎭」, 「금쇄진金鎖鎭」, 「대화창對花槍」 등의 수당 시대 개국과 전쟁을 다룬 '와강채瓦崗寨' 관련 장편 작품을 잘하여 등장인물 가운데 하나인 나송羅松의 이름을 딴 '활나송活羅松'이라고 불리기도 했다. 그는

---

34 『中國曲藝志·山東卷』, 645쪽; 車吉心 等 編, 『齊魯文化大辭典』, 203쪽.
35 于會泳, 『山東大鼓』, 2~3쪽에는 郝老鳳으로 표기되어 있고, 王決, 『曲藝漫談』, 136쪽에는 郝來鳳으로 되어 있다. 모두 구어를 문자로 옮기는 과정에서 일어난 착오이다. 한편 雲游客은 『江湖叢談』에서 그의 항렬이 '起'에 해당하는 何起鳳이고 謝大玉의 부친 謝起榮과 같은 항렬이라고 했다. 雲游客, 『江湖叢談』, 25쪽.
36 『中國曲藝志·山東卷』, 645~646쪽. 『中國戲曲曲藝詞典』에서는 약 1860~1910년으로, 『中國大百科全書·戲曲曲藝』와 『齊魯文化大辭典』에서는 약 1840~1900년으로 추정했다.

투박하면서도 탄탄한 소리와 뛰어난 연기로 유명하여 가는 곳마다 환영을 받았고, 서하대고의 마삼봉馬三鳳(마서하馬瑞河)과 함께 '남쪽에는 하노봉, 북쪽에는 마삼봉'이라는 이름을 얻기도 했다. 또한 "하노봉이 오면 앓던 병도 낫는다"라는 말도 전해졌다고 하며, 다음과 같은 이야기도 전한다.

> 처녀들이 너무나 좋아해서 길쌈을 할 때도 하노봉 곡조를 창하고, 부르다가 힘이 드는 대목이 나오면 길쌈하는 것도 잊어버렸다. 그들의 어머니가 이것을 듣고 크게 화가 나서 딸을 매질하니 딸은 "아야! 다시는 하노봉 노래를 부르지 않을게요……"라고 하는데, 그 소리도 하노봉의 곡조로 부르는 것이었다.[37]

그는 제자를 많이 길러냈는데, 유명한 예인으로는 유태청劉泰淸, 부태신傅泰臣, 양금정楊金貞 등이 있다. 만년에 제남에서 지내다가 병으로 세상을 떠났다. 그의 창법은 널리 전해져서 그가 세상을 떠난 지 50여 년이 지난 1950년대에도 하남추자河南墜子, 경운대고, 매화梅花대고에 그의 노우대졸강 창법 가운데 일부가 보존되어 있었다. 하북 남부에서는 이것이 '산동류山東柳(또는 山東溜)'라는 이름으로 전하고 있고, 산동 혜민의 학복당郝福堂과 이금귀李金貴가 스승의 창법대로 부를 줄 알았다고 한다.

2) 마서하와 하북 목판대고 예인들[38]

마서하馬瑞河(약 1820~1890)는 아명이 마대하馬大河이고, 마삼봉, 마삼풍자馬三瘋子이라는 별명으로 더욱 유명했다. 주요 활동 연대는 1830년부터 1880년대로 추정된다. 하북 고양高陽에서 태어난 그는 15세 무렵에 모친이 개가함에 따라 안신安新으로 이사했다. 어려서부터 설창 공연을 좋아

---

37 于會泳,『山東大鼓』, 3쪽.
38 『中國曲藝志·河北卷』, 北京: 中國ISBN中心, 2000 및 鍾聲 編,『西河大鼓史話』참조.

하여 전동문田東文의 문하에서 목판대고를 배웠고, 이후 사형 마서림馬瑞林과 팀을 이루어 공연했다. 이 무렵에 연기가 발랄하고 분방하다는 평가를 받으며 '미친 셋째'라는 뜻의 삼풍자라는 별명을 얻었다. 그 후 동치 연간(1861~1874)에 북경과 천진에 가서 공연했다고 전한다. 그는 음률에 정통하고 금琴을 잘 다루었으며 방자강 계통이나 곤곡崑曲 계통으로 추정되는 '좌강회坐腔戲'를 좋아했는데, 당시 자신이 배우던 목판대고가 음악적으로 단조롭고 반주악기의 음역도 좁아서 다양한 감정과 상황을 표현하기에 부족하다고 느끼고 희곡적 요소를 과감하게 도입하여 개혁을 시도했다. 목판대고는 본래 예인이 스스로 북과 짝짜기를 두드리고 현악기 반주는 없는 기예였는데, 이후 현자서와 결합하면서 북, 짝짜기, 소小삼현의 체제가 갖추어진 상태였다. 그는 반주악기 가운데 소삼현을 대삼현으로 바꾸고 목판을 이화편, 즉 쟁기 날 조각으로 바꾸는 동시에 희곡과 민가의 음악적 성분을 끌어들이거나 스스로 새로운 창법을 개발하여 다양하게 변화시켰다.[39] 그가 시도한 음악과 창법 등 공연 면에서의 개혁은 목판대고를 새로운 단계로 끌어올리는 데 결정적인 역할을 했고, 많은 예인이 그의 창법을 따라 배워 점차 큰 줄기를 형성했다. 이 기예는 마서하 등에 의해 천진에 전해진 후 1920년대 초에 서하대고라는 이름을 얻게 되었다.[40]

마서하가 목판대고와 현자서의 장점을 결합하고 음악적 개진을 거쳐 새로운 단계로 끌어올린 기예는 다시 몇몇 유파로 나뉘어 전승되었다. 이들은 대략 지역에 따라 북구北口, 남구南口, 소북구小北口 등으로 나뉘고, 유파를 형성한 주요 예인에 따라서는 주朱파, 왕王파, 이李파(이상 북구), 남구, 조趙파, 마馬파 등으로 나뉜다. 여기서는 북구의 주파, 왕파, 이파와 남구에 대해 살펴보고, 천진에서 형성된 유파인 조파와 마파는 다음 절에서 살피겠다.

---

39 그가 개발한 曲牌로 '大頭板', '一馬三澗兒', '緊五句', '雙高', '反腔' 등이 전한다.
40 『中國曲藝志·河北卷』, 594쪽.

북구는 하북 중부의 호수인 백양정白洋淀의 동쪽과 북쪽 지역에서 유행했으며, 마서하, 주화린朱化麟, 왕진원王振元, 왕재당王再堂, 이덕전李德全 등이 대표적인 예인으로 활동했다. 주화린(1866~1941, 예명 주대관朱大官)은 하북 문안文安 사람으로,[41] 가난한 어린 시절을 보내다가 11~12세 때 마서하를 따라 기예를 배우기 시작했는데 소질이 뛰어나 청년 시절부터 유명해졌다. 그는 강창 기예 외에도 권격, 희곡, 민가 등의 여러 방면에 재주가 뛰어나서 자신의 공연을 풍부하게 이끌 수 있었다. 창과 백을 섞어가며 자유롭게 노래하는 능력이 뛰어났고, 전수받은 가사와 설백을 암기하여 단편과 중편을 주로 공연했다. 일생의 대부분 동안 하북 농촌에서 활동하면서 가족이나 민간생활의 이야기를 위주로 공연하여 청중의 환영을 받았고, 후배 예인들도 그의 창법과 소재를 배워서 '주파'를 형성하게 되었다. 주파는 목판대고 가운데 가장 많은 예인이 따랐는데, 유약산劉躍山, 육신신陸藎臣, 이성림李成林, 왕염분王艶芬, 왕서상王書祥 등이 대표적 인물이다. 이성림의「삼전진」과 왕염분의「호연경타뢰呼延慶打擂」는 유명한 중편이었고, 왕서상은「칠국七國」,「정충精忠」등의 전통 장편과 신편 단편에 뛰어났다.

북구 예인 가운데 또 다른 주요 유파를 이룬 사람은 '왕파'의 왕진원 (1853~1917)이다. 하북 웅현雄縣 출신으로 예명이 노모분老毛賁이었던 그도 역시 마서하의 제자였다. 큰 체격에 거친 목소리를 지녔지만, 다양한 감정표현을 자유롭게 구사할 수 있었다. 무예 소재 작품으로 유명했는데, 특히「호가장呼家將」을 공연하면서 호연경呼延慶의 위용을 생생하게 그려내어 갈채를 받았다고 한다. 그의 제자로는 아들 왕괴무王魁武(1891~1947, 예명 소모분小毛賁)와 정서전鄭瑞田 등이 있다. 정서전은 30세 때까지는 현악기 반주만 하다가 나중에 직접 연창하게 된 경우이다. 저음의 목소리로 웅

---

41 『西河大鼓史話』에 실린 鍾聲, 「西河大鼓朱派創始人朱化麟紀年史略」에 그의 예술 생애가 소개되어 있다.

장한 장면을 묘사하는 데 뛰어나 왕파의 발전에 크게 기여했다.

한편 마서하보다 약간 먼저 활동한 현자서 예인 손지해孫池海는 마서하의 개혁에 반대하여 그를 쫓아다니며 대항 공연을 벌였다고 한다. 그러나 손지해의 제자들 가운데 이덕전은 스승의 스타일을 버리고 마서하가 개혁한 스타일을 따르게 되었는데 이를 이덕전의 이름을 따 이李파라고 한다. 이덕전은 비분하고 처량한 정서를 잘 표현하여, 「참진영斬秦英」을 공연할 때면 눈물을 흘리는 청중이 많았다고 한다. 이파는 중편의 실사實詞(고정된 가사로 이루어진 작품) 공연을 위주로 했고, 유명 예인으로는 장경람臧慶嵐, 유경서劉慶瑞 등이 있었다. 전성기에는 천진과 그 주변, 동북·서북 지방의 도시에까지 전해졌다.

남구는 고양高陽, 박야博野, 이현里縣, 속록束鹿 일대에서 유행했으며, 대표적인 예인으로 원종개袁宗凱, 왕전방王殿邦, 마소풍자馬小瘋子 등이 활동했다. 원종개는 마서하의 사제이고, 왕전방은 원종개의 제자이다. 이들은 음악이나 공연 면에서 북구보다 강건하고 발랄한 특징을 지녔고 더 이상의 세분화도 이루어지지 않았으므로 남구로 통칭했다. 남구를 형성하는데 중요한 역할을 한 사람은 왕전방인데, 그 자신의 예술적 성취는 그리 뛰어나지 못했지만 제자를 70여 명이나 길러내어 저변을 확대하는 데 큰 공헌을 했다. 이 제자들은 모두 이름에 '영英' 자가 들어 있는데, 유명한 인물로는 노영귀路英貴, 학영길郝英吉, 장영훈張英勳 등이 있었다. 노영귀는 속록에서 큰 환영을 받았는데, 사람들은 그의 발랄하고 과감한 공연을 칭찬했다고 한다. 그는 또한 자부심도 커서 주화린과 자웅을 겨루기 위해 3년 동안 세 차례나 주화린이 활동하던 막주묘鄭州廟(하북성 임구任丘시 소재)를 찾아갔다는 일화도 전한다. 학영길은 음악적 기교가 매우 뛰어났고, 특히 「교제랑회위咬臍郎回圍」의 '백약명百藥名'을 노래할 때면 웅장한 기세가 아름다운 소리에 실려 울려 퍼졌다고 한다. 그는 천진에 진입한 이후 장편을 만드는 데 주력하여 성과를 남겼고, 그의 후손들 10여 명도 서하대고 연창과 반주에 종사하여 대고 예인 가족을 이루었다. 그중 학염하郝艶霞와 학염방郝艶芳이 가장 유명한 예인이 되었다.

이 밖에 하간河間, 대성大城, 임구任丘 일대에서 활동한 마서하의 사형 마서림(예명 마대사자馬大傻子, 대성 사람), 장영당張永堂(마서림의 제자) 등의 '소북구' 예인들과, 창법은 서하대고에 가까워졌지만 여전히 나무 짝짜기로 반주한 '목판서하조木板西河調' 예인들, 손지해를 비롯한 장봉덕張鳳德, 유봉산劉鳳山(패현覇縣, 문안 일대에서 활동) 등의 현자서 예인들도 농촌 목판대고의 한 유파 또는 방계로서의 위상을 차지하고 서하대고가 풍부하게 발전하는 데 일조했다.

마서하로부터 비롯된 수많은 농촌 목판대고 예인들은 이들의 공연 지역과 인기가 어느 정도였는지를 짐작하게 해준다. 이들은 주로 중편과 단편 위주로 공연했는데, 어떤 이들은 연기 혹은 음악 면에서 뛰어난 경지에 도달하여 많은 농촌 사람들의 환영을 받았다. 농촌 시기에 유행한 서목書目은 3~5마당으로 이루어진 중편, 1마당 분량의 단편, 개장 시 서두에 짧게 부르는 단가인 서모書帽 등으로 구분된다. 이 가운데 예인들이 가장 중점을 두어 연마한 것은 중편으로, 중편 몇 편을 완전히 익혀 소화한 후에야 독자적으로 공연을 할 수 있는 자격을 얻었다고 한다. 예인들이 중편을 '파곤아巴棍兒'라고 부르는 것도 이 중편을 자신의 가장 중요한 무기처럼 쓸 수 있기 때문이라고 한다.[42] 농촌 목판대고의 중편과 단편, 서모의 대표적인 서목은 아래와 같다.

중편: 「삼전진三全鎭」, 「태원부太原府」, 「대의상大衣箱」, 「내무현萊蕪縣」, 「천문진

---

42 巴棍兒는 하북 농촌 방언으로 크기가 적당한 방망이를 가리킨다고 한다. 이것의 용도는 짐을 질 때, 지팡이 대용, 문을 닫아걸 때, 호신용 등으로 다양했다. 鍾聲 編, 『西河大鼓史話』, 88쪽.

天門陣」,「양종영하산楊宗英下山」,「호연경타뢰胡延慶打擂」,「호연경소상분胡延慶小上墳」,「소영렬少英烈」,「소서당少西唐」,「회배기回杯記」,「사융기絲絨記」 등

단편: 「소고현小姑賢」,「소고조小姑刁」,「남교회藍橋會」,「타황랑打黃狼」,「대서상大西廂」,「요천궁鬧天宮」,「타위打圍」,「회위回圍」,「소량구쟁등小兩口爭燈」,「일백단팔주一百單八州」,「여몽정교학呂蒙正教學」,「여몽정간재呂蒙正趕齋」 등

서모: 「요구령繞口令」,「요구대繞口袋」,「소배년小拜年」,「주마관비走馬觀碑」 등[43]

3) 호금당, 송옥곤, 곽명량과 그 밖의 예인들

이들은 모두 하북에서 성행한 목판대고를 개혁하여 북경, 천진 등의 대도시에서도 유행하게 만든 예인들로, 대략 1846년(도광 26)부터 1908년(광서 말년)까지 도시에서 공연하면서 새로운 가사를 짓기도 했다.[44] 따라서 이들은 농촌 고사계강창의 확산과 도시 고사계강창의 발전에 모두 기여한 것인데, 이들의 과도적·선도적 활동을 주목하여 본 절에서 다룬다. 유명 경운대고 예인 유보전劉寶全(1869~1942)은 경극 배우 매란방梅蘭芳(1894~1961)과의 인터뷰에서 다음과 같이 말했다.

> 겁대고怯大鼓(목판대고)는 직예 하간에서 나온 것입니다. 처음에는 향리에서 농사를 짓다가 쉴 때 노인이나 젊은이 들이 모여서 앙가처럼 마음대로 부르며 놀던 것인데, 점점 사람들의 환영을 받아 도성에 가서 공연하는 사람들이 나타나게 되었지요. 처음에 유명했던 사람은 호십胡十인데, 그분은 목소리가 높고도 탁 트여서 별명이 '일조선一條線'이었어요. 처음에는 직예 일대에서 소리를 팔고 다니다가 나중에 천진으로 가서 더욱 유명해졌습니다. (……) 나는 원적이 직예 심주深州로 북경에서 태어나서 아홉 살 때에 천진에서 대고를 배웠습니다. 부친도 겁대고

---

43 鍾聲 編,『西河大鼓史話』, 88쪽.

44 胡錦堂의「拴娃娃」,「藍橋會」, 宋玉崑의「李逵奪魚」,「子期聽琴」,「大西廂」 등이 그 예인데, 이들은 모두 후배 예인들도 널리 공연하는 유명 작품이 되었다.

를 하는 분이어서 한편으로 대고를 배우고 한편으로 삼현을 가지고 놀기도 했어요. 그때 나는 키가 삼현보다도 작았고, 음을 맞출 때면 악사들을 도와야 했지요. 나중에 나는 경극을 배우게 되어 천진의 극단에서 지냈습니다. 그러다가 처음으로 상해에 가서 공연을 하게 되었는데 무대에서 실수를 좀 했어요. 나는 크게 고민하다가 천진으로 돌아와서 '일조선' 호십 선생을 사사했습니다. 이분은 '문단자文段子'를 잘하셨는데, 모두 나한테 전수해주셨어요. 그래서 내 소리에는 그분에게서 전수받은 영향이 가장 많이 남아 있지요. 그 밖에도 두 분 선생님이 계셨는데, 곽명량은 '무단자武段子'를 잘하셨고, 송오는 「마안산馬鞍山」이 일품이었습니다. 나는 그분들한테서도 배운 적이 있습니다.[45]

이들 중 호십은 호금당, 송오는 송옥곤이다. 이들은 모두 처음에는 하북 농촌의 자유로운 곡조를 기예화하여 공연하다가 나중에는 천진과 북경으로 진입하여 이름을 떨친 겁대고, 즉 목판대고의 예인들이다. 1880년대 무렵에 하북 하간 일대에서 북경과 천진으로 전래된 목판대고에 북경 말씨를 강화하고 자제서와 경극의 소재, 가사, 연기 등을 도입하여 투박하고 거친 목판대고를 도시민들의 취향에 맞게 변화시킨 것이다.[46]

도광 연간(1821~1850)에 태어난 호금당은 북경과 천진 등지에서 오랫동안 공연하면서 목판대고가 경운대고로 변화하는 데 공헌했다. 호금당은 자제서 「장판파長板坡」의 가사를 목판대고로 연창하여 개혁의 실험을 시작했다. 그는 「전왜왜拴娃娃」, 「남교회藍橋會」, 「왕이저사부王二姐思夫」, 「대서상」 등에 뛰어났다고 한다.[47] 송옥곤은 오늘날의 하북인 직예 출신으로, 함풍·동치 연간에 천진에 가서 노천이나 저택을 돌며 장편 공연을 한 맹인 예인이다. 나중에는 천진 북문北門 근처의 보화헌寶和軒 등에서 단편을 연창하

---

45 梅蘭芳, 「談鼓王劉寶全的藝術創造」, 3쪽.
46 『中國曲藝音樂集成·天津卷』, 北京: 中國ISBN中心, 1996, 909~910쪽; 『中國曲藝志·北京卷』, 659쪽.
47 『中國曲藝志·北京卷』, 659~660쪽; 『中國曲藝志·天津卷』, 北京: 中國ISBN中心, 2009, 909~910쪽.

며 유명세를 떨쳤다. 그는 동작 연기가 약한 대신 남성적인 연창과 신곡 및 가사 편찬과 보급에 뛰어났다. 단편 「대서상大西廂」, 「마안산馬鞍山」, 「백산 도百山圖」 등이 대표 작품이었고, 장편으로는 「오월춘추吳越春秋」가 유명했 다.[48] 곽명량(1846~1904)은 북경 출신으로 유덕순劉德順에게 배운 후 북경과 천진을 오가며 공연했다. 목소리가 저음이었던 그는 「단도회單刀會」 등 자 제서의 가사를 활용하여 대고의 곡목을 늘려갔으며, 「화용도華容道」, 「고성 회古城會」, 「전장사戰長沙」, 「초선차전草船借箭」, 「차동풍借東風」, 「이규탈어 李逵奪魚」 등 삼국시대 이야기 및 『수호전』 등에 나오는 전쟁과 대결 장면을 그린 단편 연창에 뛰어났다고 한다.[49] 이들의 구체적인 행적이나 공연 모습 은 자세히 알려지지 않았지만, 대체로 1862년경(동치 연간)에 북경에서 공연 하며 청중의 환영을 받았고, 호금당은 1900년경에도 여전히 가장 유명한 예 인으로 북경의 노천이나 장날의 사묘寺廟에서 노래를 불렀다고 전한다.[50]

스티븐스Catherine Stevens는 대만 중앙연구원에 소장된 자료를 토대로 호금당, 송옥곤, 곽명량의 곡목을 조사하여 각각 4종, 4종, 3종을 밝혔는데, 필자의 추가 조사 결과 다음과 같은 곡목들이 확인되었다.[51]

호금당: 「대서상大西廂」, 「남교회藍橋會」, 「유이저전왜왜劉二姐拴娃娃」, 「왕이저 사부王二姐思夫」, 「관왕묘關王廟」, 「가인송반佳人送飯」 등 6종
송옥곤: 「오월춘추吳越春秋」, 「마안산馬鞍山」, 「절강탈투截江奪鬪」, 「화소박망파 火燒博望坡」, 「이규탈어李逵奪魚」, 「자기청금子期聽琴」, 「대서상大西廂」 등 7종

48 『中國曲藝志·天津卷』, 909쪽.
49 『中國曲藝志·河北卷』, 657쪽; 『中國曲藝志·天津卷』, 910쪽.
50 劉波 編, 『中國歷代文化藝術名人大辭典』, 北京: 國際文化出版公司, 1994, 330쪽; 周劍雲, 「大鼓 聞評(一)」, 『菊部叢刊』, 上海: 交通圖書館, 1918, 64쪽.
51 梅蘭芳, 「談鼓王劉寶全的藝術創造」, 3쪽; 白鳳鳴·王決·王素稔, 「京韻大鼓的源流和鼓詞的創作」, 50쪽; Catherine Stevens, *Peking Drumsinging*, pp. 81–82; 『中國戲曲曲藝詞典』, 742쪽; 劉 波 編, 『中國歷代文化藝術名人大辭典』, 330~334쪽. 확인된 호금당, 송옥곤, 곽명량의 곡목 중 각각 1종, 4종, 2종은 劉寶全의 곡목에도 들어 있다.

곽명량:「전장사戰長沙」,「단도회單刀會」,「차동풍借東風」,「화용도華容道」,「천 뢰피天雷披」등 5종

이 곡목들은 송옥곤의 「오월춘추」를 제외하면 모두 운문 위주의 단편이다. 농촌의 대고가 주로 중·장편인 것과 대조적이다. 이러한 단편 곡목 중심은 이들이 도시에 진입하여 도시 청중의 요구에 부응하면서 나타난 현상이다. 다시 말해 유보전의 증언만으로 호금당 이전에 농촌에서 앙가처럼 마음대로 부르며 놀던 겁대고가 모두 창 위주의 단편이었다고 단정하기는 어렵다. 오히려 산동과 하북 농촌의 대고 형식을 볼 때 농촌 공연에서 중·장편 위주였던 대고가 천진이나 북경 등의 대도시에 진입하면서 도시 청중의 실정과 기호에 부합하는 단편 위주로 적응, 변화했다고 생각된다.

호금당, 송옥곤, 곽명량 등의 목판대고(겁대고) 예인들은 스티븐스가 지적한 대로 "대개 노천에서 간단한 음악으로 긴 이야기를 공연하다가, 짧은 이야기를 세련된 음악에 얹어 차관에서 공연하며 찻값을 벌어들이는 전문가로 변신하는 과정"을 겪었다.[52] 시골의 목판대고를 도회 사람들 앞에서 공연하게 된 이들은 관원, 상인, 사병, 일용노동자 등이 주요 고객이었던 청중의 기호에 맞추어 자제서의 가사를 개편하고 북경 말씨를 배워 청중이 알아듣기 쉽도록 하는 한편, 경극의 연기 동작을 가미하고, 사호와 비파 등의 현악기를 반주에 첨가했다. 이 세 예인은 농촌 고사계강창을 도시 환경에 맞게 변화시키는 과도기적 역할을 성공적으로 수행했다.

이들과 같은 시기에 북경에서 활동한 겁대고 예인으로는 주덕경朱德慶(장소헌張筱軒의 스승), 장덕해張德海, 사항계謝恒啓, 사진림史振林(백운붕白雲鵬의 스승), 유능劉能(유보전의 부친) 등이 있었다고 전한다.[53] 또한 대만 중앙연

---

52 Catherine Stevens, *Peking Drumsinging*, pp. 81–87.
53 『中國曲藝音樂集成·北京卷』, 830쪽.

구원에 소장된「유이저전왜왜」에는 유이저가 시내에서 구경한 사람들로 호금당, 송옥곤, 곽명량과 함께 Liu Guangda, Zhu Dianyuan, Cui xiu, Zhu Qisan 등의 이름이 나온다.

> 류얼제〔유이저〕가 마당 앞문에 이르렀을 때,
> 수많은 사람을 보았다네.
> 류광다의 고사,
> 주뎬위안의 남촌南村 가락,
> 훠밍량〔곽명량〕의 대고,
> 쑹우宋五〔송옥곤〕, 추이슈, 후스胡十〔호금당〕, 주치싼,
> 창피한 줄 모르는 대머리도 있고,
> 쌀을 얻으려고 밥그릇을 두들기는 사람도 있네.[54]

많은 무명 예인들의 자세한 행적은 알 수 없고 실존 여부조차 불분명하지만, 호금당 등과 비슷한 시기에 도시에 진입하여 활동한 민간 예인들과, 농촌에서 천진과 북경 등의 대도시에 들어온 겁대고를 접한 청중이 많았음은 충분히 알 수 있다.

4. 농촌 강창의 공연 모습과 작품 형식

앞에서 인용한 것처럼 농촌 고사계강창 공연은 장날에 집회, 시회 등이 열리거나 추수, 설날 등 특별한 절기가 다가왔을 때 마을의 초빙으로 노천에

---

54 Catherine Stevens, *Peking Drumsinging*, pp. 82-83의 英譯을 重譯함. 이들의 한자 이름은 확인하지 못했다. Stevens는 이들의 이름을 각각 Liou Goangdah, Ju Diannyuan, Huoh Mingliang, Song Wuu, Tsuei Shiow, Hwu Shyr, Ju Chiisan 등의 National Romanization 표기법으로 轉寫했다.

무대를 마련하는 경우가 대부분이었다. 묘회, 등붕燈棚 등에서 열리는 공연은 '시골공연단'이라는 뜻의 '향당자鄕檔子'라는 이름으로 공연되었다.[55] 우회영의 『산동대고』에 소개된 이화대고의 공연 모습을 옮기면 다음과 같다.

공연이 본격적으로 시작되기 전에 반주자가 개장을 알리는 한 대목을 연주하여 청중을 부르고 자리를 정돈할 시간을 준다. '개장'은 소곡 몇 곡을 이어서 하거나 반주자가 내키는 대로 연습 삼아서 연주하며 삼현을 조율하기도 한다. 소곡에 자주 쓰이는 것으로는 「장군령將軍令」, 「소마방小磨房」, 「투암순鬪鵪鶉」 등이 있다.

개장하면 연창자는 왼손으로 철편 두 조각을 집고 오른손으로는 북채를 들고서 작은 가죽 북을 몇 차례 친 후 '시백詩白'을 읊은 다음 이렇게 말한다. "네 구절로 줄거리를 읊었고 제가 천천히 한 회回를 바치니 들어주시기를 바랍니다." 특히 '회' 자를 말할 때 삼현의 음높이와 목소리를 잘 맞추어 조절한다. 그 후 '인자引子'와 '정문正文'을 창한다. 연창자는 설창을 하면서 몸동작과 표정으로 연기를 하며 공연 효과를 높인다.[56]

또한 장군은 산동의 농촌에서 연출된 대고의 모습을 다음과 같이 적고 있다.

농촌에서 연출된 산동대고는 어떤 유파든지 대개 남자 예인이 연창했고, 공연장소는 집시, 묘회 등 사람들이 많이 모이는 장소 외에 농촌에서 저녁 때 공연하는 '만당자晚檔子'가 더욱 많았다. 대개 먼저 공연장을 정리하는 '소단아小段兒'를 부르고, 사람들이 많이 모여들면 '정서正書'를 공연하기 시작한다. 내용은 역사상의 전쟁 이야기, 가정윤리, 애정물 등이 많았다. 농민 청중의 요구에 맞추어 명쾌하고 힘 있게, 창과 백을 똑똑히 알아들을 수 있게 불렀다. 일상생활에서 많이 쓰는 이속한 구어 표현들이 풍부한 언어를 구사하고 동작의 폭을 크게 연기하여 인물의 성격을 생생히 그려내는 데 힘썼다. 예술적 풍격은 자연 순박하고 강건했다.

---

55 鍾聲 編, 『西河大鼓史話』, 87쪽.

56 于會泳, 『山東大鼓』, 10쪽.

대개 중편 서목이 많았는데, 그 구성을 보면 앞뒤 줄거리가 긴밀하게 연결되고 아슬아슬하거나 조마조마한 상황을 잘 운용했다. 창과 백을 똑같이 중시하며 오랫동안 전승되면서 고정적인 어구로 이루어진 '향구響口'가 대부분이었다.[57]

농촌 고사계강창에 쓰인 반주악기는 타악기, 현악기였는데, 지역에 따라 구성이 달랐다. 예인이 한 손에 들고 두드리며 박자를 맞추는 반달형 타악기는, 산동 지방에서는 대개 쟁기 날에서 유래한 쇳조각을 썼고 하북 지방에서는 나무를 깎아 만들어 썼다. 이 타악기의 재료에 따라 이화대고, 목판대고 등의 이름이 생겨났다.[58] 고사계강창의 원형이 형성되기 시작할 때 농민들이 쇳조각이나 나뭇조각을 들고 두들기며 비정형의 짧은 농가를 불렀고, 이것이 점차 정형화되고 완비된 방향으로 발달하면서 이야기를 담은 비교적 긴 작품을 형성하게 된 것이다. 또 다른 중요한 타악기로는 북이 있다. 농촌에서는 대부분 북을 다리가 짧은 받침대에 올려놓고 사용했다. 소경少卿은 「대고서의 종류〔大鼓書之類別〕」(1922)에서 이화대고를 소개하며, 농촌 고사계강창에 짧은 다리 받침대가 있는 북을 쓰는 이유를 다음과 같이 설명했다.

다리가 짧은 북을 쓰게 된 것도 농가의 흔적이다. 시골에서는 농사를 끝내고 시간이 나면 노소가 마당에 둘러앉아 설서를 들었는데, 어떤 사람은 쪼그려 앉고

---

57 張軍·郭學東, 『山東曲藝史』, 101~102쪽. '響口'는 이전부터 전승되어온 가사를 그대로 공연하는 것이다. 이는 줄거리의 大綱(書梁子)만을 정해놓고 마음대로 가사를 붙이는 방식인 '趟口'와 대조된다.

58 대부분의 사람들은 '梨花'가 본래 쟁기를 뜻하는 '犁鏵'에서 가차된 글자라는 통설을 받아들이고 있다. 顧頡剛, 「梨花大鼓」, 『景西雜記(七)』(1922) 所載; 少卿, 「大鼓書之研究」, 『戲雜誌』 1, 1922; 老蠶, 「說大鼓」, 『申報』 1930. 10. 23. 등. 그렇지만 梨花片도 河北 지방에서 쓰였고 木板도 山東 지방에서 쓰였다. 예인들이 두 성을 넘나들면서 공연하는 것은 드문 일이 아니었기 때문이다. 다만 각 지방에서 우세한 것이 각각 山東은 梨花片, 河北은 木板이었다고 할 수 있을 것이다.

어떤 이는 다리를 포개고 앉아서 들었다. 설서자도 땅에 자리를 펴고 앉았기 때문에 짧은 다리 받침이 달린 북을 쓴 것이다. 지금 이 곡조가 대도시에 유입되면서 이 북이 탁자 위로 올라가게 된 것이다.[59]

이상에서 살핀 농촌 고사계강창 공연 모습의 특징을 정리하면 다음과 같다. 먼저 공연은 공연자를 마을로 초빙하여 적당한 공터에서 저녁 무렵에 진행하는 경우가 많았고, 묘회가 있는 날에는 농민들이 묘회 장소로 가서 그곳에서 벌어지는 공연을 감상하기도 했다. 공연자는 먼저 짧은 작품으로 목을 풀고 사람이 모여들기를 기다렸다가 본격적인 공연을 시작하는데, 자신은 쇠나 나무로 만든 반달형 짝짜기와 북을 두드리며 노래를 하고 반주자는 삼현을 타면서 반주했다. 공연 내용은 역사나 전쟁을 그린 이야기, 그리고 윤리나 사랑을 노래한 이야기 등으로 다채로웠고, 노랫말은 농민들이 알아듣기 쉬운 구어체로 이루어졌다. 농촌의 고사계강창은 음악적으로는 단조롭고 반복적이었지만 농민들의 생활에서 빠질 수 없는 오락이었다.

농촌 고사계강창의 작품 형식은 중편 '파곤아巴棍兒'와 단편 '소단아小段兒', '서모書帽' 등이 있었는데, 이를 1회 공연에 완성되는 단편과 2회 이상 연속 공연되는 중편으로 구분할 수 있다. 이 작품들 모두 개장 때 사전 공연을 진행한 후에 본 공연을 진행했다. 개장 때 부르는 '시백詩白'은 대개 4~8구 정도의 운문인데, 4구는 제강提綱, 8구는 시詩라고 한다. 내용은 공연할 이야기의 전체 줄거리를 암시하는 것도 있고, 줄거리와는 상관없이 단순히 청중의 주의를 끌기 위한 것도 있다. 『산동대고』에 인용된 「장판파」의 제강을 보겠다.

---

59 『申報』, 1922. 4. 1.: "其用鼓獨用短足者, 亦存農假之跡. 鄉村之間, 農工餘暇, 老幼聚于場圃, 圍聽說書, 或箕踞, 或跌坐, 卽說書者亦席地坐, 故利用鼓足之短. 今此調流入通都大邑, 短足鼓遂高踞案上." 顧頡剛, 『顧頡剛讀書筆記 卷一』, 台北: 聯經出版事業公司, 1990, 458쪽에서 재인용.

三國英雄數馬超,	삼국 영웅 가운데 꼽는 이는 마초,
劉備關張諸葛亮.	유비, 관우, 장비, 제갈량 등이라네.
長坂坡前趙雲勇,	장판파 앞에서 조운은 용맹하였고,
翼德喝斷當陽橋.	장익덕은 당양교에서 고함을 질렀네.

이후 '정문正文'에 들어가기 전에 '인자引子'가 몇 구절 이어지는데, 이것은 이야기를 꺼내는 역할을 한다. 같은 책의 「왕이저사부王二姐思夫」[60]를 보면 다음과 같다.

八月中秋陣陣涼,	팔월 중추절이라 서늘하니,
一場白露一場霜.	백로가 내리고 서리가 내리는구나.
嚴霜單打獨根草,	차가운 서리가 홑뿌리 풀 위에 내리니,
小螞蚱吊死在那草葉上.	작은 개미는 풀잎 위에서 죽어가네.
雁飛南北知寒暑,	기러기 날아가니 계절을 알겠고,
繡女在房中盼望才郎.	여인네는 방 안에서 낭군님만 기다리네.
表的是 ……	말씀드릴 이야기는 (……) 〔이하 정문正文〕[61]

공연자가 "말씀드릴 이야기는〔表的是〕(……)"이라는 구절을 노래하면 여기부터 정문이 시작된다는 의미였다. 서두 부분은 중편은 '서강월'이나 시구 등으로 시작하는 경우가 많고, 단편은 위처럼 시구로 시작하는 경우가 많다. 이처럼 서시의 일종에 해당하는 부분이 많은 작품에 나타난다. 인자는 본문을 이끌어주는 역할을 하는 부분으로, 서시보다는 본문에 보다 근접한 내용인데, 작품에 따라 없는 경우도 있다. 서시와 인자는 모두 정문을 시작하기 전에 준비하는 과정의 일부이다. 이 과정을 통해 공연자와 청중은 중심 이야기를 노래하고 들을 준비를 갖추었다.

---

60 王二姐가, 과거를 보러 京師에 가서 6년 동안이나 소식이 없는 남편을 그리는 이야기이다.
61 이상 두 편은 于會泳, 『山東大鼓』, 13쪽에서 재인용.

정문은 운·산문혼용체와 운문전용체가 모두 존재한다. 운·산문혼용체는 중편에 많고 운문전용체는 단편이 대부분이다. 양가장楊家將 이야기를 소재로 한 중편 서하대고 가운데 「금사탄金沙灘·반양송潘楊訟」(20회)[62]은 서두에 '서강월'로 한 수 읊고 나서 제1회 본문을 다음과 같이 시작한다.

(산문)

話說北宋太祖趙匡胤陳橋兵變, 龍袍加身. 在位一十九年, 駕崩之後, 宋二帝太宗趙匡義繼承皇位登坐龍樓, 起年號太平興國, 首都仍爲東京汴梁開封府, 這一天

화설, 북송 태조 조광윤이 진교에서 병변을 일으켜 용포를 입게 되었습니다. 재위 19년에 황제가 서거하자 송나라의 두 번째 황제 조광의가 황위를 이어 용루에 등극하여 태평흥국이라 연호를 붙이고 서울은 여전히 동경 변량 개봉부에 두었지요. 이날은

(운문)

太宗皇帝駕金鑾,	태종 황제가 황궁에 납시니,
文東武西列兩邊.	문무백관이 양쪽으로 늘어서 있네.
八賢王趙德方懷抱金鐧,	팔현왕 조덕방이 금간을 잡고 서 있고,
大丞相王延齡位壓百官.	대승상 왕연령이 백관을 압도하며 서 있네.
金鞭王呼延贊忠心赤瞻,	금편왕 호연찬은 붉은 충심으로 충만하고,
火山王楊繼業刀馬非凡.	화산왕 양계업은 병마가 비범하도다.
東平王高懷德能爭慣戰,	동평왕 고회덕은 전쟁에 뛰어나고,
汝南王老鄭印不減當年.	여남왕 정인은 전성기에 못지않네.
文彥博才高八斗官拜翰林院,	문언박은 재능이 뛰어나 한림원에 배수되고,

---

62 이 작품은 楊家將 이야기의 앞부분을 그리고 있다. 줄거리는 다음과 같다. 北宋 때 遼가 남침해 오는데 간신 潘仁美가 아들 潘豹를 사령관으로 삼으려 하자 楊繼業의 아들 楊七郎이 무술대결에서 潘豹를 죽이고 사령관이 되는 바람에 두 집안은 원수지간이 된다. 楊七郎을 비롯한 楊氏 집안 장수들은 金沙灘에서 遼軍과 싸우다가 전사하거나 패주하고, 楊七郎은 부친을 구하기 위해 潘仁美에게 원군을 요청하나 도리어 潘仁美에 의해 둘 다 목숨을 잃는다. 楊六郎은 귀경하여 潘仁美를 고발하고, 仁宗 황제는 潘仁美를 체포하여 寇準에게 심문을 맡겨 潘仁美 일가가 요와 내통한 사실을 밝히고 潘仁美를 처단한다.

呂蒙正學富五車掌管國子監.　　여몽정은 다섯 수레 책을 읽어 국자감을 관장하네.
老太師潘仁美也在一旁站,　　　노태사 반인미도 옆에 서 있는데,
這個人表面忠厚內藏奸.　　　　이 사람은 겉으로는 충신인 척하지만 속으로는
　　　　　　　　　　　　　　　간신이라네.

宋太宗繡龍墩上二目閃,　　　　송 태종께서 수룡돈 위에서 두 눈으로 쏘아보며,
開言有語把聖旨傳.　　　　　　말씀을 시작하여 성지를 전하시네.
"有本早奏莫遲延,　　　　　　　"상소할 말이 있거든 지체 없이 아뢰고,
無本散朝要卷簾."　　　　　　　상소할 말이 없거든 조회를 끝내고 자리를 걷도록
　　　　　　　　　　　　　　　하라."

(산문)

宋太宗一言未盡, 大丞相王袍王延齡出班跪倒, 口呼萬歲: "臣王袍有本." "奏來!"
"遵旨, 萬歲呀
송 태종의 말이 미처 끝나기도 전에 대승상 왕연령이 나와 무릎을 꿇고 만세를 외
치며 아뢰는데, "신 아뢰올 말씀 있나이다." "말하라!" "예이, 황상께서는

(운문)

萬歲在上您細聽着,　　　　　황상께서는 당상에서 들어주소서,
老臣有本奏當朝.　　　　　　신 조정에 있으면서 올릴 말씀 있나이다.
遼國番王來戰表,　　　　　　요나라 번왕이 전쟁을 걸어와서,
要與大宋動槍刀.　　　　　　대송과 싸우려 하고 있습니다.
遼國兵對我疆土常騷擾,　　　요나라 군사는 늘 우리 나라의 변방에서 소란을 일으켜
殺我百姓罪難饒.　　　　　　백성들을 해치니 용서하기 어렵습니다.
眼看邊關要難保,　　　　　　지금 변방을 보위하기가 어려운 듯하니,
請主公速派神兵滅大遼."　　폐하께서는 속히 신병을 급파하시어 요나라를
　　　　　　　　　　　　　멸하도록 하소서."[63]

이후로는 파견될 장수를 선발하는 장면이 약 1,000자의 상당히 긴 산문

---

63 郝赫 整理, 『金沙灘·潘楊訟』, 瀋陽: 春風文藝出版社, 1982, 1~2쪽.

으로 이어진 후 다시 운문과 산문이 되풀이된다. 「금사탄·반양송」은 대대로 서하대고를 공연해온 가계의 후손이며 자신도 예인으로 활동한 바 있는 학혁郝赫이라는 인물이 조상으로부터 전승된 것을 바탕으로 정리한 것이다.[64] 따라서 이 중편 작품은 농촌 강창의 면모를 대체로 원형에 가깝게 유지하고 있다. 처음의 산문에서 시대 배경을 간단히 설명한 후, 이어지는 운문에서는 송 태종이 즉위하여 조회를 치르는 장면을 자세히 묘사하고 있다. 한 장면에 대한 자세하고 긴 묘사는 중편 강창의 주요 특징인데, 이러한 상세 묘사가 비교적 길게 이어지기 때문에 청중이 깊이 주의를 기울이지 않아도 어느 대목에 이르렀는지를 쉽게 알 수 있는 것이다. 다시 산동 지방의 대고 가운데 석진방이 구술한 「사용기」[65]의 제2회 시작 부분을 보겠다.

(운문)

閒言不說書歸正,	한담은 그만두고 본론으로 돌아가서,
鼓板正轉開正封.	북과 짝짜기 두드리며 정문正文을 시작하네.
上回說的英烈傳,	지난 회에 말하던 영렬전을,
還有本半沒唱淸.	아직 반절은 말하지 못했는데,
哪裏打斷哪裏找,	어디서 끝냈는지, 어디서 실마리를 찾을지,
明公落坐仔細聽.	여러분들 앉으셔서 자세히 들어보시기를.

---

64 郝赫 整理, 『金沙灘·潘楊訟』, '序'에 따르면 조부 郝英吉, 부친 郝慶國, 백부 郝慶軒, 고모 郝艶霞(1923년생)와 郝艶芳(1925년생) 등이 모두 西河大鼓의 유명 예인으로 활동했다. 특히 조부 郝英吉은 王殿邦(馬三鳳의 師弟인 袁宗凱의 제자)과 馬小瘋子(馬三鳳의 아들)로부터 西河大鼓를 전수받은 '南口西河大鼓'의 주요 예인이었다. 鍾聲 編, 『西河大鼓史話』, 15~16쪽.

65 전체 줄거리는 다음과 같다. 明 萬曆 연간에 國舅 李世榮이 山西 출신 進士 白圭의 아내 王鳳英을 강탈하고 이에 저항하는 王鳳英을 매질하니 李世榮의 딸 李翠屛이 王鳳英을 구해 간호해준다. 白圭의 아들 白金庚은 부모를 구하기 위해 定國公 徐千歲의 집에 양자로 들어가서 徐金庚으로 개명하고 작위를 이어받는다. 徐金庚은 비단실 장수로 변장하고 李世榮의 집에 잠입하여 모친과 李翠屛을 만나지만 李世榮에게 발각되어 하옥된다. 白圭는 아들을 찾아나서 縣令이던 친구 張九成의 도움으로 李世榮을 체포하려 하나 도리어 붙잡히고, 딸 白玉屛은 李世榮 집의 하녀로 팔려간다. 그 뒤 徐金庚은 春紅과 의동생 春靑의 도움을 받아 李世榮을 붙잡아 처단하고 모친과 여동생을 구출한다.

回文再說哪一個,	본문으로 돌아와 어디부터 말해야 하나,
再說奸臣李世榮.	간신 이세영부터 말해야겠네.
奸臣下了八招轎,	간신이 팔초교에서 내려,
坐到狐狸正當中.	살쾡이처럼 가운데 앉았네.
奸臣狐狸剛落坐,	간신이 살쾡이처럼 앉아 있을 때,
湊巧廟裏□來王鳳英.	때마침 절간에 왕봉영이 왔는데,
當時驚動何人等,	어떤 사람들이 놀랐는가,
驚動奸臣李世榮.	간신 이세영이 놀랐다네.

(산문)

話說, 奸臣李世榮前來鎭會, 吩咐落下八招大轎, 去了扶手, 下了大轎, 來到山門的外, 剛然坐下, 聽着山門裏邊脚聲響亮, 擡頭觀看, 看見了大賢人, 王鳳英, 千嬌百媚, 萬種的風流, 閉月羞花之貌, 沉魚落雁之容, 眞是都郜底底的美貌, 叫本督可愛呀.

화설, 간신 이세영이 진회에 와서 가마꾼에게 가마를 내려놓으라고 명하고 가마꾼을 물러가게 한 후에 가마에서 내렸습니다. 산문 밖까지 와서 앉아 있다가 산문 안에서 발소리가 울리는 것을 듣고 고개를 돌려 바라보니, 대현인 왕봉영이 아리따운 모습으로 한껏 풍류 있는 모습으로, 달도 숨고 꽃도 부끄러워할 정도로, 물고기가 숨고 기러기가 내려앉을 정도로 아름다운 사람이, 정말이지 지극히도 아름다운 모습으로 오는 것이었으니, 본관은 저 사람이 마음에 드는도다!

(운문)

大奸臣狐狸以上用目瞧,	간신 살쾡이가 이렇게 보았으니,
看了看廟裏□來了女窈窕.	묘당에 요조숙녀가 오는 것을 본 것이라.
觀年紀不到四十歲,	나이를 보아하니 마흔도 안 되었고,
人物長的眞高超.	인물이 정말 아리땁게 생겼구나.
只見他黑黑曲焦雲□墨染,	검은 머리는 먹칠을 한 듯 까맣고,
紅頭繩兒纏兒遭.	붉은 실로 칭칭 감았구나.
不搽宮粉自來俊,	화장을 하지 않아도 절로 예쁘고,
不點胭脂也好瞧.	연지를 찍지 않아도 정말 아리땁다.
水靈靈的葡萄眼,	반짝반짝 포도 같은 눈망울,

兩道柳眉□筆描.	버들 같은 눈썹은 붓으로 그린 듯.
身穿石榴大紅襖,	몸에는 석류빛 붉은 저고리 입었네,
細絟絟的相柳腰.	가느다란 버들허리.
一對金蓮不大點,	자그마한 두 발로,
走的快了站不牢.	얼른 걸어가며 멈추지 않으니,
好似西施重見面,	서시를 다시 만난 듯,
如同仙女下天□.	선녀가 하늘나라에서 내려온 듯.
見過多少女流輩,	여류인걸을 몇이나 보았어도,
不如這女子長的高超.	이 여인 아름다움만 못하네.
□於此女成婚配,	이 여인과 혼인을 이루어,
□許下太安神州把□燒.	태안 신주에서 …… 태울 수 있기를.
奸臣越看越愛看,	간신이 보면 볼수록 탐이 나서,
口口淨說人物不孬.	입으로 '그 사람 좋구나' 연발하네.[66]

역시 상당히 긴 문장에 표현된 내용은 간신이 아름다운 여자를 보고 반한 상황뿐이며, 후술할 단편보다 사건의 진행이 훨씬 느리다는 것을 알 수 있다.

중편 작품의 한 회가 끝날 때는 새로운 장면이 등장하여 청중의 호기심을 유발하는 방식으로 마무리된다. 공연자들은 이를 '구자扣子'라는 전문용어로 부르는데, 이러한 처리는 장회소설과 유사하다.[67] 「금사탄·반양송」 제1

---

66 山東省 藝術研究所 소장 채록본. 이것은 1958년 9월 3일에 時振邦(石振邦)의 구술을 기록한 것이다. 전체는 45회로 이루어져 있으며 약 20일간 공연할 수 있는 분량이다.

67 '扣子'는 남방에서는 '關子'라고 하는데, 사건이 진행되는 도중에 중요한 기로나 轉機에서 앞으로 어떻게 될 것인지 호기심을 유발하는 장치이다. 이는 매회가 끝날 때마다 다음 회가 어떻게 진행될 것인가 하는 궁금증을 유발하는 부분을 가리키기도 하고, 작품 전체에서 위기의 해소에 가장 관건이 되는 부분의 아슬아슬하거나 조마조마한 장면을 가리키기도 한다. '扣子'는 다시 '明扣兒'와 '暗扣兒'로 구분된다. '明扣兒'는 사건의 성공을 방해하는 요소를 全面에 제시하여 인물들의 운명이 앞으로 어찌될 것인가에 대해 조마조마하게 만드는 방법이고, '暗扣兒'는 아무런 배경 설명 없이 방해자가 갑자기 등장하여 청중의 급격한 조바심을 유발하는 방법이다. 장편인 '蔓子活'의 경우에는 긴 사건 전개 동안 '扣子'가 계속해서 나타나는 '連環扣兒'가 있다. 이상 張軍·郭學東, 『山東曲藝史』, 151~152쪽 참조.

회의 마지막 부분은 다음과 같다.

(산문)

此時臺下一片安靜, 半晌無人答話, 潘豹一見: 喜上心頭, 他剛要想收場, 就在這個
時候, 忽聽臺下有人大喝一聲, 這一嗓子就如同響晴天打了個霹雷, 把擂臺震的'突
突'直抖. '呔! 好你個潘豹小兒, 休要逞能, 看我今天治你!' 這位英雄也不走雲梯, 只
見他在臺下一抖身形, 如同是小燕鑽雲'蹭'蹶上了擂臺, 那眞是穩穩當當, 一絲不
晃. 潘豹藝高人膽大, 初生牛犢不怕虎, 打倒沒害怕; 潘仁美坐在擂臺旁邊不看便
罷, 擡頭一看不由得倒吸一口涼氣. 老賊只覺得渾身發抖, 雙腿打顫, 哎呀呀, 我當
是誰呢? 原來是他! 若問來者何人? 且聽下回分解.

이때 단 아래가 잠시 조용해지면서 말하는 사람이 없었습니다. 반표가 그것을 보
고 기뻐하며 막 경연을 거두려 하는데, 바로 그때 갑자가 단 아래에서 큰 소리가
들리는 것이었습니다. 목소리는 마치 마른하늘에 벼락이 치는 것과도 같아서 경
연단을 퉁퉁 울릴 정도였습니다. "흥! 너 반표 어린애 같은 녀석아! 재주는 그만
부리고 오늘 나한테 좀 혼나봐라!" 이 영웅은 계단을 올라가지도 않고 단 아래에
서 몸을 떨며 마치 제비처럼 "챙!" 소리를 내더니 무대에 날아올랐는데 정말로 당
당한 모습에 당황한 기색은 조금도 없었습니다. 반표는 기예 수준도 높고 담력도
커서, 하룻강아지가 범 무서운 줄 모르는 것처럼 두려워하지 않았습니다. 반인미
는 단 옆에 앉아 있었는데, 보지 않았으면 그만이지만 고개를 들어보니 절로 한숨
이 나왔습니다. 이 간신은 온몸이 떨리고 두 다리가 덜덜, 아야야, 누구와 맞붙어
야 하나? 저 놈이었구나! 이렇게 나타난 사람이 누구인가? 다음 회에서 들어주십
시오![68]

한 회가 이렇게 끝나면 다음 회에서 새로 나타난 인물이나 사건에 대한
설명으로부터 이야기가 이어진다. 한편 이 중편의 마지막 회인 제20회는
다음과 같이 마무리된다.

---

68 郝赫 整理, 『金沙灘·潘楊訟』, 12~13쪽.

一部楊家將的前半篇－金沙灘, 潘楊訟, 說到此處算是告一段落. 下邊還有牤牛陣,
天門陣等許多熱鬧節目, 咱們以後再說.

양가장의 전반부인 「금사탄」, 「반양송」은 여기까지 하면 한 단락을 한 셈이 됩니
다. 앞으로도 「망우진」, 「천문진」 등 재미있는 대목이 많이 있는데, 이것은 나중
에 다시 말씀드리지요.[69]

이러한 중편 작품은 앞에서 언급한 것을 포함하여 서하대고에서만 68부
가 확인되며, 산동 지방 대고는 산동성 예술연구소에 24부의 채록본이 보관
되어 있다.[70] 이 목록 가운데 상당수는 청 말, 중화민국 시기에 대도시에서
'설창고사'라는 이름으로 출판되었다.

이처럼 하루에서 열흘 정도에 걸쳐 공연되는 중편 작품이 운문과 산문으
로 이루어지고 서술이 상세하며 사건의 진행이 비교적 느린 것에 비해, 1~2
회 정도에 그치는 단편 작품은 대개 운문만으로 이루어지고 서술이 간략한
대신 사건 진행이 빠른 것이 특징이다.

단편은 '소단아', '창편唱片'이라고도 불렸는데, 거의 운문으로만 이루어졌
으며 대개 한 단락의 짧은 이야기를 다루었고 길이는 200~400행 정도였다.

---

69 郝赫 整理, 『金沙灘·潘楊訟』, 301쪽.
70 서하대고: 「玉虎墜」, 「趙五娘」, 「大衣箱」, 「張公瑾賣馬」, 「反延安」, 「三全鎭」, 「困虎山」, 「河間府」,
「紫金鐲」, 「三省莊」, 「破孟州」, 「太原府」, 「蘇家將」, 「十二紅」, 「賈家樓」, 「瓦崗寨」, 「羅成過害」, 「羅
通掃北」, 「小西唐」, 「秦瓊打擂」, 「汾河灣」, 「呼延慶打擂」, 「小上墳」, 「萊蕪縣」, 「六郎探母」, 「十字
坡」, 「野猪林」, 「宋江出世」, 「打關西」, 「回龍傳」, 「七郎打擂」, 「楊宗英下山」, 「兩狼山」, 「破紅州」,
「天門陣」, 「楊金華奪印」, 「雙鎖山」, 「白馬案」, 「金陵府」, 「包公出世」, 「小英烈」, 「死絨記」, 「金環
記」, 「玉環記」, 「雙釵記」, 「合同記」, 「石蘭記」, 「蓮花盞」, 「劍峰山」, 「溫凉盞」, 「書囊記」, 「回杯記」,
「三賢傳」, 「玉堂春」, 「何家寨」, 「香羅帕」, 「淸烈傳」, 「雙合傳」, 「空棺記」, 「金錢記」, 「小棗案」, 「鍘
閣老」, 「雙頭案」, 「五龍傳」, 「月明樓」, 「王定保」, 「施風案」, 「左連城告狀」 등. 鍾聲 編, 『西河大鼓史
話』, 92~93쪽. 산동 지방 대고: 「三全鎭」, 「金鎖鎭」, 「對花槍」, 「下海州」, 「破孟州」, 「太原府」, 「瓦
崗寨」(이상 「隋唐」, 「響馬傳」); 「左連城告狀」, 「范孟亭推車」, 「杜秀蘭送飯」, 「大送嫁」, 「白綾扇」,
「滿漢鬪」, 「濟南府」, 「南京府」(이상 「劉公案」); 「萬仙陣」, 「小英烈」, 「回龍傳」, 「紅風案」, 「合同記」,
「絲絨記」, 「金錢記」, 「羅衫記」, 「雙合印」(이상 其他 歷史傳奇故事) 등. 張軍·郭學東, 『山東曲藝
史』, 102~103쪽.

이 길이는 한 번의 공연에서 끝낼 수 있는 분량이다. 농촌에서 성행하던 시기의 단편은 농촌 생활을 다룬 짧은 민간고사로 구성된 것이 많다.[71] 당시부터 널리 유행한 곡목 가운데「소고현小姑賢」의 일부를 들어본다.

美麗的山河遍地花,	아름다운 산하는 온통 꽃 천지이고
五谷豊登甚可誇.	오곡이 풍성하니 정말이지 자랑스럽네.
王家莊居住王員外,	왕가장에 사는 왕원외는,
取妻刁氏來當家.	조씨를 아내로 삼아 집으로 데려왔네.
生下一兒幷一女,	일남일녀를 낳아,
兒子登雲女名素花.	아들은 등운, 딸은 소화라고 이름 지었네.
兒媳李氏把門過,	며느리 이씨가 집에 들어왔는데,
夫妻和美數着他.	부부가 화목하기로는 그들을 꼽았네.
登雲南學把書念,	등운이 공부를 하는데,
苦用工夫不常在家.	열심히 하느라 집에 자주 오지 않았네.
素花女生來甚賢惠,	딸 소화는 지혜로워서,
熟通人情把人愛煞.	사람의 마음을 잘 알고 남을 사랑할 줄 알았네.
自從李氏兒媳把門過,	이씨댁 며느리가 집에 들어온 후로,
刁氏婆婆不愛看他.	조씨 할멈은 그를 좋아하지 않았네.
不是打來就是罵,	때리지 않으면 욕해대기 일쑤이고,
又是擰來又是掐.	꼬집고 찌르고 하네.
爲此事登雲把妻勸,	이 일로 등운은 아내에게 권하기를,
"有甚么不好你原諒他.	"안 좋은 일이 있어도 참게.
那大年歲能活幾載,	저 노인네 살면 몇 년이나 사시겠나,
不久地土埋頂染黃沙,	얼마 안 있어 땅에 묻혀 황사가 쌓이게 될 텐데,
有甚么冤屈都有我,	억울한 일이 있거든 내가 있으니,
妻呀爲丈夫爲你實無法."	부인, 남편이 되어서 자네를 위해 정말 방법이 없네."
李氏女聞听丈夫勸,	이씨 부인이 남편의 권계를 듣고서

71 鍾聲 編, 『西河大鼓史話』, 86쪽.

一陣心酸把淚擦,	마음이 아파 눈물을 닦으며
說: "丈夫你放心吧,	말하기를 "여보, 마음 놓으세요,
怎么不好是咱媽."	우리 어머님이신데 어떻게 탓할 수 있나요."
登雲收拾書包上學去,	등운이 책 보따리를 챙겨 공부하러 떠나가고,
在外邊走進王素花.	밖에서 왕소화가 들어오네.
近前來滿面帶着笑,	다가오며 만면에 웃음을 띠고서는,
說: "嫂嫂, 妹妹給你繡枝花."	말하기를, "올케 언니 드리려고 꽃 수 하나 놓았어요."
他二人說笑在一起,	두 사람이 함께 웃으니,
情同姊妹一个媽.	마음 통하는 친자매 같네.[72]

이후로도 지혜로운 며느리와 딸이 사나운 (시)어머니를 잘 모시는 이야기가 계속 이어진다. 이러한 단편은 공연이 한 번 열릴 때 마칠 수 있는 분량이어서 예인들은 최소한 몇 가지 곡목을 보유하고 있어야 했다. 산동 지방 대고의 전통 서목 가운데 단편은 200여 종, 서하대고의 전통 서목 가운데 단편은 264편이 확인되는데, 이들은 농촌과 도시의 단편 서목을 모두 포함한 것이지만 이 가운데 농촌 시기부터 공연되기 시작한 것도 적지 않을 것이다.[73] 자료가 부족하므로 확증할 수는 없으나, 대체로 농촌의 일상생활을 다룬 것은 비교적 이른 시기부터 농촌에서 유행하던 것으로, 고전소설이나 희곡 등 문학작품에서 소재를 따온 것은 대체로 도시 진입 이후에 유행한 것으로 추정된다.

단편 '소단아'보다 더욱 짧은 것은 '서모'이다. 이것은 정식 공연을 시작하기 전에 부르는 아주 짧은 창으로, 송대 강창의 '득승두회得勝頭廻'에 해당한다. 대체로 공연의 시작을 알리고 자리를 정돈하는 반주가 끝난 후 정식 공

72 瀋陽市文聯 編, 『鼓詞彙集』 第5輯, 1957, 62쪽.
73 張軍·郭學東, 『山東曲藝史』, 211~213쪽; 鍾聲 編, 『西河大鼓史話』, 92~95쪽.

연을 시작하기 전에 불렀고, 한 회 공연이 끝나고 다음 회의 내용을 약간 알려줄 때에도 불렀다. 서모는 본 공연에 앞서 간단히 부르는 것이므로 대개 특별한 제목이 없으나 「요구령繞口令」, 「요구대繞口帶」 등의 이름이 붙는 경우도 있었다. 이것도 작품의 내용에 따라 붙은 것이 아니라, 발음이 어려운 가사를 최대한 빨리 발음하는 재주를 선보이는 공연 형식에 따라 붙은 이름이다. 제목이 없는 '서모' 한 단락을 들어본다.

一寸金來一寸銀,	금 한 덩이에 은 한 덩이,
寸金難買寸光陰.	금 한 덩이로도 시간 한 덩이를 살 수는 없네.
寸金丟了有處買,	금 한 덩이 잃어버리면 살 곳이 있지만,
光陰過去无處尋.	세월은 지나가버리면 찾을 곳 없다네.
大漢朝有個諸葛亮,	한나라에 제갈량이 있었고,
大明朝有個劉伯溫.	명나라에 유백온이 있었으며.
河南項州文王墓河南,	하남 항주에 문왕의 묘가 있고,
山東曲阜聖人墳山東.	산동 곡부에 공자님의 묘가 있으며.
闖蕩江湖趙匡胤,	강호를 호령하던 조광윤이 있었고,
順說六國大人蘇秦.	육국을 돌며 유세하던 소진이 있었는데.
這幾位也有文來也有武,	이들은 문덕이나 무재를 갖추었고,
也有臣來也有君.	이들 가운데에는 충신과 현군이 있었네.
也能寫來外帶着也能算,	이들은 문장을 잘 짓고 계산에도 뛰어나,
制造下花紅世界錦繡乾坤.	이 세상 금수강산을 만들어냈지만,
到如今三山六水依然在,	지금 산하는 의연한데,
也不見爭名奪利那些古人.	이름 날리던 옛사람들은 보이질 않네.
衆明公不信荒郊外邊看,	여러분들 못 믿겠으면 교외에 나가 한번 보오,
土裏邊埋的土外邊人.	〔지금은〕 땅속에 묻힌, 〔예전에〕 살아있던 사람들을.[74]

---

74 『鼓詞彙集』第6輯, 289~290쪽. '書帽'를 모은 것으로는 『鼓詞彙集』第6輯 외에 中國曲藝研究會의 이름으로 펴낸 『書帽選集』(1957)이 있다. 여기에는 근 50편의 '書帽'가 실려 있다.

이처럼 농촌 고사계강창은 하루 공연으로 완결되는 단편이나 대체로 열흘 이내에 끝나는 중편 위주였고, 공연 기간이 보름 이상부터 한 달 정도에 이르는 장편은 거의 없었다. 예인들은 모두 낮은 수준의 교육만 받았거나 정규교육을 전혀 받지 못한 농촌 청중의 기호에 맞는 이야기를 중편과 단편을 막론하고 강창했다. 그 가운데 중편 작품에서는 주로 전쟁이나 건국에 관한 이야기를 상세하고 반복적으로 설명하며 비교적 느리게 이끌어나감으로써, 청중이 이완된 상태에서 공연을 감상하는 자리를 마련해주었다. 산문과 운문의 공존은 이러한 이야기 진행 속도의 유연성을 보장하는 동시에, 장시간 공연해야 하는 예인이 피곤해질 때 노래를 쉬어가며 설백說白으로 이야기하기에도 유용한 조건이 되었다. 이에 비해 단편 작품은 짧은 공연 시간 내에 하나의 이야기를 완결하기 위해 비교적 빠르게 노래만으로 이야기를 진행했으므로, 청중은 중편보다는 상대적으로 긴장된 상태에서 노래를 위주로 감상했다. 이처럼 중편과 단편은 길이뿐만 아니라 운·산문 구성도 상이했고, 특히 예인이 공연하고 청중이 감상하는 태도도 현저히 달랐다. 특히 중편에서는 창 부분이 음악적으로 단순하고 반복적인 가락이 되풀이되는데, 이는 단편이 세련되고 변화가 많은 가락으로 이루어져 음악이 고도화된 것과 대조적이다.

5. 소결

청 후기에 화북의 농촌에서 성장한 고사계강창은 전기 고사계강창을 비롯한 시찬 계통 공연문학의 전통을 계승하여 성립했다. 이 시기의 농촌 고사계강창은 소재나 주제의식이 전기 고사계강창과 상당히 달랐다. 양자가 동일하거나 유사한 부분은 양자 모두 '고사'라는 이름으로 불린 적이 있었다는 점(제1부 참고)과 시찬 형식의 강창이라는 점이다. 소재가 많이 다른데도 불구하고 양자가 동일한 계통으로 간주될 수 있는 이유는 이처럼 명칭과 형식이 비슷했기 때문이다. 그렇지만 농촌 고사계강창은 형성 초기에는 정식 명칭이 없다가 청 말에 이르러서야 이화대고, 서하대고, 경운대고 등의 이름을 얻었고, 작품들 역시 청 말, 중화민국 시기에 서적포나 출판업자들에 의해 대량으로 필사 또는 간행되었다.

농촌 고사계강창 공연에서는 대부분 북이 주요 반주악기로 쓰였으며, 단순하고 반복적인 가락이 설창되었다. 이 작품들의 문체로는 7·10언을 기본으로 하고 비교적 다양하게 변화하는 중편 운·산문혼용체와 단편 운문전용체가 있다. 중편에서는 건국, 전쟁 등의 소재가 자주 등장하는 데 비해, 단편은 농촌의 일상생활이 배경인 작품이 많았다. 농촌 고사계강창을 공연한 사람들은 대체로 농민 출신의 반직업적 예인들이었고, 이들은 정기적으로 열리는 시회, 추수·설날 등의 세시에 마을 등에 초빙되거나 찾아다니며 유동성 있게 공연하는 것이 특징이었다.

이와 같은 농촌 고사계강창은 향촌 농민들의 애호를 받으며 성장했으나, 청 말엽에 이르러 농촌 경제의 파탄과 서양문물의 전입 등 국내외의 근본적인 변혁과 충격을 겪으며 새로운 전기를 맞게 된다. 이는 농촌 고사계강창의 쇠퇴와 이로 인한 농촌 예인들의 도시 진입, 그 결과 나타난 도시 고사계강창의 상대적 성장 및 성행을 의미한다.

제3장 도시 고사계강창

1. 청 말 도시 고사계강창의 성장

(1) 청 말 북경의 고사계강창 개황

청 말엽의 도시 고사계강창의 성장사는 크게 두 방향으로 서술할 수 있다. 하나는 농촌에서 전입한 강창의 역사이고, 다른 하나는 도시에서 전승된 강창의 역사이다. 후기 고사계강창이 화북 농촌에서 성장하고 청 말엽에 이르러 도시에 진입하는 상황이 보편적으로 나타남에 따라 이 책에서는 이 현상을 유형화하여 '농촌 성장→도시 진입'이라는 패턴을 설정했으며, 이 흐름은 고사계강창 성장사의 가장 중요한 축을 이룬다. 그렇지만 청 후기부터 도시에서도 자제서 등의 일부 고사계강창이 유행했고, 이들도 청 말, 중화민국 시기 고사계강창의 한 축을 이루었다. 따라서 청 말, 중화민국 시기에 극성한 고사계강창사에 대한 정확한 이해는 농촌에서 전입해 온 종류와 도시 자체에서 전승된 종류를 모두 살펴야 가능하다.

다만 북경 이외의 곳에서는 도시 자체에서 전승된 고유의 고사계강창의 전통을 찾아보기 어렵고, 북경, 천진, 제남 등의 도시 모두 농촌 예인들이 진입하면서 고사계강창의 흥성을 주도했으므로, 도시 강창은 전체적으로 농촌 강창의 강한 영향하에 성장했다고 볼 수 있다. 여기서는 먼저 도시 전승 고사계강창의 전통과 농촌에서 전입한 고사계강창의 유행이 공존했던 북경의 상황을 살펴보고자 한다. 이는 후기 고사계강창이 형성되던 초반의 상황을 이해하고, 또한 청 말엽 이후 천진 및 제남 등의 지방 대도시에서 나타난 변천사와 비교하는 데도 도움이 될 것이다.

1840년 일어난 아편전쟁 이후 서구 제국주의의 압박과 침탈이 가속화하고 청 정부의 부패가 극심해진 데다 홍수나 한발 등의 자연재해까지 자주 나타난 중국은 반식민지로 전락하고 농촌경제는 파탄에 이르렀다. 특히 산동 서북부와 하북 등지를 중심으로 한 화북 농촌에서는 1900년의 의화단 사건으로 대표되는 농민 반란이 자주 일어나 평화가 사라지고 불안한 정세가 이어졌다. 이로 인해 사람들이 고향을 떠나 반란집단에 가담하거나 상공업이 발달하기 시작한 대도시로 진입하여 생계를 유지하는 현상이 두드러지게 나타났다. 이 같은 환경에서 농촌 예인들도 이주민들을 따라 도시로 진입하여 도시 출신 예인들과 함께 소리를 팔면서 생계를 꾸려갔다.[75] 그 결과 농촌의 민간공연이 위축되고 도시의 공연이 상대적으로 급성장하기 시작했다. 농촌 예인들이 도시에 진입하여 주도한 공연은 20세기 초반에 이화대고, 서하대고, 경운대고 등의 이름으로 불리게 되었고, 이들이 바로 고사계강창을 이루는 사실상의 대표 주자들이었다.

그런데 한편 북경에서는 이전부터 자체적으로 전승된 고유 고사계강창이 여전히 인기를 얻으며 공연되고 있었다. 건륭 연간부터 전승되어온 자제서

---

75 鍾聲 編, 『西河大鼓史話』, 7쪽; 張軍·郭學東, 『山東曲藝史』, 88~89쪽.

는 대체로 고사의 한 종류라고 받아들여졌고,[76] 400여 편의 작품과 수십 명의 작자 및 예인을 배출하며 북경 고사계강창의 화려한 전통을 이루었다. 그러나 광서 연간 무렵에 이르러 자제서는 점차 위축되었고, 비슷한 시기에 새로운 이름의 기예가 나타났다. 바로 많은 사람이 '청구淸口대고'라고 부른 것으로, 또 다른 도시 전승 고사계강창이었다.

청구대고는 원래 북경의 북성北城에서 성장했는데, 도광 연간(1821~1850)에 팔기자제 옥서玉瑞(호는 매화관주梅花館主) 등이 다른 곡조를 참조하여 만들기 시작했다고 한다. '청구'는 돈을 받지 않는 '깨끗한' 공연이라는 뜻으로 붙은 명칭이었고, 옥서의 호를 따 매화조梅花調라고 불리기도 했다. 또한 삼현, 사호四胡, 비파, 양금洋琴, 북 등 다섯 가지 악기를 써서 반주했으므로 '오음청구대고'라고 불리기도 했다.[77] 청 말에 북경 백본당百本堂 등의 서적포에서 필사 판매된 대고서 중에는 이가서가 『북평속곡략』에서 '노고파老古派'라고도 부른 이 청구대고의 가사들도 포함되었을 것이다.

중화민국 초기에 이르자 남성南城에서도 이를 모방하여 즐기는 사람들이 생겼고, 이때부터 전자는 '북운北韻청구대고', 후자는 '남운南韻청구대고'로 구분되기 시작했다. 북운청구대고는 북판北板, 경조京調라고도 불렸고, 예인으로는 정보정定甫亭과 덕수산德壽山이 있었다.[78] 모두 팔기자제 출신이었던 이 공연자들은 사회적 지위가 낮았던 직업 예인들과는 달리 신분이 비

---

76 曼殊震鈞(淸), 『天咫偶聞』(1903)에 "옛날 고사 중에는 자제서라는 것이 있었는데 팔기자제 사이에서 시작된 것이었다"라고 한 것이 대표적이다.

77 『中國曲藝志·北京卷』, 71쪽; 『中國曲藝音樂集成·北京卷』, 695~696쪽.

78 張次溪, 『人民首都的天橋』, 北京: 修綆堂書店, 1951; 北京: 中國曲藝出版社, 1988. 德壽山(1860년대~1930?)은 北京의 滿洲貴族 출신으로 청년 시기에 八旗子弟의 자치업무를 관장하는 佐領(장정 150명이 한 佐領에 소속됨)이라는 관직에 있었으나 부패상에 염증을 느껴 벼슬을 버리고 중화민국 성립을 전후한 시기에 '醒世金鐸'이라는 공연단체를 만들어 八角鼓, 單絃 등을 공연하며 소일했다. 『中國戱曲曲藝詞典』, 1981, 737쪽; 『中國大百科全書·戱曲曲藝』, 北京: 中國大百科全書出版社, 1983, 59쪽; 『中國歷代文化藝術名人大辭典』, 341~342쪽.

교적 높은 아마추어였으며, 표우票友라고 불렸다. 이들의 주요 곡목은 「보옥탐병寶玉探病」, 「대옥분고黛玉焚稿」, 「비추悲秋」, 「장화葬花」 등으로 『홍루몽』 이야기가 많았고, 「서상西廂」, 「어초경독漁樵耕讀」, 「솔경가捽鏡架」 등도 공연했다고 한다. 북운청구대고는 공연이나 문장이 전아典雅했고 팔기자제들이 많이 참여했으므로, 자제서의 전통이 이어져 형성된 신종 강창으로 볼 수 있다. 부석화傅惜華가 북판(청구)대고를 소개하며 「노루연露淚緣」, 「홍엽제시紅葉題詩」, 「번금정매성樊金定罵城」, 「장판파」, 「억진비憶眞妃」, 「금수사錦水祠」, 「편타로화鞭打蘆花」 등의 곡목은 모두 자제서 구본舊本을 연출한 것이라고 말한 것도 이러한 인식과 맥이 닿는다고 생각된다.[79]

북운청구대고에서 유래한 남운청구대고는 남판南板, 위조衛調라고도 불렸고 나중에는 남판매화조南板梅花調라고도 불렸다. 대표적인 예인으로는 기봉상綦鳳翔과 문옥삼文玉森, 이들의 제자 김만창金萬昌, 그리고 한영선韓永先, 소계원蘇啓元 등이 있었다. 이 가운데 김만창(1871~1943)은 여러 사람의 장점을 배워 독자적인 유파를 형성했으며, 그의 공연은 흔히 매화대고라고 불렸다.[80]

매화대고의 반주 악기는 삼현, 사호의 기본 악기에 비파, 제금提琴, 양금, 적笛, 소簫 등 다섯 가지 악기가 추가되었다. 이 때문에 매화대고라는 이름이 적과 소를 뺀 다섯 종류의 악기를 뜻하는 매화꽃잎(다섯 개)에서 유래했다고 믿은 이들이 많았다. 매화대고 중에는 네 사람이 다섯 종류의 악기를 연주하는 '연탄聯彈대고'[81]와, 입에 등불을 물고 공연하는 일종의 고난도 기

---

79 傅惜華, 「北京曲藝概說」, 『曲藝論叢』, 上海: 上雜出版社, 1953, 177~180쪽.

80 張次溪, 『人民首都的天橋』, 70쪽; 傅惜華, 「北京曲藝概說」, 177~180쪽; 『中國戲曲藝術詞典』, 1981, 741쪽; 劉波 編, 『中國歷代文化藝術名人大辭典』, 695~696쪽.

81 四胡 연주자가 한 손에는 胡琴을 타고 한 손은 북을 치고, 琵琶 연주자가 한 손으로 胡琴의 絃을 누르고 한 손으로 琵琶를 타고, 三絃 연주자가 한 손으로 琵琶의 絃을 누르고 한 손으로 三絃을 타고, 洋琴 연주자가 한 손으로 三絃을 누르고 한 손으로 洋琴을 치는 식이다. 李萬鵬의 증언.

예인 '함등含燈대고'[82]도 있었다고 한다. 부석화는 『홍루몽』 등의 여성 주인공이 많이 등장하는 매화대고 곡목 21종을 예시했다.[83]

농촌에서 들어온 고사계강창은 하북의 농촌에서 유행하던 목판대고를 호금당, 송옥곤, 곽명량 등이 개량하여 북경에서 공연하면서 북경 사람들에게 '겁(구)대고'라는 이름으로 알려졌고, 역시 북운겁구대고와 남운겁구대고로 구분되었다. 남운겁구대고는 예인이었던 유보전이 20세기 초엽에 농촌 사투리를 북경 말씨로 바꾼 이후 경음京音대고, 경운대고 등으로 불렸다. 단편 위주로 공연된 경운대고는 비상업적인 청구대고와 대비되는 상업적인 공연이라는 뜻으로 '소구小口대고'라고도 불렸고, 문무文武의 소재가 다양하다는 뜻에서 '문무대고'라고 불리기도 했으며, 많은 사람들의 환영을 받으며 현재까지도 전승되고 있다.[84]

북경 고유의 고사계강창과 농촌에서 북경으로 전입한 고사계강창의 명칭을 정리하면 다음과 같다.

북경 고유의 고사계강창	청구대고	북운청구대고(북판대고)
		남운청구대고–매화대고(연탄대고, 함등대고)
농촌에서 전입한 고사계강창	겁구대고	북운겁구대고
		남운겁구대고–경운대고(소구대고, 문무대고)

북경 고유의 고사계강창과 농촌에서 전입한 고사계강창은 광서 연간 (1875~1908)부터 함께 성행했다. 이들은 서로에게 영향과 자극을 주며 청말, 중화민국 시기 고사계강창의 전성기를 이끌었고, 백본당 등의 서적포에

---

82 張次溪, 『人民首都的天橋』, 46~48쪽.
83 「勸黛玉」, 「探青雯」, 「黛玉悲秋」, 「寶玉探病」, 「黛玉思親」, 「黛玉葬花」, 「黛玉歸天」, 「鴻雁捎書」, 「金精戲寶」, 「二姐思夫」, 「杏元和番」, 「安兒送米」, 「目蓮救母」, 「老媽上京」, 「六月雪」, 「猜西廂」, 「美女思情」, 「妓女自嘆」, 「雷峰夕照」, 「百鳥朝鳳」, 「層層見喜」 등. 傅惜華, 「北京曲藝概說」, 179쪽.
84 傅惜華, 「北京曲藝概說」, 180~182쪽.

서 이 작품들을 필사하여 대고서라는 제목으로 판매하게 되었을 것이다(제4장 후기 고사계강창 도서의 간행과 문학적 성격 참고). 이상과 같이 도시 고사계강창의 성장을 확인하는 과정에서 대고라는 명칭이 청 말부터 북경에서 꾸준히 쓰였음을 알 수 있는데, 이 단어는 청 말, 중화민국 시기를 거치며 더욱 광범위하게 쓰여 고사계강창 전반을 의미하게 되었다. 고사계강창의 공연 특성은 농촌의 영향이 강했지만, 명칭은 북경에서 널리 쓰이고 있던 대고라는 이름으로 보편화되기에 이른 것이다.

(2) '대고' 명칭의 보편화

청 말에는 대고라는 명칭이 북경뿐 아니라 화북의 농촌과 일부 도시에서도 이미 쓰이고 있었다. 산동 제남에서는 1882년에 북경에서 '대고서'가 유행하고 있다고 알려져 있었고(『역하지유歷下志遊』), 1900년대 초에는 산동 농촌에서 제남에 들어온 기예를 '이화대고'라고 부르고 있었다(『노잔유기老殘遊記』). 봉천奉天에서는 1878년에 이미 대고서가 유행하고 있었고(노군당老君堂 '강호행江湖行' 조사비祖師碑),[85] 천진에서도 1884년에 대고서가 유행했다는 기록이 있다(『진문잡기津門雜記』). 또한 하북 낙정樂亭에서는 청 중엽부터 민가를 바탕으로 고사계강창이 형성되었고 이것이 광서 초기에 북경에서 공연될 때 낙정대고라고 불렸는데, 현재 심양瀋陽에서도 청 말의 명칭(봉천)을 딴 '봉천대고'라는 명칭이 쓰이고 있다.[86] 광서 연간에는 이미 북방의 각 도시에서 대고(서)라는 명칭의 기예가 널리 공연되었던 것이다.[87]

중화민국 성립 이후에는 대고라는 말이 더욱 널리 쓰이고 공연 또한 각지

---

85 『中國曲藝志·遼寧卷』, 北京: 中國ISBN中心, 2000, 59쪽.
86 『中國大百科全書·戲曲曲藝』'樂亭大鼓'; 『中國戲曲曲藝詞典』'東北大鼓'.
87 이 책 제1부 제2장 제3절 참고.

에서 열려 더 많은 사람이 대고라는 명칭과 기예에 익숙해졌다. 1920년대에 이르자 상해, 남경, 개봉開封, 무한武漢 등에서도 경운대고, 산동대고, 서하대고, 봉천대고 등 각종 유명 대고가 공연되기 시작했다.[88] 이에 따라 사람들은 대고가 북으로 반주하는 시찬계강창을 가리킨다고 생각하게 되었고, 이러한 인식의 결과, 각 도시 인근의 농촌에서 전입하는 강창 가운데 대고와 유사한 고사계강창에도 대고라는 이름이 붙기 시작했다. 『중국대백과전서·희곡곡예』에 보고된 각종 대고 가운데 명명된 시기가 확인되는 것들은 아래와 같다.

1900년대: 이화대고, 경운대고, 매화대고, 낙정대고, 하락河洛대고
1920년대: 서하대고, 경동京東대고, 골계대고
1940년대 이후: 노안潞安대고, 교동膠東대고, 호북湖北대고, 장사長沙대고

위에 나타난 해당 연도가 이들이 처음 형성된 시기를 의미하는 것은 아니다. 다시 『중국대백과전서·희곡곡예』에 따르면, 각지 고사계강창이 형성되었다고 추정되는 시기는 다음과 같다.[89]

청대 이전: 수현隨縣대고(명대), 산동대고(명 말)
청대: 노안대고(건륭 연간), 낙정대고(청 중엽), 동북東北대고(청 중엽), 안휘安徽대고(청 중엽), 온주溫州고사(청 중엽), 회안고서淮安鼓書(청 중엽), 동로東路대고(도광 연간), 호북대고(1840년대), 경덕진景德鎭대고(함풍 연간), 산동목판대고(동치 연간), 매화대고(청 말), 서주徐州대고(청 말), 양원고서襄垣鼓書(청 말), 목판대고(청대), 서하대고(청 말), 북로자北路子대고(청대), 경운대고(20세기 초), 하락대고(20세기 초)
중화민국 성립 이후: 경동대고(1920년대), 골계대고(1920년대), 교동대고(1940

---

88 뒤의 제3장 제3절 참고.
89 『中國大百科全書·戲曲曲藝』, 306~321쪽.

년대), 장사대고(1956년), 광서廣西대고(1958년), 상당고서上黨鼓書(1975년), 장북張北대고(1980년)

이들의 형성 시기에 대한 주장은 주로 구전 자료에 의거한 것이므로 신뢰도가 높다고 하기는 어렵다. 그러나 이 자료는 특정 대고의 형성 시기와 대고라는 명칭이 부여된 시기가 항상 일치하지는 않는다는 것을 보여준다. 일례로 산동대고가 명 말엽에 형성되기 시작했다는 주장이 있지만, 그것이 산동대고라고 불린 것은 1900년대 이후부터였다. 즉, 고사계강창의 범주에 포괄할 수 있는 강창은 비교적 이른 시기부터 형성되었을 수도 있지만, 대고라는 명칭 자체는 청 말에 이르러서야 널리 쓰이기 시작하고 보편화했다.

대고라는 명칭이 각지에서 널리 쓰이게 된 시기에 도시 고사계강창은 역사상 최대의 성행기를 구가했다. 이는 정치적으로 제국에서 민국으로 급변하고 신문화의 충격이 사회를 지배하는 가운데에도 민간의 문화 상품들은 '새로운 것'들로 대체 또는 소멸되지 않고 여전히 제국 시기의 '낡은 것'들이 인기리에 공연되고 환영받았다는 것을 뜻한다. 청 말부터 공연에 종사한 수많은 예인과 그들의 전통을 물려받은 후배들이 중화민국 시기에도 널리 환영받으며 공연의 전통적인 유통 방식을 보존할 수 있었던 것이다.

2. 도시 고사계강창의 예인들

앞에서 살핀 바와 같이 청 말, 중화민국 시기에 도시에서 공연한 도시 출신 예인들 가운데는 팔기자제 등의 유한계층이 많아서 청구대고의 유행을 이끈 데 비해, 농촌 출신 예인들은 도시에 진입하여 겁구대고를 공연했다. 농촌 출신 예인은, 농촌 출신이면서 농촌에서 공연을 하다 도시에 들어가 공연한 '도시 적응형'과, 농촌 출신이지만 어려서부터 도시에서 자라서 사실상 도시 출신이나 다름없는 '도시 성장형'으로 구분할 수 있다. 전자는 나이가 든 후에 도시에 진입한 예인들로 남성이 대부분이었고, 후자는 어려서부터 도시에서 자라고 일찍 예인이 된 경우로 여성이 많았다.

필연수畢連壽(호는 운유객雲游客, 예명 연활여連闊如, 1903~1971)는 대고 예인들의 유파를 황하 이북과 황하 이남의 두 지역으로 나누어 증언했는데, 그의 주장을 요약하면 다음과 같다.

먼저 황하 이북인 북경 및 하북 지방의 예인들은 '매梅, 청淸, 호胡, 조趙'의 네 유파로 나뉘는데, 서하대고와 겁구대고의 예인들도 모두 이 유파들 가운데 하나이다. 다음으로 황하 이남 양자강 남북 지방의 예인들은 '손孫, 재財, 양楊, 장張'의 네 유파로 나뉘는데, 이화조와 산동대고의 예인들이 이 유파로 나뉜다. 특히 '손조문孫趙門'이라 불리는 유파 가운데서 사기영謝起榮과 하기봉何起鳳이 가장 선배이다.[90]

장차계張次溪도 예인들의 말을 인용하여 북경의 예인들이 '매, 청, 호, 조' 등 네 유파로 나뉜다고 했다. 이 가운데 매파는 창으로 유명하고 '원元, 형亨, 이利, 정亭, 복福, 수壽, 강康, 안安' 등의 항렬자를 썼다.[91] 청파는 삼현으로 유명하고 '보寶, 옥玉, 득得, 만萬' 등의 항렬자를 썼으며, 호파는 '영永, 락樂, 규奎, 원元' 등을 항렬자로 썼다고 한다.[92]

이들의 주장은 다른 문헌자료로 확인하기 어렵다는 점에서 신중하게 받아들일 필요가 있지만 여전히 참고할 가치가 있으며, 특히 북경, 천진, 하북, 산동 등 고사계강창의 중심지에서 활동한 예인들의 유파가 어떻게 나뉘었

---

90 雲游客, 『江湖叢談』, 24~25쪽. 같은 책 107쪽에서는 黃河 이남과 山東·河南의 藝人들이 '孫, 方, 蔣, 張' 등의 네 유파로 나뉜다고 약간 다르게 적고 있다.

91 '王朝元−善亨福−屈祥利−王貞秀−張福慶'의 사승 관계를 예로 들었다.

92 張次溪, 『人民首都的天橋』, 71~72쪽.

는지를 가늠할 수 있게 해준다. 그러나 이를 통해 자세한 사승 관계나 예인들 사이의 구체적인 관계를 알 수는 없다. 이제 도시 고사계강창 예인들이 시기와 지역별로 어떻게 분포하여 활약했는지를 살펴보겠다.

(1) 초기의 도시 예인

1) 곽대니와 왕소옥

먼저 시기가 가장 이르게 확인되는 이화조 산동대고의 예인이었던 곽대니와 왕소옥의 경우를 보겠다. 손점孫點의 『역하지유歷下志遊』(1882)에 따르면 무정 사람 곽대니(다른 이름은 곽밀향郭密香)는 1871년에 제남에서 첫 공연을 했다.

> 곽대니라는 인물은 본명은 알 수 없고 무정武定 사람이라고 하며 고사를 잘했다. 고사라는 것은 찻집에 무대를 설치하고 맹인이 현을 타면 가수가 철판을 잡고 작은 가죽 북을 치면서 7자곡을 창하며 남녀노소 서너 명이 그를 따라 화창하는 것을 말한다. 장단과 고하가 절로 절주가 있어 북경의 대고서나 천진의 연화락이라는 것과 비슷하다. 원래 제남에는 고사가 없었는데, 어디 사람인지는 모르나 대니의 기생어미가 처음으로 이 곡을 만들고 나서 어린 기녀 세 명을 사들였는데, 대니가 그중 하나였다. 장하章夏〔지금의 산동 제남시 장청구長清區 장하진張夏鎮인 듯함〕에서 소리를 하며 근근이 끼니를 이었다.
>
> 신미년〔1871〕 가을에 대니가 제남에 와서 서쪽 관문 공터에 자리를 잡아 천막을 치고 붉은 깔개를 간 후 두 동생과 함께 등장하여 연창했다. 모습이 아름다워 비단옷을 걸치지 않고 소박하게 입어도 정결하여 때가 묻지 않았다. 모습은 맑고도 가녀리고, 노래는 억양돈좌가 뚜렷하게 신명 나고 화려하다가도 평담해지니 눈과 귀가 모두 깨끗해졌다. 좌상객들 모두 칭찬을 하고 문 앞에는 거마가 점점 많아지더니 돈을 많이 벌었다. 병자년〔1876〕 정월 스무날 읍의 천불산千佛山에서 시회가 열렸는데, 대니가 그곳에 자리를 열고 좋아하는 사람들을 널리 불러놓고 하루 종일 소리를 하며 최선을 다했다. 서서 보는 사람들의 빈자리도 거의 없었고, 아는 사람이나 모르는 사람이나 모두들 아주 즐거워하지 않는 사람이 없었

다. 한 달이 안 되어 대니는 시집을 갔고 두 동생도 기적妓籍에서 빠져나가니, 맑은 노래는 마치「광릉산廣陵散」처럼 사라져버렸다.

그 후 몇 년이 지나 황대니黃大妮라는 임청臨清 사람이 평릉平陵에 기거했는데, 대니의 뒤를 잇고 싶어서 옛날 곽대니의 무대에 가서 옛 노래를 했다. 모습은 예뻤지만 그 노래가 없어져버린 지 벌써 몇 년이 흘러버렸고 새로운 노래가 다투어 나온 까닭에 유행에 맞지 않았다. 예전에 곽대니를 알았던 사람들도 황대니의 노래를 듣고서 옛날 즐겁던 때를 회상하며 금석지감을 이기지 못했으니, 좌객들은 결국 당시보다 적었다. 얼마 지나지 않아서 황대니도 떠나버렸고, 이때부터 성원에는 이 노래가 들리지 않게 되었다.

황대니의 사촌뻘 동생 왕소옥이라는 사람도 이 노래를 잘했는데, 아버지를 따라 임청에서 기예를 팔고 있었다. 나 몽매화생夢梅花生이 임청에 들렀다가 그곳을 떠나기 전날 친구 서너 명과 여관에 가설무대를 마련해놓고 왕소옥을 불러 몇 곡 불러보라고 했는데, 꽤 즐거웠다. 왕소옥은 16살로 얼굴이 예뻤고, 구석에 앉아 고개를 숙이고 있는 모습이 무척 가련해 보였다. 노래가 한참 흥이 날 무렵에는 안색이 넋이 나간 듯하고 사뭇 머뭇머뭇했다. 음홍주인吟紅主人이 그를 아주 예뻐했으니, 곁에 앉아 말 없이 있어도 술을 마시고 꾀꼬리 같은 소리를 듣는 느낌이 있어, "오늘부터 혼백이나 꿈속에서 좇아가련만, 다시금 미인 보게 될 날은 언제일꼬"라는 옛 구절을 읊으면서 오래도록 슬퍼했으니, 깊은 정이 들었다고 할 것이다.[93]

---

[93] "郭大妮者, 不傳其名字, 說者謂武定人, 善鼓詞. 鼓詞者, 設場於茶寮, 一瞽者調絃, 歌者執鐵板, 點小皮鼓唱七字曲, 從而和者三四人, 老幼男婦不等. 長短高下, 自有節奏, 仿佛都中之大鼓書, 津門之蓮花落者. 先是歷城無鼓詞, 大妮之靮不知何許人, 始創此曲, 買雛伎三, 大妮其一也. 奏曲於章夏, 僅數日食. 辛未秋秋會垣, 擇西關隙地中, 支彩棚, 設紅氍毹, 大妮率兩妹登場演說. 肌膚光艷, 媚態橫生, 身無羅綺, 荊釵裙布, 精潔無纖塵. 橫波甚清, 蓮鉤尤細, 曲則抑揚頓挫, 奕奕有神, 絢爛之餘, 變以平談, 覺耳目爲之一清. 凡座上客, 罔不稱賞, 門前車馬漸勝於前, 纏頭之資, 積至巨萬. 丙子正月上元後五日, 邑之千佛山開市會. 大妮就其中設雅座, 遍招所與歡者來, 度曲永日, 極盡所長. 立而觀者幾無餘地, 識與不識, 鮮不欣欣然稱大快. 未一月, 則已嫁去, 兩妹亦相率脫籍, 一曲清歌遂如廣陵散矣. 後數年, 又有所謂黃大妮者, 臨清人, 寄居平陵. 欲繼其響, 就郭舊地演當年遺曲, 貌亦妍好, 而此調不彈已歷數載, 新聲竟奏, 遂有以此爲不合時宜者. 其曾識郭者, 則又因此追念舊歡, 不勝今昔之感, 故座客遂逐當日. 未幾, 橫亦去, 自是省垣不復有此曲. 黃之姨妹王小玉者, 亦工此, 隨其父奏藝於臨清市肆. 夢梅花生客過臨清, 於將行之前一日, 借三五友人假座逆旅, 招之來度數闋, 亦頗悅耳. 王年十六, 眉目姣好, 低頭隅坐, 楚楚可憐. 歌至應酬, 則又神朵奪人, 不少羞澁. 吟紅主人甚眷戀之, 側坐無言, 有斗酒聽鸝之感, 誦昔人'便牽魂夢從今日, 再

이 글에는 이화조 산동대고의 예인으로는 최초로 확인되는 곽대니 외에 왕소옥(1867~1900경)에 대한 언급도 보이는데, 왕소옥은 바로 유악의 소설 『노잔유기』(1904)에 나오는 백뉴이다.[94] 왕소옥은 본래 지금의 산동 견성현 鄄城縣인 늠구廩丘 사람으로,[95] 17~18세 때인 1884년경에 제남에서 이름을 떨친 명예인이다. 곽대니와 왕소옥은 이미 19세기 후반에 제남에서 유명 예인으로 활약하였으며 완성도도 뛰어난 수준이었음이 『노잔유기』에 생생하게 묘사되고 있다. 『노잔유기』 제2회에서 왕소옥의 절창을 묘사하는 대목을 보겠다.

왕소옥은 그제야 빨간 입술을 열고 하얀 이를 드러내며 노래를 부르기 시작했다. 그 소리가 처음에는 별로 울리는 것 같지 않더니, 귓가에 이르면서 말할 수 없는 묘한 음으로 느껴져서 오장육부가 마치 인두로 다림질하듯이 구겨진 것이 없어지고, 또 3만 6천 개의 털구멍이 마치 인삼을 먹은 듯이 어느 구멍 하나 시원하지 않은 것이 없는 것 같았다. 10여 구절을 노래하고 나자 노랫소리가 점차 높아지더니, 갑자기 철사의 날카로운 끝이 불쑥 솟아올랐다가 하늘가에까지 멀리 던져지듯이 길게 뻗쳐 부지불식간에 욱하고 숨을 죽였다.

그 여자는 극히 높은 소리를 교묘히 돌리고 꺾고 하더니 또 더 높은 목소리로 세 겹 네 겹 올라가 마디마디마다 더 올라가는 것이었다. 마치 오래봉의 서쪽에서 태산에 오르는 듯한 것이었다. 처음에 오래봉의 깎아지른 듯한 천인 절벽을 보면 그것이 하늘로 통하는 듯이 생각되나, 오래봉의 정상에 오르면 선자애가 오래봉보다 더욱 위에 있고 선자애의 정상에 날아오르면 남천문이 선자애보다 더욱 위에 있듯이, 오르면 오를수록 험하고, 험하면 험할수록 기이한 바로 그런 풍경과 같은 음조였다.

睹嬋娟是幾時'之句, 爲惆悵者久之, 亦可謂深入情者矣." 張軍·郭學東, 『山東曲藝史』, 97쪽에서 재인용.

94 王小玉에 대해서는 阿英, 「從王小玉說到梨花大鼓」, 『小說四談』, 上海: 上海古籍出版社, 1985, 173~176쪽; 李萬鵬, 「王小玉的籍貫和生年」, 『文史哲』 1984年 4期, 94쪽 참조.

95 李萬鵬, 「王小玉的籍貫和生年」, 94쪽.

왕소옥은 가장 높은 음으로 3, 4절을 부른 후에 갑자기 음조를 떨어뜨려 천 굽이를 돌고 백 굽이를 꺾으니 마치 날개 달린 뱀이 황산 서른여섯 봉우리의 반허리를 누비고 잠깐 사이에 여러 바퀴를 치달으며 도는 듯하였다. 이 뒤부터 노랫소리는 갈수록 낮아지고 낮아질수록 가늘어지더니 결국에는 들리지 않을 정도가 되었다. 극장 안의 모든 사람들은 숨을 죽이고 귀를 기울일 뿐 누구 하나 감히 미동도 하지 않았다.

이렇게 2, 3분이 지나더니 마치 작은 소리가 땅 속에서 새어나오는 듯 점차 커지면서 마치 불꽃놀이 때의 불꽃 탄환이 하늘에 올라가서 천백 가지 불꽃을 튀기며 터져 사방에 어지러이 흩어지는 듯했다. 이 소리는 일단 커지기 시작하자 무한히 높이 올라가기 시작했다. 삼현금의 연주는 온 손가락을 써서 하는데, 그 소리가 커졌다 작아졌다 하는 것이 음의 조화가 잘되어서 마치 봄날 새벽 꽃동산에서 온갖 아름다운 새들이 어지러이 지저귀는 듯하여 귀가 어느 소리를 따라 들어야 할지 몰라 허둥거렸다. 한동안 이렇듯 어지럽게 소리가 교차되더니 갑자기 "뚱!" 하는 소리와 함께 사람과 삼현금이 동시에 멎었다. 그러자 무대 아래에서는 일제히 "좋구나!" 하는 소리가 우레와 같이 진동하였다.[96]

왕소옥의 훌륭한 기예와 유악의 뛰어난 문장력이 절묘하게 만난 이 묘사가 섬세하고 아름다운 왕소옥의 천부적 재능을 생생히 느끼게 해준다. 이 부분의 바로 앞에는 왕소옥에 앞서 창을 하는 "열예닐곱 살쯤 되고 갸름한 얼굴에 쪽진 머리를 하고 은 귀고리를 하고 푸른색에 검은 테두리가 쳐진 옷을 입은" 흑뉴黑妞가 등장하여 노래를 부른다.[97] 이 밖에 왕이민王以敏 (1855~1921)이 지은 『벽오시존초집蘗塢詩存初集』(1886) 「제성濟城」 편에도 왕소옥과 곽대니에 대한 기록이 있다.

고서鼓書가 언제 어디서 시작되었는지는 모르겠는데, 삼현, 북, 쌍철판 등을 사용하고 서너 명이 속된 노래를 돌아가며 부르고 만성도 섞어 부르는 것이 옛 탄

96 劉鶚, 金時俊 譯, 『라오찬 여행기〔老殘遊記〕』, 서울: 도서출판 솔, 1998, 33~34쪽.
97 劉鶚, 金時俊 譯, 『라오찬 여행기〔老殘遊記〕』, 32~33쪽.

사가 흘러 변천된 것이 아닐까? 왕소옥이라는 사람은 이 기예를 제남에서 몇 년 동안 창했다. 병술년〔1886〕에 기주沂州에서 제남으로 돌아온 나는 이것을 듣고 좋아하게 되었다. 한 해가 지나 성 서쪽에서 다시 들었는데, 몇 달이 지나서야 비로소 시를 지어 이 일을 전하게 되었다. 왕소옥은 늠구 사람으로 내가 보았을 때에는 이미 스무 살이 넘었다. 모습은 단정하고도 아름다웠으며 화장은 하지 않았다. 광장에서 처음에는 한마디도 하지 않다가 가끔 한 곡을 부를 때면 억양돈좌가 분명하고 절도가 있으며 분량이 넘치지 않고 환묘하며 곡절한 것이, 뛰어난 사람이 아니면 따를 수 없는 것이었다. 옛날 동치 연간에 제남에 이름을 떨친 곽왜郭娃라는 사람이 있었다. 왕소옥과는 아속이 구분된다고 했지만, 아는 사람은 왕소옥이 곽왜보다 훨씬 낫다고 하고, 모르는 사람은 거꾸로 왕소옥을 둘째로 쳐서 왕소옥의 이름이 곽왜에 미치지 못한다고 했다. 곽왜는 지금은 이미 세상을 떠났고, 왕소옥은 이제 막 성년이 되었으니 소리를 들으면 아득해진다. 내가 이 시를 지은 것은 왕소옥을 깊이 생각해서이고, 오늘날 노래를 아는 사람들에게 바치고자 한 것이다.[98]

위의 글에 등장하는 곽왜는 바로 곽대니를 가리킬 것이다. 이만붕에 따르면 왕소옥은 10여 세 때인 1878년에 노래를 배우기 시작했고, 15세인 1882년에 임청에서 공연을 했으며, 1885년에서 1893년까지 제남에 살면서 공연했고, 1897년경에는 시집을 간 것으로 추정된다.[99] 곽대니와 왕소옥, 그리고 『역하지유』에 나오는 황대니와 『노잔유기』에 백뉴와 함께 등장하는 흑뉴 등은 산동의 농촌에서 시작된 고사계강창인 이화조 산동대고를 공연한 초기 예인들로, 이후 제남을 중심으로 활약한 많은 여성 예인의 선구자 역할을 했다.

---

98 王以敏, 『檗塢詩存初集·濟城篇』 '小序', 光緖12年(1886): "鼓書不知所自昉, 法用三絃, 一鼓, 雙鐵板, 三數人遞演俚詞, 雜以曼聲, 殆古彈詞之流歟? 王生小玉, 以是藝噪于濟南有年. 歲丙戌, 予自沂州旋濟, 聽之而善. 越歲一, 再聽之于城西. 又數月, 始作詩以傳之. 小玉虞邱人, 自余見已二十餘. 其爲人端莊婉麗, 不事塗澤, 稠衆廣場中, 初默不一語, 間一發聲, 則抑揚抗墜, 分刌節度, 不溢紛秦, 其幻眇曲折處, 較歌者爲難能, 抑又非善者所能及也. 往同治時, 濟中擅名者有郭娃, 與玉殆有雅俗之別, 知者謂玉過之深遠, 不知者或反乙玉, 故玉名終不及郭. 郭今淪落死矣, 玉方成年, 賞音邈若. 予成是詩, 深爲玉危, 幷將以質當世之識曲聽眞者."

99 李萬鵬, 「王小玉的籍貫和生年」, 『文史哲』1984年 4期.

2) 유보전, 백운붕, 장소헌

청 말에 북경에서 활동한 대표적인 목판대고(겹대고) 예인이었던 호금당 등을 사사한 유보전(1869~1942)은 경운대고를 완성한 예인으로 평가된다.[100] 유보전은 본명이 유의민劉毅民이고 원적은 하북 심현深縣이며 북경에서 태어났다. 어려서부터 목판대고 예인인 아버지 유능劉能에게 삼현과 목판대고를 배웠으며, 아홉 살 때에는 천진에 가서 맹인 예인 왕경화王慶和에게 배웠다. 수업을 마치고 독립한 후에 맹인 예인 송옥곤의 반주를 해주는 한편 다시 호금당을 사사하며 기예를 연마했다. 그는 자신의 창법은 호금당의 영향을 가장 많이 받았다고 말한 바 있다. 20세쯤에는 천진에서 경극을 배워 상해에서 공연하기도 했으나, 이듬해 천진으로 돌아와 다시 곽명량에게 목판대고를 사사했다.[101] 곽명량의 장편 공연에서 반주를 해주고 자신은 단편을 연마하며 기초를 보강한 것이다. 1900년에는 북경에서 공연하면서 담흠배譚鑫培, 손국선孫菊仙 등의 경극 배우들과 교분을 쌓으며 이들의 연기와 음악을 흡수했다. 그 밖에도 방자강, 석운서石韻書, 마두조馬頭調 등 각종 공연의 연기와 음악적 장점들을 흡수하고, 농촌 사투리로 말하던 가사를 북경 말로 바꾸어 청중의 환영을 받기 시작했다. 이때 신문사에 근무하는 문인이며 아마추어 팔각고八角鼓 예인이었던 장음당莊陰棠을 알게 되어 함께 일

---

100 劉寶全에 대해서는 梅蘭芳,「談鼓王劉寶全的藝術創造」, 3~11쪽; 白鳳鳴,「懷師篇」,『曲藝』 1962年 2期, 48~49쪽; 辛公,「記鼓王劉寶全」(陳汝衡,『陳汝衡曲藝文選』, 北京: 中國曲藝出版社, 1985, 243~244쪽에 수록됨); Catherine Stevens, *Peking Drumsinging* 등을 주로 참조함. 이 밖에도 그에 대한 추억을 쓰고 있는 글로 老舍,「記憶猶新」,『曲藝』1962年 5期; 馬連良, 「刻苦創作, 精益求精」,『曲藝』1962年 6期; 章翠鳳,『大鼓生涯的回憶』, 臺北: 傳記文學出版社, 1967 등이 있다.

101 白鳳巖은 劉寶全이 경극을 포기한 이유는 상해 공연에서 큰 실수를 했기 때문이라고 했고, 辛公은 그가 나중에 天津에 돌아와서 현악기 반주를 하다가 목소리가 좋아져 대고를 창할 수 있게 되어 유명해졌다고 했다. 梅蘭芳,「談鼓王劉寶全的藝術創造」, 3쪽; 白鳳鳴,「懷師篇」,『曲藝』1962年 2期, 48쪽.

하기 시작했다.[102] 장음당은 「장판파」, 「백제성白帝城」, 「활착삼랑活捉三郎」, 「자탕刺湯」, 「탁고托孤」, 「서모매조徐母罵曹」 등의 가사를 수정 보충했다. 그들의 공동작업의 첫 결실이었던 「장판파」는 광서 말엽에 초연되었고, 다른 작품들도 1922년 이전까지 몇 차례 무대에 올랐다.

유보전은 1910년에 다시 천진으로 가서 사해승평희원四海昇平戲院에서 공연하면서 더욱 명성을 얻으며 '유劉파' 경운대고를 완성했다. 1918년에는 북경에서 자신이 만든 곡단을 이끌며 공연하다가 처음으로 상해에 가서 공연을 했다.[103] 상해에서 그를 초빙한 극장은 '고왕鼓王 유보전'이라는 전등 광고를 문 앞에 달았고, 이로부터 그는 '고계대왕鼓界大王', '고왕'으로 통하게 되었다. 1920년대에는 대부분 북경, 천진, 제남 등의 북방에서 공연했고,[104] 그 뒤 상해, 무한 등지도 방문했다. 제자 장취봉章翠鳳에 따르면 1938년경 상해에서 공연할 무렵부터 차차 마르고 병들어서 노래하는 것을 무척 힘들어했다고 한다. 말년에는 목소리도 낮아졌고 이전과 같은 폐활량을 지니지 못하게 되어, 길고 힘든 「단도회單刀會」는 한 번도 부르지 않았다고 한다. 다른 제자 백봉명白鳳鳴은 유보전이 북경으로 돌아와서 1940년에 신작 「쌍옥청금雙玉聽琴」을 부르는 것을 들었다고 했다.[105] 유보전은 1942년 세상을 떠나기 직전까지도 북경에서 편곡과 공연을 계속했다. 그가 공연한 곡

---

102 白鳳鳴, 「懷師篇」, 『曲藝』 1962年 2期, 49쪽에 따르면, 그는 본명이 莊景周이고 자는 蔭棠, 耀庭, 별호는 待余生이다. 그는 『國强報』, 『羣强報』, 『愛國報』 등에 『聊齋志異』를 백화체로 써서 소개하였고, 大鼓와 單絃에도 재주가 있는 아마추어 공연자, 즉 '票友'였다. 그는 劉寶全보다 10여 년 연장자였고 劉寶全은 그를 '장 선생님'이라고 불렀다. 「刺湯」, 「活捉」, 「托孤」, 「徐母罵曹」 등을 그가 수정하여 劉寶全이 공연했다.

103 周劍雲, 「大鼓閒評(一)」, 64쪽.

104 馬連良, 「刻苦創作, 精益求精」, 43~46쪽에는 劉寶全에 대한 추억을 적었는데, 이에 따르면 劉寶全은 馬連良과 5년간 함께 지냈다.

105 Catherine Stevens, *Peking Drumsinging*, p. 87. 章翠鳳의 회고담은 그의 자서전 『大鼓生涯的回憶』에 정리되어 있다.

목은 20여 편이 확인된다.[106]

백운붕白雲鵬(1874~1952)[107]은 하북 패현覇縣 사람으로, 젊을 때부터 농촌의 묘회에서 장편을 공연하다가 1890년경부터 천진에서 공연하기 시작했고, 5~6년 후에 북경에 가서 사진림史振林을 사사하여 목판대고를 개혁한 소구대고를 공연했다. 1910년경에는 주로 북경과 천진에서 공연하면서 점차 자신만의 특색을 이루어가며 내면 감정 표현에 뛰어난 기교를 갖추어 '백白'과 경운대고를 형성했다. 중화민국 초기까지는 장편을 주로 공연했으나 1915년경부터는 단편을 공연하기 시작하여 대중연예 공연 장소인 신세계新世界에서 큰 인기를 끌었다.[108] 장취봉에 따르면 백운붕은 목소리가 강하고 빠른 곡목을 부르기에 부적합하여 느리고 약하며 내용이 슬픈 곡목을 주로 공연했다고 한다.[109] 1920년대부터 1930년대에 이르는 사회적 격변기에는 주로 애국을 고취하는 내용의 전통 곡목을 공연하거나 신곡을 지어 공연했다. 그에게는 방홍보方紅寶라는 제자가 있었고, 소흑고낭小黑姑娘과 함께 은퇴할 때까지 공연했다. 1940년대 중반 무렵 북경에서 가장 유명한 경운대고 예인 가운데 한 사람이었던 그는 1950년경에는 제자를 키우는 데 힘썼으며, 1951년부터 중국희곡연구원中國戲曲研究院에 재직했다. 그의 곡목 가운데 3종이 명봉창편공사鳴鳳唱片公司에서 녹음, 제작되었다.

---

106 「寧武關1」,「寧武關2」,「古城會」,「南陽關」,「單刀會」,「大西廂」,「鬧江州」,「馬鞍山」,「博望坡」,「白山圖」,「白帝城」,「徐母罵曹」,「薛艶刺湯」,「五龍院」,「遊武廟」,「長板坡」,「戰長沙1」,「戰長沙2」,「戰長沙3」,「趙雲截江」,「草船借箭」,「丑末寅初三春景」,「華容道」,「活捉三郎」등. Catherine Stevens, *Peking Drumsinging*, pp. 90~100; 章翠鳳, 『大鼓生涯的回憶』 부록에는 그의 대표 곡목이 수록되어 있다.

107 白雲鵬에 대한 자료는 주로 白鳳鳴,「懷師篇」,『曲藝』 1962年 2期, 49쪽; Catherine Stevens, *Peking Drumsinging*, p. 85; 『中國大百科全書·戲曲曲藝』, 8쪽 참조.

108 雲游客,『江湖叢談』, 96~98쪽.

109 白雲鵬의 주요 곡목은 다음과 같다.「黛玉焚稿」,「寶玉娶親」,「哭黛玉」,「探晴雯」,「孟姜女」,「花木蘭」,「草詔敲牙」,「樊金定罵城」,「哭祖廟」,「罵燕王」,「千金全德」,「提倡國貨」,「勸國民」등.

장소헌張筱軒(1876~1945)[110]은 북경 출신으로, 젊었을 때 북경 남쪽의 교외에서 '시조時調소곡'인「수기린繡麒麟」,「탄오경嘆五更」등을 아마추어로서 공연하다가 나라에서 그것을 금지하자 목판대고를 배우기 시작했다. 주덕경에게 사사한 그는 공연할 때는 '문명文明대고'라는 광고를 붙였다. 1911년 이후 천진에서 오랫동안 공연했고, 남경, 상해, 제남, 심양 등지도 오가며 공연했다. 1920년경에는 상해에서 공연했고, 1931년까지 목단강木丹江에서 장취봉과 함께 공연했으며, 이후 만년까지 만주에서 공연했다. 주검운周劍雲은 그를 다음과 같이 묘사했다.

> 장소헌의 대고는 특별한 풍격이 있다. 희곡 각색에 비유하자면 유보전과 백운붕은 노생老生에 가깝고 장소헌은 무정武淨에 가깝다. 장소헌의 외모는 본래부터 배우 같아서 화검花臉대고라고 불리기도 한다. (……)「고성회古城會」를 공연할 때에는 옷을 걷어붙이고 말을 타고 뛰어내리는 시능을 종횡무진 하는데, 자기도 모르게 그렇게 동작을 취하는 것이다. 그는 생각이 너무 진부하여 시의에 맞지는 않는다.[111]

그는 장張파 경운대고를 이루어 일시를 풍미했는데, 필연수(운유객)에 따르면 유보전과 백운붕이 유명해지기 전에는 그가 가장 유명했으나 두 사람이 유명해지면서 그의 명성은 점차 잊혀졌다고 한다.[112] 그는 전쟁이나 건국 이야기와 희극적인 곡목이 장기였고, 거칠고 과장되며 자유분방한 창법이 특징이었다.「박망파博望坡」,「고성회」,「화용도華容道」등과 해학적인 작

---

110 周劍雲,「大鼓閒評(一)」, 65~66쪽; Catherine Stevens, *Peking Drumsinging*, pp. 83-85;『中國大百科全書·戲曲曲藝』, 573쪽 참조.
111 周劍雲,「大鼓閒評(一)」, 65~66쪽: "張筱軒之大鼓, 乃別具一格, 譬之戲中脚色, 劉白如老生, 筱軒如武淨. 張之像貌, 本如伶人, 又有花臉大鼓之號. …… 每唱古城會, 撩衣跨馬, 連縱帶跳, 不覺其手之舞之, 足之蹈之. 其人腦筋太腐, 不合時宜."
112 雲游客,『江湖叢談』, 96~97쪽.

품「개량권부改良勸夫」 등이 유명하며,「천진수재天津水災」,「타양촌打楊村」,「타곤산打崑山」 등의 자작곡도 발표했다.

주검운은 이 밖에도 1910년대 후반에 상해에서 공연한 경운대고 예인으로 이품일李品一, 유옥장劉玉長, 노왜과老倭瓜[113], 일대가자一大茄子 등의 남성 예인과, 소흑고낭, 장흑경張墨卿(장소헌의 부인), 유운경劉韻卿(유보전의 부인), 유소향劉筱香, 왕금자王金子, 왕은계王銀桂, 겸조신兼操神, 여생애女生涯 등의 여성 예인을 들었고, 이화대고 예인으로는 이옥빈李玉顰, 이금표李金標, 이운경李雲卿 등을 소개했다.[114] 또한 양경오楊慶五는 1920년대 초반 상해에서 공연한 여성 예인들 중 종고낭鍾姑娘, 은고낭銀姑娘, 왕쌍봉王雙鳳, 소흑고낭, 금소향金小香, 금소란金小蘭, 만향옥晩香玉, 우수평于秀平 등의 예인들에게는 팬클럽도 있었다고 소개했다. 그중 가장 세력이 컸던 종고낭의 팬클럽 회원에는 도독을 지낸 사람, 금융계 간부, 절강 출신 문인 추鄒 모 씨과 제자 왕王 모 씨, 극장 천섬무대天蟾舞臺와 대무대大舞臺의 주연배우 등도 포함되어 있었다고 한다.[115]

지금까지 살펴본 도시 진입 초기의 예인들은 음악적으로 세련되고 길이는 짧아진 단편 위주의 공연 형식을 선호하며 각지에서 이름을 떨쳤고, 각자의 장점에 따라 기예를 특화시켜서 각종 유파의 창시자가 되기도 했다. 이들의 공연은 격변기 중국의 다수 서민들이 접할 수 있는 몇 안 되는 민간문화 중 하나였다. 이들은 공연을 관람하는 사람들로 하여금 중국의 전통적인 이

---

113 老倭瓜의 본명은 崔子明이고, 京韻大鼓를 바탕으로 하여 해학성이 강한 '滑稽大鼓'를 창시했다. 雲游客, 『江湖叢談』, 108~109쪽에 그에 대한 기록이 비교적 상세한데, 張雲舫을 따라 배우기 시작했고, 후에 白雲鵬을 통해 史振林에게 사사했다고 한다.

114 周劍雲, 「大鼓閒評(一)」. 한편 上海에서 발간된 잡지 『戲雜志』에는 이 예인들을 평하는 글이 다음과 같이 차례로 실렸다. 寄聲, 「嘯雲齋鼓話」(小黑姑娘, 金小蘭 평), 韜厂, 「評晩香玉」(梨花大鼓 藝人 晩香玉 평), 楊慶五, 「大鼓書話」(劉寶全, 杜順姬, 鍾姑娘, 小黑姑娘, 老黑姑娘, 白銀寶, 劉翠仙, 白雲鵬, 張筱軒, 崔子明, 즉 老倭瓜 평).

115 楊慶五, 「大鼓瑣話」, 『戲雜志』 第6期, 1923.

야기를 기억하고 반추하게 함으로써 신문화의 유입과 함께 극심한 변화를 겪었던 당시 사회에서 중국 전래의 것을 보전하는 데 보이지 않게 기여했다. 이처럼 선배들이 다진 도시 공연은 수많은 후배 예인들에게 이어져서, 지속적인 사회적 변화에도 불구하고 전통문화 보존의 한 축을 이루었다.

(2) 후기의 예인들

1) 산동 지방의 대고 예인들[116]

산동 제남에서 곽대니, 백뉴, 흑뉴 등 여성 예인들이 도시 청중의 환영을 받은 이래, 특히 중화민국 성립 이후에 많은 후배 예인들이 등장하여 도시 대고의 전성기를 이어갔다. 농촌 목판대교 예인 하봉의의 제자인 부태신, 유태청 등을 비롯하여 다음과 같은 많은 예인이 활동했다.

> 상반절上半截(희흥거姬興居의 부인), 하반절下半截(방흥산龐興山의 부인), 동연지董蓮枝(예명 개산동蓋山東), 두완군杜婉君(예명 백채심白菜心), 곽채운郭彩云(예명 향삼성響三省), 부금화傅金華(예명 대조계大抓髻), '사대옥四大玉(즉 사대옥謝大玉, 이대옥李大玉, 조대옥趙大玉, 손대옥孫大玉)', 왕장지王長志(예명 왕이쾌취王二快嘴), 장흥륭張興隆(예명 목판장木板張), 이운경李雲卿, 이옥빈李玉矉, 이금표李金彪, 이태상李泰祥, 소염방筱艶芳 등

위에서 열거한 인물들은 1910년대 말부터 1920년대에 걸쳐 활동한 예인들로, 유명한 이들은 창편을 녹음하여 발매했다. 이들은 대부분 이화조 산동대고를 공연한 여성 예인들로, 산동뿐만 아니라 상해, 천진, 개봉 등 외지의 대도시에서도 큰 인기를 얻었다. 이들을 이어 등장한 예인들로는 두대계杜大桂, 녹교령鹿巧玲(예명은 고계황후鼓界皇后), 희소영姬素英, 희패운姬佩雲,

---

116 車吉心 等 編, 『齊魯文化大辭典』; 『中國大百科全書·戱曲曲藝』; 張軍·郭學東, 『山東曲藝史』; 劉波 編, 『中國當代文化藝術名人大辭典』, 北京: 國際文化出版公司, 1993 등을 참조함.

왕대옥王大玉, 백대옥白大玉, 이염루李艷樓 등이 있었고, 1935년에 출간된 『제남대관濟南大觀』에 기록된 신인 예인들도 이염경李艷慶, 사문영謝文英, 왕대봉王大鳳, 이염령李艷苓, 이향운李香雲, 왕서운王瑞雲, 부여운傳麗雲, 왕복보王福寶, 왕영지王靈芝, 이염분李艷芬, 허보옥許寶玉, 주학정朱學貞, 이경지李景芝 등으로 많았다. 이 가운데 대표적인 예인들에 대해 출생 연도순으로 간략히 살펴보겠다.[117]

부태신傳泰臣(1889~1983)은 하북 경현景縣 사람으로, 17세에 장인 장옥산張玉山에게서 기예를 배우면서 산동 평원平原으로 옮겨 살았다. 19세 때 왕증호王增豪에게서 산동대고를 배웠다가 나중에 서하대고로 곡종을 바꾸었고, 1930년대 초에 다시 평서評書로 바꾸었다.[118]

사대옥謝大玉(1890~1978)은 산동 무성武城 사람으로, 부친 사화남謝化南(예명 사기영謝其榮, 신수사로화神手謝老化, 약 1860~1926)은 왕소옥 자매의 반주를 맡았던 현악기 반주자였다. 그는 어려서부터 아버지를 따라 노래를 배우면서 왕소옥의 영향을 많이 받았다. 13세 때에 태안泰安의 대묘岱廟 묘회에서 처음 무대에 올랐는데 청중이 그의 절창에 놀랐다고 하며, 이후 제남, 제녕濟寧, 개봉, 천진, 북경 등지에서 공연했다. 1927년에 그는 장홍륭張興隆(예명 삼라자三騾子)과 함께 북경의 신세계 3층에서 중편 「대화창對花蒼」을 공연했는데, 당시 이곳의 2층에서 공연하고 있던 '고왕' 유보전과 함께 북경 청중에게 큰 인기를 끌었다. 겨울에 제남으로 돌아온 그는 작화거鵲華居와 망학정望鶴亭에서 공연을 했고, 1930년대에는 승리창편공사와 백대창편공사百代唱片公司를 통해 작품을 녹음, 발매했다. 1930년대 후반부터는 일제의 탄압으로 인해 공연을 그만두고 보통 백성으로 허드렛일을 하면서 은거하다

117 車吉心 等 編, 『齊魯文化大辭典』; 『中國大百科全書·戲曲曲藝』; 張軍·郭學東, 『山東曲藝史』 등을 참조함.
118 劉波 編, 『中國當代文化藝術名人大辭典』, 719쪽.

가 1950년대 이후 곡예에 복귀했고, 이후 산동성곡예단, 제남시곡예단을 이끌며 후진을 양성하다가 문화혁명 기간에 수난을 당한 끝에 병사했다. 그의 제자로는 이학진李鶴珍, 좌옥화左玉華 등이 있다. 도둔陶鈍은 1948년에 그를 방문했을 때 단아하고 사려 깊다는 인상을 받았으며, 1958년 그가 칠순의 나이로 다시 대명호大明湖 변의 무대에 섰을 때 청중의 열렬한 환영을 받으며 공연했다고 증언했다.[119] 그의 곡목으로는 「흑려단黑驢段」, 「검각문령劍閣聞鈴」, 「초선차전草船借箭」, 「자강전自强傳」, 「피오기皮襖記」, 「공성계空城計」, 「이규탈어李逵奪魚」 등이 있었고, 앞의 네 곡은 녹음, 발매되었다.

왕장지王長志(1900~1964)는 산동 하진夏津 사람으로, 어려서 가난한 시절을 보내다가 24세에 범기봉에게서 '옛 이화조'를 배웠다. 그는 1930년대 중반 이후 산동대고가 점차 쇠미해져가는 징조가 나타나자 그 이유는 지나치게 느리게 부르는 창법 때문이라고 진단하고 빠른 창법을 개발하여 '왕이쾌취王二快嘴'라는 별명을 얻었다. 목소리가 높고 맑으며 해학적인 연기에 뛰어나 청중의 환영을 받았으며, 주로 「삼전진三全鎭」, 「금쇄진金鎖鎭」, 「소영렬小英烈」, 「사융기絲絨記」 등의 중편을 잘했다. 1950년대 이후로는 제자 왕진원王振遠, 장진개張振開, 이진붕李振鵬 등을 길러냈다.[120]

이대옥李大玉(1902~1929)은 산동 역성歷城 사람으로, 어려서 부모를 잃고 7세 때부터 이태상李泰祥의 양육을 받으며 대고를 배웠다. 11세 때 초연을 했고 제남, 개봉, 상해에서 바로 유명해지며 '서사書史'라는 별칭을 얻었다. 『홍루몽』, 『서상기』 등에서 소재를 취한 서정적인 곡목과 『삼국지연의』 곡목을 잘했다. 1920년대에 백대창편공사에서 「왕이저솔경가王二姐摔鏡架」, 「화소성도火燒成都」 등을 녹음했다. 스승 이태상의 부인이 된 지 얼마 지나지 않아 역성 현령에게 유린당한 후 27세의 젊은 나이로 세상을 떠났다. 그

119 陶鈍, 「憶梨花大鼓名藝人謝大玉同志」, 44~45쪽.
120 劉波 編, 『中國當代文化藝術名人大辭典』, 653쪽; 張軍·郭學東, 『山東曲藝史』, 215쪽.

에게 배운 예인으로 이염분이 있다. 1917년 4월 18일 『숭악일보嵩岳日報』
에는 이대옥의 기예를 칭송한 장시가 실렸는데, 일부를 보면 다음과 같다.

大鼓咚咚震大梁,　　대고가 둥둥 대들보를 울리며,
十家姊妹竟爭長.　　수많은 여자 예인이 장기를 다투네.
謝楊徐杜嬌嬈甚,　　사, 양, 서, 두 모두들 예쁘지만,
第一豊姿讓李娘.　　제일가는 풍모는 이대옥일세.
……
雪膚花貌玉精神,　　눈 같은 피부, 꽃 같은 용모, 옥 같은 정신,
婉轉珠喉字字眞.　　옥구슬 같은 목소리 글자마다 또렷하고,
唱到紅樓動情處,　　『홍루몽』의 감동적인 대목에 이르면,
曲中人是夢中人.　　노래하는 사람이 꿈속의 사람인 듯.[121]

유태청劉泰淸(1904~1977)은 하북 남피南皮 사람으로, 어렸을 때 집안이
가난하여 13세 때 하북방자河北梆子를 배웠고 이듬해에는 주증과周增科에
게서 노우대졸강조 산동대고를 배워 창주滄州, 덕주德州 일대에서 공연했
다. 나중에는 조옥봉趙玉鳳에게서 서하대고를 배웠고 1928년 제남에 와서
유명해졌다.[122] 「양가장」, 「호가장」, 「단도부회單刀赴會」, 「초선차전」, 「화
용도」 등을 잘했다.[123]

손대옥孫大玉(1905~1956)은 산동 무성 사람으로, 부친 손증복孫增福도 예
인이었다. 주요 곡목으로는 「주마천제갈走馬薦諸葛」, 「소군출새昭君出塞」,

121　張軍·郭學東, 『山東曲藝史』, 201쪽에서 재인용. 이 밖에도 『河聲日報』 1917년 9월 18일자에
　　도 그에 대한 기사가 길게 실렸다. 謝, 楊, 徐, 杜는 각각 謝大玉, 楊金喜, 徐鳳雲, 杜翠紅을 가
　　리킨다.
122　劉波 編, 『中國當代文化藝術名人大辭典』, 664쪽. 『山東省文化藝術志資料匯編』 第5輯(1985)
　　에서 劉泰淸의 딸 劉書琴이 쓴 「我的父親劉泰淸」과 편찬실에서 정리한 「曲藝世家」가 劉泰淸
　　일가의 曲藝 활동을 자세히 소개하고 있다. 특히 「曲藝世家」에는 劉泰淸과 그의 아내, 동생,
　　자녀 등 모두 8명이 曲藝界에 종사했다고 소개되어 있다.
123　『中國曲藝志·山東卷』, 677~678쪽.

「고홍拷紅」,「대서상大西廂」,「채강蔡江」 등이 있었고, 경극도 좋아하여 연기와 음악적인 면에서 많이 응용했다. 제남, 남경, 한구漢口, 중경 등지에서 인기를 얻었으며, 1940년대에 제남에 돌아왔을 때에는 산동대고가 쇠락하기 시작하여 경극을 공연하기도 했다.

조대옥趙大玉(1854~1932)은 산동 제녕 사람으로, 자세한 생애는 알려지지 않았다. 1930년대에 녹음된 「고성회」가 전한다.

녹교령鹿巧玲(1911~1962)은 산동 하진 사람으로, 역시 곡예 가문 출신이다. 부친 녹태홍鹿泰興(예명 화현록花弦鹿)은 유명한 현사였고, 모친 부금화와 언니 녹교운鹿巧雲도 유명한 이화대고 예인이었다. 녹교령은 13세에 초연을 했고, 뛰어난 용모와 노래 솜씨로 유명해졌다. 제남에서 주로 공연하여 1930년에 '고계황후'로 꼽혔고, 서주徐州, 남경, 상해, 개봉, 서안, 북경, 천진, 동북 등 많은 지역을 다니며 공연했다. 대표 곡목은 「흑려단黑驢段」,「왕이저사부」,「소군출새」,「보옥탐병」,「봉의정鳳儀亭」,「홍안소서鴻雁捎書」 등이었다. 1937년 후에 사대옥과 비슷한 이유로 공연을 그만두었다가 1957년 산동성 제1차 곡예대회에서 「흑려단」을 불렀다. 1962년 평원 곡예대의 초청을 받아 기예를 전수하던 중 병사했다.

지금까지 살펴본 예인들은 주로 제남을 중심으로 활동하면서 기회가 있을 때 외성의 대도시에 가서 공연을 했는데, 이들 가운데는 하남 개봉에서 장기간 공연하며 이름을 떨친 사람도 많았다. 이들은 대개 단체를 이루어 공연했는데, 한 예인이 곡단을 이끌고 다른 사람들이 그곳에 소속되어 공연하는 방식이었다. 개봉에서 공연한 적이 있는 '산동대고', 곧 이화대고 단체는 아홉 개나 되었다.[124]

---

124 杜家班, 李家班, 杜家班, 姬家班, 傅家班, 孫家班, 徐家班, 鄭家班, 郭家班 등. 張軍·郭學東,『山東曲藝史』, 203~210쪽.

상해에서도 이화대고 예인들의 공연이 여러 차례 열렸음이 확인된다.[125] 중화민국 시기의 이화대고 예인은 앞에서 소개한 인물들과 잘 알려지지 않은 인물까지 포함하여 100여 명으로 추산된다. 이들은 가족 전승, 사제 전승 등의 방식으로 중화민국 시기에 많은 사람의 여가를 채워주는 오락기관으로서의 역할을 수행했다. 결국 농촌에서 성장하여 도시에서 완성된 산동 지방 대고는 이화조를 중심으로 대도시에서 성행하였으며, 1920년대부터 1930년대에 전성기를 맞았다고 할 수 있다.

2) 천진 서하대고의 예인들

1930년대 천진에서는 앞에서 살펴본 농촌 목판대고 예인들이 다진 바탕 위에서 '조趙'파와 '마馬'파 예인들이 활동하여 도시 서하대고의 명성을 키워갔다. 이들의 활동을 살피기 전에 우선 하북 농촌에서 유행한 고사계강창이 어떻게 서하대고라는 이름을 얻게 되었는지 그 과정을 먼저 정리하겠다.[126]

먼저 예인 왕서상王書祥(1903년생, 하북 용성 사람)의 증언에 따르면, 그가 어렸을 때는 단지 설서라고 불렸는데, 18세 되던 해인 1921년에 천진에 가서 공연을 할 때 이를 '서하조西河調'라고 부르는 것을 처음으로 들었다고 한다. 당시 하북 역현易縣 사람인 왕王씨 부녀가 서하조를 사해승평회원에서 공연하게 되었다. 이들은 간판과 광고지를 붙이려 했는데, 다른 기예는 모두 정식 이름이 있었으나 자신들의 기예에는 정식 명칭이 없었다. 시골에서는 매화조梅花調라고 불렀지만 당시 도시에서 유행하던 매화대고와는 완

125 『民國日報』, 민국 8년 5월 1일 "大世界에서 山東에서 온 梨花大鼓 공연이 있습니다"; 민국 8년 9월 1일 上海 新世界에서 蓋山東(董蓮枝)이 梨花大鼓를 공연합니다"; 민국 8년 9월 15일 "大世界에서 謝大玉, 木板張(張興隆), 李雲卿, 李玉聲, 李金彪 등이 梨花大鼓를 공연합니다" 등의 광고문이 확인되며, 이 밖에 李泰祥과 李大玉이 上海에서 梨花大鼓를 공연한 광고도 확인되었다. 張軍·郭學東, 『山東曲藝史』, 197~198쪽.
126 이하는 주로 鍾聲 編, 『西河大鼓史話』, 7쪽 참고.

전히 성질이 달랐으므로 따로 이름을 지어 결국 서하대고라고 명명하게 되었다고 한다. 또 다른 예인 조옥봉趙玉峰(1894년생, 하북 하간 사람)의 증언에 따르면, 이 기예가 처음 천진에서 공연되었을 때는 공연장에서 광고지를 만들면서 예인의 이름과 서목만 표기했는데, 이 기예를 하는 여성 예인 왕봉영王鳳英이 유보전과 사해승평회원에서 합동공연을 할 때 광고지에 곡종의 명칭을 어떻게 적을 것인지를 상의한 끝에 결국 천진 청중이 이를 서하조라고 부르던 것을 감안하여 서하대고라는 이름을 붙였다고 한다. 이를 보면 서하대고라는 명칭은 1920년대 무렵에 생겨난 듯하다. 서하西河라는 명칭은 당시 천진 사람들이 예인들의 출신지인 대청하大淸河와 자아하子牙河 두 강 유역을 서하라고 부른 데서 연유했다. 1920년경에 이 기예가 서관書館, 희원戲園에서 더욱 많이 공연되면서 다른 곡종들과 함께 무대에 오름에 따라 정식 명칭이 필요해져 결국 서하대고라는 이름이 정착된 것이다.

당시 천진에서 활동한 예인으로는 장쌍래張雙來, 초영천焦永泉, 초영순焦永順, 장사덕張士德, 장사전張士全, 백문생白文生, 백문붕白文朋 등이 유명했는데, 이들은 모두 농촌의 목판대고가 도시에 정착하는 데 기여한 개척자들이었다. 그 후 학영길과 그의 가족이 천진으로 이주하여 장편을 공연하며 인기를 모으고 도시 서하대고의 성행에 공헌했다.

한편 처음부터 천진에서 공연한 본격 도시파로는 조파와 마파 예인들이 꼽힌다. 조파는 1930년대에 조옥봉(1894~1971, 예명 조쌍합趙雙合)에 의해 시작된 유파이다. 조옥봉은 원적이 하북 하간이었지만 어려서 모친과 형을 따라 천진으로 이주하여 기예를 배웠다. 처음에는 경운대고를 배웠다가 나중에 형 조쌍인趙雙印(장영당의 제자)을 따라 서하대고를 배우기 시작했다. 11세 때 공연을 하기 시작하여 두각을 나타냈으며 각고의 노력 끝에 수준 높은 기예를 갖추게 되어 이후 수십 년간 천진, 북경, 심양, 무순撫順 등지에서 공연하며 이름을 날렸다. 조옥봉은 경운대고와 평서의 장점을 흡수하여 북경어를 사용하고 동작을 풍부하게 했으며 음악적인 면에서도 개진을 이루었다. 그는 중·단편을 응용하고 연결하여 장편 서목을 만들었으며, 「수당隋唐」, 「포공안包公案」, 「삼협오의三俠五義」, 「적벽지전赤壁之戰」 등을 공연했고, 1950년대 이후에는 「어부한漁夫恨」, 「열화금강烈火金鋼」 등 현대생활을 다룬 단편 작품도 무대에 올렸다. 조옥봉의 제자 가운데 유명한 예인으로는 전음정田蔭亭과 조서기趙書棋 등이 있고, 마파의 주요 예인인 마증분馬增芬도 한때 그에게서 배웠다.[127]

마파는 1949년 이후에 성장한 단편 창을 주로 공연했던 마연등馬連登과 그의 딸 마증분(1921~1987) 등이 형성한 유파이다. 마증분은 5세 때부터 아버지를 따라 기예를 배웠고, 7세 때 공연에 참가했으며, 10세 때 정식으로 무대에 올랐다. 1953년에는 중앙광파문공단中央廣播文工團 설창단에 참여했다. 장편과 단편 모두에 뛰어났던 마증분은 장편 「설가장薛家將」, 「호가장呼家將」과 단편 「영롱보탑玲瓏寶塔」, 「화창요구령花唱繞口令」, 「주마관비走馬觀碑」, 「요천궁鬧天宮」 등을 잘했으며, 현대생활을 다룬 「구소운邱少雲」, 「강죽균江竹筠」, 「일분전화일량미一分錢和一兩米」, 「수혜방繡鞋幇」 등도 창작, 공연했다. 마파는 이전에는 적었던 서하대고 단편 곡목을 중점적으로 공연하여 그 수준을 끌어올리는 데 공헌했다.[128]

3) 경운대고의 예인들

유보전, 백운봉, 장소헌 등이 활약한 1930년대에는 이들의 동료, 후배 예인들이 속속 등장하여 활동했고, 이후에도 많은 예인이 경운대고의 전통

---

127 趙玉峰과 田蔭亭에 대해서는 鍾聲, 「西河大鼓趙派創始人趙玉峰求藝紀略」과 存文, 「西河滾滾 向東流 – 談田蔭亭的西河大鼓藝術」 참조.
128 馬增芬에 대해서는 章輝, 「銀鈴貫耳震京津 – 西河大鼓馬派代表馬增芬其人其藝」, 鍾聲 編, 『西河大鼓史話』 참조.

을 이었다. 1936년에 발표된 「대고연구」에는 상해에서 공연한 경운대고 예인 여섯 명의 이름이 언급되었고,[129] 음반 가사집인 『창편극사휘편唱片劇詞彙編』(1930)에 17명, 『승리극사勝利劇詞』(1936)에 7명, 『신희고전집新戲考全集』(1937)에 43명의 각종 대고 예인들이 녹음한 곡목의 가사가 실려 있는데, 상당수가 경운대고 예인이다. 비교적 유명한 예인들은 다음과 같다.

양소루良小樓(1907~1984)는[130] 북경 인근의 빈농에서 태어나 5세 때에 여성 예인 양혜분良蕙芬의 수양딸이 되어 '연주쾌서聯珠快書'를 배웠다. 10세 때 왕홍리王洪利에게, 13세 때 한영록韓永祿에게 사사하여 경운대고를 배웠다. 11세부터 무대에 올라 북경과 천진에서 공연하다가 18세 때 강제로 시집가는 바람에 공연을 중단했다가 1953년에 다시 활동을 시작했다. 「쌍옥청금雙玉聽琴」, 「영대곡분英台哭墳」, 「동존서董存瑞」, 「유호란劉胡蘭」 등을 잘했다.

백봉명白鳳鳴(1909~1980)은[131] 북경에서 태어나 아버지 백효산白曉山과 유명 삼현 연주인인 형 백봉암白鳳巖(1899~1975)에게서 경운대고를 배웠다. 12세부터 유보전의 '보전당寶全堂'에 참가했고, 14세 때부터 정식으로 사사하여 5년 만에 유보전의 23개 곡목을 모두 익혔다. 19세에 독립하여 각지의 대도시를 다니며 공연하면서 많은 경극 배우에게서 창법을 배우고 장점을 흡수하여 '소백小白'파를 이루었다. 1950년대에 선배 예인 백운붕에게 배우기도 했으며, 형 백봉암의 도움으로 유보전의 곡목에 16개를 더했다. 그가 형과 함께 새로 엮은 곡목은 「칠성등七星燈」, 「격고매조擊鼓罵曹」, 「건문제출가建文帝出家」, 「홍매각紅梅閣」, 「나성규관羅成叫關」, 「회덕별녀懷德別女」 등이 있다.

---

129 趙景深, 「大鼓硏究」(『曲藝論叢』에 수록됨), 140쪽. 白雲鵬, 方紅寶, 金玉芳, 李蘭芬, 何艷樵, 韓筱香.
130 『中國曲藝志·北京卷』, 711~712쪽.
131 『中國曲藝志·北京卷』, 713~715쪽.

장취봉章翠鳳(1913~1972)은[132] 하북 양향良鄕 사람으로, 8세 때 북경에 와서 경운대고를 배우기 시작했다. 사형 왕문천王文川의 도움으로 1938년에 유보전의 제자가 된 그녀는 유보전의 남성적 특징을 그대로 이어받아 활달하고 호방한 공연을 보여주었다. 유보전의 곡목을 모두 익히고 새로운 곡은 더하지 않았으며, 중일전쟁 당시 4, 5년간 중단한 기간을 제외하면 중국 전역을 다니며 공연했다. 1949년에 남편과 만나기 위해 상해를 떠나 대북臺北으로 이주했다. 그녀가 구술한 자서전이 1967년에 『대고 생애의 회고〔大鼓生涯的回憶〕』라는 제목으로 정리, 출판되었다.

낙옥생駱玉笙(1914~2002)은[133] 예명이 소채무小彩舞이고, 천진 사람이지만 상해에서 태어났다. 4세 때부터 양부 낙채무駱彩舞를 따라 상해와 무한에서 공연했고, 9세 때 소환정蘇煥亭을 스승으로 모시고 경극 노생老生 역을 익혔다. 14세에 남경에서 이황조二簧調를 불렀고, 17세에 비로소 정식으로 경운대고를 배우기 시작했다. 1934년에 유보전의 삼현 반주자 한영록韓永祿에게 사사하면서 '유'파의 곡목을 익혔다. 그녀는 유파를 기본으로 하면서도 백파, 소백파의 장점을 고루 흡수하여 자신만의 독창적인 스타일을 개척했고, 사람들은 이를 '낙'파라고 부르기 시작했다. 비극적인 소재를 노래하는 데 뛰어났고, 대표적인 곡목으로 「검각문령劍閣聞鈴」, 「홍매각紅梅閣」, 「자기청금子期聽琴」, 「격고매조擊鼓罵曹」 등의 전통 곡목과 「영웅황계광英雄黃繼光」, 「구소운邱小雲」, 「주봉홍기珠峰紅旗」, 「광영적항행光榮的航行」, 「정기가精氣歌」 등의 현대 곡목이 있다. 문화혁명 때 공연을 중단했지만, 1987년 노사老舍의 소설을 극화한 텔레비전 드라마 「사세동당四世同堂」에 예인으로 출연하고 주제곡 「중정산하대후생重整山河待後生」을 부른 일이 매우 유명하다. 이후 천진에 거주했고, 때로 각지를 순회하며 공연했다. 그녀의

---

132 章翠鳳, 『大鼓生涯的回憶』.
133 薛寶琨, 『駱玉笙和她的京韻大鼓』, 哈爾賓: 黑龍江人民出版社, 1984.

생애와 공연을 전하는 책으로는 1984년에 출간된『낙옥생과 그의 경운대고〔駱玉笙和她的京韻大鼓〕』가 있다.

손서균孫書筠(1922~2011)은[134] 북경 사람으로, 11세 때 무대에 올랐고 주로 북경과 천진에서 공연했다. 그녀는 유파뿐만 아니라 백파와 소백파의 장점도 모두 받아들였고, 여성적인 목소리와 우아한 동작이 특징이었다. 유파의 전통 곡목과 함께「경덕장풍敬德裝瘋」,「도화장桃花莊」,「야저림野猪林」등이 유명하고,「황계광黃繼光」,「나성교羅盛教」,「향수려向秀麗」,「한영견낭韓英見娘」등 신작 곡목도 공연했다. 1980년대부터는 외국 공연을 많이 다녔다. 1986년에 자서전『예해침부藝海沉浮』를 출간했다.

3. 도시 고사계강창의 공연과 작품 형식

(1) 도시 고사계강창의 공연

농촌 예인들이 도시에 진입했을 때 가장 먼저 부딪힌 문제는 공연 장소를 어떻게 확보할 것인가였다. 처음에는 시장이나 묘회 등 사람들이 많이 모이는 장소에 자리를 잡고 노천공연을 할 수밖에 없었다. 앞에서 살펴본 이화대고 예인 곽대니와 왕소옥이 장하章夏와 천불산千佛山 시회에서 노천공연을 하며 생계를 이어갔던 것이나, 목판대고를 북경에서 공연한 호금당 등의 예인들이 시내의 '마당 문 앞'에서 노천공연을 한 것이 전형적인 사례이다.『서하대고사화』에는 천진에 온 농촌 예인들이 여러 공연 방식의 변화를 경험하면서 정착하는 과정이 다음과 같이 기록되어 있다.

---

134 孫書筠 口述, 包澄絜 整理,『藝海沉浮』, 北京: 中國曲藝出版社, 1986.

도시에 진입한 예인들은, 처음에는 아무 곳에서나 자리를 펴고 공연하는 '획과 劃鍋'〔사람들이 둥그렇게 모여 구경하는 것이 마치 솥 모양 같다고 해서 붙은 이름〕를 하다가 나중에는 계절에 따라 어느 정도 고정된 장소가 있는 방식인 '명지 明地'〔역시 자리를 펴고 공연함〕를 거친다. 이후 어느 정도 자리를 잡게 되면 난붕暖棚, 차사茶社, 서관書館 등의 고정적인 장기 공연 장소를 개업하게 된다.[135]

처음에는 노천공연을 하면서 도시민의 기호에 맞추어 공연하는 법을 터득하고, 점차 명성과 재부를 얻어가면서 고정된 실내 공연 장소를 확보하는 방향으로 진행한 것이다. 실내 공연 장소도 처음에는 차관의 한쪽을 차지하고 공연하는 '차사' 형태로부터 나중에는 공연을 위주로 개업한 '서장書場' 형태로 변천했다. 실제로 1900년을 전후하여 북경의 공연장은 고급 설비를 갖춘 서관아書館兒, 천막으로 가설한 서붕자書棚子, 노천에서 자리를 펴고 공연하는 명지아서장明地兒書場 등 세 부류로 나뉘어 있었다.[136] 북경의 천교天橋에는 각종 기예와 상점이 모여 있었고, 여기에 연극과 각종 곡예 및 마술 등의 오락거리를 보여주는 공연장이 다양하게 분포했다.[137] 또한 유보전 등이 공연한 전문前門 밖의 사해승평차원四海昇平茶園이라는 실내 공연장에는 각종 기예에 뛰어난 많은 예인들이 모여서 함께 공연하기도 했다.[138] 한편 산동 제남의 초기 공연장으로는 대명호大明湖 호반의 명호거明湖居, 작화거鵲華居가 유명했고, 그 후 박돌천趵突泉의 망학정望鶴亭, 사면정四面亭 등의 찻집과 남강자南崗子 신시장, 취매장翠賣場, 송죽화원松竹花園, 권업장勸業場, 서시장西市場, 대관원大觀園 등에 있는 서장書場, 그리고 진덕회 유예원進德會游藝園, 청년회 광장 등의 유원지나 공원에 무대가 가설

---

135 鍾聲 編, 『西河大鼓史話』, 8쪽.

136 金受申, 「北京的老書館兒」, 『曲藝』1959年 7月號 참조. 그는 '評書'만을 대상으로 서술했지만, 이러한 세 종류의 공연장은 대고의 경우에도 크게 다르지 않았을 것이다.

137 雲游客, 『江湖叢談』; 張次溪, 『人民首都的天橋』 참조.

138 馬連良, 「刻苦創作, 精益求精」, 『曲藝』1962年 6期, 43쪽.

되었다. 청 말, 중화민국 시기 상해에서는 여러 종류의 상업적인 강창 공연들이 열렸고, 그 공연장은 차관서장茶館書場(임시로 가설된 조잡한 공연 장소), 차루서장茶樓書場(정식 무대가 설치된 찻집 공연 장소), 청서장淸書場(독립된 정식 공연 장소) 등으로 등급에 차이가 있었다. 이러한 공연장이 19세기 후반에서 1930년대까지 약 200여 군데가 있었다고 한다. 중화민국 성립 이후에는 전통 공연이나 신형 공연 모두를 소화하는 신식 공연 구역이 형성되었고 대세계大世界(1917~1966)와 같은 공연장이 약 15군데가 생겨 희곡, 강창 등을 공연했다. 이러한 공연장에서는 북방에서 전래된 고사계강창, 특히 단편 공연도 성행했다.[139] 이처럼 몇몇 대도시에 많은 공연장이 생긴 결과, 여러 예인들이 공연하는 고사계강창을 더 많은 청중이 듣고 즐겼을 것이다.

도시 고사계강창 공연을 즐긴 청중은 (반)문맹의 하층민부터 지위가 높은 관리나 귀족까지 범위가 넓었다. 북경의 공연장 가운데 서붕자 종류의 공연장을 찾은 청중은 부호, 아침 일을 끝낸 사람, 노인 등이 주류를 이루었다. 명지아서장을 찾은 청중은 유동적인 관객들로, 하층민들이 많았을 것이다. 이에 비해 서관아를 찾은 사람들은 귀족, 관리, 기인旗人 등으로 고정적인 청중이 대부분이었다.[140] 또한 제남에서 공연을 즐겨 들은 사람들은 공상계工商界나 정계, 학계에 종사하는 이들이 많았다.[141] 정계나 학계 관객은 상대적으로 교육수준이 높았을 것이고, 공상계 관객은 경제적으로 어느 정도 여유가 있었을 것이다. 이들은 모두 여가시간을 이용하여 공연을 즐겼다. 결국 각 도시에는 여러 등급의 공연 장소가 있었고, 하층민부터 유한계층에

---

139 당시 上海의 공연장에 대해서는 Carlton Benson, *From Teahouse to Radio: Storytelling and the Commercialization of Culture in 1930s Shanghai*, Ph.D. diss., Berkeley: University of California, 1996, pp. 16–28 참조. 한편 『申報』1925년 5월 20일자에 실린 공연광고란에는 大世界, 小世界, 樂園, 新世界, 笑舞臺, 丹桂, 天蟾, 大舞臺, 更新 등의 공연장 명칭이 보이고, 주로 戱曲 공연 예고를 하고 있다.

140 金受申, 「北京的老書館兒」, 『曲藝』1959年 7月號 참조.

141 이후의 사례 분석 참조.

이르는 광범위한 청중들이 각자의 형편에 맞는 공연 장소에 가서 고사계강창을 즐겼다고 할 수 있다. 다음으로는 북경과 제남을 예로 들어 이 도시들의 공연, 예인, 청중과 관련된 자세한 실상을 파악하려 한다.

1) 사례 A: 중화민국 시기 북경 천교의 공연과 청중

평서 예인 필연수(운유객)가 쓴 『강호총담江湖叢談』(1936)의 '천교의 대고서장大鼓書場'을 보면, 당시 북경 천교에서 공연된 봉천조奉天調, 낙정조樂亭調, 매화조, 이화조, 서하조 등의 대고와 가장 많은 인기를 얻은 서하대고 예인 왕운기王雲起를 소개하면서 그의 공연 모습과 청중에 관해서도 언급했다.[142] 필연수는 왕운기가 할 수 있는 공연은 「양가장」과 「호가장」뿐으로 다양하지 못했는데도 그가 오랫동안 천교에서 최고의 인기를 누릴 수 있었던 이유를 이렇게 설명했다.

그의 공연은 지식분자만 들을 수 있는 것이 아니다. 지식이 있건 없건 모두 그의 대고서를 좋아한다. 그의 공연은 아주 통속적이어서, 이를테면 "여러분, 조용히 앉으셔서 귀 기울여 들어주십시오. 전번 회에 「호가장」을 반절 이야기했고 아직 반절을 못 했습니다. 끝난 곳부터 다시 이어서 이야기하겠습니다. 이야기할 것은 누구냐, 이야기할 것은 사람 중에서도 귀인이요 으뜸 중에서도 으뜸이며 뛰어난 사람, 훌륭한 사람, 호연경呼延慶!" 10여 구절 끝에야 호연경 이름이 나온다. 지식계급은 지겨워하지만 일반적인 무식자, 가장 밑바닥 사람들은 도리어 아주 좋아한다.[143]

위의 글을 보면, 왕운기는 특별히 뛰어난 장기는 없었지만 청중의 대다수를 점하는 하층민들의 심리를 잘 이해하고 이용했다. 또한 필연수에 따르

---

142 雲游客, 『江湖叢談』, 108~110쪽.
143 雲游客, 『江湖叢談』, 109쪽.

면, 하층민들은 송강宋江, 이규李逵, 손오공, 저팔계 등 누구에게나 잘 알려진 이야기를 계속 듣기를 좋아했는데, 이렇게 잘 알려진 이야기를 예인들의 말로 '피박皮薄'이라고 했다. 인기를 얻고 돈을 벌기 위해서는 피박을 잘해야 했다. 그는 이어서 하층민들이 많은 천진에서는 이류 예인들도 200명 이상의 청중을 끌어들일 수 있지만, 지식분자와 고상한 사람이 많은 북경에서는 잘 알려지거나 아주 뛰어난 사람이 아니면 오래 견딜 수 없다고도 했다.

필연수는 예인들의 말을 빌려, 대고 예인이 갖추어야 할 조건으로 다음의 몇 가지를 들었다. 첫째, 생김새가 좋아야 한다〔人式順流〕. 둘째, 말소리가 똑똑해야 한다〔碟子正〕. 셋째, 목소리가 우렁차야 한다〔夯頭正〕. 넷째, 몸 동작이나 표정연기가 좋아야 한다〔發托賣像驚人〕.[144] 그 외에도 자리를 좋은 곳에 잡아야 하고, '박구駁口'라 불리는 돈 받는 수완이 좋아야 한다. 박구가 좋다는 것은 한 회가 끝날 때 관객으로 하여금 돈을 내고 다음 회를 더 듣고 싶게 만드는 것을 말한다. 왕운기는 이러한 조건을 모두 갖추었기 때문에 청중이 많이 몰렸던 것이다.

북경의 공연장은 천교 외에도 융복사隆福寺, 호국사護國寺 등 각지에 있는 노천공연장이나 전문 앞의 실내 공연 장소인 사해승평차원 등이 유명했다. 천교를 비롯한 노천공연장에는 역시 하층민들이 많이 가서 싼값에 듣고, 실내 공연장에는 지위가 높은 사람들이 가서 비싼 값에 들었을 것이다. 시간이 지나면서 실내 공연 장소가 점차 많아졌는데, 이는 한편으로 기예의 품질이 높아졌다는 의미지만, 다른 한편으로는 민간예술로서의 생생한 활기가 감소했다는 것을 의미한다.

---

144 〔 〕안은 모두 藝人들의 行話, 즉 隱語이다.

2) 사례 B: 1930년대 제남의 공연장, 예인, 청중

1931년에 발표된 한 조사 보고서에는 당시 제남의 각지에 개장 중이었던 공연장, 예인 수, 공연 종목, 하루의 청중 수, 예인의 매월 수입 등이 상세히 기재되어 있다. 이 자료를 토대로 하여 중화민국 시기 도시 고사계강창의 공연 양상의 특성을 파악하고자 한다.[145]

① 남강자南崗子의 신시장新市場

공연 장소	예인 수		공연 종목	하루 청중 수	예인 수입지출(매월)	
	남	여			수입	지출
의흥차원 義興茶園	4	2	양금洋琴	공상계工商界 50	0.916	0.750
옥흥차원 玉興茶園	6	4	하남추금河南墜琴	공상계 50	0.916	0.750
복흥차원 福興茶園	5	4	하남추금	공상계 60	0.777	0.555
광유차원 光裕茶園	5	4	산동대고,[146] 하남추금	공상계 40	0.666	0.555
광명차원 光明茶園	5	6	산동대고	공상계 50	0.909	0.681
삼민차원 三民茶園	3	0	목판쾌서, 평서	공상계 40	1.833	1.166
쌍춘차원 雙春茶園	4	0	목판쾌서, 서하대고	공상계 300	2.125	1.875
금림차붕 金霖茶棚	4	1	상성相聲, 쌍황雙簧	공상계 100	1.000	0.600
포붕布棚	2	0	하간대고	공상계 200	3.250	0.275

---

145 吳級宸,「濟南市書社界調査及其改善」. 이 보고서는 원래 『山東民衆敎育月刊』 第3卷 第6期 (1931), 219~229쪽에 수록되었고, 『山東省文化藝術志資料匯編』 第2輯(1984), 196~198쪽에 재수록되었다. 예인의 수입 및 지출 액수는 1928년부터 사용된 銀元인 이른바 '孫小頭' 1元을 기본 단위로 했을 것으로 추정되나 추후 확인이 필요하다.

146 여기에서의 山東大鼓는 梨花大鼓를 가리키는 것으로 추정된다.

포붕	2	0	평사評詞	공상계 80	1.750	1.250
포붕	2	0	하간대고	공상계 100	1.250	0.750
포붕	2	0	목판대고	공상계 80	1.250	0.750

② 박돌천趵突泉

| 공연 장소 | 예인 수 | | 공연 종목 | 하루 청중 수 | 예인 수입지출(매월) | |
	남	여			수입	지출
사면정 四面亭	3	7	산동대고	정학계政學界 30	0.650	0.550
옥흥차원 玉興茶園	5	6	산동대고, 하남추금	공상정학계 工商政學界 40	0.500	0.409
망강정 望江亭	5	6	산동대고, 하간대고	정학계 30	0.772	0.681
민중차원 民衆茶園	3	4	산동대고	상계 30	0.642	0.500
사계춘 四季春	9	12	경운대고, 상성, 쌍황	상정학계 商政學界 10	0.357	0.309
위생사 衛生社	6	10	경운대고, 양금, 붕붕嘣嘣	정학상계 政學商界 10	0.406	0.344
포붕	2	0	평사	공계 30	0.500	0.500
포붕	2	0	목판쾌서, 평사	공계 40	1.000	0.500
관란정 觀瀾亭	4	5	산동대고	정학계 30	0.833	0.722

③ 권업장勸業場

| 공연 장소 | 예인 수 | | 공연 종목 | 하루 청중 수 | 예인 수입지출(매월) | |
	남	여			수입	지출
입규차붕 立奎茶棚	2	0	평사	공계 50	1.000	0.500
포붕	2	2	양금	공계 30	0.375	0.375
포붕	2	0	평사	공계 30	0.500	0.500

포봉	3	2	양금, 추금墜琴	공계 50	0.500	0.300
석붕席棚	4	0	하간대고	농공상 農工商 1,000	2.500	0.750

④ 북성두北城頭

공연 장소	예인 수		공연 종목	하루 청중 수	예인 수입지출(매월)	
	남	여			수입	지출
석봉	3	0	상성, 쌍황	공계 80	0.833	미상
석봉	1	0	평사	공상계 40	1.000	미상
석봉	1	0	목판쾌서	공상계 50	1.500	미상
석봉	1	0	평사	공상계 60	1.500	미상

⑤ 서시장西市場

공연 장소	예인 수		공연 종목	하루 청중 수	예인 수입지출(매월)	
	남	여			수입	지출
문안차원 文安茶園	4	0	하간대고, 평사	농공상 100	1.125	0.875
민락차원 民樂茶園	4	0	목판쾌서, 하남추금	공농계 50	0.875	0.625
사합헌차원 四合軒茶園	3	0	하간대고	공계 30	0.500	0.500
삼락차원 三樂茶園	2	0	평사	공계 30	0.750	0.750

⑥ 보리시장普利市場

공연 장소	예인 수		공연 종목	하루 청중 수	예인 수입지출(매월)	
	남	여			수입	지출
동락차원 同樂茶園	5	6	산동대고, 하남추금	공상계 40	0.590	0.500
광흥차원 廣興茶園	5	5	산동대고, 하남추금	공상계 40	0.550	0.450

⑦ 북시장北市場

공연 장소	예인 수		공연 종목	하루 청중 수	예인 수입지출(매월)	
	남	여			수입	지출
석붕	4	2	양금	공계 70	0.750	0.750
포붕	3	0	죽판쾌서竹板快書, 평사	공계 40	0.833	0.833

위의 자료를 보면 공연장이 모인 장소는 7개의 구역이 보고되었고, 여기에는 적게는 2곳부터 많게는 12곳의 공연장이 포진해 있었다. 먼저 주요 구역이 홍기한 시기와 특징을 살펴보면 다음과 같다.

① 남강자 서장書場: 이곳은 제남 경이로經二路에 위치한 신시장 내 설서장說書場을 총칭한다. 신시장은 1905년에 처음 형성되었고,[147] 공연장은 1920년대 초에 생겨났다. 당시는 여러 종류의 곡예가 전성기를 맞이한 시기로 많은 예인이 각종 곡예를 공연하며 제남의 청중을 끌어모았다. 『제로문화대사전齊魯文化大辭典』에 정리된 바에 따르면, 1930년대에 동쪽의 금성차원金聲茶園에서는 왕운경王雲卿과 왕운보王雲寶 자매가 경운대고를 공연했고, 광유차원光裕茶園에서는 석진방이 목판대고를 공연했으며, 나중에 서하대고 예인 유태청도 이곳에서 공연했다. 서쪽 포붕布棚에서는 양봉산楊鳳山(산동쾌서山東快書), 구춘성勾春盛(산동락자山東樂子), 장봉지張鳳池, 장봉휘張鳳輝, 왕삼니王三妮(이상 3명은 산동금서山東琴書), 두춘전杜春田(경락자京落子), 황춘재黃春才(서하대고), 황춘원黃春源(목판대고) 등이 공연했고, 나중에 부태신(평서)이 태신서장泰臣書場을, 부진해傅振海가 진해서장振海書場을 개장하여 공연하기도 했다. 남쪽의 포붕 가운데 금림차붕金霖茶棚에서는 최금림崔金霖, 오경춘吳景春, 오환문吳煥文, 황경리黃景利 등이 상성相聲, 마술 등

---

147 孟慶築(淸), 『那個年代－回憶舊濟南』, 濟南: 黃河出版社, 1996, 26~27쪽.

을 공연했고, 북문 서쪽에 있었던 동락소극장同樂小劇場에서는 유보전(경운대고), 녹교령, 희소영姬素英, 사문영謝文英(이상 3명은 이화조 산동대고) 등이 공연하기도 했다. 중간의 광장에서는 유검추劉劍秋, 양수봉楊秀峰 등이 방언 상성과 쌍황雙簧 등을 공연했다.[148]

② 박돌천 서장: 박돌천의 전문 앞에 있는 시장에는 점포가 100~200여 곳 있었는데,[149] 광서 연간부터 이곳에 공연장이 생기기 시작했다. 초기에 유명했던 곳은 망학정, 사면정 등이었고, 중화민국 시기에도 흥성했다. 백채심白菜心, 사대옥, 두대계, 백대옥, 녹교령 등의 유명 이화대고 예인들이 공연했고, 1920년대 말부터 점차 쇠락했다.[150]

③ 권업장 서장: 제남 국화상장國貨商場에 있었던 공연장들을 가리키는 것으로, 박돌천 전문의 맞은편에 있었다. 박돌천 서장이 쇠락한 1920년대에 흥기했다. 입규차원立奎茶園과 포붕, 석붕席棚 서장 등이 있었다. 이곳에서 공연한 예인으로는 오난계吳蘭溪, 마합의馬合義(이상 목판대고), 장사권張士權, 유태청, 유기곤劉起崑, 주춘천周春泉(이상 서하대고), 등구여鄧九如, 풍자부馮子富, 풍옥봉馮玉鳳(이상 산동금서山東琴書), 장원복張元福, 장계방張桂芳(이상 하남추자河南墜子) 등이 있었다. 1948년 이후 시장이 쇠퇴하면서 공연 장소도 다른 곳으로 옮겨가게 되었다.[151]

④ 북성두 서장: 상세하지 않다.

⑤ 서시장 서장: 제남 경이로 위십로緯十路 서쪽의 시장에 있었던 공연장을 총칭하며, 10여 군데가 있었다고 알려져 있으나 보고서에는 4군데만 기록되었다. 1940년대에 유영장劉永長, 소화삼邵和三이 평서를, 황춘원黃春源

---

148 車吉心 等 編, 『齊魯文化大辭典』, 214쪽.

149 孟慶築, 『那個年代－回憶舊濟南』, 12~13쪽.

150 車吉心 等 編, 『齊魯文化大辭典』, 227쪽. 지금은 濟南市曲藝團의 공연장이 趵突泉公園 내에 있고, 수시로 공연이 열리고 있다.

151 車吉心 等 編, 『齊魯文化大辭典』, 169쪽.

이 목판대고를, 은전창殷田昌, 은무태殷懋泰, 왕옥란王玉蘭 등이 산동금서를, 이문성李文成이 서하대고를 각각 공연했다. 1945년 제녕의 예인 양방홍楊芳鴻, 유옥하劉玉霞도 이곳에서 산동금서를 공연했다. 이곳은 1960년대까지 인기를 누렸다.[152]

⑥ 보리시장: 상세하지 않다.

⑦ 북시장: 상세하지 않다.

보고서에는 기재되지 않았지만 비교적 늦은 시기인 1940년대에 흥성하기 시작한 대관원 서장은, 대관원 상장 안에 있던 이른바 '잡팔지雜八地' 가운데 일부를 차지한 곡예 공연 장소였다. 초기에는 동문 안쪽에 신광서사晨光書社(1943년 설립되었으며 상성이 중심이었고, 많은 외지 대고 예인들이 공연했다)와 태청차사泰淸茶社(유태청의 서하대고, 마합의의 목판대고, 고원균高元鈞의 산동쾌서, 이적옥李積玉과 엄춘생嚴春生의 서하대고 등이 공연되었다)가 설립되었고, 중간 지역에 공화청共和廳(북경, 천진 등 외지 예인들의 경운대고, 매화대고, 단현單絃, 낙정대고)이 있었으며, 공화청 뒤쪽의 노천에서 이장림이 평사評詞를 공연했다. 1950년대 중기부터는 제남시곡예단이 대관원 내의 영화관 소극장에서 공연하다가 나중에 신광차사 북쪽의 민예民藝소극장으로 이동했고, 1960년대 초에는 산동성곡예단이 서쪽에 백화곡예청百花曲藝廳을 설립했으며, 제남시곡예단, 신광상성사晨光相聲社, 산동성곡예단이 삼두마차 시대를 열며 흥성했다.[153]

앞의 보고서에 기재된 사항을 종합하면 제남의 공연 장소는 38군데였고, 예인은 남성 132명, 여성 88명으로 총 220명이 공연했으며, 공연된 종목은 15종류였고, 매일 3천여 명이 감상했다. 이 가운데 고사계강창을 공연한 곳을 보면, 산동대고를 공연한 곳이 9군데, 서하대고를 공연한 곳이 1군데, 하

---

152 車吉心 等 編, 『齊魯文化大辭典』, 179쪽.
153 車吉心 等 編, 『齊魯文化大辭典』, 147쪽.

간대고를 공연한 곳이 6군데, 목판대고를 공연한 곳이 1군데, 경운대고를 공연한 곳이 2군데였다. 구역별로 보면 남강자 서장에 6군데, 박돌천 서장에 7군데, 권업장 서장에 1군데, 서시장 서장에 2군데, 보리시장 서장에 2군데의 고사계강창 공연장이 있었다. 특히 박돌천 서장에서는 포붕을 제외한 5군데에서 산동대고가 공연되어, 보고된 산동대고 공연장의 과반수가 이곳에 집중되어 있었다. 산동대고가 공연된 장소의 특징은 여성 예인의 공연이 다른 곳에 비해 많았으며, 정계, 학계, 공상계 등 비교적 교육 정도가 높은 분야의 사람들이 하루 한 공연장에 30~40명씩 찾았다는 것이다. 이는 이화조 산동대고가 도시화되면서 음악적 세련미와 수사적 측면이 고도화된 것과 무관하지 않을 것이다. 이에 비해 하간대고, 목판대고 등 농촌 강창의 특성이 비교적 온존된 고사계강창은 남성 예인들이 전담하여 공연하고 청중도 농공상계가 주류였으며, 산동대고에 비해 교육 정도가 상대적으로 낮은 사람들이 적게는 30~40명부터 많게는 1천여 명까지 찾았다. 특히 권업장 서장의 석붕에서 매일 1천여 명씩이나 관람하는 대규모 하간대고 공연이 열렸다는 것은, 농촌에서 유행한 종류의 고사계강창이 도시에서도 상당한 기간 동안 높은 인기를 얻었음을 말해주는 증거이다.

한편 이 공연장들에서 경제적으로 성공한 예인은 신시장의 포붕에서 하간대고를 공연한 두 사람으로, 수입이 지출의 10배가 넘었다. 반대로 가장 사정이 어려운 예인 몇 사람은 수입과 지출이 같았다. 이 수치들이 예인들의 경제적 상황을 온전하게 보여준다고 하기는 어렵지만, 인기를 누린 예인과 그렇지 못한 예인들의 소득 격차가 비교적 컸음을 충분히 나타내고 있다.

3) 악기의 종류와 변화

한편 예인들이 공연할 때 사용한 반주 악기는 농촌 시기보다 종류가 많았다. 악기의 종류가 많아지고 그 역할이 커진 것은 작품의 문학적 성격의 변화와도 밀접한 관계가 있을 것이다. 우선 도시 고사계강창에 쓰인 악기들을 살펴보겠다.

먼저, 예인이 한 손에 쥐고 두드리는 두 조각의 반달형 짝짜기가 있다. 짝짜기는 재질에 따라 쇳조각으로 만든 것과 나무토막으로 만든 것이 있었다. 이 때문에 전자는 이화대고, 후자는 목판대고라고 구분되어 불렸다. 양자 모두 산동과 하북 농촌에서 볼 수 있었지만, 대체로 이화대고는 산동 지방에서, 목판대고는 하북 지방에서 더욱 성행했다. 이 타악기는 노래하면서 박자를 맞추거나 노래를 잠시 멈춘 사이에 박자를 고를 때 쓰였다.

또한 각지의 대고 공연에 공통으로 쓰인 북이 있다. 현재는 통상 서고라고 부르는데, 받침대의 길이가 짧은 것과 긴 것이 있다. 짧은 것은 높이가 15~20센티미터 정도인 받침대에 직경이 30센티미터 정도인 북을 올려놓은 형태로, 원래 예인들이 농촌 공연에서 땅바닥에 자리를 펴고 앉아서 노래하며 반주할 때 쓰인 것이다. 이에 비해 긴 것은 높이가 70~80센티미터 정도 되는 받침대에 북을 올려놓은 형태로, 도시에서 공연한 예인들이 서장에서 서서 노래하며 반주할 때 쓰이기 시작한 것이다.

이상의 두 가지 악기는 농촌에서도 비교적 일찍부터 쓰였다. 가장 먼저 쓰인 것은 반달형 타악기였고, 그 후에 북이 더해져서 기본형이 완성된 것이다. 이후에 현악기 삼현이 더해지고, 마지막으로 사호四胡가 더해져서 가락과 장단을 맞춰주는 역할을 했다. 현악기가 추가됨으로써 작품의 음악적 특성이 강화되었고, 음악성이 강화되고 예인들이 노래를 길게 하기 힘들어짐에 따라 점차 짧은 작품들이 공연되었던 것이다. 유보전 이후에 나타난 경운대고는 현악 반주가 두 종류 이상으로 구성되어 음악적 세련도가 한층 중시되는 방향으로 변화했다. 악기의 변천 상황을 소경은 「대고서의 종류」에서 다음과 같이 설명하고 있다.

처음에는 반주 악기는 시커먼 고철조각만 쓰였고, 대고와 삼현은 없었다. 그래서 처음에는 이화편犁鏵片이라고 불렸던 것이다. 지금도 산동과 하남에서는 이화犁鏵편이라고 부르지, 이화梨花대고라고 부르지는 않는다. (······) 삼현으로 과판過板을 반주하는 것은 나중에 보태졌는데, 이 역시 예술의 진보라고 하겠다. 원래 한 사람이 땅바닥에 앉아 이화편 두 조각을 두들기며 불완전한 농가를 부르던 것이 나중에 짧은 다리 북이 더해지면서 점차 길이가 긴 고아사가 생겼다. 삼현이 보태지면서 비로소 두 사람이 합주를 하게 되었다. 다시 여자 한 사람이 더해져서 합창을 하고 성조도 여성적으로 변화하면서 갑자기 진보했다. 오늘날은 여자들이 주로 창을 하는데, 남자들의 간략하고 무거운 소리를 사람들이 싫어했기 때문이다. 이제 농가의 흔적은 이화편과 짧은 다리 북을 통해서만 상상할 수 있게 되었다.[154]

처음에는 이화편만 쓰였으나, 이후 짧은 받침대에 올려놓는 북이 더해졌으며, 다시 현악기가 보태지고 북 받침대의 길이도 길어지는 변화를 맞이한 것이다. 이러한 악기 구성의 변화는 도시 청중의 요구와 예인들의 부응에 따른 단편화를 반영하는데, 역으로 보면 이러한 악기 반주가 정착되면서 단편 작품의 창작과 공연이 성행하게 된 것이다.

(2) 도시 고사계강창의 작품 형식과 특성

도시 고사계강창은 예인들의 주요 곡목에서 알 수 있듯 단편 작품이 주류를 이루었고, 서하대고는 일부 장편이 공연되기도 했다. 단편은 하루 공연에서 끝낼 수 있는 분량으로, 소설이나 희곡에서 유래한 작품이 많고 당

---

154 『申報』, 1922. 4. 1.: "蓋此調原始時代, 和聲器只有此黝黑之廢鐵片, 無大鼓與三絃, 故獨以犁鏵片名. 魯豫之地, 至今呼此調爲犁鏵片, 無謂爲大鼓者. ⋯⋯ 三絃彈過板以和聲, 爲後世所加, 亦卽藝術之進步. 原來只一人央犁鏵二片, 席地唱不完全之農歌; 後加矮鼓, 漸有大套之鼓兒詞. 三絃之加, 始爲二人合奏. 又加一女子合唱, 聲調受女性之變化, 突有進步. 今皆偏重女子之唱, 惡其男子簡練沈雄之音, 農歌之面目只能于二鐵片及短足鼓中想像得之矣." 顧頡剛, 『顧頡剛讀書筆記 卷一』, 459쪽에서 재인용.

시 일상생활을 소재로 한 것도 적지 않다. 장편은 한 장소에서 보름 이상 연이어 공연되는 것으로, 농촌 강창의 중편을 연결하거나 조합한 작품이 많으며, 소재 역시 농촌 시기의 중편과 같은 것이 많다.

먼저 도시 진입 이후 종류와 수량이 크게 늘어난 단편 작품들을 살펴보겠다. 앞에서 거론한 예인들이 주로 공연했던 작품들을 소재별로 구분하면, 크게 소설이나 희곡 작품에서 가져온 것과, 시사나 시속에서 가져온 것으로 나눌 수 있다. 특히 『삼국지연의』 이야기가 소재인 작품이 21종으로 가장 많고, 그 가운데서도 「단도회單刀會」, 「전장사戰長沙」, 「화용도華容道」 등을 많은 예인이 즐겨 공연했다.[155] 또한 『홍루몽』(6종), 『수호전』(5종) 등에서 소재를 취한 것도 적지 않고,[156] 그 밖에 『수당연의』, 『서상기』 등과 명·청 희곡에서 소재를 취한 것도 있으며,[157] 경극 등으로 공연된 각 시대의 유명한 사건들도 다수가 무대에 올랐다.[158] 또한 백아伯牙와 종자기鐘子期, 맹강녀孟姜女, 왕소군王昭君, 화목란花木蘭 등 역대 인물들을 그린 작품도 있고, 잘 알려지지 않은 민간의 이야기를 공연한 경우도 있다. 시속이나 시사를 소재로 하거나 언어유희로 이루어진 작품도 많아서,[159] 고금을 가리지 않고 다양한

---

155 「擊鼓罵曹」(白鳳鳴, 駱玉笙), 「古城會」(劉寶全, 張筱軒), 「哭祖廟」(白雲鵬), 「空城計」(謝大玉), 「關王廟」(胡十), 「單刀會」(霍明亮, 劉寶全, 小嵐雲), 「博望坡」(劉寶全, 張筱軒), 「連環計」(閻秋霞), 「白帝城」(劉寶全), 「徐母罵曹」(劉寶全), 「長板坡」(劉寶全), 「戰長沙」(霍明亮, 劉寶全, 小嵐雲), 「截江奪鬪」(宋五), 「祭江」(孫大玉), 「走馬薦諸葛」(孫大玉), 「趙雲截江」(劉寶全, 小嵐雲), 「借東風」(霍明亮), 「草船借箭」(劉寶全, 謝大玉), 「火燒博望坡」(宋五), 「火燒成都」(李大玉), 「華容道」(霍明亮, 劉寶全, 張筱軒).

156 『紅樓夢』 소재: 「哭黛玉」(白雲鵬), 「黛玉焚稿」(白雲鵬, 閻秋霞), 「寶玉取親」(白雲鵬, 閻秋霞), 「寶玉探病」(鹿巧玲), 「雙玉聽琴」(良小樓), 「探晴雯」(白雲鵬, 閻秋霞); 『水滸傳』 소재 작품: 「鬧江州」(劉寶全), 「五龍院」(劉寶全), 「李逵奪魚」(宋五, 謝大玉), 「活捉三郎」(劉寶全), 「逼上梁山」(小嵐雲).

157 『隋唐演義』 소재: 「敬德裝瘋」(孫書筠), 「羅成叫關」(白鳳鳴), 「南陽關」(劉寶全); 『西廂記』 소재: 「拷紅」(孫大玉), 「大西廂」(胡十, 宋五, 劉寶全, 孫大玉, 小嵐雲).

158 京劇에서 취한 것: 「罵燕王」(白雲鵬), 「樊金定罵城」(白雲鵬), 「鳳儀亭」(鹿巧玲), 「遊武廟」(劉寶全), 「千金全德」(白雲鵬).

159 時事·時俗을 다룬 것: 「改良勸夫」(張筱軒), 「勸國民」(白雲鵬), 「王二姐思夫」(胡十, 鹿巧玲),

이야기들이 다시 고사로 엮이고 공연되었음을 알 수 있다. 이들은 물론 당시 공연된 고사계강창의 전체적인 모습은 아니지만, 주요 예인들이 공연한 주요 곡목을 중심으로 살폈기 때문에 이 작품들이 주로 공연되었을 것이라는 추정이 당시의 실상에서 크게 벗어나지는 않을 것이다.

단편 작품들은 비교적 짧으므로 한 편의 공연이 30분 이내에 완결되는 것이 대부분이다. 이 가운데 자주 공연된 곡목의 일부는 1930년대 들어서면서 녹음되었다. 그러나 당시 음반에 담을 수 있는 시간의 제한 등의 이유로 인하여 한 단편 작품이 전반 또는 후반 등의 일부만 녹음되는 경우가 일반적이었다. 일례로 유보전이 공연한 「전장사」는 다른 예인들도 애창한 곡이었는데,[160] 녹음된 작품은 일반 공연 때의 전반부이다. 일부를 인용하겠다.

關公勒馬看分明,	관공이 말을 몰며 자세히 보니,
見長沙府衆三軍撒隊列西東.	장사부의 삼군이 대열을 이루어 동서로 도열했네.
眞是明盔亮甲人人勇,	정말이지 번쩍이는 투구와 갑옷을 입은 군사들 용맹스럽고,
劍戟刀鎗放光明.	창칼 무기도 번쩍거리네.
甲葉鸞鈴聲震耳,	갑옷과 고삐방울 소리도 요란한데,
在紅旗的脚下閃出了湖南黃漢升.	붉은 깃발 아래 호남의 황충이 나오네.
只見他風擺胸前的白鬚動,	바람이 부니 가슴팍의 흰 수염이 휘날리고,
蒼眉直立瞪雙睛.	푸른 눈썹 꼿꼿이 선 두 눈으로 노려보네.
面如古月精神滿,	얼굴은 달과 같고 정신은 뚜렷하니,

「王二姐摔鏡架」(李大玉), 「劉二姐拴娃娃」(胡十), 「自强傳」(謝大玉), 「提倡國貨」(白雲鵬), 「丑末寅初三春景」(劉寶全), 「黑驢段」(王小玉, 謝大玉, 鹿巧玲); 열거·언어유희로 이루어진 것: 「百山圖」(劉寶全), 「花唱繞口令」(馬增芬).

160 趙景深이 1934년 3월 25일부터 4월 16일까지 약 20일 동안 上海의 北平書場에서 조사한 바에 따르면 6명의 예인들이 24차례 「戰長沙」를 공연했다. 그 뒤로는 「古城會」(15회), 「子期聽琴」(15회), 「草船借箭」(14회), 「長板坡」(12회), 「百山圖」(12회) 등이 이어졌다. 趙景深, 「大鼓研究」, 139~141쪽.

雖然年邁甚英雄.　　　　　비록 나이 들었으나 큰 영웅이라네.

鳳翅盔朱纓罩,　　　　　봉황날개 투구를 붉은 갓끈으로 조여매고,

麒麟鎧玉玲瓏.　　　　　기린갑옷에 영롱한 옥을 달았네.

大紅袍花千朵,　　　　　수많은 꽃 수놓인 대홍포에,

全珠帶束腰中,　　　　　구슬 가득한 요대를 하고,

龍角弓箭雕翎,　　　　　용각으로 만든 활과 멋진 깃 달린 화살,

虎頭靴把鐙登.　　　　　호두화로 등자를 딛고 서 있네.

黃驃急馬如電,　　　　　황표마가 번개처럼 내달리고,

金背刀半盤冰.　　　　　황금빛 칼은 얼음장 같도다.

老爺看罷將頭點,　　　　관우 장군이 보고서 고개를 끄덕이며,

暗暗的誇裝也不絶聲.　　조용히 줄곧 칭찬하네.

"可見漢室的洪福瀉,　　　"한나라 왕실은 복을 받았도다,

埋沒多少將英雄,　　　　수많은 장수를 잃었지만,

我若收服他同到武陵去,　내가 저 황충을 데리고 무릉에 가면,

我大哥一定必要愛黃忠."　형님께서는 분명히 그를 좋아하시겠지."

老爺想罷用刀日指,　　　관우가 생각을 접고 칼을 휘두르는데,

氣貫在丹田那就喊了一聲.　기를 단전에 모아 기합을 넣네.

(2단二段)

大叫: "老將休要你催馬,　　소리치기를, "노장은 말을 재촉하지 마오,

某有句良言要你聽.　　　내가 드릴 말씀이 있소.

我勸你下馬來投降的好,　말을 내려 투항하면,

也免得在某刀下赴幽冥."　내 칼 아래 저승길 가는 것을 면하게
　　　　　　　　　　　　해주겠소."

黃忠聞聽勒坐驥,　　　　황충이 이를 듣더니 말고삐를 당기면서

用刀一指喚關公.　　　　칼을 휘두르며 관우를 부르네.

"這而今明明大漢的國運敗,　"지금 한나라는 틀림없이 망해가니,

你看這群雄四起亂縱橫.　보게나, 이렇게 사방에서 군웅이 봉기하는
　　　　　　　　　　　　것을.

此時雖有曹丞相,　　　　지금은 비록 조 승상으로 있지만,

才高智廣比人能.	재주와 지략이 남다르다.
戰長千員多猛勇,	수많은 용맹한 장수와
雄兵百萬慣能爭.	병사 백만이 버티고 있도다.
若依天下人談論,	만약 천하의 인물을 논하자면,
這江山不久要屬曹公.	이 강산은 곧 조 승상에게 넘어갈 터.
你不必聽信了諸葛亮,	자네는 제갈량의 말을 듣지 말라,
謬談陰陽任意而行.	그는 제멋대로 황당한 말을 지껄이는 것이니,
螢火之光難照遠,	반딧불은 멀리 비치기 어렵고,
坐井觀天理不通.	우물 안에서 하늘을 보아봤자 쓸모없는 짓.
若依某家良言勸,	내가 진심으로 권하노니,
卽早擺戰快收兵.	얼른 전쟁을 그만두고 병사를 거두거라.
叫玄德速醒悟,	유비더러 속히 깨닫게 하여,
咱們同助曹公掃滅江東.	우리 함께 조 승상을 도와 강동을 멸하자.
把天下的狼烟皆都掃盡,	천하의 봉홧불을 모두 없애버린다면,
也難免你弟兄們世代功.	자네들은 공을 세울 걸세.
你一意要把長沙取,	자네가 일념으로 장사를 차지하려 한다면,
怕只怕禍到臨頭悔不成."	화가 닥쳐서 후회해도 늦게 될까 걱정될 뿐."
那黃忠言詞還未說盡,	저 황충이 말을 미처 끝내지도 않았는데,
好不得笑壞了忠義無雙蒲州的關	충의 무쌍한 포주의 관우 장군이 웃음 참지
壽亭.	못하네.[161]

　녹음된 작품은 관우와 황충의 싸움이 막 시작되려는 대목에서 끝나고 있
다. 그렇지만 유보전의 제자 장취봉이 전한 작품을 보면, 이후에도 두 장수
가 창검법을 쓰며 싸우지만 승부를 가리지 못하고 끝나는 장면이 위와 비슷
한 분량으로 이어진다.[162] 녹음 시간의 제한을 받은 것을 제외하면 단편은
대체로 하나의 이야기를 완결 지으며 마무리된다. 유파 경운대고의 특징을

---

161 『新戲考全集』, 上海: 新戲考聯合出版社, 1937, 400쪽. 여기서는 제목이 「長沙對刀」로 되어 있다.
162 章翠鳳, 『大鼓生涯的回憶』, 146~148쪽.

가장 잘 보여주는 이 작품은 영웅들의 이야기를 충분한 동작과 표정 연기를 가미하여 연극적으로 표현해내는 것이 두드러진 특징이다. 뒤에 이어지는 두 장수의 격돌 장면은 눈앞에서 진행되는 사건을 중계하듯 표현해내는 공연자의 역량이 큰 역할을 차지한다. 다시 전투 장면의 일부를 보겠다.

黃忠聞聽氣炸肺,	황충이 이를 듣더니 화가 치밀어 올라,
忠義將滾滾腮邊烈焰騰.	충의장군의 얼굴 불같이 달아오르네.
一磕座下黃驃馬,	단번에 황표마에 올라타더니,
這口刀轉前投後當槍靈.	앞뒤로 칼을 휘두르며 창과 부딪쳐 맞서네.
老爺一見心歡喜,	관우 장군이 이를 보고 기뻐하며,
暗暗的叫道老黃忠.	속으로 황충을 부르네.
"關某自幼把春秋看,	"나는 어려서부터 『춘추』를 보았으니,
什麼兵法我不明.	무슨 병법인들 모르랴.
你這路刀法出在左傳,	당신의 검법은 『좌전』에 나온 것,
有一個大鬧周朝柳展雄.	주나라를 혼란에 빠뜨린 유전웅〔도척〕의 것이지.
一馬三刀他留下,	그가 말 한 필에 칼 세 자루를 지니고 있지만,
唯有某家見到的通."	나만이 대적법을 알고 있지."
聖賢爺回首提刀懷中抱,	관우 장군이 고개를 돌려 칼을 들고 가슴에 품고 있을 때,
黃忠的利刀刺前胸.	황충의 칼이 가슴을 찔러오네.
刀轉一磕兵刃響,	칼들이 부딪쳐 쟁강 소리를 내니,
二馬一錯黃忠在馬上把刀橫,	말 두 마리가 하나로 얽혀 황충은 말 위에서 칼을 휘둘러대고,
順風擺柳攔腰鋸,	바람에 흔들리는 버들가지처럼 허리 쪽으로 휘두르니,
聖賢爺雙手把刀往上碰.	관우 장군은 두 손으로 칼을 쥐고서 막아내네.
青龍偃月推出去,	청룡언월도는 위로 올라가고,
黃忠在馬上扭轉身形,	황충은 말 위에서 몸을 비틀어,
掃葉一刀當頭刹,	나뭇잎을 자르듯 한칼에 목을 베려 하니,

聖賢爺雙手把刀往上迎.　　　관우는 다시 두 손으로 칼을 막아내네.[163]

　공연자가 이상과 같은 생생한 묘사에 싸우는 동작을 충분히 가미하여 연기하면 작품의 공연 효과는 더욱 높아졌을 것이다. 유파 경운대고 예인들은 이처럼 전쟁이나 싸움 등의 남성적인 소재를 주로 공연했는데, 이에 비해 백파 경운대고 예인들이 주로 공연한 곡목은 '재가가인'의 서정적인 작품들이 많다. 백운붕이 공연한「임대옥분고林黛玉焚稿」를 보겠다.

孟夏園林草木長,	초여름 정원의 수풀은 길게 자라고,
樓臺倒影入池塘.	누각 그림자는 못에 비치네.
黛玉回到瀟湘館,	대옥이 소상관으로 돌아온 후로
一病奄奄不起床.	병이 들어 일어나질 못하네.
藥兒也不服參兒也不用,	약도 안 먹고 삼도 안 먹고,
飯兒也不吃粥兒也不嘗.	밥도 안 먹고 죽도 안 먹네.
白日裏神魂顚倒情恩倦,	낮에는 정신 혼미하도록 임만 그리고,
到晚來微夜無眠恨淚長.	저녁부터 밤새 잠 못 들고 한스러운 눈물 흘리네.
瘦得個柳腰兒無有一把,	여윈 몸에 버들 같은 허리 한 줌도 안 되고,
病得個杏臉兒又焦黃.	병든 몸에 살구 같은 얼굴도 노래졌네.
咳嗽不住鶯聲兒啞,	항상 기침하여 꾀꼬리 같은 목소리 들을 수 없고,
嬌喘難定粉鼻兒張.	기침 멈추지 않으니 코가 석 자 되었네.
櫻脣兒迸裂成了白紙樣,	앵두 같은 입술 백지처럼 하얘졌고,
珠淚兒流乾目無光.	구슬 같은 눈물 흘러 마른 눈은 빛을 잃었네.
自知道弱體兒支持不住,	약한 몸 가누지 못함을 알았고,
小命兒活在了人間怕不久長.	목숨 오래 가지 못할 것도 알아버렸네.
無非有限的時光,	짧은 시간 동안 생각하네,
暗想道自古紅顏多薄命.	옛부터 미인박명이었지.
誰似我伶仃孤苦我還更堪傷,	뉘라서 나보다 더 외롭고 괴로웠을까,

163 章翠鳳,『大鼓生涯的回憶』, 148쪽.

才離襁褓遭了不幸.　　　　　　강보를 떠나자마자 불행이 닥쳤으니.

椿萱俱喪棄了高堂,　　　　　　부모님도 세상을 떠나시고,

既無兄弟和姐妹.　　　　　　　형제자매 한 사람 없다네.

只剩下一個孤苦兒受凄凉,　　　나만이 홀로 남아 외롭고 괴롭고 처량하게
　　　　　　　　　　　　　　　지내니,

可慘奴未出閨門一弱女.　　　　가련한 나는 시집도 안 간 약한 여인.

奔走了多少天涯道路長,　　　　하늘 끝까지 닿은 저 기나긴 길, 얼마나
　　　　　　　　　　　　　　　달려왔던가.

(2단二段)

到京中舅舅母留下我住,　　　　서울에 와서 숙부님 숙모님께서 나를 거두어
　　　　　　　　　　　　　　　주시니,

長念着受人恩處不可忘.　　　　그 은혜 잊을 수 없네.

雖然是骨肉的至親我的身有靠,　골육지친이라서 기댈 곳 있건만,

究竟是在人簷下氣難揚.　　　　그래도 남의 그늘인지라 마음껏 기를 펴지
　　　　　　　　　　　　　　　못했지.

外祖母雖然疼愛我,　　　　　　외조모께서 나를 예뻐하시지만,

細微曲折怎能週詳.　　　　　　세세하게 어찌 다 신경써주시겠는가.

況老人家精神短少兒孫又衆,　　게다가 노인이라 정신이 깜박깜박한 데다
　　　　　　　　　　　　　　　자손도 많으니,

那裏敢恃寵嬌像自己的娘.　　　친엄마처럼 예뻐해주실 수는 없지.

舅舅舅母不菅事,　　　　　　　숙부님 숙모님은 일을 관장하지 않으시고,

賓客相待亦是平常.　　　　　　손님들 접대하며 늘상 그렇게 지내시네.

鳳姐兒諸事想得到,　　　　　　희봉 언니는 많은 일을 잘 처리하지만,

他也是礙不過臉兒去外面光.　　그도 체면치레 피할 수 없어 겉으로나 잘 대해
　　　　　　　　　　　　　　　줄 뿐.

園中姐妹我們雖相好,　　　　　대관원 자매들은 모두 나와 잘 지내지만,

怕的是人多嘴雜惹飢荒.　　　　사람 많으니 구설수 생겨 곤란 겪을까 두려울 뿐.

丫頭婆子們更難打交道　　　　　하녀들이나 할멈들은 더욱 어려운 사람들,

我老是這等謙和反說我狂.　　　난 이처럼 겸손하건만 날더러 미쳤다고들 하지.

自存身份免得人輕慢,	신분 지키며 남들이 업신여기지 못하게 하느라고,
使碎了心機才保得安康.	온갖 신경을 쓰고 나서야 비로소 평안을 얻네.
每日裏隨班唱諸胡廝混,	매일같이 극단 따라 노래하며 멋대로 살지만,
還不知葉落歸根在那鄉.	낙엽 떨어져 어디로 가는지는 아직도 모르네.
這叫作在人簷下隨人便,	남의 그늘 아래 살면 남을 따라야 하니,
只落得自己酸胋自己嘗.	결국 쓰고 달고는 모두 내가 맛보아야 하는 것.
更有那表兄寶玉常親近,	또 저 보옥 오빠는 늘 곁에 있는데,
我二人從小兒同居在一房.	우리 둘은 어려서부터 한 방에서 자랐지.
世界上那這樣的風流子,	세상 어디에 이렇게 멋진 사내가 있을까,
易求無價寶也難得有情郎.	보물은 쉽게 얻어도 정 있는 남자는 드물다네.[164]

『홍루몽』의 한 대목을 소재로 한 이 작품은 섬세하고도 나약한 임대옥의 모습을 여성적으로 그리고 있다. 백운붕은 임대옥의 병약한 모습과 대사를 서정적이고 가냘픈 목소리에 실어 청중의 감정 변화를 유도할 수 있었을 것이다. 앞의 두 경우처럼, 각 유파 공연의 '남성적' 혹은 '여성적'인 특성은 근본적으로는 소재 자체의 특성에서 기인하지만, 각 유파의 예인들이 해당 소재를 선호하고 그 내용을 재가공하여 무대에 올려 가장 효과적으로 재현하는 역량을 갖추었기 때문에 더욱 강화될 수 있었다.

한편 유파와 백파가 각각 보여준 남성적, 여성적 특성과는 또 다른 특징으로 청중을 모은 사람들이 있었다. 이들은 골계적인 작품이나 열거·언어유희로 이루어진 작품들을 주로 공연하며 해학적인 재미를 추구하거나 공연자의 특별한 가창력을 과시함으로써 인기를 끌었다. 때로는 골계적 특성과 열거·언어유희적 특성이 한 작품에 결합된 경우도 있는데, 왕소옥 등이 노래했던 「흑려단」이 대표적인 사례일 것이다. 여기서는 녹교령이 공연한

---

164 『新戲考全集』, 上海: 新戲考聯合出版社, 1937, 407쪽.

「흑려단」의 앞부분을 옮겨보겠다.

二八學生正青春兒,	이팔 학생 바야흐로 청춘이라,
他七歲進了南學門兒,	일곱 살에 서당 문에 들어가
他上學先念的百家姓,	입학해서 먼저 백가성을 배웠네,
然後念的本是千字文.	그다음 배운 책은 천자문.
上論下論上孟下孟五經四書全都念會,	『논어』, 『맹자』, 사서오경을 모두 배우자,
老師傅出題學生作文.	선생님은 글을 지으라 숙제를 내셨네.
到五月端陽把學放,	오월 단오라 책을 팽개치고,
衆位學生上那十字大街前來散心兒.	친구 몇 모여 저 네거리 나가서 바람 쐬네.
衆學生十字大街方站住,	학생들이 네거리에 서 있는데,
起正東得兒喔, 得兒喔, 得喔了一匹小	동쪽에서 덜커덕덜커덕 덜커덕 작고 검은
黑驢兒.	나귀 한 마리가 다가왔네.
說黑驢兒, 道黑驢兒,	검은 나귀구나, 검은 나귀야,
小黑驢兒它長得有個意思兒.	검은 나귀는 생김새도 재미있네.
白尾巴梢兒花肚皮兒,	꽁지 끝은 흰색이고 뱃가죽은 꽃무늬,
雪裏霑的四個小銀蹄兒.	눈 묻은 은색의 작은 네 발굽.
在嘴裏啣着個銅嚼子兒,	입에는 구리재갈을 물렸고,
希零嘩啦銅鎖子兒.	히힝히힝 구리재갈.
金鞍子兒, 銀鐙子兒,	금빛 안장, 은빛 등자,
擅香木刻就的那個驢軸棍兒.	박달나무 수레막대.
鞍轎上鋪着一個花褥子兒,	안장 위엔 꽃무늬 담요,
正中間坐着一個小佳人兒.	가운데 작은 아가씨가 앉아 있네.
說佳人兒, 道佳人兒,	아가씨야 아가씨,
不是十六是十七兒.	열여섯 아니면 열일곱.
要問佳人兒怎麼打扮,	이 아가씨 치장이 어떻느냐,
在位的不知您聽在心兒.	여러분 잘 들어보소.
黑登登青絲如墨染,	검은 빛 머리카락은 먹물을 들인 듯,
紅頭繩子扎末根兒.	붉은 끈으로 댕기를 매었네.
左梳左攏蟠龍髻,	왼쪽으로 빗어 넘긴 머리는 반룡계,

右梳右攏水磨雲兒.

蟠龍髻裏加香草,

水磨雲裏麝香薰兒.

前梳昭君抱琵琶,

後梳齊王亂點軍兒.

當中梳上橋三孔,

梳上個鯉魚跳龍門兒.

大鯉魚兒, 小鯉魚兒,

滴溜, 滴溜, 來到跟前它翻了一個身兒.

扎了個猛子不見魚兒,

橋頭上梳上一座廟.

廟裏梳上了三尊神兒,

你要問廟裏是哪三位?

關公劉備毛張飛兒.

一邊梳上鼓, 一邊梳上磬,

經卷佛法還有木拉魚兒.

梳上七個小和尚,

梳上八個小道士兒.

七個和尚把經念,

八個道士吹笙笛兒.

左邊還有兩根亂頭髮,

梳上個蜜蜂採花心兒.

這個蜜蜂, 有意思兒,

伸着腿兒, 乍着鬢兒,

睜着眼兒, 張着嘴兒,

吱兒啦兒滋兒啦的喝露水兒.

右邊有兩根亂頭髮,

오른쪽으로 빗은 머리는 수마운.

반룡계에는 향초를 더하고,

수마운에는 사향을 뿌렸네.

앞으로 빗은 머리는 왕소군이 비파를 품은 듯,

뒤로 빗은 머리는 제왕이 멋대로 군대 점호하듯.

중간에는 구멍 세 개 난 다리처럼,

잉어가 용문에 오르는 모양이라네.

큰 잉어, 작은 잉어,

풍덩 풍덩 뒤따라와서 몸을 뒤집는 듯.

갑자기 물고기는 보이지 않고,

다리 끝에는 묘당이 하나 자리 잡았네.

묘당에는 삼신이 계시는데,

묘당에 계시는 삼신이 누구시냐?

관공, 유비, 털보 장비.

한쪽은 북 모양, 한쪽은 석종 모양으로 빗었는데,

경전, 불법과 또 목어가 있네.

일곱 화상을 빗어놓았고,

여덟 도사를 빗어놓았네.

일곱 화상은 불경을 읽고,

여덟 도사는 피리를 부네.

왼쪽엔 또 난발이 두 가닥 있는데,

꿀벌이 꽃을 따는 듯.

이 꿀벌은 재미있어서,

다리를 펴고 귀밑머리를 펼치고,

눈을 동그랗게 뜨고 입을 벌리고,

지지- 거리며 이슬을 따 먹네.

오른쪽에도 난발이 두 가닥 있는데,

撲楞楞的金簪一挑菊花心兒.　　　　　金비녀가 국화꽃술을 쑤시는 듯.
菊花心裏有個蓮花瓣兒,　　　　　　　국화꽃술 안에는 연꽃받침이 있고,
蓮花瓣裏有個蓮花盆兒,　　　　　　　연꽃받침 안에는 연꽃깔개가 있는데,
蓮花盆兒裏沒人坐,　　　　　　　　　연꽃깔개에는 사람이 앉아 있지 않고,
梳上個童子打問訊兒.　　　　　　　　길 묻는 아이를 빗어놓았네.
〔이어서 아이의 모양에 대한 묘사가 이어진다.〕[165]

이 작품은 단오절에 나들이를 간 학생들이 나귀를 탄 아가씨를 발견하는 장면으로부터 이야기가 시작되는데, 이야기가 일정하게 진행되는 것이 아니라 매 단락마다 서술의 중심 대상이 달라지며 집중적으로 묘사되고 원래 이야기는 잠시 잊혀지는 방식으로 이루어져 있다. 위에서 서술의 중심은 다음과 같이 이동하고 있다.

　　학생들의 학업→아가씨의 외모→아가씨의 머리 모양→머리 모양 가운데 묘당의 모습을 한 부분→그곳에 살고 있는 화상과 도사→오른쪽 머리의 연꽃 모양 안에 앉아 있는 아이→아이의 외양

이처럼 본래 이야기는 잠시 멈추고 등장하는 이야기가 자꾸 확대되면서 묘사되는 방식은 그 자체가 하나의 나열적인 언어유희로 청중에게 호기심과 흥미를 유발하고 해학적 재미를 느끼게 한다. 특히 반복과 의성어, 의태어를 자주 사용하고 거의 모든 구절이 '아兒'로 끝나기 때문에 청중은 내용뿐만 아니라 발음을 들을 때도 특별한 재미를 느낄 수 있었을 것이다.

지금까지 살핀 바에 따르면, 단편 작품들의 소재는 소설, 희곡 작품에서 유래한 것과 당시 민간생활을 배경으로 한 것으로 대분되고, 이들의 공연 특성은 연극적 성격이 강한 것, 서정적 성격이 강한 것, 골계·유희적 성격

---

165 張軍·郭學東, 『山東曲藝史』, 145~147쪽에 수록됨.

이 강한 것 등으로 유형화할 수 있다. 그렇지만 이러한 잠정적인 결론은, 앞에 열거한 많은 단편 작품이 소재 측면의 두 범주나 공연 측면의 세 범주에 모두 포괄된다는 의미가 아니라, 이 대표적인 유형들의 작품들이 도시 진입 이후 고사계강창의 주된 흐름을 이끌었다는 의미로 이해해야 할 것이다.

한편 천진을 중심으로 성행한 서하대고 가운데 한 차례의 공연에 적어도 보름 이상이 걸리는 장편이 형성된 과정은 도시 고사계강창 발전의 또 다른 축을 이루었다. 농촌 고사계강창이 도시에 진입하면서 단편화와 장편화로 분화된 원인은 무엇이었을까? 필자의 추정은 다음과 같다. 음악적 재능이 뛰어난 예인들은 도시에 진입하면서 이야기 자체보다는 노래로 청중의 애호를 받고자 했고, 이들은 길이가 짧은 작품을 선호했을 것이다. 이에 비해 농촌 시기의 중편과 같이 음악적 요소가 있으면서도 비교적 풍부한 이야기가 전개되는 작품을 공연하기 위해서는 노래 실력보다는 이야기를 이끌어가는 재능이 더욱 중요했을 것이다. 예인들은 도시로 진입하면서 주요 전공—노래 아니면 이야기—을 선택해야 하는 상황을 맞았고, 이에 따라 자신들의 재능을 최대한 살리는 방향을 택했으며, 그 결과 각각 단편화와 장편화의 분화 과정이 일어났을 것이다.

장편은 특히 조파와 마파 등 1920년대 이후 성과를 올린 예인들이 중심이 되어 공연했다. 이들이 공연 장소를 노천무대로부터 실내무대로 옮기면서 부딪혔던 문제 가운데 하나는 단골 고객을 확보하는 일이었다. 단편 작품은 대체로 매번 다른 사람들이 찾아와 공연장을 메우고 관람료를 내지만, 장편 작품은 연속 공연이라는 특성상 같은 사람이 적어도 수 차례 이상 계속 찾아와 감상해야 공연이 유지되고 수입도 보장된다. 서관이나 차사에 계약 관계로 예속된 운·산문혼용체 작품 전공 예인들에게는 단골 고객이 생계를 유지하는 데 가장 중요한 원천이었다. 일주일 이내에 완료되는 중편 작품 몇 종으로는 관객들을 오랫동안 붙잡아두기 힘들었고, 고정된 공연 장소에서 한 달 이상 공연하기도 어려웠다. 그래서 예인들은 장기간의 공연을 위해 기존의 중편을 연결하고 주변 이야기를 끼워 넣는 방식으로 한 달 이상 한 계절 동안 공연할 수 있는 장편을 만들어냈다.

원래 농촌에서 단기간에 연출하기에 가장 적당한 것은 중편이었는데, 도성에서 장기간 '정착 공연'하기에는 부적합했다. 예인들은 원래의 중편을 연결하거나 확충하기도 하고 다른 곡종의 서목을 이식하기도 하며 개편과 창작 등의 과정을 거쳐 두세 달에서 한 절기 동안 공연할 수 있는 '장편대서'를 연이어 만들어냈다. 이렇게 하여 며칠 만에 서목을 바꾸어 '고객을 잃는' 손실을 막을 수 있었다.[166]

장편 작품이 유행하자 공연 방식에도 일정한 변화가 생겼다. 장편을 공연할 때 이야기의 개략적인 줄거리만 정하고 세부 사항은 그때그때 즉흥적으로 채워나가는 이른바 '포량자跑梁子', '창수淌水' 등의 방식이 나타난 것이다.[167] 이렇게 하여 1920년대까지 공연된 장편은 「전부양가장全部楊家將」, 「전부호가장全部呼家將」, 「전부설가장全部薛家將」, 「호양합병呼楊合兵」, 「전부춘추全部春秋」, 「서한西漢」, 「동한東漢」, 「수당隋唐」, 「월당月唐」, 「정충精忠」, 「명영렬明英烈」, 「대오의大五義」, 「소오의小五義」, 「팽공안彭公案」, 「시공안施公案」, 「우공안于公案」 등 자주 공연된 것과 그 밖의 것들까지 합해 50부 이상에 이르렀다.[168] 이렇게 형성된 장편들은 천진에서 장기간 공연되며 인기를 누렸다.

필자는 1997년 5월, 산동 제남 박돌천에서 북쪽으로 약 200미터 떨어진

---

166 鍾聲 編, 『西河大鼓史話』, 89쪽.
167 '跑梁子'는 이야기의 절정·근간 사이를 건너뛰면서 강창하는 방식을 뜻하고, '淌水' 역시 물줄기가 이어지지 않고 방울방울 떨어지는 것처럼 주요 대목만 정해져 있고 중간은 즉흥적으로 채워진다는 의미이다. 鍾聲 編, 『西河大鼓史話』, 89쪽; 汪景壽, 『說唱: 鄕土藝術的奇葩』, 北京: 北京大學出版社, 1994, 31쪽.
168 鍾聲 編, 『西河大鼓史話』, 90쪽.

천변의 한 노천공연장에서 열린 장편 서하대고 공연에 청중으로 참석했다. 그 공연은 제남시 문화국이 후원하여 1997년 4월부터 약 4개월간 같은 장소에서 열렸는데, 장옥봉張玉鳳(1928년생)이라는 여성 예인이 매일 저녁 7시부터 9시까지 무대에 올라 「양가장」의 전반부를 운문과 산문을 섞어가며 설창했다.[169] 무대는 청중석보다 50센티미터 정도 높았고 탁자와 걸상이 있었는데, 탁자 위에는 짧은 받침대로 받친 북이 놓였고, 삼현 반주자는 앉아서 반주를 했다. 예인은 무대 위에 서서, 때로 힘들면 앉아서 심한 방언을 섞어 청중에게 이야기를 했다. 이야기는 엄격한 대본을 그대로 따르는 형태가 아니라 큰 틀에서 벗어나지만 않는 정도로 자유롭고 즉흥적이었으며, 운문 부분은 삼현 반주에 따라 단조롭게 반복되는 가락으로 노래했다. 즉, 그 노래는 가락이나 기교 면에서 매우 투박하여 농요나 민가 등의 수준이었다. 필자와 동행한 이만붕의 설명에 따르면 산문과 운문은 당일 예인의 상태나 기분에 따라 신축적으로 조절할 수 있다고 한다. 이는 대체적인 줄거리만 정해져 있고 세부 사항은 엄격하게 정해지지 않은 장편의 특성을 그대로 보여준다. 그곳에 모인 청중은 대부분 노인들이었는데, 매일 평균 200명가량으로 추산되는 사람들이 공연을 들었다. 청중 가운데 많은 사람들이 듣는 도중에 잡담을 주고받기도 하고 아예 무대로부터 등을 돌리고 앉아 때로는 졸면서 '감상'하는 것을 볼 수 있었다. 이러한 감상 태도는 순간순간의 이야기를 놓치지 않고 주의 깊게 들어야 하는 강제성이 없고, 잘 알고 있는 이야기가 흥미로운 대목에 이르렀을 때 주의를 기울이고 공연에 반응하는 중국의 민간문예 수용 방식의 전형적인 모습이라고 할 수 있다.

---

169 李萬鵬의 소개에 따르면, 張玉鳳은 예인 가문 출신으로, 西河大鼓 예인 李文成의 부인이다. 李文成이 첫째 부인 某氏와의 사이에서 얻은 친외손녀는 王振華로, 현재 濟南市曲藝團 소속의 西河大鼓 예인이다. 李文成은 다시 張玉鳳과의 사이에 三絃 예인 李鑫泉을 양자로 입양했다. 그도 역시 현재 濟南市曲藝團 소속이며, 1996년 6월 내한하여 서울대, 고려대 등에서 공연한 바 있다.

4. 소결

지금까지 살펴본 도시 고사계강창의 특징은 농촌의 예인이 도시에 진입하면서 나타난 변화를 중심으로 다음과 같이 정리할 수 있다. 첫째, 고사계강창이 전문직업화했다. 농촌 시기의 공연도 돈을 벌기 위한 것이었지만 농업에 종사하며 공연도 하는 반직업적 성격이 잔존한 데 비해 도시 진입 이후의 예인들은 자신의 기예에 의지하여 생계를 꾸려야 했다. 이들은 각고의 노력을 거쳐 노천공연 장소로부터 실내 공연 장소로 옮겨가며 도시민들의 인기를 얻고자 했고, 유명 예인들은 고정된 장소에서 이름을 내걸고 오랫동안 공연했다. 예인들은 각자의 장기를 최대한 발휘하여 자신의 조건에 맞는 이야기와 공연 방식을 선택, 개발하면서 청중의 수요에 부응하려 했다. 그 결과 고유한 특징을 가진 다양한 유파가 생겨났고, 장편과 단편의 구분이 명확해졌으며, 단편은 음악적으로 더욱 발달하여 도시 고사계강창의 주류를 이루게 되었다.

둘째, 농촌에서는 거의 볼 수 없었던 여성 예인들이 등장하여 활약했다. 왕소옥으로부터 사대옥, 낙옥생, 마증분에 이르기까지 많은 여성 예인이 활동하여 청중의 환영을 받았는데, 이들은 주로 단편 작품을 창하는 데 주의를 기울여 일종의 대중가수로서의 위상을 가지며 연예계를 이끌었다. 단편 고사계강창이 노래 위주의 공연으로 기울면서 장편은 소수의 예인들만이 공연하게 되었고, 여성 예인들은 본격적인 이야기 전개보다는 노래의 감정을 잘 전달하기 위해 목소리와 기교만을 가다듬었다. 이러한 점은 음악적으로 단조롭지만 몸동작과 표정 연기가 생생한 농촌 강창과 대비된다.

셋째, 소재 측면에서 일부 고급 청중의 수요에 맞추어 소설, 희곡 등을 개편한 곡목들이 기존의 곡목 위에 보충되었다. 이른바 하층민이 대다수를 차지했던 도시 청중은 전쟁이나 영웅담처럼 잘 알려진 이야기와 자신들의 일상생활과 가까운 이야기를 재미있게 공연할 것을 요구했지만, 일부 고급 청중은 '저속한' 이야기보다는 상대적으로 '고상한' 『홍루몽』, 『서상기』 등 고전문학의 이야기를 듣고자 했다. 이들은 소수였지만 부자, 권세가 들이 많았으므로 이들의 요구도 중시하지 않을 수 없었고, 그 결과 곡목이 상당히 증가하고 예인의 수도 수백 명 이상으로 늘게 되었다. 도시 고사계강창은 19세기 말엽부터 점차 성장하기 시작했고, 중화민국 시기에 성행하여 1920년대 전후에 전성기에 이르렀으나, 1930년대를 정점으로 점차 예인의 규모와 공연 장소가 축소되기 시작했다.

도시 고사계강창은 건륭 연간부터 성행한 자제서의 기초와 가경 연간부터 농촌에서 형성, 성장하여 전입한 고사계강창이 혼효된 결과로 형성되었다. 이후 도시의 상·하층 청중의 기호에 맞는 대중예술로 자리를 잡았으며, 특히 근대화의 거센 물결 속에서 조금씩 적응하며 20세기 전반을 대표하는 중국 고유의 문화 가운데 하나로 남았다.

제4장 후기 고사계강창 도서의 간행과 문학적 성격

    농촌 고사계강창과 도시 고사계강창은 작품의 길이, 문장구성, 소재 등에 차이가 있음에도 불구하고 주로 공연이라는 방식을 통해 청중에게 전달되었다는 공통점이 있다. 그리고 이렇게 공연된 고사계강창의 텍스트는 소수의 사람들만이 필사된 채록본이나 목판본 책자로 접할 수 있었다. 일반인들은 공연된 작품들의 대본을 접할 기회가 드물었던 것이다. 물론『삼국지연의』,『수호전』등처럼 역사 기록뿐 아니라 강창과 희곡의 형태가 소설 작품의 형성에 큰 배경이 되었던 명대의 경우와 유사하게, 청대에도 공연의 필사 채록본이나 목판본이 첨삭과 가공을 거쳐 읽는 문학작품으로 전환된 예를 찾아볼 수 있다. 대표적인 사례로, 가경 연간에서 도광 연간에 걸쳐 북경에서 활동한 예인 석옥곤石玉崑의 공연 채록본 「용도공안龍圖公案」이 첨삭, 가공되어 형성된 「삼협오의三俠五義」, 「칠협오의七俠五義」를 들 수 있다. 또한 19세기 중엽 이후 청 말에 이르기까지 산동, 북경, 동북 지방 등지에서 간행된 현존 160여 종의 목판본 작품들도 당시에 적지 않은 사람들이 고사계강창을 즐겨 읽었을 것이라는 점을 알려줄 뿐 아니라 20세기 초에 출판된 많은 석판본 작품들의 주요 원천이 되었다는 점에서도 중요한 의의를 지니고 있다.[170] 그럼에도 불구하고 이들은 석판본이나 납활자본 등 근대적인 대중 출판이 보편화되기 전까지는 수많은 공연작품 가운데 극히 일부만 채록 또는 간행되어 전해졌을 뿐이다.

청 말엽 이전의 강창공연작품이 문자화되는 경우가 적었던 이유는 크게 두 가지로 압축된다. 첫째, 예인들이 대개 (반)문맹이었고 이들의 기예 전수는 대부분 장기간에 걸쳐 스승이 제자에게 구전으로 전승하는 방식이었기 때문에 기록본에 의지하는 경우는 거의 없었다. 둘째, 때로 전수 보조용으로 체계적이지 않은 기록본들이 존재했다고 해도 예인들은 이를 제자들 이외에는 공개하지 않았다. 이러한 기록본은 흔히 '비본秘本'이라고 불렸는데, 여기에는 암기에 필요한 부분뿐 아니라 동작이나 표정을 취하는 방법, 강조할 부분이나 잠시 숨을 돌릴 부분 등에 대한 언급이 들어 있었다. 이러한 '노하우'는 다른 사람들, 특히 경쟁 관계인 다른 예인들에게는 결코 알려져서는 안 되는 것들이었다. 만약 이러한 비법이 노출되면 그의 특장은 곧 모방되어 희소 가치를 잃어버리게 되고 이는 바로 생계의 곤란을 초래했다. 이처럼 예인들의 능력과 의도로 인해 공연작품은 제한된 범위 안에서만 문자화되었다.[171]

그런데 청 말엽에 이르러 이 공연작품들이 도시에서 유통되면서 청중 이외의 또 다른 수요를 창출하기 시작했다. 바로 도시화 및 근대적 사회변동과 더불어 성장하기 시작한 도시 대중이 이 작품들을 보고 들을 뿐 아니라 읽고자 했고, 이에 부응하여 농촌 고사계강창을 바탕으로 하여 각종 형태로 간행

---

170 최근 청대 목판본 고사계강창에 대한 방대한 연구서가 출간되어 주목된다. 李豫·尙麗新·李雪梅·莫麗燕,『淸代木刻鼓詞小說考略』, 太原: 三晉出版社, 2010 참고.

171 講唱 공연의 기록물이 적은 이유에 대한 논의는 思蘇,「說書有無脚本?」, 44~45쪽; Věna Hrdličková, "The Professional Training of Chinese Storytellers and the Storytellers' Guilds", *Archiv Orientální* 33, 1965, pp. 232–233; Catherine Stevens, III. Learning and performance, *Peking Drumsinging* 등을 참조.

된 도서가 급증한 것이다. 농촌에서는 공연 위주로 유통되었으나 도시에서는 공연 외에 출판이라는 유통 형태가 더해진 것이다. 이 장에서는 원래 공연을 통해 전해졌던 고사계강창이 읽는 용도로 출판된 배경과 간행의 전모 및 그 의의를 검토하고자 한다. 이를 위해 먼저 출판이 대중화되고 대중독자가 형성되는 과정을 개괄하려 한다.

1. 출판의 대중화와 대중독자의 형성

19세기 중엽부터 가시화한 중국의 급격한 사회변동은 크게 서양문화와의 충돌과 중국 내부의 변화라는 두 측면이 결합하여 나타났다. 이에 많은 지식인은 중국을 위기로부터 구하고자 여러 방식으로 노력했다. 특히 사상적인 면에서 급격한 혁신을 도모하거나 혹은 완만한 변화를 추구하던 사람들 모두 자신들의 입장을 신문이나 잡지를 통해 발표하며 지식인의 소임을 다하고자 힘썼다. 그러나 신문과 잡지에는 지식인들을 위한 시사보도문이나 논설문 외에도 대중독자들이 즐길 만한 통속소설이나 대중연예 기사도 많이 실리기 시작했고, 대중독자들은 이들을 통해 자신들의 문화를 이루어갈 수 있었다. 신문과 잡지가 대량으로 간행될 수 있었던 것은 석판인쇄나 납활자 인쇄 등의 새로운 인쇄술에 힘입은 바가 크지만, 이러한 신기술은 소설, 희곡, 강창 등 통속 도서의 간행과 보급에도 크게 기여했다. 인쇄술 도입과 출판의 대중화, 그리고 대중독자층의 형성 과정을 차례로 살펴본다.

(1) 서양 인쇄술 도입과 출판의 대중화[172]

일반적으로 문자 기록물의 유통량은 그것의 인쇄출판 방식과 밀접한 관련이 있다. 인쇄술은 본래 중국에서 처음 개발되었으나 서양에 전해진 이후 더욱 발달하여 19세기 초부터 중국으로 역전래되기 시작했다. 1807년(가경 12) 영국 런던에서 온 개신교 선교사 모리슨Robert Morrison(馬禮遜, 1782~1834)이 최초로 성경과 사전을 중국어로 간행하기 위해 납활자 인쇄를 시도했으나 청 정부와 가톨릭계의 압력으로 좌절되었다. 이후 1819년 그의 조수들이 오문澳門(마카오)에서 중국어 성경을 간행함으로써 유럽식 활자 인쇄 방식으로 인쇄된 최초의 중국어 서적이 출판되었다.[173] 이후로도 유럽인들이 포함된 많은 사람이 다양한 방식으로 중국어 서적을 인쇄하면서 중국어 서적의 현대적 출판이 활발해졌다.

동활자와 납활자는 비용이 높은 인쇄 방식이었기 때문에 상대적으로 비용이 저렴한 평판인쇄의 일종인 석판인쇄가 널리 퍼졌다. 석판인쇄 방식으로 처음 출간된 중국어 서적은 1829년 영국 출신의 개신교 선교사 메드허스트Walter H. Medhurst가 펴낸 『동서사기화합東西史記和合』이다. 그는 1832년 광주에 중국 최초의 석판인쇄소를 세워 본격적으로 중국어 서적을 인쇄하기 시작했다. 40여 년이 지난 뒤인 1876년에는 상해 서가회徐家匯의 천주교회 부속시설인 토산만인서관土山灣印書館이 석판 설비를 구입하여 교회용 홍보물을 인쇄했다. 1872년 상해에서 중국어 신문 『신보申報』를 창간하

---

172 賀聖鼐, 「三十五年來中國之印刷術」(1931), 張靜廬 編, 『中國近代出版史料初編』, 北京: 中華書局, 1957; 淨雨, 「淸代印刷史小紀」(연도 미상), 張靜廬 編, 『中國近代出版史料二編』, 上海: 群聯出版社, 1954; 宋原放·李白堅, 『中國出版史』, 北京: 中國書籍出版社, 1991; 『出版詞典』, 上海: 上海辭書出版社, 1992 등의 서술을 참조함. 한편 鴛鴦蝴蝶派 소설을 다룬 E. Perry Link Jr., *Mandarin Ducks and Butterflies*, Berkeley: University of California Press, 1981 제3장에도 上海 근대 출판업의 발달이 비교적 상세히 기술되어 있다.

173 페데리코 마시니, 이정재 역, 『근대 중국의 언어와 역사』, 서울: 소명출판, 2005, 37~39쪽.

여 큰 성공을 거둔 영국인 사업가 메이저Ernest Major는 1879년에 점석재석인서국點石齋石印書局을 설립하고 토산만인서관의 인쇄공을 고용하여 석판서적을 간행하기 시작했다. 점석재석인서국에서 석판 축쇄영인縮刷影印 방식으로 발행된『강희자전康熙字典』은 간행 부수가 10만 부에 달하여 당시 가장 많은 인쇄 부수를 기록했고, 1884년부터 간행된『신보』부간『점석재화보點石齋畫報』는 당시의 사회상과 주요 사건들을 시각적으로 알리는 대표적 매체가 되었다. 이로써 점석재석인서국은 상해를 대표하는 출판업체 가운데 하나로 성장했다.[174] 이어 1880년대 초에는 상해에 설립된 동문서국同文書局이『고금도서집성古今圖書集成』과『이십사사二十四史』등을 석판으로 영인하여 고전을 보급하는 등, 석판인쇄를 사용한 서적 출판이 활성화되었다. 석판인쇄는 활자인쇄에 비해 비용이 낮아 값싼 보급본 책자를 대량으로 간행할 수 있었고, 글자나 그림을 세밀하고도 선명하게 복제할 수 있어서 대형 고적古籍을 영인출판하기 편리한 것이 장점이었지만, 무거운 석판이나 원판 제작의 어려움으로 인해 중화민국 초기에 점차 납활자본에 자리를 내주었다. 그렇지만 고사계강창을 비롯한 통속적인 읽을거리는 여전히 비용이 싼 석판으로 인쇄되는 경우가 많았다.

이처럼 청 후기부터 서양의 인쇄기술이 수입되면서 단기간에 많은 분량의 도서를 간행할 수 있는 능력이 갖추어졌고, 이러한 기술적인 면이 뒷받침되면서 대도시를 중심으로 많은 신문과 잡지가 간행되기 시작했다.

인쇄기술의 발달과 더불어 20세기 초에 이르러 상해, 북경, 천진 등 주요 도시를 중심으로 출판물이 급속히 증가하는 추세가 나타났다. 체신부처의 조사 자료를 통해, 1908년 주요 도시에서 발송되거나 수신된 신문 및 인쇄물의 수량을 보면 당시의 출판 상황을 짐작할 수 있다.[175]

---

174 孫英芳,「淸末民初石印術的傳入與上海石印鼓詞小說的出版」,『滄桑』, 2010年 6期, 101~103쪽.
175 Leo Ou-fan Lee(李歐梵) and Andrew J. Nathan, "The Beginnings of Mass Culture:

도시	수신	발신
북경	2,198,853	3,647,555
천진	3,262,137	2,155,840
한구漢口	3,656,659	904,110
상해	10,595,024	16,656,127
소주蘇州	2,052,244	12,631

상해의 출판물이 다른 도시보다 월등히 많은 이유는, 외국과의 교류가 빈번하여 외국인의 명의를 빌려 청 정부의 감시와 탄압을 피해 자유롭게 서적과 인쇄물을 출판할 수 있었고, 이와 더불어 항구도시가 인쇄기계와 인쇄용지를 수입하기에도 가장 편리하고 교통조건이 발달하여 체신업무에 유리했기 때문이다.[176]

진평원陳平原도 20세기 초의 급속한 출판업 발달을 언급하면서, 1886년 78종에 불과하던 신문·잡지 수가 1911년에는 500종으로, 1921년에는 다시 1,104종으로 급증하고, 『만국공보萬國公報』(1874~1907), 『예배육禮拜六』(1914~1916), 『시무보時務報』(1896~1898), 『신민총보新民叢報』(1902~1907) 등의 발행부수가 적게는 약 1만 5천 부, 많게는 약 5만 부나 되었음을 지적했다. 또한 가장 많이 팔린 소설로 『얼해화孼海花』와 『옥리혼玉梨魂』을 들고, 이들이 각각 5만 부(2년) 내지 10만 부(기간 미상)씩 판매되었다는 기록을 들기도 했다.[177] 당시 많은 사람이 이 출판물들을 읽고 영향을 받았음은

Journalism and Fiction in the Late Ch'ing and Beyond", in David Johnson et al. eds., *Popular Culture in Late Imperial China*, Berkeley: University of California Press, 1985. p. 369.

176 Leo Ou-fan Lee(李歐梵) and Andrew J. Nathan, "The Beginnings of Mass Culture: Journalism and Fiction in the Late Ch'ing and Beyond", pp. 368-372.

177 陳平原, 이종민 역, 『중국소설서사학』, 서울: 도서출판 살림, 1994, 346~355쪽.

어렵지 않게 짐작할 수 있다.

(2) 대중독자의 형성

인쇄술의 발달과 출판업의 흥성은 독자의 증가와 맞물려 있다. 사회문화적 변동 등 여러 배경과 원인에 의해 증대한 독서 인구가 인쇄술과 출판업의 활성화를 유도하고, 이러한 기술적인 면에서의 활성화는 역으로 독서 인구의 증대를 더욱 촉진한다. 마찬가지로 대량 출판은 대량의 독서 인구를 전제하고 촉진한다. 대량의 독서 인구에는 민족의 운명 개척과 사회 발전에 관심을 둔 근대 지식인뿐 아니라, 서적을 심각한 의미보다는 흥미로운 이야기나 지식을 전해주는 도구로 간주하며 즐기는 부류의 사람들도 포함된다. 저명한 문학가, 사상가뿐 아니라 통상 '하층사회'의 구성원이라고 간주된 사람 가운데 완전한 문맹을 제외한 '기초적인 문자를 아는 사람들functional/basic literacy'도 점차 중요한 독자로 부상하기 시작한 것이다. 이들은 대개 농부, 수공업자, 상인, 군인, 10대 청소년, 부녀자 등이었다. 이효제李孝悌는 주요 백화 신문인 『경화일보京華日報』에 투고한 사람들 중에는 사무원, 교사, 서적상, 학생 등과 함께 소점포업주, 소상인, 점원, 수공업자, 가노家奴, 차역差役, 사병, 가정주부, 배우, 심지어 창녀도 있었다고 밝히고 있다.[178] 이들은 백화 신문에 투고했을 뿐 아니라 신문, 잡지, 서적 등 백화 저작을 읽을 수 있고 읽고자 한 사람들이었을 것이다.

로스키Evelyn S. Rawski는 청대의 교육과 문자해독층에 대한 광범위한 조사를 통해 19세기 후반 중국에서 남성의 30~45%, 여성의 2~10% 정도가 문자를 읽고 쓸 수 있었다고 추산하고, 여기에는 완전하게 읽고 쓸 수 있는

---

178 李孝悌, 『清末的下層社會啓蒙運動1901~1911』, 台北: 中央研究院 近代史研究所, 1992, 21~22쪽.

엘리트 계층과 몇백 글자 정도만 아는 사람들까지 포함된다고 설명했다.[179] 고문과 백화를 읽고 쓸 줄 안 사람들과 주로 백화만을 이해한 사람들을 포괄한 것이다. 리Leo Ou-fan Lee(이구범李歐梵)와 네이선Andrew Nathan은 1893년 중국의 전체 인구 약 4억 명 가운데 6%인 약 2천4백만 명이 도시 인구였고, 이 가운데 도시 성인 남성은 약 740만이었으며, 도시 독자는 약 185만 명, 도시와 농촌을 합한 전체 독자는 약 370만 명이었다고 추산하기도 했다.[180] 로스키와 리, 네이선이 제시한 수치 가운데 어느 정도가 고문과 백화를 모두 이해하고 어느 정도가 백화만을 이해했는지를 명확히 언급한 자료는 찾을 수 없지만, 이 광범위한 부류와 규모의 사람들이 대중매체의 독자가 되었다고 인식한 점에는 이견이 없다.

이효제는 1901년부터 1911년 사이에 '하층사회'에서 읽힌 저작물을 널리 조사하여 정리한 저서에서 이들을 백화체 신문, 선전물, 강보講報, 희곡 등으로 구분하고 현황과 역할을 개괄한 바 있다.[181] 이 책에서 다루고 있는 고사계강창도 '하층사회'에서 많이 즐겼지만, 이에 대한 전면적이고 체계적인 조사와 논구는 지금까지 시행되지 않았다. 특히 석판본과 납활자본으로 대량 출판된 고사계강창은 범주화와 목록 정리 측면이 모두 중시되지 않았기 때문에, 이에 대한 정확한 이해는 여전히 공백 상태로 남아 있다. 이제 당시 대량으로 출판된 고사계강창 작품의 성격과 종류 등을 개괄하여 고사계강창 공연이 출판물로 변모한 양상을 검토하고자 한다. 이 검토는 당시의 출판 상황을 전면적으로 이해하는 데에도 도움이 될 것이다.

---

179 Evelyn S. Rawski, *Education and popular literacy in Ch'ing China*, Ann Arbor: The University of Michigan Press, 1979, p. 140.
180 Leo Ou-fan Lee(李歐梵) and Andrew J. Nathan, "The Beginnings of Mass Culture: Journalism and Fiction in the Late Ch'ing and Beyond", pp. 372-373.
181 李孝悌, 『淸末的下層社會啓蒙運動1901~1911』.

2. 후기 고사계강창 도서목록과 간행 시기

(1) 도서목록의 수집과 관련된 자료

1) 목록 수집의 과정과 문제점

필자는 1996년 9월부터 1997년 12월까지 중국 각지에서 고사계강창에 관한 사항들을 조사했다. 고사계강창의 목록과 작품 수집은 다음과 같은 방식으로 이루어졌다. 우선 목록서를 조사하고 연구서에 보고된 목록도 조사했다. 또한 각지의 도서관을 방문하여 도서목록을 조사했다. 그리고 이 조사 자료들을 바탕으로 정리된 목록을 작성했다. 그러나 한 작업을 완료하고 다른 작업을 진행한 것이 아니라, 수시로 각 방면의 작업을 수정하고 보충해가며 진행했다. 조사를 진행하며 부딪힌 문제 가운데 가장 어려운 점은 역시 자료마다 고사에 대한 개념이 다른 경우가 많아서 이들을 일관되고 합당한 기준에 따라 정리하기가 어렵다는 것이었다. 따라서 필자는 가능한 한 많은 목록 자료를 수집하고 고사의 개념에 부합하지 않는 자료들을 확인하여 배제하는 방식으로 자료를 재선별하는 과정을 거쳤다. 먼저 자료들을 목록서, 작품선집, 가사집, 연구논저 등으로 구분하고 수집의 경과와 자료의 특징을 소개한다.

2) 목록서

가장 먼저 참조 가능한 자료는 대·소형 목록서이다. 여기서 목록서는 단독으로 출판되거나 정리된 단행본의 형태인 것만을 의미한다. 목록을 작성하는 과정에서 직접적인 자료가 된 목록서를 연도순으로 나열하면 다음과 같다.

① 유복劉復·이가서李家瑞, 『중국속곡총목고中國俗曲總目稿』(1932)

이 목록서에는 편자들이 모으거나 알게 된 속문학작품 6천여 종이 망라

되어 있는데, 이 가운데에는 고사계강창의 범위에 속하는 '설창고사', '고아사', '고사', '대고', '자제서', '석파서' 등의 분류명이 붙은 작품들의 목록과 첫 부분의 두 줄이 수록되어 있다. 이 책은 차왕부곡본車王府曲本 자료를 비롯하여 국립북평北平도서관, 고궁박물원, 대만 중앙연구원 등에 소장된 자료의 목록이고, 이 가운데 중앙연구원 소장 자료가 가장 많다. 이 책은 최초로 청대 이후의 속문학작품을 모은 목록서일 뿐 아니라, 가장 범위가 넓고 많은 작품의 목록을 수록하고 있는 중요한 저작이다.

② 부석화傅惜華, 『북경전통곡예총록北京傳統曲藝總錄』(1962)

이 목록서에는 북경을 중심으로 출간된 곡예 작품 목록이 망라되어 있다. 종류별로는 팔각고, 석파서, 고사소단鼓詞小段, 연화락, 시조소곡 등으로 구분되어 있다. 이 가운데 고사소단은 『중국속곡총목고』 등에서 뽑은 단편인 '대고서'의 목록으로, 약 410종의 작품명이 수록되어 있다.

③ 정진탁鄭振鐸, 『서체서목西諦書目』(1963)

정진탁은 오랜 기간에 걸쳐 모은 고사와 탄사 등 통속문학작품 300여 종을 동방東方도서관과 상무인서관商務印書館 서고에 보관했는데, 1932년 1월 28일 일본군이 상해를 폭격할 때 체포되어 모두 잃어버리고 말았다.[182] 이 목록서에는 소실을 면한 저자의 소장도서가 소개되었는데, 이 가운데 탄사고사류 항목에 저자가 수집한 작품 목록이 수록되었다. 제목의 총획순으로 배열된 것을 참고할 때 71쪽부터 고사 목록이 수록된 것으로 판단되며, 약 80여 종의 고사 제목이 실려 있다. 그러나 그가 수집한 것 가운데 적지 않은 작품들이 광동에서 출판된 것들이고, 이들은 고사라고 간주하기 어려우므로 선별하여 제외했다.

---

182 그는 「失書記」(1937)에서 10여 년간 모은 彈詞, 寶卷, 鼓詞, 小唱本 등 20,000여 책을 이때 잃어버렸다고 했다. 鄭爾康, 『鄭振鐸書話』, 北京: 北京出版社, 1996, 67쪽; 陳福康, 『鄭振鐸傳』, 北京: 北京十月文藝出版社, 1994, 250쪽도 비슷한 내용.

④ 대만 중앙연구원 소장『속곡목록유편俗曲目錄類編』(총 20책, 1970년대)

이 책은 유복과 이가서의 시대부터 수집한 속곡을 소장하고 있는 중앙연구원 부사년傅斯年도서관이 정리한 목록서로, 도서관 검색용만 존재하며 공개 출판되지는 않았다.[183] 여기에는 희곡과 각종 곡예 작품이 분류되어 있는데, 이 가운데 고사계강창의 목록을 싣고 있는 분책은 다음과 같다.

> 第8책: 연인鉛印고사(90), 목각木刻고사(133), 석인石印고사(178), 북당전北唐傳
>   고사(73)
> 第9-1책: 각본刻本대고(452), 초본抄本대고(186)
> 第9-2책: 연인대고(274), 석인대고(121), 석파서(69)
> 第14책: 쾌서(65), 자제서(760)
> 第20책: 죽판서竹板書(12), 대고서(99), 고사(184), 탄사(40)

위의 숫자는 작품 종수가 아닌 편수를 뜻한다. 이 자료에는 1930년대『중국속곡총목고』의 수록 작품 중 중앙연구원 소장 자료 목록이 기본적으로 모두 포함되어 있을 뿐 아니라 이후 수집된 자료도 추가되어 있다. 이 밖에도 따로 마이크로 필름으로 보존된 자료 목록이 있는데, 그 가운데 일부는 앞의 목록에 없는 경우도 약간 있어서 보충자료가 되었다. 중앙연구원에 소장된 속곡은 이용 가능성과 참고 가치 면에서 가장 중요한 자료라고 할 수 있다.[184]

⑤『조경심선생증서목록趙景深先生贈書目錄(중문선장서부분中文線裝書部分)』(1988)

이 책은 조경심의 사후 상해 부단대학復旦大學에 기증된 도서의 목록서이

---

183 이 목록의 해당 작품들은 대부분 영인되어 2001년부터 2005년에 걸쳐 臺灣의 新文豐出版社에서『俗文學叢刊』(500冊)이라는 제목으로 출간되었으나 고사계강창은 포함되지 않았다.
184 이 자료들의 정리 작업에 대한 소개로는 曾永義,「中央研究院所藏俗文學資料的分類整理和編目」,『說俗文學』, 台北: 聯經出版事業公司, 1980, 1~10쪽 참조.

다. 이 책의 목록은 선본善本과 보통본으로 구분되는데, 선본에는 탄사, 고사가 한 항목에 구분 없이 수록되었고, 보통본에는 사화, 고사, 대고서 등이 한 항목으로 수록되었다. 이 가운데 보통본이 대부분을 차지하고 있다. 모두 87종의 고사가 수록되어 있다.

⑥ 북경 수도도서관 편, 『청몽고차왕부장곡본淸蒙古車王府藏曲本』 목록 (1991)

이 자료는 『청몽고차왕부장곡본』(총 315함函, 최소 1,200여 책)[185]에 포함된 희곡과 곡예 작품의 총목록을 수록하고 있다. 이 총서는 북경 수도도서관과 북경대학도서관, 광주 중산대학도서관 등에 소장된 옛 차왕부 소장 희곡, 곡예 작품을 모았는데, 그 규모와 내용이 돈황문학의 발견에 버금간다고 찬탄하는 학자(왕계사王季思)가 있을 정도로 비상한 관심이 쏠렸다. 곡예 부분에는 설창고사, 자제서(단창고사), 대고서, 쾌서, 패자곡牌子曲, 차곡岔曲, 연화락, 시조소곡 등의 항목이 설정되어 목록이 수록되어 있다. 이 가운데는 매우 긴 장편인 설창고사 28종도 수록되어 있다. 이상은 개인 또는 단체의 도서목록이 도서 형태로 정리된 자료들이다.[186]

필자는 이 밖에도 주요 도서관에 도서 카드의 형태로 정리되어 있는 목록을 조사했다. 목록을 조사할 수 있었던 도서관은 산동성도서관, 수도도서관, 북경대학도서관, 중국예술연구원 희곡연구소 자료실, 천진시도서관, 상

---

185 이 책은 1991년에 北京古籍出版社에서 처음 영인 출판되었고, 2001년에 縮印本이 간행되었다. 首都圖書館 編, 『淸車王府藏曲本』(總57冊), 北京: 學苑出版社, 2001.

186 李豫 등이 고사계강창의 작품 목록을 가장 방대하게 수록하여 편찬한 『中國鼓詞總目』, 太原: 山西古籍出版社, 2006이 출간되었다. 李豫는 이 밖에도 자신의 연구 팀원들과 공동으로 『淸代木刻鼓詞小說考略』(太原: 三晉出版社, 2010), 『中國鼓詞文學發展史』(上海: 上海人民出版社, 2012) 등의 간행을 주도했다. 『中國鼓詞總目』은 현재까지 나온 유일한 鼓詞 목록서이자 5천여 항목에 육박하는 자료를 모아 정리한 성과가 매우 뛰어나다. 다만 이 책과 이후 나온 두 권의 연구서에 나타난 鼓詞의 개념과 범위에 대한 인식이 이 책과 일부 다른 점이 있고, 전기 고사계강창에 대한 인식이 상대적으로 약한 것으로 보이는데, 이에 대해서는 차후 보충하여 논의하고자 한다.

해도서관, 요녕성도서관 등이다.[187] 이 가운데 일부는 고사 항목이 독립되어 있었고, 일부는 탄사, 보권 등 인접 강창과 한 항목으로 묶여 있었다. 그러나 두 경우 모두 비전문가인 분류자의 자의적인 기준이 많이 작용하여 잘못 분류된 경우가 많았다. 특히 수도도서관 도서 카드에 '고사'라고 분류된 자료들 가운데 조주가潮州歌 또는 목어가木魚歌임이 분명한 것들이 많았고, 산동성도서관은 도서 카드는 있으나 책자는 망실된 경우가 매우 많았다. 산동성도서관 특장부 사서 최국광崔國光에 따르면 1958년에 도서 카드가 작성된 후 오랜 기간에 걸쳐 도서가 망실되었고, 재정과 인력 문제 때문에 재정리가 시행되지 못했다고 한다. 이러한 문제점에도 불구하고 각 도서관에서 얻은 귀중한 자료는 고사계강창의 전모를 파악하는 데 매우 유용했다. 특히 중국예술연구원 희곡연구소에 소장된 자료와 목록은 본래 부석화가 소장했던 도서가 귀속된 것이므로 고본孤本들이 많았고, 북경대학도서관에서 발견한 석판본 단편 고사 50책은 정리와 보존이 매우 양호했다.

한편 산동대학의 관덕동 교수와 그의 아들 관가쟁關家錚도 앞에서 언급한 주요 자료들을 참조하여 곡에 목록 정리 작업을 진행했다. 여기에도 역시 고사계강창 관련 부분이 상당히 포함되었다고 하나,[188] 아쉽게도 현재까지 출판되지 않고 있다.

3) 작품선집으로 발간된 책자들의 목록

청 말엽부터 간행된 단편 작품집으로는 백본당과 별야당別埜堂 등의 서

---

187 中國國家圖書館, 民族文化宮圖書館과 山東大學圖書館도 조사하였으나 해당 자료가 거의 없었다. 특히 中國國家圖書館에는 鄭振鐸의 도서가 귀속되었지만 그의 도서 가운데 많은 부분이 소장된 것으로 추정되는 北海分館이 공개되지 않아서 조사가 불가능했고, 本館에 소장된 普通本目錄은 정밀하게 조사되지 못하여 재조사가 필요하다. 關德棟은 民族文化宮圖書館에 劉復의 도서 일부가 귀속되었다고 말했으나, 조사 대상 목록은 거의 없었다.

188 關德棟, 關家錚과의 대화, 1997년 7월.

적포에서 필사 판매한 대본이 유명하다. 이러한 책들에 수록된 작품들은 공연된 작품도 있고 공연된 작품의 형식을 모방한 것도 있다. 이들은 작품별로 소책자로 묶여 판매되었고, 이러한 소책자 형식은 1920년에 발간된 양경오楊慶五의『대고서사회편大鼓書詞匯編』과 1921년부터 발간된 무원요봉武垣堯封의『문명대고서사文明大鼓書詞』(총 25책), 그리고 1929년부터 발간된 제가본齊家本의『고사회편鼓詞匯編』(총 4편), 학고당學古堂과 보문당寶文堂이 간행한『소채본대고小彩本大鼓』등에도 이어졌다.[189] 한편 이화대고 예인 동연지董蓮枝(1904~?)가 엮은『이화대고서사초편梨花大鼓書詞初編』(남경南京, 1931)과 심양시 문련文聯이 편찬한『고사휘집鼓詞彙集』(총 6책, 1957) 등에도 주요 단편 작품들이 대량으로 수록되어 있다. 이 가운데 필자가 입수한 자료는『고사회편』,『이화대고서사초편』,『고사휘집』 등이고, 나머지는 다른 목록서에 수록된 것을 통해 검토했다. 예를 들어『문명대고서사』는 대만 중앙연구원 소장『속곡목록유편』에 거의 모두 수록되어 있고,『대고서사회편』과『고사회편』도 부석화가 엮은『북경전통곡예총록』에 수록되어 있다.『이화대고서사초편』은 동연지가 남경에 머물면서 출간한 작품집으로, 단편 27편이 실려 있다. 1956년과 1957년에 심양에서 발간된『고사휘집』은 예인을 통하여 확보하거나 각처에서 수집한 석판본, 목판본 단편 작품 350여 편을 출간한 것으로, 예인들의 구술을 직접 받아 적은 것과 다른 출판물을 전재轉載한 것으로 구분된다. 편찬 시기가 비교적 늦고 동북 지방에 전승된 작품 위주라는 한계가 있지만 단편 작품집으로는 가장 충실하므로 이 책에서 단편 작품의 내용과 구성을 분석할 때는 주로『고사휘집』[190]을 이용하고자 한다.

---

189 趙景深,『曲藝叢談』, 北京: 中國曲藝出版社, 1982, 193~197쪽.
190 이 책을 바탕으로 하여 陳新 主編,『中國傳統鼓詞精匯』, 北京: 華藝出版社, 2002가 출간되기도 했다.

4) 가사집

앞에서 살핀 자료들은 모두 필사본, 석판본, 납활자본으로 간행됨으로써
정식 독자를 겨냥한 출판물이라는 의의가 있다. 여기서는 예인들이 녹음한
음반의 가사집이나 예인들이 구술한 근거가 밝혀져 있는 작품들의 목록을
정리하고자 한다. 이 목록들에 수록된 작품들의 공통점은 모두 운문만으로
이루어진 단편이라는 것이다. 예인들이 녹음한 음반의 가사집으로는 다음
과 같은 것들이 확인된다.

① 『창편극사휘편唱片劇詞彙編』(상해: 선성사先聲社, 1930)

이 가사집은 두 권으로 이루어져 있다. 상책에는 경극의 가사가 실려 있
고, 하책은 북방가곡, 남방가곡, 가무창곡으로 나뉜다. 북방가곡에는 대고,
방자강, 붕붕嘣嘣, 천진시조天津時調, 연화락, 탕조蕩調, 상성相聲, 고산조靠
山調 등이 속해 있다. 이 가운데 대고 항목에 녹음이 수록된 예인은 모두 17
명이다.[191] 경운대고, 이화대고 등으로 세분되지 않았고, 대고뿐 아니라 단
현單絃도 대고 항목에 수록된 것이 특징이다.

② 『승리극사勝利劇詞』(상해: 세성世盛인쇄공사, 1936)

이 가사집에는 경운대고, 매화대고, 이화대고 예인 9명의 곡목이 수록되
어 있다.[192]

③ 『신희고전집新戱考全集』(상해: 신희고합작출판사, 1937)

이 책도 희곡과 곡예의 가사를 수록한 대형 가사집이다. 이 책은 당시까
지 여러 음반회사에서 발매한 작품들을 통합하여 수록했으며, 녹음한 예인
의 이름과 원본 음반 발매 회사의 이름도 실었다. 설정 항목이 매우 많으며,

---

191 劉寶全, 白雲鵬, 何質臣, 果銀寶, 金萬昌, 常澍田, 王鳳友, 銀姑娘, 小黑姑娘, 李艷芬, 林紅玉,
　　白鳳鳴, 趙素蘭, 常旭九, 趙雙喜, 劉玉琴, 張淑琴 등.
192 京韻大鼓: 劉寶全, 小黑姑娘, 王鳳友, 白鳳鳴, 李艷芬, 林紅玉, 邱翠花. 梅花大鼓: 金萬昌. 梨花
　　大鼓: 銀姑娘 등.

대고 항목에는 43명의 예인이 녹음한 작품의 가사가 실려 있다.[193] 이 책에 실린 대고의 원발매 회사는 고정高亭, 백대百代, 배개蓓開, 승리勝利, 장성長城, 보탑寶塔, 여가麗歌, 가림歌林 등 8개 회사이다.

④『승리창사勝利唱詞』(상해: 승리창편공사, 1930년대)

이 책은 9×11.5센티미터 크기의 소책자로, 승리창편공사가 발매한 창편의 가사를 모았다. 이 가운데 '대고·신소절申蘇浙·양녕석항각조揚寧錫杭各調' 항목에는 35명의 예인이 녹음한 작품이 수록되어 있다.[194] 이 가운데 일부는 대고 예인이고 나머지는 신소절, 즉 상해, 강소, 절강 지방 악조와 양녕석항, 즉 양주, 남경, 무석, 항주 악조의 예인들이지만 구분되지 않고 섞여 실려 있다.

⑤『고정창편高亭唱片』(상해: 출판사 미상, 1930년대)

이 책은『승리창사』와 크기가 같고, 유보전(5종)과 김만창(2종) 두 예인의 녹음 가사가 수록되어 있다.

⑥『중국창편대희고中國唱片大戲考』(상해: 상해문화출판사, 1958)

비교적 늦은 시기에 발간된 이 책에는 경극과 각종 지방희 및 곡예의 가사들이 수록되어 있는데, 7종의 대고 예인 16명의 노래도 실려 있다.[195]

이상에서 열거한 가사집은 모두 상해에서 발간되었다는 공통점이 있다.

---

193 劉寶全, 白雲鵬, 馬增芬, 老倭瓜, 何質臣, 常澍田, 王鳳友, 王鳳雲, 銀姑娘, 小黑姑娘, 白鳳鳴, 趙素蘭, 花四寶, 焦秀蘭, 焦秀雲, 山藥旦, 李蘭芬, 趙蓮卿, 葛恒泉, 劉問霞, 楊蓮琴, 劉玉琴, 裴玉桂, 賈鳳祥, 鍾香雲, 佟壽之, 王佩臣, 馬寶山, 阿鐵山, 廣少如, 靳鳳雲, 何鑑如, 廣闊泉, 屈祥利, 王貞秀, 筱艶芳, 譚鳳元, 朱璽珍, 張筱軒, 金玉芳, 金萬昌, 章翠鳳, 趙大玉 등.

194 劉寶全, 李艶芬, 林紅玉, 何質臣, 常澍田, 常旭九, 果銀寶, 金萬昌, 銀姑娘, 王鳳友, 趙寶翠, 葛文通, 趙小福, 王秀雲, 趙雙喜, 金子銀子, 皮恩榮, 王兆麟, 張壽臣, 李德祥, 陸希希, 王小新, 丁少蘭, 馬金生, 蔣婉貞, 范醉春, 王美玉, 王愛玉, 葉如玉, 方小卿, 何小松, 李伯樵, 沈春林, 袁老二, 董一鳴 등.

195 京韻大鼓: 小黑姑娘, 小彩舞, 王鳳友, 良小樓, 劉寶全, 孫書筠. 西河大鼓: 蔡金坡, 馬增芬. 樂亭大鼓: 靳文然. 奉調大鼓: 朱璽珍, 魏喜奎. 梅花大鼓: 趙玉明, 龍潔萍, 金萬昌. 梨花大鼓: 筱艶芳. 湖北大鼓: 鄭倜 등.

경우에 따라 곡종이 명기되거나 예인의 이름만 밝혀져 있고, 한 곡은 대개 두단頭段과 2단二段의 두 단락으로 나뉘어 있다. 또한 녹음 시간의 제한으로 인해 단편이라도 전편이 아니라 일부만 녹음된 것도 있다.

⑦ 『중국예술연구원음악연구소소장중국음악음향목록中國藝術研究院音樂研究所所藏中國音樂音響目錄』(제남: 산동우의山東友誼출판사, 1994)

중국예술연구원 음악연구소에는 음악연구가 양음류楊蔭瀏(1899~1984) 등이 1950년대부터 40여 년 동안 수집한 음반과 테이프 등이 보관되어 있는데, 그 목록이 위와 같은 제목의 책자로 출간되었다. 여기에는 정식으로 발매된 음반과 테이프뿐 아니라 각지에서 열린 공연실황을 녹음한 자료도 많으며, 각지 대고의 음향 자료 106곡이 수록되어 있다. 이 가운데는 경운대고(43곡), 서하대고(22곡), 매화대고(10곡)가 가장 많고, 기타 각지 대고의 녹음도 다양하게 수록되었다.

5) 연구논저에 수록된 목록

고사계강창의 초기 연구자들은 목록서 편찬 외에도 논문이나 조사문 형태의 글을 통해 새로 발견한 작품들을 보고했다. 정진탁은 1933년에 자신과 동료들이 수집한 문헌 가운데서 필사본, 목판본, 석판본 등의 많은 고사 작품을 발견했다. 이들이 자료를 입수한 책방과 목록은 다음과 같다.[196]

필사본: 「호가장」(94책), 「대명홍륭전大明興隆傳」(102책), 「난시구亂柴溝」(16책, 잔본殘本), 「자금탁紫金鐸」(10책), 「진주탑珍珠塔」(4책), 「천금전덕千金全德」(4책), 「참두아斬竇娥」(6책), 「쌍등기雙燈記」(8책)

노이유당老二酉堂 목판본: 「북당전北唐傳」, 「호가장」, 「양가장」, 「평요전平妖傳」, 「난시구」 등의 400여 책, 「충의수호전忠義水滸傳」(50책, 잔본)

---

196 鄭振鐸, 「記一九三三年的古籍發現」, 『中國文學研究』, 北京, 1957; 香港: 古文書局, 1970, 1314~1350쪽.

서문재瑞文齋본:「타등주打登州」(6책),「호접배蝴蝶盃」(4책),「교련주巧連珠」(4책),「만한투滿漢鬪」(2책),「홍등기紅燈記」(2책),「삼원전三元傳」(6책)

이 가운데 필사본 고사들은 모두 표지가 여러 겹의 두꺼운 피지로 싸였고, "한 권당 하루에 한 차례씩 바꿀 수 있습니다. 사흘이 되어도 반납하지 않으면 우리 가게는 보증금을 압수하겠습니다. 저희를 탓하지 마십시오!"라고 쓰인 것이 있는가 하면, "우리 가게는 사대기서, 필사본 공안公案, 금고기관今古奇觀, 고사야사古詞野史 등을 빌려줍니다. 북구北溝 간과창揀果廠 중간의 작은 호동 안쪽 길 북쪽 끝문. (경풍재慶豊齋)"[197]라고 광고하는 책자도 있다고 한다. 이 장편 필사본 고사는 대여용으로 유통된 것들로 생각된다. 어떻든 이렇게 발굴한 자료는 후에 『중국속문학사』 '고사' 서술 부분에 주요 자료로 편입, 서술되었다.

이가서도 「청대 북경 만두가게의 창본 임대 개황[淸代北京饅頭舖租賃唱本的槪況]」(1936)이라는 글에서 영륭재永隆齋를 비롯한 여러 만두가게에서 빌려주었던 장편 창본에 대해 소개했다. 그는 1908년(광서 34)까지도 이러한 업종이 성행했고, 중앙연구원에 소장된 필사본 고사 40~50종은 모두 이러한 점포에서 나온 것이라고 했다. 이 글에 소개된 필사본 고사의 작품 목록은 다음과 같다.

영륭재:「삼국지」,「융경승평隆慶昇平」,「복수연福壽緣」,「제공전濟公傳」,「화북번和北番」,「봉검춘추鋒劍春秋」,「십립금단十粒金丹」,「도화기桃花記」,「용봉충용龍鳳忠勇」,「오월춘추吳越春秋」 (광서 10년, 광서 21년 등의 표시가 있음)
영화재永和齋:「삼국지」,「융경승평」,「제공전」,「화북번」,「봉검춘추」,「십립금단」,「도화기」,「쌍관고雙官誥」 (광서 11년 표시가 있음)

---

197 鄭振鐸,「記一九三三年的古籍發現」, 1344쪽: "調每本一天一換. 三日不到, 本齋卽將押賬便本. 君子莫怪!", "本齋出賃四大奇書, 抄本公案, 今古奇觀, 古詞野史, 開設在北溝沿揀果廠中間小胡同內路北頂頭門. (慶豊齋)"

홍륭재興隆齋:「대진중흥大晉中興」,「오악소북五岳掃北」,「연주부兗州府」(동치 8년, 광서 6년, 광서 34년 등의 표시가 있음)

집아재集雅齋:「봉검춘추」,「회룡전回龍傳」,「주마走馬」(동치 원년 표시가 있음)

융복재隆福齋:「삼국지」,「제공전」

길교재吉巧齋:「삼국지」

취문재聚文齋:「삼국지」

홍길호鴻吉號:「도화기」

보안당保安堂:「오월춘추」

천순재天順齋:「쌍관고」

최기복성호崔記福盛號:「서당西唐」

위의 목록 중 시기가 가장 이른 것은 1862년(동치 원년)의 것으로, 19세기 중반에 북경에서 이미 이러한 대여업이 성행했음을 나타낸다. 또한「삼국지」(5곳),「제공전」(3곳),「봉검춘추」(3곳) 등이 여러 곳에서 필사되어 유통된 것으로 보아, 이들이 비교적 널리 읽힌 작품이었음을 알 수 있다. 부석화도 동치·광서 연간에 만두가게에서 대여하던 필사본 고사가 있었다고 소개했다.[198] 이 고사들은 대부분 한 종이 대략 100책을 상회하는 장편이 많아 속칭 '대본서大本書'라고도 했으며, 대부분 민간 예인들의 구술을 받아 적은 것들이었다고 한다. 부속화의 소개에 따르면, 홍륭재에서 펴낸「화목란花木蘭」제9책의 표지에는 임대규약과 경고문이 쓰여 있어 많은 사람이 이러한 책들을 돈을 내고 빌려 읽었음이 확인된다.[199]

이가서와 부석화가 소개한 책자들도 정진탁이 발굴한 장편 작품과 성격이 같다. 이 장편들은 작품 자체에는 고사라는 표제가 없었으나, 정진탁과 이가서, 부석화 등 모두가 이들을 고사 또는 설창고사로 간주하고 주요 고

---

198 傅惜華,「百本張戲曲書籍考略」, 張靜廬 編,『中國近代出版史料二編』, 上海: 群聯出版社, 1954, 330~331쪽 사이의 사진 설명 참고.

199 이 장의 제3절 운·산문혼용체 작품 논의 부분 참고.

사 작품이라고 강조한 까닭에 대표적인 고사 작품으로 알려지게 되었다. 이렇게 발굴된 대여용 장편 작품들은 독서용의 성격이 강한 것이 특징이다. 부석화는 또 운·산문혼용체 작품 「번합천番合釧」의 본문에 나열되는 여러 강창 작품명을 소개하는 한편,[200] 북경의 백본당에서 필사하여 판매한 희곡과 곡예 곡본 목록의 성격과 시기도 언급했는데, 백본당에서 판매한 대고 곡본은 광서 연간의 것으로 추정된다.[201] 이는 매화대고가 북경에서 성행하기 시작하고 경운대고 예인 유보전의 스승인 호금당 등이 북경에서 활동한 때와 거의 일치한다. 백본당에서는 이들의 가사를 위주로 필사하여 판매했을 것이다.

한편 조경심도 자료 조사에서 많은 성과를 거두었다. 그는 『고사선鼓詞選』 서문에서 중·장편 작품들을 200여 종 가까이 서술하고, 「대고연구」, 「대고에 관하여〔關于大鼓〕」, 「대고서록大鼓書錄」 등의 글에서는 단편 작품들의 작품집과 목록을 열거했다.[202]

일본의 학자들도 자료 조사 결과를 발표했는데, 단편 작품의 목록이 대부분이다. 목록학 전문가 나가사와 기쿠야長澤規矩也는 자신이 소장한 곡본과 백본당 대고서의 목록을 『서지학書誌學』 등의 잡지에 소개했고,[203] 보권寶卷 연구가 사와다 미즈호澤田瑞穗도 수집한 대고서 작품의 판본과 줄거리를 자세히 소개했다.[204]

---

200 傅惜華, 「番合釧鼓詞之集唱本名目」, 『曲藝論叢』, 上海: 上雜出版社, 1953 참조.

201 傅惜華, 「百本張戲曲書籍考略」 참고.

202 이들은 모두 『曲藝叢談』에 재수록되어 있다.

203 長澤規矩也, 「家藏舊鈔曲本目錄」, 『書誌學』 4-4, 1935에는 각종 戲曲과 曲藝 작품 목록이 기록되어 있고, 이 가운데 '대고' 항목에는 70여 편의 단편 작품과 3편의 중편 작품, 4편의 장편 작품 목록이 실려 있다. 또한 그의 「家藏曲本目錄」, 『書誌學』 8-3, 1937의 말미에는 百本張大鼓書目이 轉載되어 있다. 그가 모은 속문학 자료는 최근 디지털화 작업을 거쳐 도쿄대학 東洋文化硏究所 雙紅堂文庫에 전자도서 형태로 공개되어 있다.

204 澤田瑞穗, 「大鼓書私錄」, 『天理大學學報』(1961~1962) 참조. 그가 모은 속문학 자료 역시 현재 대부분 디지털화되어 와세다대학 도서관에 전자도서 형태로 공개되어 있다.

(2) 고사계강창 도서의 간행 시기

조사한 자료에 따르면 간행 시기가 밝혀진 것들 가운데 건륭 연간에 간행
된 작품으로 확인된 것은 다음과 같다.[205]

〔희곡소〕:「옥여의전집玉如意全集」 4권, 4책, 1748년(건륭 13), 필사본
〔상해도〕:「신각비본대중추기전전新刻秘本大中秋記全傳」 24권, 6책, 원분거사
源汾居士 편, 1761년(건륭 26), 목판본
〔희곡소〕:「신각비본쌍어전전新刻秘本雙魚全傳」 20권, 10책, 1781년(건륭 46),
영원당寧遠堂, 목판본
〔정진목〕:「신편설창누구집전전新編說唱疊仇集全傳」 12권, 2책, 1782년(건륭
47), 집현재集賢齋, 목판본

이들은 모두 중편 이상의 운·산문혼용체 강창 작품으로 추정된다. 그렇지

---

205 소장처, 제목, 권수, 저자, 시기, 판본의 순으로 나열하였다. 이 가운데 소장처의 약호는 다음
과 같다.
〔대신목〕: 大新書局最新出版 '新式標點足本說唱鼓詞' 目錄.
〔정진목〕: 鄭振鐸, 『西諦書目』 所收 '彈詞鼓詞類' 目錄 中 鼓詞.
〔정진속〕: 鄭振鐸, 『中國俗文學史』 所收 '鼓詞' 目錄.
〔조경목〕: 『趙景深先生(普通本)贈書目錄』 所收 '鼓詞' 目錄.
〔조경선〕: 趙景深 編, 『鼓詞選·序言』 所收 目錄.
〔총목고〕: 『中國俗曲總目稿』 所收 '鼓詞' 目錄(154目).
〔북대도〕: 北京大學圖書館 所藏 '鼓詞' 目錄(65目).
〔산동도〕: 山東省圖書館 所藏 '鼓詞彈詞' 目錄 中 鼓詞.
〔상해도〕: 上海圖書館 所藏 '鼓詞' 目錄(81目).
〔수도도〕: 北京首都圖書館 所藏 '鼓詞' 目錄(136目).
〔요녕도〕: 遼寧省圖書館 所藏 '鼓詞' 目錄.
〔중연영〕: 『中央研究院所藏俗曲總目錄』(microfilm) 所收 '鼓詞' 目錄.
〔중연원〕: 『中央研究院所藏俗曲目錄類編』 所收 '鼓詞' 目錄.
〔차왕부〕: 『淸蒙古車王府藏曲本』 所收 '說唱鼓詞' 目錄.
〔천진도〕: 天津圖書館 所藏 '鼓詞' 目錄.
〔희곡소〕: 中國藝術研究院戲曲研究所 所藏 '鼓詞' 目錄.

만 제목에 고사라고 표기된 것은 하나도 없다. 부석화와 정진탁 등은 초기에 고사 등의 강창문학에 관심을 가진 학자들이었고, 이들이 고사라고 판단한 작품들은 후에도 별다른 이견 없이 받아들여졌다. 명대의「대당진왕사화」를 가장 이른 '고사'라고 한 정진탁의 언급이 이후의 많은 저작에서 되풀이되다가 근래에 와서야 재고되고 있는 것이 대표적인 예이다. 위에 열거한 네 작품도 이들 또는 이들의 영향을 받은 분류자들이 고사라고 주장한 것이며, 제목 자체에는 '고사'라는 표기가 없다. 따라서 이들이 고사계강창과 문체가 유사한 작품이라는 점에는 의심의 여지가 없지만, 이들이 당시에는 고사로 받아들여지지 않았을 가능성도 있음을 주의할 필요가 있다.

제목에 고사라는 이름이 붙은 작품 중에서 가장 이른 것은 가경 연간 (1796~1820)의 것이다. 가경 연간에 간행된 작품들을 보면〔희곡소〕에 실린 다음의 네 종이 확인된다.

「신각삼원전설창고사新刻三元傳說唱鼓詞」9–12부, 1책, 가경, 목판본
「고사서상원古詞西廂院」10권 27회, 북경 회문당會文堂, 가경, 목판본
「신각모홍장옥음양세인연기전본新刻毛洪張玉音兩世姻緣記全本」2권, 1책,
    1813년(가경 18), 등씨鄧氏 개익당開益堂, 목판본
「신편연화파新編蓮花帕」30권 30회, 30책, 오연화주인吳蓮花主人 편, 1805년(가
    경 10), 원고본

이 가운데 위의 두 편 제목에 고사鼓詞 또는 고사古詞가 표기되어 있으며, 이들이 현재 확인되는 것으로는 가장 이른 시기의 청 후기 고사계강창 작품이다. 도광 이후에는 더욱 많은 고사계강창 작품이 간행되었음이 확인된다. 가장 많은 작품이 간행된 시기는 광서 연간으로, 간행 시기가 표기된 것만 100여 편에 이른다. 중화민국 성립 이후에도 이전의 작품이 재간행되거나 새로운 작품이 발굴, 창작되는 등 많은 작품이 간행되었다. 특히 상해의 교

경산방校經山房과 대신서국大新書局 등이 100여 편 이상의 중·장편 설창고사를 총서로 발간함으로써 더욱 많은 독자들이 중·장편 고사계강창을 읽을 수 있게 되었다. 이와 더불어 상술한 것처럼 북경을 중심으로 하여 대여된 장편 필사본 고사도 동치·광서 연간에 널리 읽혔다.

한편, 단편 작품의 목록을 가장 충실히 담은 자료는 대만 중앙연구원의 각종 판본 대고 목록이다. 여기에는 운문 작품들의 목록이 판본별로 목판본 473곡, 필사본 198곡, 납활자본 845곡 등 모두 1,500여 곡(중복된 것 포함)이 포함되어 있다. 이와 함께 운·산문 단편 작품도 적지 않게 수록되었다. 『북경전통곡예총록』에 따르면 목판본 단편 작품을 간행한 곳은 북경에서만 17곳이나 확인된다.[206] 『북경전통곡예총록』 '고사소단' 부분을 보면 이들 가운데 보문당寶文堂이 가장 많은 작품을 출간했는데, 보문당은 동치 원년인 1862년부터 영업을 시작했다. 이는 목판본 단편 작품이 대략 동치 연간 이후부터 본격적으로 출간되기 시작했음을 뜻한다.

필사본 단편 작품은 북경의 백본당, 별야당, 취권당聚卷堂 등에서 예인들의 공연을 받아 적거나 작품을 베껴서 판매한 것들이 많은데, 이 가운데 백본당의 판매 수량이 가장 많았다. 부석화에 따르면 백본당에서 발간한 목록 안내책자인 「대고서단大鼓書單」에는 백본당에서 판매한 대고서 81종이 수록되어 있는데,[207] 이들은 대략 광서 연간의 것으로 추정된다. 별야당과 취권당도 백본당과 비슷한 시기에 영업한 것으로 생각된다. 백본당은 주인이 장張씨여서 백본장百本張이라고도 불렸고, 서직문西直門 근처에 근거지를 두고 각종 곡본을 필사하여 매월 동묘東廟 융복사隆福寺(매월 9, 10일)와 서

---

206 寶文堂, 致文堂, 泰山堂, 文義堂, 聚魁堂, 錦文堂, 文和堂, 中古號, 京書坊, 義興堂, 永順堂馬記, 松月堂, 秀文堂, 永興堂, 靑雲書屋, 淸梅書室, 淸幽書屋.

207 博惜華, 「百本張戱曲書籍考略」, 325~326쪽 참조. 百本張의 大鼓書 목록은 長澤規矩也, 「家藏曲本目錄」의 부록과 趙景深, 「大鼓硏究」, 「關于大鼓」 등을 취합하여 확인할 수 있다.

묘西廟 호국사護國寺(매월 7, 8일)에서 묘회가 열릴 때마다 노천에 책방을 차려놓고 각종 희곡과 곡예의 곡본을 팔았다.

석판본과 납활자본은 1900년대부터 1920년대 사이에 목판본과 필사 판매본을 대체하면서 대량으로 쏟아져 나온 것으로 추정된다. 먼저 청 말부터 대부분 상해를 중심으로 생긴 석판본 출판사들은 저렴한 비용을 무기로 여러 통속적인 작품들을 대량으로 찍어냈다. 석판본을 간행한 출판사의 수는 매우 많았는데,[208] 간행 규모는 춘음서장椿蔭書莊, 금장도서국錦章圖書局, 강동무기서국江東茂記書局, 광익서국廣益書局, 장복기서국章福記書局, 상해서국上海書局, 협성서국協成書局, 대성서국大成書局순으로 조사되었다. 특히 조사된 자료 가운데 앞의 네 출판사가 전체 출판량의 70% 이상을 차지했다. 춘음서장은 출판 역사에서 거의 알려진 바가 없지만 고사계강창 출판에서는 전체의 약 25퍼센트, 4대 출판사 가운데서는 약 35퍼센트를 차지할 정도로 다른 출판사들을 편수 면에서 압도하여 대중출판물의 역사에서 중요한 위치를 점한다. 이 주요 출판사들의 설립 시기는 상해서국이 1890년 전후, 광익서국은 1900년, 금장도서국은 1901년, 장복기서국은 1910년 전후, 강동무기서국은 1920년 전후, 대성서국은 1920년 전후 등이고, 춘음서장의 설립과 활동 시기는 알려지지 않았지만 1900년대 초로 추정된다.[209] 이 출판사들이 석판본 작품들을 대량으로 출판함으로써 상해 등의 대도시를 비

---

208 江東茂記書局(江東書局, 茂記書局), 京師書業公司, 公平書局, 共和書局, 廣雅書局, 廣益書局, 槐蔭山房(槐蔭榮記山房), 校經山房, 久敬齋書局, 求石齋書局, 錦章圖書局(錦章書局), 大達書局, 大成書局, 同强齋書局, 東都石印局, 文益書局, 民益, 普通書局, 北京自强齋書局, 北京學古堂總發所, 上海書局, 上海石印書局, 燮記書局, 掃葉山房, 沈鶴記書局, 兩宜社, 錬石書局(錬石齋書局, 錬齋書局), 營口成文厚, 營口承文信, 元昌, 元漢書局, 劉德記, 有益齋書局, 益民, 日記書局, 自强書局, 章福記書局, 第一書局, 鑄記書局, 中南書局, 中原書局, 中華書局, 振圖小說社, 進步書局, 昌文書局, 椿蔭書莊, 萃文齋書局, 平公書局, 河南長沙廣益書局, 學古堂, 漢文淵書局, 協成, 鴻文書局, 會文堂書局.

209 출판사의 설립 및 활동 시기는 『出版詞典』과 朱聯保, 『近現代上海出版業印象記』, 上海: 學林出版社, 1993 참조.

롯한 지역에서 고사계강창을 읽을 수 있는 환경이 크게 호전되었을 것이다.

납활자본은 초기에는 석판본에 비해 비용이 많이 들었으나, 점차 석판본 인쇄가 불편한 점이 많다는 인식이 커지는 한편 값싸고 질 좋은 납활자 인쇄술이 등장하면서 통속문학작품들도 납활자본으로 출간되기 시작했다. 가장 대표적인 것은 1921년부터 중화인서국中華印書局이 간행한 단편『문명대고서사』시리즈(총 25책)와 1930년대에 상해 대신서국大新書局이 간행한 중편 '설창고사총서'(100여 종)이다. 이러한 납활자본 출간은 당시 최소한의 고정 독자가 확보되어 있었다는 것을 뜻하며, 고사계강창이 공연뿐 아니라 독서를 통해서도 즐기는 문학으로 정착해갔다는 의미이기도 하다.

이상으로 검토한 바를 정리하면, 청 후기 이후의 고사계강창은 1796~1820년의 가경 연간부터 간행되기 시작했고, 목판본은 1821~1850년의 도광 연간 이후 꾸준히 증가하여 1862~1908년의 동치·광서 연간에 가장 많은 수량이 간행되었고 이후 점차 사라졌다. 동치·광서 연간에는 북경을 중심으로 장편 필사본 작품이 대여본 형태로 널리 유통되기도 했다. 이어 1900년을 전후한 시기에는 석판본이 대량으로 출간되기 시작했으며 1920년대까지도 많은 작품이 간행되어 독자들의 사랑을 받았다. 1920년대에는 납활자본 고사계강창이 간행되기 시작하여 듣는 방식뿐 아니라 읽는 방식으로도 고사계강창의 수용 방식이 확대, 정착되기에 이르렀다.

3. 후기 고사계강창 도서의 판본과 수량

동치·광서 연간 이후 대량으로 출판, 판매되기 시작한 고사계강창은 도서나 총서 제목에 '고(아)사', '대고(서)' 등이 포함된 경우가 많았다. 이들은 몇 가지 기준을 통해 형태를 분류할 수 있다. 첫째, 문장구성 측면에서는 운·산문혼용체와 운문전용체로 구분된다. 둘째, 길이의 측면에서는 20책 이상의 장편, 4~10책 정도의 길이로 이루어진 중편, 몇 쪽 분량의 단편으로 구분된다. 셋째, 판본에 따라 목판본, 석판본, 납활자본, 필사본으로 구분된다. 여기서는 문장구성과 판본을 주요 기준으로 삼아 분류하면서 작품들의 길이, 소재, 수량 등을 검토하고자 한다. 먼저 작품을 문장구성에 따라 운·산문혼용체와 운문전용체로 구분하여 평균 길이와 소재의 차이를 밝히고, 작품을 판본별로 구분하여 각 판본 작품들의 평균 길이와 그에 따른 소재의 차이를 확인하고자 한다. 문장구성과 판본을 주요 분류 기준으로 삼아 살펴보면 문장구성, 판본과 길이, 소재의 상관관계를 일정하게 밝힐 수 있을 것이다.

(1) 운·산문혼용체 고사계강창

운·산문혼용체 작품은 청 말, 중화민국 시기에 통상 (설창)고사라고 불렸거나 영향력 있는 연구자들에 의해 (설창)고사로 분류된 것으로, 본래 민간 예인의 공연이 기록, 가공되어 출판 또는 필사를 통해 독서용으로도 유통된 작품들이다. 정진탁은 명대 제성린의 「대당진왕사화」를 최초의 고사라고 규정했고, 부석화도 앞에서 본 것처럼 건륭 연간에 간행된 몇 종을 고사로 분류했다. 그러나 「대당진왕사화」는 명대 강창인 사화에 속하고, 건륭 연간의 작품들도 고본孤本인 데다 작품 확인이 어렵기 때문에 보다 신중한 접근이 필요하다. 여기서는 이들을 일단 논의 대상에서 제외하고, 가경 이후에 등장한 도서들을 검토하려 한다.

이들은 분량 면에서 길이가 173책 165만 자나 되는 작품(필사본 「삼국지」)부터 1책 분량의 작품들까지 다양하고, 형식 측면에서는 모두 운문과 산문이 교차 서술된다. 또한 목판본, 필사본, 석판본, 납활자본 등의 여러 방식으로 인쇄 또는 필사되어 유통되었고, 인기 있는 작품은 여러 판본으로 전해졌다. 이들의 수량과 특징을 판본별로 살펴보겠다.

1) 목판본

목판본 운·산문혼용체 작품은 대만 중앙연구원과 중국예술연구원 소장 목록에서 다량으로 확인되고, 정진탁도 1933년 북경의 노이유당老二酉堂에서 400여 책의 목판본을 사들였다. 이들은 분량이 방대한 작품인 90책 90부의 「영렬춘추英烈春秋」(중국예술연구원 소장), 73책의 「북당전北唐傳」(각 책약 70회, 총 약 4,900회, 중앙연구원 소장)부터 1책으로 이루어진 많은 작품들에 이르기까지 길이가 다양하다. 이들의 길이는 대부분 회, 권, 책 등으로 표시되어 있지만, 글자의 크기와 1권당 회 수, 1책당 권수 등이 일정하지 않으므로 분량을 정확히 가늠하기는 어렵다. 중국예술연구원과 중앙연구원 목록에는 대부분 회, 권, 책이 표시되어 있는데, 이를 근거로 하여 책 수 또는 권수별 작품 수량을 조사한 결과는 다음과 같다.

책 수	1	2	4	5	6	8	10	12	15	18	24	43	64	73	90
작품 수	39	33	40	1	15	6	4	7	1	1	1	1	1	1	1

권수	2	4	5	6	7	8	10	12	14	16	18	24	25	30
작품 수	5	48	2	14	1	14	5	10	2	4	1	1	2	1

목판본 작품 가운데 책 수가 가장 많은 것은 90책으로 이루어진 「영렬춘추」이고, 가장 적은 작품은 1책으로 이루어진 「교련주巧連珠」 등 39종이 있다. 이들 가운데는 4책으로 이루어진 작품이 40종으로 가장 많고, 그다음이 1책(39), 2책(33), 6책(15) 등의 순이다. 한편 권수가 확인된 작품은 모두 111종인데, 이 가운데 권수가 가장 많은 것은 30권으로 이루어진 「신각와거봉혈서아흔기新刻瓦車篷血書牙痕記」(2책)이고, 가장 적은 권수인 2권으로 이루어진 작품은 「신각소지현백릉기新刻蘇知縣白綾記」 등 5종이 있다. 또한 이

들 가운데 4권으로 이루어진 작품이 48종으로 가장 많고, 그다음이 6권(14), 8권(14), 12권(10) 등의 순이다.

특기할 것은 책 수가 많은 작품은 대개 권수 표시가 없으며, 또한 책 수가 많으면 반드시 권수도 많아지는 정비례의 관계가 아니라는 점이다. 이는 각 출판처에서 책을 간행할 때의 방식과 기준이 달랐다는 것을 뜻한다. 여기서 지적하고자 하는 것은 1책부터 4책까지로 구성된 작품이 152종 가운데 112종이고, 1권부터 8권으로 이루어진 작품이 111종 가운데 84종을 차지하고 있다는 점이다. 다시 말해 이 목판본들은 작품 수의 측면에서 중편이 압도적으로 많았다. 장편이라고 할 수 있는 20책 이상의 작품은 「오독전五毒傳」(24책), 「옥천연玉釧緣」(64책), 「북당전」(73책), 「영렬춘추」(43책, 90책) 등 4종만이 확인되고, 이 가운데 「오독전」과 「옥천연」은 통상 탄사로 분류된다.[210] 명백하게 고사계강창으로 분류할 수 있는 목판본 운·산문혼용체 작품은 「북당전」과 「영렬춘추」 두 작품뿐이다.

한편 중국예술연구원과 중앙연구원에 소장된 목판본 작품의 간행처는 100여 곳에 이르는 것으로 확인되었다.[211] 이 가운데에는 북경에 위치한 간행처가 적지 않다. 보문당, 이유당二酉堂, 태산당泰山堂, 치문당致文堂 등 북

---

210 胡士瑩, 『彈詞寶卷書目』, 上海: 中華書局, 1957 참조.

211 格致堂, 經德堂, 經元堂, 廣德書局, 宏文閣(京都), 九思堂, 貴文書局, 錦文堂, 大文堂, 德興堂, 道生堂, 東文堂, 同盛堂, 東二酉堂(京都), 同聚堂, 東泰山, 鄧氏開益堂, 萬卷閣, 萬福堂(寬城), 萬城堂(長邑), 萬順堂, 萬頂堂, 萬興堂(宛南), 萬興泰, 明善堂, 文光堂, 文奎堂, 文明書社(古臥龍橋), 文鳴善庄, 文茂堂, 文美堂, 文富堂, 文星堂, 文成堂, 文盛堂, 文勝堂, 文業堂, 文英堂, 文元堂藏板, 文裕盛記(黃邑), 文義堂(京都), 文義齋, 文聚堂, 文華堂, 文和堂藏板(京都), 文興堂, 寶寧堂, 寶文堂(京都), 寶賢堂, 福厚堂, 三樂堂, 三元堂, 三儀堂, 三益堂藏板, 生記藏板(鄧郡), 書本堂, 瑞雲閣, 成文堂藏板, 成文信(燕台), 孫曉莊, 樹德堂(泊鑪), 崇慶州, 崇德堂, 信記書坊(烟台), 楊記, 永魁齋(京都), 英文堂藏板(禪山), 永和堂, 英華齋, 榮煥堂, 玉廷任記, 頑石山房藏板, 王鳴岐, 友于堂, 琉璃廠, 義善堂, 義合堂, 義和堂(東昌), 義興堂, 二酉堂(京都), 溢記, 立賢堂, 張金山(富潤), 長清堂, 田錦齋藏板, 鈞記書莊, 鑄記, 中吉堂(京都), 中和堂(京都), 集賢書館, 潦記, 天祿閣, 萃文書局, 聚秀堂, 聚元堂, 聚珍堂, 聚興堂, 致文堂, 泰山堂(京都), 學善堂, 翰林閣, 翰文齋書坊, 好樂山房, 鴻興曹記, 和記, 黃利貞, 懷德堂, 回陞堂. ( ) 안은 당시의 지명.

경에 위치한 간행처들은 많은 작품을 간행하여 고사계강창의 유행을 주도했다. 특히 1862년에 개업한 보문당의 역사는 흥미로운 이야기를 전한다. 보문당 주인이었던 유劉씨의 조부는 농민이었는데, 그가 산동에 갔을 때 한 석각공石刻工을 알게 되었다. 산동 서북지방 덕주德州에는 목각이나 석각을 잘하는 농민들이 많았다. 보문당이 개업한 이후 석각공과의 인연으로 인해 매년 늦가을이면 농민들이 보문당에 와서 견본 책자를 가져가 농한기에 목판을 새기고는 봄에 다시 가져왔고, 이 목판으로도 곡본曲本을 찍어냈다. 보문당이 찍은 곡본은 1천여 종 이상, 1백만 부 정도에 이르렀다고 한다.[212] 이 일화는 북경에서 간행된 작품 가운데 적지 않은 수량이 농민들의 손을 거쳐 만들어졌음을 알려준다.

이와 관련하여 눈에 띄는 것은 북경, 제남 등의 도시뿐 아니라 지방 중소도시나 농촌 지역에서 간행된 것들도 적지 않다는 것이다. 지명이 확인되는 인쇄처는 다음과 같다.

경도京都(북경)의 굉문각宏文閣, 동이유당東二酉堂, 문의당文義堂, 문화당文和堂, 보문당, 영괴재永魁齋, 이유당, 중길당中吉堂, 중화당中和堂, 태산당

관성寬城(길림吉林 장춘長春)의 만복당萬福堂

동창東昌(산동 요성聊城)의 의화당義和堂

등군鄧郡(하남 등현鄧縣 또는 산동 연주兗州)의 생기生記

박진泊鎭(하북 교하交河 또는 산동 무체無棣)의 수덕당樹德堂

부윤富潤(미확인)의 장금산張金山

선산禪山(미확인)의 영문당英文堂

연대煙臺(산동 연대煙臺)의 신기서방信記書坊

연대燕臺(하북 대흥大興 또는 하북 역현易縣)의 성문신成文信

완남宛南(하남 남양南陽)의 만흥당萬興堂

---

212 汪景壽, 『說唱: 鄕土藝術的奇葩』, 4~5쪽.

장읍長邑(사천 장수長壽)의 만성당萬城堂

황읍黃邑(미확인)의 문유성기文裕盛記

* ( ) 안은 현재의 지명

위에 열거된 간행처는 대부분 산동, 하북, 하남의 농촌에 위치하고 있었다. 이 농촌 간행처에서는 농민들이 새긴 목판을 이용하여 작품을 찍어냈을 것이다. 화북 농촌 가운데 산동 덕주 외에도 천진 근교의 양류청楊柳靑, 산동의 유방濰坊, 고밀高密, 평도平度 등이 청대에 많은 목판 연화年畵를 찍어낸 생산지로 유명한 것을 보면,[213] 농촌에서 목판본 강창 작품이 판각, 인쇄될 수 있는 인적자원 등의 환경은 충분했음을 알 수 있다. 어떻든 이들이 인쇄한 목판본 작품들은 북경 등의 도시 독자들에게 팔렸다. 앞에서 언급한 바 있는 북경 융복사에서는 장날이 되면 백본당 등에서 필사한 것뿐 아니라 주로 농촌인 타지에서 올라온 사람들이 푸른 자루에 창본唱本을 담아 와서 팔았다고 한다.[214]

고사계강창이 널리 유행한 화북 농촌에서 많은 목판이 제작되거나 목판본 작품이 인쇄되었다는 것은 알려져 있지만, 아직 정확하고 광범위한 조사가 이루어지지 않았기 때문에 고사계강창 공연과 목판본의 관계에 대한 이해는 여전히 분명하지 않은 부분이 많은 것이 사실이다. 앞으로 연구와 조사를 통해 보다 정확한 내용이 밝혀져야 할 것이다.

필자의 조사 결과 청 후기에 간행된 목판본 작품은 200여 편이 넘었다. 목판본 작품은 청 후기에 화북의 농촌 각지에서 공연된 고사계강창이 문자로 인쇄되는 첫 단계로서의 의의가 있는데, 이 목판본 작품들 가운데 상당

---

213 王伯敏 主編,『中國美術通史(6)』, 濟南: 山東教育出版社, 1988, 415~418쪽.

214 常人春,『老北京的風俗』, 北京: 北京燕山出版社, 1996, 18쪽. 또한 李家瑞,『北平風俗類徵』, 中央研究院 歷史語言研究所, 1937; 영인본, 1992, '職業', 169쪽에는 『一歲貨聲』의 '唱本兒看書啊' 대목에 부기된 注를 다음과 같이 인용하고 있다. "책 보따리를 등에 지고서 石印, 鉛印, 小說, 唱本, 戱本, 黃曆 등을 팔았다."

수는 후에 석판본이나 납활자본으로 다시 출판되었다. 이들을 목판에 새기는 과정에서 필요했을 '임시 필사본'(견본 책자)도 존재했다고 하는데, 이에 관해서도 역시 보다 진전된 조사와 논의가 필요하다.

2) 필사본

필사본은 대만 중앙연구원 소장 필사본과 중국예술연구원 소장 필사본, 그리고 구舊 차왕부 소장 필사본이 가장 많이 남아 있다. 소장된 작품으로는 다음과 같은 목록이 확인된다.

① 중앙연구원 소장 필사본 작품 목록

「가경야사방嘉慶爺私訪」(쌍룡전雙龍傳)(4책, 동성당東盛堂), 「군선진群仙陣」(잔본)(1책), 「대진중흥大晉中興」(40책, 홍륭재興隆齋), 「도화기桃花記」(12책, 홍길호鴻吉號), 「도화기桃花記」(잔본)(8책, 영륭재永隆齋), 「동창부東昌府」(12책), 「동한東漢」(서한서漢)(112책), 「봉검춘추鋒劍春秋」(4~9)(6책, 영륭재), 「삼걸사미협의전三杰四美俠義傳」(잔본)(19책), 「삼국지三國志」(173책, 영화재永和齋), 「서당西唐」(30책, 최기崔記), 「소팔의小八義」(28책), 「양산사穰山四」(잔본)(제64책만 있음), 「연주부兗州府」(首)(1책, 홍륭재), 「영웅보英雄譜」(20권, 20책), 「오악소북五岳掃北」(39)(1책, 홍륭재), 「오월춘추吳越春秋」(잔본)(5책, 영륭재), 「왕도사착요王道士捉妖」(2책, 수재헌隋齋軒 저著, 유온산劉韞山 서序), 「용금화龍金花」(잔본)(1책, 북경 집아재集雅齋), 「용도공안龍圖公案」(총 26책 중 25책 있음), 「용도이록龍圖耳錄」(40책), 「융경승평隆慶昇平」(14책 있음, 31~32, 35~40, 42~46, 48), 「전하양전河馹」(3책), 「제공전濟公傳」(20책), 「좌전춘추전전左傳春秋全傳」(69책), 「주마주마走馬」(잔본)(2책), 「춘추배春秋配」(4책, 적선당積善堂), 「파황건파黃巾」(잔본)(2책, 홍륭재), 「화북번和北番」(20책, 영륭재), 「회도양문광정남고사繪圖楊文廣征南鼓詞」(1책), 「회룡전回龍傳」(4책, 집아재)

② 중국예술연구원 소장 필사본 작품 목록

「녹운환綠雲環」(2권, 2책), 「당지여집자수기唐誌餘集紫襦記」(4권, 4책), 「동해

전기東海傳奇」(1책), 「매옥배梅玉配」(8책), 「발합전鵓鴿傳」(40회回, 4책), 「부
용정芙蓉亭」(24회, 4책), 「초록비파기鈔錄琵琶記」(4권, 4책), 「삼국지三國志」
(92부부部, 76책), 「삼협오의」(17책 있음), 「서상西廂」(5권, 5책), 「신보고조번합
천전전新譜古調翻合釧全傳」(30권, 10책), 「신조소홍포쌍보선新造小紅袍雙寶
扇」(7권, 7책), 「시공안施公案」(135책, 애련당愛蓮堂), 「영관묘靈官廟」(1책),
「영금쇄옥零金碎玉」(3, 4권 있음), 「오월춘추吳越春秋」(59권, 59책), 「옥환기
玉環記」(4권, 2책), 「자웅검雌雄劍」(4책), 「정삼뢰초친丁三賴招親」(1책), 「화금
당畵錦堂」(16권, 8책), 「중추기中秋記」(4권, 4책), 「청석산靑石山」(10책), 「취
보리제공전전醉菩提濟公全傳」(110책, 영천당穎川堂), 「파초선芭蕉扇」(2권, 4
책), 「포복기包袱記」(9부, 4책), 「신편합가락전책新編合家樂全冊」(1책), 「합환
기合環記」(2권, 4책), 「화목란고사花木蘭鼓詞」(제9책만 있음)

③ 구 차왕부 소장 필사본 작품 목록

「금합춘추金盒春秋」(25책), 「증보문무이도매增補文武二度梅」(24책), 「봉검춘
추鋒劍春秋」(45책), 「봉신방封神榜」(220회), 「삼국지三國志」(70책), 「삼협오
의三俠五義」(40책), 「서유기西遊記」(46책), 「수영화壽榮華」(8책), 「시공안施
公案」(149책), 「쌍희기雙喜配」(6책), 「영렬춘추英烈春秋」(62책), 「오월춘추吳
越春秋」(45책), 「오호평서五虎平西」(50책), 「용봉기연龍鳳奇緣」(50책), 「용호
정남龍虎征南」(36책), 「우공안于公案」(44책), 「유공안劉公案」(18책), 「유룡전
游龍傳」(50책), 「자운주국慈雲走國」(35책), 「제공전濟公傳」(55책), 「좌전춘추
左傳春秋」(35책), 「주마춘추走馬春秋」(16책), 「청석산호선전靑石山狐仙傳」(5
책), 「팽공안彭公案」(34책), 「포공안包公案」(64책), 「향라대香羅帶」(40책), 「회
룡전回龍傳」(6책), 「회종전懷宗傳」(50책)

이 목록 가운데 「신보고조번합천전전」은 중국예술연구원 목록에 명대 풍
몽룡馮夢龍의 작품이라고 나와 있지만, 부석화가 이미 청 중엽 이후의 것임
을 밝힌 바 있다.[215] 이 목록 가운데 분량이 가장 많은 것은 중앙연구원 소장
「삼국지」로 무려 173책 165만여 자에 이른다.[216] 물론 짧은 것은 1책 분량

215 傅惜華, 「辨番合釧鼓詞非明人作」, 『曲藝論叢』, 上海: 上雜出版社, 1953 참조.
216 李家瑞, 「淸代北京饅頭舖租賃唱本的槪況」, 王秋桂 編, 『李家瑞先生通俗文學論文集』, 台北: 學

인 작품도 있다.

이 필사본 가운데 상당수는 동치·광서 연간에 북경의 만두가게에서 대여용으로 쓰였다. 특히 중앙연구원과 중국예술연구원에 소장되어 있는 작품들의 대부분은 대여용으로 쓰인 것들이다. 당시에는 필사본과 목판본 두 가지가 대여용으로 쓰였는데,[217] 필사본이 더욱 많았다. 이들의 길이는 50책 이상의 장편부터 10책 이하의 비교적 짧은 것까지 다양했다. 앞에서 서술한 정진탁, 이가서, 부석화 등이 언급한 대여용 필사본들은 다음과 같다.

> **정진탁**: 「호가장呼家將」(94책), 「대명흥륭전大明興隆傳」(102책), 「난시구亂柴溝」(16책, 잔본), 「자금탁紫金鐸」(10책), 「진주탑珍珠塔」(4책), 「천금전덕千金全德」(4책), 「참두아斬竇娥」(6책), 「쌍등기雙燈記」(8책)
>
> **이가서**: 「대진중흥大晉中興」, 「도화기桃花記」, 「복수연福壽緣」, 「봉검춘추鋒劍春秋」, 「삼국지三國志」, 「서당西唐」, 「십립금단十粒金丹」, 「쌍관고雙官誥」, 「연주부兗州府」, 「융경승평隆慶昇平」, 「오악소북五岳掃北」, 「오월춘추吳越春秋」, 「용봉충용龍鳳忠勇」, 「제공전濟公傳」, 「주마走馬」, 「화북번和北番」, 「회룡전回龍傳」
>
> **부석화**: 「삼국지三國志」, 「오월춘추吳越春秋」, 「화목란花木蘭」

세 연구자의 증언을 종합하면, 이 대여용 작품들은 길이가 매우 긴 것이 많아서 흔히 대본서라고 했으며, 매 책은 약 20~30장으로 되어 있었다. 외형은 26×12센티미터로 길고, 표지는 두꺼운 가죽으로 싸여 있었다. 한 책의 양이 비교적 적은 이유는 대출기한이 보통 하루였기 때문이다. 이들은 대개 민간 예인들의 구술을 바탕으로 쓰인 것으로, 대략 40~50종이 있었다.[218]

生書局, 1982.

217 대여된 목판본은 鄭振鐸이 1933년 老二酉堂에서 사들인 것과 瑞文齋에서 사들인 것이 있었다. 앞의 2절 참조.

218 鄭振鐸, 「記一九三三年的古籍發現」; 李家瑞, 「清代北京饅頭舖租賃唱本的概況」; 傅惜華, 「百本張戲曲書籍考略」 화보 참조.

부석화가 소개한 「화목란」 제9책의 표지를 보면 북경의 홍륭재에서 간행했다는 표시 아래에 다음과 같은 구절을 적은 도장이 찍혀 있다.

우리 집에서는 초본 공안을 임대하는데, 하루에 한 번 반납해야 함을 분명히 말씀드립니다. 만약 보름이 지나도록 반납하지 않으면 보증금을 압수하고, 한 달 동안 반납하지 않으면 매일 할증료가 붙습니다. 만약 책을 빌려가서 아이들이 갖고 놀게 하거나 책표지나 제본을 망가뜨리거나 종이를 찢어 쓰거나 낙서를 하거나 글자를 고쳐 써 넣거나 하면, 남자는 도둑이요 여자는 창녀일 것이며 기생의 자식일 것이오. 군자께서는 책망 마시기를.

이처럼 중·장편의 대여용 필사본이 널리 유통되고 많은 사람이 빌려 보아 책을 보존하기 위해 가죽 표지로 싸고 경고문까지 찍었다는 것은 당시 이러한 종류의 읽을거리를 애호한 사람이 매우 많았음을 반증한다.

＊「화목란」 제9책의 표지(모사模寫)

한편 차왕부에 소장되어 있던 것들 중에도 장편이 많은데, 특히 공안公案류의 작품이 많은 것이 특징이다. 이들은 한 계열이면서도 매 책마다 하나의 사건이 발생하고 해결되는 구조로 이루어져 있다. 따라서 매 책마다 독립된 제목이 있었고, 단편처럼 따로 떼어서 읽거나 공연할 수도 있었다.

전체적으로 보면, 필사본은 책 수가 많은 장편 작품이 비교적 많았으며, 대체로 북경 등지에서 대여용으로 쓰였다. 필사본은 성격상 많은 부수를 필사하기가 불가능하지만, 대여라는 방식을 통하면 구입가보다 훨씬 저렴한 가격에 보다 많은 대중독자와 만날 기회가 있었다.

3) 석판본과 납활자본

석판본 운·산문혼용체 작품은 앞에서 살펴본 것처럼 1900년대 이후에 상해와 북경 등 대도시를 중심으로 간행되기 시작했고, 납활자본은 석판본보다 약간 늦은 시기에 간행되기 시작했다. 이전에 간행되었던 목판본이 재간행되기도 했고, 새로이 발굴되거나 창작된 작품이 간행되는 경우도 있었다. 이 작품들을 간행한 출판사는 앞에서 설명한 석판본 출판사들과 거의 일치한다. 여기서는 이들의 길이와 전체 출판 규모, 그리고 특성을 살펴보고자 한다.

먼저 석판본으로 출간된 책자의 외형을 살펴보겠다. 석판본 작품의 크기는 두 가지로 나뉜다. 첫째는 대략 7×10센티미터로, 매 책이 약 20~30쪽으로 이루어져 있으며 글자 크기 또한 매우 작고 조밀하다. 이들은 대략 4책 내지 8책이 한두 함函으로 묶여 있고, 대개 중편 운·산문혼용체 작품 한 종이 실려 있다. 서울대도서관에도 소장되어 있는 석판본 「국사비國事悲·영웅루英雄淚」(8권, 8책, 상해 금장도서국, 1911)가 전형적인 예이다. 둘째는 대략 14×20센티미터 크기로, 매 책이 약 20쪽(10장)에서 40쪽(20장)으로 이루어져 있으며 글자 크기는 매우 작은 것부터 다소 큰 것까지 다양하다. 이들은 매 책에 1편이 실려 있거나 4~5종의 작품이 함께 수록되어 있다. 그런데 이 판형의 책자에는 운·산문혼용체와 운문전용체 작품 모두가 들어 있으므로 개별 작품별로 검토할 필요가 있다. 대만 중앙연구원 목록 제8권의 '석인 石印고사', 북경 수도도서관의『고사휘간鼓詞彙刊』25책, 북경대학도서관의 『고사휘편』50책에는 단편 운문전용체 작품과 함께 이러한 단편 운·산문혼용체 작품이 많다.

앞에서 언급한 목록 및 자료들을 바탕으로 진행한 조사 결과, 석판본 운·산문혼용체 작품의 출판 규모와 종류는 다음과 같이 파악된다. 출간된 작품 수는 220여 종이고, 이전의 목판본을 재출간한 작품 수는 전체의 약 21%에 해당하는 46종이며, 이후 납활자본으로 재출간된 작품 수는 전체의 약 28% 인 61종이다. 이러한 수치는, 이전의 목판본이 재출간된 경우도 적지 않지만, 20세기에 들어선 이후 석판본으로 처음 출간되기 시작한 작품이 훨씬 많다는 것을 뜻한다. 이 석판본 작품들의 책 수, 권수, 회 수별 작품 수량은 다음과 같다.

책 수	1	2	3	4	6	8	10	12	17	24
작품 수	139	41	3	219	28	14	4	7	1	1

권수	1	2	3	4	6	8	10	12	16
작품 수	9	22	1	223	15	14	7	15	1

회 수	6	12	14	16	17	18	20	22	24	26	28	29	30	32	36	37	38	40	41
작품 수	2	1	4	13	2	2	11	1	15	9	3	1	5	9	4	1	2	7	2

회 수	42	46	47	48	52	56	62	63	66	72	78	86	88	96	113	120	160	333
작품 수	3	1	1	6	1	3	2	1	2	1	1	1	1	2	2	2	1	2

위의 표와 같이 책 수로는 4책으로 이루어진 작품이 전체의 과반수를 차

지하고, 특히 권수도 4권으로 이루어진 작품이 압도적이다. 4권 4책으로 이루어진 작품이 127편으로 전체의 절반 정도를 차지하여, 석판본 중편 설창고사의 가장 보편적인 형태라고 할 수 있다. 한편 회 수는 표기되지 않은 것도 많지만, 확인된 것 가운데는 24회, 16회, 20회의 순으로 빈도가 높고, 분포는 6회부터 333회까지 다양하다. 1900년대 이후에 유행하기 시작한 석판본 작품은 약 200여 종이 출판되었으며, 4책 4권이 가장 전형적인 형태였지만 길이가 다양한 작품이 많이 출판되었음을 알 수 있다.

　납활자본 중편 운·산문혼용체 작품은 100여 종이 간행되었는데, 이 가운데는 상해의 대신서국이 간행한 '신식표점 족본足本설창고사' 총서가 대부분을 차지한다. 1930년대 중반에 출판된 대신서국 총서는 현재 대만 중앙연구원에 많은 작품이 소장되어 있는데, 이들은 이전에 목판본, 필사본, 석판본으로 간행되었던 것을 재출간한 종류와, 공연되던 것을 기록하거나 새로이 창작하여 처음 출간한 종류로 나뉜다. 이들 가운데 목판본을 재출간한 것은 약 30종이고 석판본을 재출간한 것은 63종이다. 또한 지금까지 확인된 자료만 본다면, 목판본, 석판본, 필사본으로 유통되지 않고 납활자본으로만 처음 출간된 것은 다음의 17종에 불과하다.

　　「대송관對松關」, 「대파오행진大破五行陣」, 「대파홍주大破洪州」, 「덕주부德州府」, 「만보진萬寶陣」, 「만선진萬仙陣」, 「미선진迷仙陣」, 「미혼진迷魂陣」, 「삼공안三公案」, 「삼전회배기三全回杯記」, 「설인귀정동薛仁貴征東」, 「음병진陰兵陣」, 「전칠국지前七國志」, 「후칠국지後七國志」, 「평서량平西涼」, 「호연경대상분呼延慶大上墳」, 「호연경정서呼延慶征西」

　이 중편들은 널리 공연된 화북 고사계강창과 소재가 겹치는 것들이 대부분이고, 대체로 확인되지 않는 다른 간행본이나 공연을 바탕으로 기록, 가공된 것으로 추정된다. 그러나 이들의 출간과 관련된 기록을 찾아볼 수 없으므로 출간 경위는 자세히 알 수 없으며, 추후 재검토가 필요하다. 전체적으로 보면 납활자본 중편 운·산문혼용체 작품은 목판본·석인본·필사본 작품들을 재출간한 것들이 많고, 이들은 결국 공연, 구술을 바탕으로 기록, 출간되어 대중독자들이 읽는 용도로 유통된 것으로 추정된다.

(2) 운문전용체 고사계강창

운문 고사계강창은 간행 당시 대고서, 대고서사, 줄여서 고사라고 불렸는데, 이 작품들은 모두 노래 위주의 공연에 쓰였으며 길이가 짧다. 이 작품들 역시 필사본, 목판본, 석판본, 납활자본 등 다양한 판본으로 유통되었는데, 모두 약 1,300종이 파악된다.

이 가운데 중앙연구원에 각 판본으로 소장된 작품이 약 880종으로 가장 많은 비중을 차지하고 있다. 이 중에서 ① 필사본으로 유통된 작품은 117종, ② 목판본으로 유통된 작품은 244종(필사본으로도 유통된 것 제외), ③ 석판본으로 유통된 작품은 195종(필사본이나 목판본으로도 유통된 것 제외), ④ 납활자본으로 유통된 작품은 223종(필사본이나 목판본이나 석판본으로도 유통된 것 제외), ⑤ 이들을 제외하고도 마이크로 필름 목록에서 확인되는 것은 99종이다.

중앙연구원에 소장된 것과 중복되는 것 외에도 『이화대고서사초편』, 『승리창사』, 『승리극사』, 『대고연구』, 『신희고전집』 등에는 122종의 작품(명)이 수록되어 있다. 또한 이후 간행된 『고사휘집』에 실린 약 350종 가운데 ①~⑤에 수록된 것을 제외하고도 156종의 작품이 수록되어 있으며, 『북경전통곡예총록』에는 '고사소단' 약 410종 가운데 ①~⑤에 수록된 것을 제외하고도 112종의 작품명이 수록되어 있다.

1) 필사본

필사본으로도 전해지는 운문전용체 고사계강창 약 117종은 청대 건륭 연간부터 특히 동치·광서 연간에 여러 서적포에서 판매된 많은 필사본이 대부분을 차지한다. 당시 예인들의 공연을 필사하여 판매했던 서적포로는 백본당, 취권당, 별야당 등이 유명했는데, 이 가운데 백본당이 가장 오래되고 규모도 컸다고 한다.[219] 백본당에서는 곤곡崑曲, 익양강弋陽腔, 피황강皮簧腔, 방자강梆子腔 등 각종 지방희의 극본뿐 아니라, 자제서, 대고서, 팔각고, 연화락, 시조소곡 등 각종 곡예의 곡본도 필사 판매했다. 이들은 건륭 연간부터 사업을 시작했는데, 동치·광서 연간에 판매한 목록으로는 「이황희목록二簧戲目錄」(217종), 「자제서목록子弟書目錄」(270여 종), 「대고서단大鼓書單」(81종), 「마두조상곡목록馬頭調上咄目錄」(110여 종) 등이 확인되고, 이 가운데 '대고서'의 목록 81종이 현재 전하는 필사본의 대부분을 차지한다. 「이황희목록」의 첫 장에는 다음과 같은 기록이 있다.

본 당에서는 각 극단의 곤익崑弋, 이황, 방자, 서피西皮, 자제차곡子弟岔曲, 간판趕板, 취차翠岔, 대패자代牌子, 금강琴腔, 소곡小曲, 마두조馬頭調, 대고서사, 연화락, 공척자工尺字, 동서양운東西兩韻 자제서, 석파 대본서사石派大本書詞 등을 전문으로 필사 판매합니다. 가격은 정가로만 팔고 고객을 속이지 않습니다. 매월 7일과 8일에는 호국사 동쪽 비정碑亭에서, 9일과 10일에는 융복사 서쪽 문에 있는 조사전祖師殿에서 판매합니다. 본 당은 북경 서직문내대가西直門內大街 고정아호동高井兒胡同, 동소호동東小胡同의 북쪽 끝에 있습니다. 우리는 4대째 가업을 잇고 있습니다. 가장 먼저 생겨났으며 사방에 이름을 날리고 있습니다.[220]

---

219 百本堂에 대해서는 傅惜華, 「百本張戲曲書籍考略」을 참조.
220 "本堂專抄名班崑弋, 二簧, 梆子, 西皮, 子弟岔曲, 趕板, 翠岔, 代牌子, 琴腔, 小曲, 馬頭調, 大鼓書詞, 蓮花落, 工尺字, 東西兩韻子弟書, 石派大本書詞, 眞不二價, 不惧主顧. 逢七逢八, 在護國寺東碑亭, 逢九逢十, 在隆福寺西角門祖師殿. 本堂寓北京西直門內大街, 高井兒胡同, 東小胡同, 路北門. 世傳四代, 起首第一, 四遠馳名." 傅惜華, 「百本張戲曲書籍考略」, 319~320쪽에서 재인용.

위의 인용문에 따르면 백본당은 대고서뿐 아니라 각종 곡예의 대본을 필사 판매했다. 이 글이 실린「이황희목록」은 동치·광서 연간의 것으로, 당시에 이미 북경에서 대고서가 유행했음이 확인된다. 당시 북경에서는 농촌에서 들어온 접구대고, 도시에서 전승되어온 청구대고 등이 공존하며 유행했는데, 백본당「대고서단」에는 이 시기 주요 대고 작품의 목록이 수록되어 있다.[221] 이 목록을 보면「노루연」13책,「환혼기」8책의 비교적 긴 작품도 있지만 단본單本으로 된 짧은 작품이 많다. 또한 소설, 희곡이나 자제서에서 유래한 것도 있지만 새로이 만들어진 것도 적지 않아서,「○○명名」등의 나열식 작품이나 당시 민간의 모습을 반영한 작품도 많다. 어떻든 필사 판매된 이 대고서 곡본들은 대고가 당시 북경에서 공연뿐만 아니라 읽는 방식으로도 유행했음을 말해주는 중요한 자료이다.

2) 목판본과 석판본

목판본 운문전용체 고사계강창 270여 종 가운데 대만 중앙연구원에 소장된 작품 240여 종은 40여 군데의 서적포에서 간행되었다.[222] 이 가운데 북

---

221 구체적인 목록은 다음과 같다.「露淚緣」(13本),「還魂記」(8本),「竊打朝」(4本),「拷紅娘」(5本),「蝴蝶夢」(4本),「天官賜福」,「郭子儀」,「羅成算卦」(3本),「羅成叫關」(3本),「羅成托夢」(3本),「百花名」,「百山名」,「百蟲名」,「百鳥名」,「靑榮名」,「一百黑」,「大西廂」,「小西廂」,「西廂記」(2本),「十重恩(代緖兒)」,「蒙正祭竈」,「蒙正趕齋」,「合鉢」,「十三月古人名」,「十二月古人名」,「大雁稍書」,「梁山一百單八將」,「長坂坡」(2本),「聯陞三給」(2本),「寶玉探病」,「哭黛玉(代白)」,「十愛誇夫」,「劉高手探病」,「廚子嘆」,「大雜會」,「靑石山」,「門神竈王訴功」,「鐵官圖」,「目蓮僧救母」,「戲班名」,「九九圖古人名」,「白猿偸桃」,「蝴蟻算卦」,「漁翁得利」,「最喜春光」,「勸世文」,「一寸光陰一寸金」,「小漢子鋤地」,「二八佳人」,「一朶浮雲」,「八仙慶壽」,「一品當朝」,「良方四劑」,「醜妞兒出閣」,「戲鸚鵡」,「佳人採桑」,「紂王寵妲姬」,「十五拆」,「伶俐小妞妞」,「一門勸慶」,「一至拾倒番」,「古人名」,「樹大根深」,「三月桃花」,「十六靠」,「偶僧」,「十至百觀花」,「遠觀靑山」,「閑來無事到花園」,「海棠開花」,「初一十五廟門開」,「酒色財氣」,「小寡婦」,「姑嫂降香」,「六月三伏」,「八難」,「包公誇桑」,「張良辭朝」,「彩樓配」,「王三姐稍書」,「韓信問卜」(이상 81종). 長澤規矩也,「家藏曲本目錄」,『書誌學』8-3, 1937, 28쪽.

222 구체적으로는 다음과 같다. 寶文堂, 致文堂, 文福堂, 雪月軒, 淸梅書屋, 淸幽書屋, 春陽堂, 明選堂, 槐蔭堂, 松月山房, 靑雲書屋, 錦文堂, 萬山, 瑞林齋, 求石齋, 錦文堂, 別墅山房, 財盛堂,

경의 보문당이 전체의 과반수 이상을 간행했고, 치문당, 의화당, 태산당 등도 다수의 작품을 간행했다. 동치·광서 연간부터 설립되기 시작한 이들은 당시 유행하던 대고서를 판각하여 출간했다.

석판본 운문전용체 고사계강창은 총 270여 종 가운데 필사본으로도 유통된 것 21종과 목판본으로도 간행된 것 68종을 제외하고도 195종이 전한다. 석판본 작품 역시 중앙연구원 소장 자료가 대부분이다. 이들을 간행했다고 확인되는 출판사는 모두 상해에 있었던 대성大成, 춘음椿蔭, 민익民益, 협성協成, 진환振圜, 심학기沈鶴記, 학고당學古堂 등인데, 이 가운데 춘음(115종)에서 간행된 것이 가장 많고, 그다음이 협성(24종), 대성(12종)순이다.

3) 납활자본

운문전용체 고사계강창은 납활자본으로 출간된 작품이 가장 많아서 모두 380여 종의 작품이 확인된다. 이 가운데 필사본으로도 유통된 것 27종, 목판본으로도 간행된 것 98종, 석판본으로도 간행된 것 34종 등 모두 159종을 제외하고도 220여 종이 납활자본으로 간행된 것이다. 이 납활자본들을 출간한 곳은 중화인서국, 보문당, 치문당, 학고당學古堂, 동화同和, 노이유당 등으로 모두 북경에 위치한 출판사이다. 특히 중화인서국이 1921년부터 1927년까지 출간한 『문명대고서사』(25책)에는 당시 유행하던 대고서뿐만 아니라 차곡, 패자곡, 쾌서 등도 많이 실려 있다. 각 책에 10편 이상의 작품이 실렸고, 전체적으로는 300편 정도의 작품이 실렸다.[223] 이 밖에도 많은 작품이 상해 신민도서관新民圖書館이 간행한 『대고서사회편』(양경오 편, 27

鴻文堂, 永順堂, 聚盛堂, 文裕堂, 金生堂, 明選堂, 如意, 聚盛程記, 泰山堂, 義和堂(山東 濟南), 崇本堂(安徽 蕪湖), 淸雅山房, 文林堂, 義興堂, 慶盛堂, 萬興堂, 書寶堂, 成文堂, 養心書齋, 柳陰山房, 幽香書堂, 金德堂.
223 대만 중앙연구원 소장.

편 수록, 1920), 북경 중화인서국이 간행한 『고사휘편』(제가본 편, 140편 수록, 1929), 보문당과 학고당이 간행한 『소채본대고』(200여 편 이상 수록) 등의 제목으로 묶여 출간되었다.[224]

이처럼 많은 작품이 1920년대부터 납활자본으로 출간 또는 재출간된 사실은 당시에 고사계강창이 성행했음을 말해준다. 특히 새로이 지어지거나 불려 납활자본으로 출간된 작품이 전하는 작품의 절반을 차지하는 것을 통해, 대고서가 이른바 서양의 신문명이 문화계를 지배한 당시에도 쇠퇴하지 않고 성행 일로에 있었음을 알 수 있다. 이러한 추세는 1930년대까지도 계속되어 상해에서 음반과 가사집이 대량으로 발매되었고, 당시 발매된 가사집에는 270여 편의 녹음된 노래가 실렸다.

＊　　　＊　　　＊

이상으로 대만 중앙연구원에 소장된 약 880종에서 마이크로 필름 목록(99종)을 제외한 각 판본별 간행수량을 조사한 내용을 밝혔다. 조사 결과 필사본 117종, 목판본 270여 종, 석판본 270여 종, 납활자본 380종이 간행되었고, 이들 가운데 중복된 것을 차례로 제하면 필사본 117종, 목판본 244종, 석판본 195종, 납활자본 223종 등 모두 780여 종의 작품이 확인된다.

한편 중앙연구원에 소장된 작품 목록에는 없으나 1930년대에 출간된 『이화대고서사초편』, 『승리창사』, 『승리극사』, 『신희고전집』, 『대고연구』, 『중국창편대희고』 등의 여러 가사집에 실린 122종과, 1957년 간행된 『고사휘집』에 실린 350종 가운데 앞에 실리지 않은 156종, 『북경전통곡예총록』의 총 410종 가운데 앞에 실리지 않은 112종 등을 모두 합하면 390종의 작품

---

224 趙景深, 「大鼓書錄」, 『曲藝叢談』, 193~197쪽.

이 추가로 확인된다. 이 가운데 가사집은 예인들의 공연이나 구술을 그대로 기록한 것이고, 『고사휘집』은 예인의 구술을 기록한 것과 재출간한 석판본 작품들이 섞여 있으며, 『북경전통곡예총록』에는 각 목록서와 작품집에 실린 작품명이나 당시에 공연된 작품명이 실려 있다.

따라서 중앙연구원 소장 작품 780여 종과 위의 390여 종을 합하면 약 1,170종이 확인되고, 여기에 마이크로 필름 목록 100여 종과 개별적인 작품들을 더하면 확인되는 목록은 1,300종에 가깝다.

4. 후기 고사계강창 도서의 문학적 성격

앞에서 각 판본별로 구분하여 살핀 고사계강창 작품 가운데 중·장편은 작품의 수와 길이의 방대함 때문에 이 책에서 모두 개별적으로 살피기 힘들다. 또한 출판 당시에는 이 작품들이 가치가 낮은 것으로 간주되어 보존된 수량이 극히 제한적이기 때문에 작품 자체를 접하기가 매우 어렵다. 여기서는 차왕부에 소장되어 있던 장편 「봉신방封神榜」과 정진탁이 『중국속문학사』에서 소개한 「대명흥륭전大明興隆傳」(102책)의 문장 일부, 『북평속곡략』에 소개된 「좌전춘추」 일부, 목판본과 석판본으로 여러 차례 출간된 「만한투滿漢鬪」, 그리고 석판본 「신편삼국팔종설창고사新編三國八種說唱鼓詞」(1921)와 대신서국大新書局에서 납활자본으로도 출간된 바 있는 「영웅루」 등을 중심으로 외형과 서술 방식을 간략하게 살피고자 한다. 단편 작품 또한 1920년대의 납활자본은 접근하기 어렵지만, 1930년대 이후 재출간된 것도 이전의 작품과 성격 면에서는 동일하므로, 접근이 용이한 가사집과 1950년대 후반에 재출간된 『고사휘집』(총 6집)에 실린 구술기록 작품, 석판본 재간행 작품들을 위주로 살피고자 한다.

(1) 운·산문혼용체 고사계강창

운·산문혼용체 작품의 경우, 필사본에는 20책 이상의 장편이 많고, 석판
본에는 1~4책 정도의 중편이 많다. 여기서는 필사본으로 유통된 장편과 석
판본으로 간행된 중편의 문장구성과 서술 방식을 살펴보고, 이들의 소재도
알아보겠다.

1) 문장구성

필사본 장편 작품은 매 책별로 한 단위를 이루며, 도입 부분은 시가 또는
서강월로 시작된 후에 산문-운문-산문-운문-……의 형태로 구성되어
있다. 구 차왕부 소장 「봉신방」(120회, 동치 연간)의 제1회는 고풍古風 약 40
구절로 시작되고, 산문 해설이 몇 줄가량 이어진 후 다시 잔시殘詩 8구절과
한 줄의 산문 해설이 이어진 후에 본격적인 이야기가 시작된다. 제1회 시작
부분의 일부를 보겠다.

(운문)「고풍일수古風一首」

混沌初分天下,	혼돈에서 처음으로 천하가 갈라진 이래로,
古至今世不差.	고금을 통해 세상은 변하지 않았다네.
三皇治世立身家,	삼황은 세상을 다스려 자신과 집안을 일으켰고,
五帝爲君名大.	오제는 임금 노릇 하여 명성을 키웠다네.
誰似唐虞堯舜,	누가 요순 임금만 하리오,
難比古聖賢俠.	비할 바 없는 옛 성현이로다.
禹王治水天運發,	우왕은 치수 끝에 천운이 펼쳐지니,
享國四百爲夏.	400년 하나라를 누렸다네.
末帝桀王無道,	마지막 황제 걸왕이 무도하여,
日縱妹喜荒麻.	날마다 방탕하게 여색을 탐하였다.
成湯立志掌江華,	탕왕이 뜻을 세워 강산을 장악하고,

剿滅桀王巢下.　　걸왕을 소하에서 없애버렸다네.
......

(산문)

此乃幾句荒詞, 却表的是紂王無道, 信寵妲己, 殺文害武, 治造炮烙蠆盆, 酒池肉林鹿臺, 聚斂民財, 苦害生靈. 姜太公八十運轉, 扶保武王姬發, 身犯三十六路兵伐, 東進五關, 孟津河大會天下八百諸侯, 共滅無道, 捉拿妲己, 血濺朝歌, 興周滅紂封神演義全傳. 因此又有八句殘詩一首, 說道是, 詩曰:

이 거친 사詞는, 주왕이 무도하여 달기를 총애하고 문무백관을 살해하고 기름 바른 구리기둥과 독충이 가득 든 항아리와 주지육림, 녹대鹿臺를 만들어 백성들의 재물을 착취하여 만백성을 도탄에 빠뜨리자, 강태공이 여든에 시운을 만나 무왕 희발을 보필하고 서른여섯 곳의 군사를 깨뜨리고 동으로 오관을 진격하고 맹진하에서 천하의 800제후를 모아 무도한 자를 힘 합쳐 멸파하고 달기를 붙잡아 피를 뿌리고 개가凱歌하여 주나라를 일으켜서 주왕을 멸망시킨 「봉신연의전전」의 이야기입니다. 여기에 다시 '잔시' 여덟 구절이 있으니,

(운문)

紂王無道寵妲己,　　걸왕이 무도하여 달기를 총애하고,
治造慘刑文武屈.　　문무백관을 참형에 처하였다.
廣興土木苦黎庶,　　토목공사를 널리 일으키니 백성들은 고달프고,
天下荒荒怨聲齊.　　천하에는 거친 원성이 가득했다.
西方聖明該出世,　　서방의 성현이 세상에 나왔을 때,
姜尙垂釣隱磻溪.　　강상〔강태공〕은 번계에 은거하며 낚시질하고 있었다.
文王渭水聘如望,　　문왕이 위수에서 강태공 여망을 초빙하여,
滅紂興周封神義.　　주왕을 멸하고 주나라를 일으키니 봉신의 뜻이었다.

(산문)

此書的殘言罷念, 一部多覽, 再演一套興周滅紂封神榜.
이 서書의 잔언殘言을 다 읽었는데, 한 이야기를 여러 번 보아야 하니, 주나라를 일으켜 주왕을 멸망시킨 「봉신방」을 다시 연창하겠습니다.[225]

'잔시'의 뒤에는 '이야기는〔說道是〕……'으로 시작되는 산문이 이어지며 본격적인 이야기가 시작된다. 이후 제2회부터는 '여러분〔衆公〕', '화설話說', '차설且說' 등으로 시작되는 산문이 처음에 나타나고, 이후 운문과 산문이 교차 서술된다. 중앙연구원 소장 「좌전춘추」의 시작 부분은 다음과 같다.

(西江月) 黃葉無風自落, 秋雲不雨常陰; 人生興廢不長存, 莫把英雄使盡. 且看世態炎涼, 特强賭勝相倂; 一十八國亂粉粉, 看起來, 那如閑居安穩?
(서강월) 낙엽은 바람도 없는데 절로 지고, 가을 구름은 비 뿌리지도 않으면서 늘 상 드리우네. 인생의 흥폐는 오래가지 못하노니, 영웅이기를 안간힘 쓰지 말길. 또 세태의 변화를 보아하니 강자들이 승리를 도모하며 서로 병탄하고 18국이 어지러워지니, 어디 한가하고 편안하게 거처하는 것만 같으랴?

(산문)
幾句殘詩罷念, 下演一部左傳春秋全傳. 這部書說的是自那武王伐紂, 姜子牙斬將封神之後, 封天下十八路諸侯, 各管一方, 號爲一十八國, 乃是秦楚燕韓趙衛齊梁晋魯鄭陳曹杞吳越蔡宋, 單單惟有秦國豊盛, 號爲虎狼之國, 鎭動列邦, 一十七國, 可是個個俱怕秦國, 穆公聲勢浩大, 女伏丞相百里奚, 武有御弟姬輦, 大將甘英, 雄兵八十餘萬, 戰將數千多員, 所屬地面寬闊, 除了周天子, 就屬他的地廣人多.
잔시 몇 구절을 읽었으니, 아래에서 「좌전춘추전전」을 연창하고자 합니다. 이 서의 이야기는 이렇습니다. 저 무왕이 주왕을 치고, 강자아〔강태공〕가 참장봉신을 마치고 천하 18로의 제후들에게 각기 한 곳을 맡겨 18국이라 하였으니, 곧 진, 초, 연, 한, 조, 위, 제, 양, 진, 노, 정, 진, 조, 기, 오, 월, 채, 송 등이었습니다. 이 가운데 진만이 강성하여 호랑지국이라 불리고 여러 나라들을 진동하였으니, 17국은 진나라를 두려워했습니다. 진 목공은 세력이 커서 문관 승상 백리해, 무관 어제 희련, 대장 감영, 군사 80만, 장수 수천 명을 거느리고 광활한 땅을 다스리니, 주 천자를 제외하고 그에게 속한 땅과 사람이 가장 많았습니다.[226]

225 『封神榜』, 北京: 人民文學出版社, 1994, 제1회, 1~2쪽.
226 李家瑞, 『北平俗曲略』, 2~3쪽에서 재인용.

이처럼 장편 운·산문혼용체 작품의 서두는 시가 또는 서강월 사로 시작되고, 다음에 운문과 산문이 번갈아 서술되는 형태이다.

장편 작품에서 산문과 번갈아가며 서술되는 운문은 7언 또는 10언으로 이루어져 있다. 명나라의 홍업을 이야기한 「대명홍륭전」(102책) 제2회 시작 부분의 문장구성은 다음과 같다.

(산문)

話說劉伯溫方才一聞太祖爺傳旨, 昨日在昭陽正院將皇孫建文封爲太子, 不由的暗暗說道: "這位少爺福分有限, 只怕不能長久, 難保大明從此天下紛紛, 刀兵四起!" 又聽皇爺在金殿大放花燈, 由不得唬得一跳! 連忙望駕進禮, 口尊: "陛下! 臣有本章奏主." 太祖爺說: "卿家有事, 只管奏來." 伯溫見問, 口尊: "陛下! 微臣非爲別故, 聞聽我主要在這金殿前大 放花燈, 民同樂."

화설, 유백온劉伯溫(유기劉基)이 태조(주원장)의 말씀을 들으니, 어제 소양昭陽 정원에서 황손 건문을 태자로 책봉했다는 것이어서, 저도 모르게 몰래 중얼거렸다. "이 황손께선 복이 적으니, 오래 가지 못해 대명 천하가 흔들리고 사방에서 군사들이 일어날까 두려울 뿐이로다!" 또 황제가 금전에서 화등제를 연다는 것을 듣고서 저도 모르게 크게 놀라고 말았다. 당장 황제께 말씀 올리기를, "폐하! 신 아뢰올 말씀이 있나이다." 태조가 말씀하시기를 "경이 무슨 일인고, 말해보게." 유백온이 물으시는 것을 듣고 말하였다. "폐하! 소신 다름이 아니옵고, 이곳 금전에서 화등을 놓으셔서 백성들과 함께 즐기고자 하신다고 들었나이다."

(운문)

劉伯溫往上進禮將頭叩,	유백온이 예를 갖추어 절을 올리고서,
口尊"皇爺納臣音.	말씀 올리니, "황상께선 소신의 말씀을 들으소서.
爺在金陵如堯舜,	황상께서 요순 임금처럼 금전에 계시니,
不比前朝亂姓爲君.	옛날 어지러운 임금들과는 비할 바가 아니옵니다.
不是爲臣攔臣駕,	신하가 임금의 행동을 막는 것이 아니오라,
只怕內裏有變更.	안에서 변고가 일어날까 걱정이옵니다.
臣知臣等不細奏,	신 등이 소상히 말씀 올리지 않아서,

有負皇命算不忠.	황명을 어기게 되면 불충하다는 것을 알고 있나이다.
再者前朝是傍樣,	게다가 전대 왕조도 이와 같은 일이 있었으니,
爺上聽臣細奏明.	폐하께서는 신의 말씀을 들어주소서.
隋朝天子行無道,	무도했던 수나라 천자가
信寵奸賊放花燈.	간신을 총애하여 화등제를 열었을 때,
長安城內眞熱鬧,	장안성 안은 시끌벅적하게,
與民共樂太平春.	백성들과 더불어 태평한 봄날을 즐겼습니다.
偏與李素他慶壽,	그때 마침 이소의 생일을 축하하러,
天下各省納臣封,	천하 각 성의 신하들이
州城府縣會盡禮,	주, 성, 부, 현에서 예물을 진상할 때,
山東省差遣捕快叫秦窮,	산동에서는 진궁이라는 자를 잡아 올렸는데,
押解壽禮將城近,	압송을 풀고 예물로 올리려는데 도성에 가까워지자,
那知與見衆綠林,	갑자기 여러 무리와 작당하고,
私闖禁門代賊寇."	궐문을 난입하여 도적질하기 시작했습니다."[227]

위와 같이 장편 작품의 중심이 되는 운문은 대체로 7언으로 이루어지며,
이는 통상 고사라고 불린 장편 고사계강창에서 공통적인 형식이다.

목판본과 석판본에 많이 보이는 중편 작품도 형식은 크게 다르지 않다.
청 말엽에 이미 목판본이 존재한 중편 「만한투」를 살펴보겠다. 현재까지 7
종류가 전해지는 것으로 확인된 이 작품은[228] 소설로도 전해지는데, 소설의
내용은 대략 다음과 같다.[229] 양향현良鄕縣의 이당李縡과 이홍李紅은 황비

---

227 鄭振鐸, 『中國俗文學史』, 398쪽에서 재인용함. 鄭振鐸의 도서는 대부분 국가도서관에 기증되
  었으나, 이 작품은 국가도서관을 포함한 어느 곳에서도 찾지 못했다. 「大明興隆傳」은 1933년
  수집된 것인데, 자신이 쓴 「失書記」(1937)에서 2만여 권의 책을 잃어버린 것은 1932년의 일이
  었다고 하였으니, 그 후 수집한 「大明興隆傳」은 1933년 이후에 소장처가 불분명하게 되었을
  것이다. 「大明興隆傳」과 함께 언급한 「亂柴溝」는 국가도서관에 소장되어 있다.
228 〔중연원〕「繪圖滿漢鬪」(鼓詞) 1冊, 石; 〔중연영〕「滿漢鬪」 1~2本(10部); 〔중연원〕「滿漢鬪」 2冊,
  格致堂, 木; 〔수도도〕「滿漢鬪」 4卷, 1冊, 又名劉同勳私訪, 刊本; 〔총목고〕「滿漢鬪」 4本, 泰山堂,
  車王府, 木; 〔희곡소〕「繡像滿漢鬪」 20回, 2冊, 光緒25年, 泊鎭樹德堂, 木; 〔희곡소〕「新刻滿漢
  鬪」 4卷 20回, 1冊, 光緒32年, 成文堂藏板, 木.
229 『中國通俗小說總目提要』, 北京: 中國文聯出版公司, 1990, 1095쪽에는 소설 「滿漢鬪」(8회)의

皇妃의 오빠인 친척 야리홍夜裏紅의 세력을 믿고 나쁜 짓을 일삼는 자들이다. 산동의 양신현陽信縣 사람 김호선金好善은 몇 년 동안 계속되는 가뭄 때문에 딸 둘을 데리고 북경에 가서 생계를 꾸리려고 길을 떠났다가 양향에서 이당과 이홍을 만나 감금당하고 딸들은 강제로 혼인을 당한다. 하녀의 도움으로 탈출한 김호선의 딸들은 미행微行 중인 후작 유동훈劉同勳을 만나 사연을 이야기하고 양향 관아에 고소장을 낸다. 그러나 양향의 지현은 다짜고짜 그녀들을 매질하고 유동훈마저 하옥한다. 그녀들이 유동훈을 면회하러 가자 그는 원한을 갚도록 아들 유용劉鏞에게 편지를 써준다. 그녀들은 이를 전해주러 가다가 야리홍을 만나 멍석말이를 당할 뻔한다. 그 순간에 마침내 만나게 된 유용은 모든 사건을 알게 되고, 유용은 야리홍을 처형한다. 건륭황제는 대로하여 유용을 참수하도록 하지만 나중에 모든 것이 밝혀진다. 이당과 이홍은 참수당하고 김호선의 가족은 석방된다.

통행본 고사계강창 「신각新刻만한투」는 4권 20회로 이루어져 있고, 줄거리는 소설과 비슷하다.[230] 제1회는 7언 8구의 서강월 사로 시작되고 다음과 같은 산문-운문이 이어진다. 일부를 보겠다.

(산문)
綱領詞的西江月念罷, 後有鼓段相隨, 明公不嫌耳絮, 在下有幾句胡蒙言語, 聽我慢慢的道來. 哦, 講了一回,
줄거리를 이야기한 서강월을 읊었으니, 뒤에는 북을 치는 단락이 이어집니다. 여러분께서 듣기 싫지 않으시다면 제가 허튼 소리 몇 마디 천천히 올리겠으니 들어주시기 바랍니다. 어험, 이야기 한 단락 하자면,

---

내용이 소개되어 있다.

230 『車王府曲本選』, 廣州: 中山大學出版社, 1990; 『車王府曲本菁華』, 廣州: 中山大學出版社, 1993 수록본.

(운문)

{有個小伙三寸三,	㉠{세 마디[寸] 세 치짜리 조그만 젊은이 하나 있는데,
一寸的帽子扛在肩,	한 마디짜리 모자가 어깨에 얹혀 있고,
二寸五的袍子拖落地,	두 마디 반 길이 도포 자락이 땅을 끌고,
寸半的靴子足下穿.	반 마디 길이 신발을 신었네.
家北還有半畝地,	집 북쪽에는 땅 반 뙈기가 있고,
平撈也得撈半年.	늘 밭을 갈아도 반년이나 농사지어야 하네.
淸晨扛鋤地里去,	새벽에 쟁기 메고 밭으로 가서,
扳着豆棵打秋千.	콩줄기에 매달려 그네 타네.
佳人挑担來送飯,	아내가 새참을 지고 나오면,
不見丈夫在那邊.	남편이 어디 있는지 보이질 않지.
分了豆棵朝前找,	콩줄기 가지를 꺾어 앞으로 헤치며 찾아보니,
但看着扳着頭棵打秋千.	콩줄기 매달려 그네 타는 모습만 보이네.
佳人一見好心惱,	아내가 화가 나서,
"我打發你一命歸陰間!"	"때려죽일 거야!"라고 소리치네.
慌忙飯罐扔在地,	급하게 밥그릇을 땅에 팽개치고,
擧起扁担不寬容,	멜대를 들고서 사정없이
惡狠狠的朝下打,	무섭게 내려치니,
這小伙騎着個靑頭楞的	이 젊은이는 푸른 메뚜기 탄 듯이 연기처럼
螞楞一溜烟,	
一飛掉在干溝內,	날아가더니 마른 시내에 떨어져,
小伙着忙開了言.	다급히 말을 하네.
出言便把賢妻叫,	말하기를 여보— 하고 부르네,
叫聲: "賢妻你聽言.	"여보, 들어보소.
快搭救來快搭救,	얼른 구해줘요, 얼른,
淹死丈夫不是玩!"	남편 죽겠어, 장난이 아니라네!"
明公要問掉在那里去,	여러분께서 그가 어디 떨어졌냐고 물으시면,
牛蹄子窩里飜了船.}	소 발자국 패인 웅덩이에 풍덩 빠졌다오.}
{上場來打罷一個小人段,	㉡{지금까지 '소인단'을 했고,
接接連連開正篇.	이어서 정식 이야기를 하겠습니다.

在下不把別的表,	제가 말씀드릴 것은 다름이 아니라,
咱文表表大淸年.	청나라 때 이야기 좀 해보겠습니다.
此書名爲滿漢斗,	이 이야기는 「만한투」라고 하는데,
聽我從頭表周全.}	처음부터 죽 말씀드리겠습니다.}
{講的是大淸一統錦江山,	㉢ {때는 바로 청나라 통일 금수강산,
君正臣良萬民安.	군신이 올바르니 백성도 평안하네.
開荒斬草苗蠻順,	황무지를 개간하니 오랑캐는 순종하고,
五谷豊登太平年.	오곡이 풍성하여 태평년일세.
乾隆皇帝登龍位,	건륭 황제 재위 시절,
來了合朝文武官.	온 조정의 문무백관이 나왔는데,
太師太保分左右,	태사 태보가 좌우를 나누고,
八大朝臣列兩班.	팔대 조신이 양쪽에 늘어섰네.
四十八家皇王子,	마흔여덟 왕자들,
文東武西站兩邊.	문관과 무관이 동서에 늘어섰네.
乾隆皇爺登寶殿,	건륭 황제 보전에 오르셔서,
叫聲: "內臣往下傳",	"내신들은 전하라" 하시는데,
皇爺一言還未盡,	말씀이 끝나지 않았는데,
太監跪倒龍案前.}	태감이 용안 앞에 무릎 꿇네.}

(산문)

話說這乾隆皇爺登了寶殿, 文東武西, 站立兩班, 聖上開了金口蓮叫: "內臣傳朕口旨, 那家有本出班早奏, 無本卷簾散朝." 內臣答應, 望下便叫: "階下衆文武官員聽眞: 聖上有旨, 那家有本出班早奏, 無本卷簾散朝." 但只見左班中閃出一家大臣, 連說: "慢散朝綱." "何人有本?" "劉同勛有本." "隨旨上殿." "吾皇萬歲, 萬萬歲!"

화설, 이 건륭 황제가 보전에 앉아계시는데, 문관과 무관이 동서로 열 지어 서 있고, 황상은 입을 열어 "내신들은 짐의 명을 전하라. 상소할 일이 있거든 속히 상소하고, 상소할 일이 없거든 산조하라"라고 하니, 내신들이 이를 받아서 아래를 향해 외칩니다. "단하의 문무백관은 들으라, 황상께서 말씀이 있으셨으니, 상소할 일이 있거든 속히 상소하고, 상소할 일이 없거든 산조하라." 이때 한 대신이 나와서 "산회를 좀 늦춰주십시오." "누가 할 말이 있느냐?" "유동훈이 말씀 올리

고자 합니다." "전으로 오르라." "황제 폐하 만세, 만만세!"²³¹

이 인용문에서 서강월 뒤에 이어지는 ㉠의 { } 부분으로 표시된 한 단락은 본 내용과는 상관없는 짧은 우스갯거리이다. 이는 중·장편을 공연할 때 처음에 장내를 정돈한 관습이 남아 전하는 것이라고 할 수 있다. ㉡은 이야기를 진행하는 발언을 노래로 하고 있는 부분이다. 그리고 ㉢ 부분부터 비로소 정식으로 본 이야기가 시작된다. 이상의 특성을 감안하면, 비교적 이른 시기에 간행된 「만한투」는 공연을 큰 가감 없이 기록한 작품으로 볼 수 있다.

비교적 후기에 간행된 작품인 「영웅루」(1910)나 상해 금장도서국에서 출간된 「신편삼국팔종설창고사」(24책, 1920)도 외형은 「만한투」와 비슷하다. 두 작품 모두 서강월로 시작되고 이어서 산문과 운문이 교차 서술된다. 「영웅루」는 조선의 의사義士 안중근이 이토 히로부미를 암살한 일을 중심 소재로 삼아 한·중·일 세 나라의 비극적인 근대사를 그린 작품이다. 냉혈생冷血生이 지었다고 하는 이 작품의 제1회 서두는 다음과 같다.

(산문)

西江月罷, 引場詩句開, 內引出一部書來. 此書名曰「英雄淚」, 就是那高麗國這些年間, 受日本的欺侮, 跟今日隨了日本的事情. 內裡有忠臣孝子, 爲國損身的故事, 奸臣賊子, 賣國求榮的典故, 忠孝節義, 靡有不全的. 列明公你們想想, 咱們中國人素常日子, 都菅人家高麗人叫小國人. 你看這小國的人, 當亡國的時候, 尙有這一班愛國英雄, 我們中國現在這樣軟弱, 東三省眼睛看看, 就要讓日俄瓜分了, 恐其不能趕上人家那小國人, 要到那個時候, 人家該菅咱們叫亡國人啦! …… 閑話小說, 書歸正博. 列明公偃言落坐, 聽下喉嚨啞嗓, 奔瓜吊字, 慢慢的道來.

서강월로 개장시를 열었으니, 이어 이야기를 시작하겠습니다. 이 이야기는 「영웅루」라고 하고, 저 고려국이 근래에 일본의 침략을 받아 식민지가 된 일을 다루고

231 『車王府曲本選』, 588~589쪽.

있습니다. 여기에는 충신 효자가 나라를 위해 목숨을 바치는 이야기도 있고, 간신배들이 나라를 팔아 일신영달을 추구하는 이야기도 있습니다. 충효절의 이야기를 모두 갖추고 있습니다. 여러분, 생각해보십시오. 우리 중국 사람은 평소에 고려 사람을 소국 사람이라 불렀습니다. 그런데 이 소국은 나라가 망하려 할 때 이러한 애국영웅들이 있었는데, 우리 중국은 지금 이렇게 나약하여 동삼성은 일본과 러시아가 나누어 먹고 있으니, 저 소국 사람만도 못하다면 그때가 되어서는 사람들이 우리를 망국의 백성들이라고 부르게 될 것입니다! (……) 잡담은 그만두고 정전으로 돌아가서, 여러분, 앉으셔서 제가 천천히 소리 하는 것을 들어주십시오!

(운문)

表的是混逆初開天地分,	이야기를 하자면, 혼돈으로부터 처음 천지가 갈라져,
陰陽交泰生出人.	음양이 나뉘고 사람이 나왔다네.
盤古時人間披樹葉,	반고 때 사람들은 나뭇잎으로 몸을 가렸고,
人皇氏留下穿衣襟,	인황씨 때 비로소 옷을 지어 입었네.
伏羲氏創下烹飪火食法,	복희씨가 불 쓰는 법을 알았고,
神農氏嘗草傳醫到如今.	신농씨는 약초를 전하였네.
黃帝時間文物備,	황제 때 문물이 갖추어지니,
衣冠禮樂煥然新.	의관예악이 새로워졌네.
……	
漢武時高麗爲邪三韓纂,	한 무제 때 고려는 삼한으로 모여 있었으니,
所以又菅高麗叫韓民.	이리하여 고려를 한민이라고도 부르네.
唐太宗伐遼過東海,	당 태종이 요동을 정벌하러 동해를 건너,
斬其大將名蓋金.	대장 연개소문을 참하였네.
由此世世服中國,	이로부터 대대로 중국에 복속되어,
年年進貢歲稱臣.	해마다 공물을 올리며 신국이 되었네.
論起來高麗也是黃帝後,	고려도 황제의 후손이고,
他與我國本是同種又同文.	우리나라와 동종이요 문자도 같이 쓴다네.
現今高麗滅亡人人曉,	지금 고려가 망한 것은 누구나 다 아는데,
衆明公聽着怎麼不關心?	여러분이 어찌 관심이 없겠는가?

這本是高麗已往實情事,	이것은 본시 고려가 망한 이야기지만,
要廳還得開正文.	들으려면 정문을 열어야 하네.
今日不把別人表,	오늘 이야기할 것은 다름이 아니라,
表表日本伊藤君.	일본의 이토 히로부미에 대한 말입니다.[232]

수도도서관에 소장된「신편삼국팔종설창고사」는 모두 24책으로 이루어져 있는데, 제1집 관공반도關公盤道(4책), 제2집 고성상회古城相會(4책), 제3집 공명차전孔明借箭(4책), 제4집 제갈차풍諸葛借風(4책), 제5·6집 화소전선火燒戰船·화용도華容道(4책), 제7·8집 감로사甘路寺·자룡간선子龍趕船(4책) 등으로 나뉜다. 이 각 집은 20회 내외의 중편으로 이루어져 있으며 독립성과 완결성이 강하다. 각 집의 제1회 시작 부분도 역시 7언 4구의 시가 또는 서강월 사로 시작되고, 다음은 10언 운문과 산문이 교차 서술된다. 여기서는 제6집 화용도의 제8회에서 조조가 관우에게 애걸하는 장면을 읊은 운문의 일부를 보겠다.

老奸賊双膝跪在地平川,	간신이 두 무릎을 땅에 꿇고 앉았는데,
二目中珠淚點點溼衣衫.	두 눈에는 눈물이 흘러 옷을 적시네.
只見他仰面先吁一口氣,	얼굴을 들어 먼저 한숨을 쉬고,
然後才把那君侯口內稱.	다음에야 비로소 관우 장군을 부르네.
"君侯, 你坐在馬上聽我講,	"장군은 말 위에 앉아서 제 말을 들으십시오,
聽曹某此番對你說心肝.	이 조조가 당신께 진심으로 말씀 올립니다.
到如今我人馬已全淨了,	지금 나의 인마는 모두 깨끗이 사라졌고,
只剩得寥寥君臣人一灘.	단지 한 무리의 신하만 남았습니다.
那戰馬餓的都有九成死,	저 말들은 굶어서 죽기 직전이고,
那衆將餓得腰兒都曲彎.	저 장수들도 굶어서 허리가 휘었습니다.
君臣們猶如籠中病困鳥,	군신들은 새장 속의 병든 새와도 같으니,

---

232 冷血生, 朴在淵 校點,『英雄淚』, 서울: 학고방, 1995, 13~15쪽.

你快拿幾條麻繩个个拴,　　당신이 우리를 하나씩 묶어서,

你把我君臣捉回大帳去,　　당신이 우리를 묶어 군진으로 돌아가면,

君侯你這場功勞十分全.　　장군 당신의 공로는 훌륭하십니다.

你當日辭我也曾五關過,　　당신이 그때 나를 버리고 오관을 통과하면서,

過五關你曾斬我將六員.　　오관을 통과하면서 우리 장수 여섯을 죽였습니다.

君侯你斬我六將皆不問,　　당신이 우리 장수 여섯을 죽였지만 문제 삼지 않았고,

差張遼放你尋兄河北間.　　나는 장료를 보내 하북에서 형님을 찾도록
　　　　　　　　　　　　　도왔었지요.

你可是恩怨分明眞君子,　　당신은 은혜와 원한을 구분할 줄 아는 진정한
　　　　　　　　　　　　　군자이고,

最講那春秋大要義森嚴.　　춘추대의를 엄격하게 지키는 분이십니다.

春秋時子濯孺子去侵衛,　　춘추시대에 자탁유자가 위나라를 침범했을 때,

中途上感冒風寒被病纏,　　중도에 감기에 걸려 투병하였는데,

庾公斯一行赶上子濯子,　　이때 그를 쫓아온 유공지사가 묻기를,

問老師爲何狼狽這不堪,　　'어찌하여 이렇게 어려운 지경에 빠졌습니까?' 하니,

子濯子說因抱病弓難執,　　그는 '병으로 움직이기 어렵습니다'라고 하자,

庾公斯義重朋友放他還.　　유공지사는 이에 친구 얼굴을 보아 멀리 보냈었지요.

庾公斯他也爲的國家事,　　유공지사는 나라를 위해 그렇게 했고,

幷未曾害那孺子染黃泉.　　그를 죽여 황천을 피로 물들이지는 않았던 것입니다.

我曹某今天將話說明了,　　저 조조는 이제 이야기를 마쳤으니,

請君侯你快送我赴陰山."　　장군께선 저를 얼른 저승으로 보내시구려."

老奸賊說道這裡淚如雨,　　조조가 말을 마치고 나서 눈물을 비 오 듯 쏟자,

關二爺坐在馬上犯了難.　　관우는 말 위에 앉아서 난처한 지경에
　　　　　　　　　　　　　빠져드는구나.[233]

이 작품의 운문은 모두 10언으로 이루어져 있다. 정형구로 이루어져 있지만 표현 자체는 구어에 매우 가깝고 반복적 서술이 비교적 많기 때문에 쉽

---

233 『新編三國八種說唱鼓詞』 제6집 「華容道」 제8회 '老奸賊脫鞍求死命, 衆將士跪地動哀音',
　　18~19쪽.

게 이해된다. 이는 공연물을 기록하거나 새로이 창작할 때를 막론하고 운문도 모두 구어에 가까운 표현을 썼음을 뜻한다.

단편 운·산문혼용체 작품의 처음에 반드시 서강월이나 시가 등의 도입부가 등장하는 것은 아니고, 7·10언 운문과 산문이 교차 서술되기도 한다. 상해 섭기서장爕記書莊에서 나온 「신출앵가효모新出鸚哥孝母」는 약 12쪽 분량의 단편인데, '7언 운문(56구)−10언 운문(12구)−7언 운문(8구)−산문'의 순서가 반복되며 운문 위주로 구성되어 있다. 이 작품은 앵무새를 의인화하여 지극한 효성을 그리고 있으며, 소재가 같은 작품에는 명대 성화본成化本 설창사화 중 「앵가행효의전鸚哥行孝義傳」이 있다.[234] 「신출앵가효모」의 시작 부분을 보겠다.

三皇五帝把位登,	삼황오제가 재위하던 시절은
風調雨順人太平.	비바람이 순조롭고 세상도 태평했다네.
出一飛鳥行孝道,	새 한 마리 나타나 효도를 했는데,
也有家鄕居住門.	고향집도 있었다네.
家住江南鳳陽府,	고향은 강남 봉양부,
鸎任縣內自家門.	앵임현에 있는 집이라.
萬年靑松高枝上,	만년토록 푸른 소나무 가지 위에는,
雌雄二鳥配成双.	암수 새 한 쌍이 살았다네.
一窩生了人六个,	새끼를 여섯 낳았는데,
父己亡了母尙存.	아버지는 돌아가시고 어머니만 계셨다네.
五个小鸎去打食,	새끼 새 다섯은 먹을 것을 구하러 나가더니,
一去音信不回程.	소식을 알 수 없네.
只有一鸎行第六,	막내 하나만 남아서,
終日孝養老娘親.	종일토록 어미 새를 봉양했다네.
老鸎思兒得了病,	어미 새는 새끼들 생각에 병이 들어,

---

234 朱一玄 校點, 『明成化說唱詞話叢刊』, 鄭州: 中州古籍出版社, 1997.

食不吃來水不聞.　　먹지도 않고 마시지도 않았다네.

……

老鶯說"我都不想,　　어미 새가 말하기를 "나는 다른 것은 다 싫고,

只想荔子散散心.　　여지가 먹고 싶구나.

前若有荔子果,　　　눈앞에 여지가 있다면,

十分病可全九分.　　중병도 다 나을 것이고,

目下若沒荔子果,　　눈앞에 여지가 없다면,

再想活命萬不能."　　더 살고 싶어도 못 살 것 같구나."

……

打了張家果園過,　　장씨 네 집 정원을 지나다가,

忽見荔子向下吞,　　문득 여지가 아래로 떨어지는 것을 보고서

小鶯正在往下落,　　아래로 내려가다가,

來了打網三郎身.　　그물에 걸리고 말았다네.

……

園內四下排定了,　　정원 안 사방에 다 쳐놓았으니,

小鶯難出花園門.　　새끼 새는 도망갈 곳이 없구나.

且將七字收住了,　　이제 일곱 자 노래는 그만두고,

再把十字說一番.　　열 글자로 한번 말해보겠습니다.[235]

　　지금까지 살핀 운·산문혼용체의 장편·중편·단편 작품들의 문장은 서시,
7·10언 운문, 산문 등으로 구성된다. 이들은 반복적으로 교차 서술되는 공
통점이 있으면서도 개별 작품에 따라 구체적인 구성요소와 교차 서술되는
방식이 다양하다. 특히 운문 부분은 대부분 7·10언의 정형체인데, 이는 청
전기의 산동 지역 고사나 청 후기의 농촌 고사계강창에 비해 훨씬 정형화된
형태이다. 공연이나 구술을 채록한 고사계강창 작품의 운문 부분은 7언이
나 10언을 기본으로 하면서도 비교적 자유롭게 자수字數가 증감된 것이 특
징인데, 앞에서 살핀 각 판본 작품은 판매나 대여를 위해 창작 또는 정리되

---

235 首都圖書館 所藏 석판본.

어 간행되었고, 따라서 공연처럼 즉흥적으로 운문의 길이를 가감하기보다
정돈된 형태로 정리되었다고 생각된다. 다만 작품들에 나타나는 운문이 모
두 정형화되었음에도 불구하고 쉽게 읽히는 이유는 역시 구어체 표현 때문
인데, 이는 곧 고전 교육을 본격적으로 받은 경험이 없거나 적은 '기본적인
글자만 해독하는 독자'들도 이 작품들의 판매 또는 대여 대상이 되었음을
뜻한다.

2) 소재 및 내용

운·산문혼용체 고사계강창의 소재는 매우 다양하다. 정진탁의 언급처럼
조금이라도 유명한 이야기는 모두 고사로 엮었다고 해도 과언이 아니다. 그
가운데 대략 20책 이상으로 이루어진 것을 장편으로 본다면 모두 약 40종
이 확인된다. 각 작품들의 상세한 내용은 확인하기 어렵지만, 동명의 소설,
희곡이나 역사서 등을 참조하여 대체적인 내용을 짐작하고 이들을 소재나
내용에 따라 분류하면 다음과 같다.

① 건국, 전쟁, 정벌, 제왕, 장군
「봉신방封神榜」(220회), 「반오관反五關」, 「동한東漢」(112책), 「화북번和北蕃」
(20책, 영륭재永隆齋), 「삼국지三國志」(173책, 영화재永和齋), 「대진중흥大
晉中興」(40책, 홍륭재興隆齋), 「서당西唐」(30책, 최기崔記), 「북당전北唐傳」
(73책), 「대명흥륭전大明興隆傳」(102책), 「난시구亂柴溝」(16책, 잔본), 「금합
춘추金盒春秋」(25책), 「봉검춘추鋒劍春秋」(45책), 「영렬춘추英烈春秋」(43책,
90책), 「오월춘추吳越春秋」(59권, 59책), 「좌전춘추전전左傳春秋全傳」(69책),
「주마走馬」(16책), 「자운주국慈雲走國」(35책), 「오악소북五岳掃北」(1책, 홍륭
재), 「오호평서五虎平西」(50책), 「용호정남龍虎征南」(36책), 「융경승평隆慶昇
平」(14책 있음, 최소 48책), 「용봉기연龍鳳奇緣」(50책), 「회룡전回龍傳」, 「회종
전懷宗傳」(50책), 「양가장楊家將」, 「호가장呼家將」(94책)

② 공안, 의협

「용도공안龍圖公案」(25책, 잔본), 「시공안施公案」(135책, 애련당愛蓮堂), 「우공안于公案」(44책), 「유공안劉公案」(18책), 「팽공안彭公案」(34책), 「삼협오의」(40책), 「소팔의小八義」(28책), 「삼걸사미협의전三杰四美俠義傳」(19책, 잔본), 「충의수호전忠義水滸傳」, 「영웅보英雄譜」(20권 20책)

③ 신괴, 요술

「취보리제공전전醉菩提濟公全傳」(110책, 영천당穎川堂), 「평요전平妖傳」

④ 원한, 복수

「문무이도매文武二度梅」(24책), 「십립금단十粒金丹」, 「쌍관고雙官誥」

⑤ 기타

「양산사穰山四」(1책, 잔본), 「용봉충용龍鳳忠勇」, 「유룡전游龍傳」(50책), 「향라대香羅帶」(40책), 「복수연福壽緣」

장편 운·산문혼용체 작품은 건국, 전쟁, 정벌, 제왕, 장군 등을 다룬 소재와 내용이 가장 많고, 공안, 의협을 다룬 작품이 그다음을 차지하며, 신괴, 요술, 원한, 복수 등의 내용을 담은 작품들도 있다. 또한 기타로 분류된 작품들 중에서도 오해로 일어난 사망 사건을 다룬 「향라대」를 제외하면 대체로 영웅, 제왕에 관한 것들이 많을 것으로 추측된다. 이를 보면 장편 운·산문혼용체 고사계강창의 소재와 내용은, 고사는 이른바 '금과철마金戈鐵馬'의 내용으로 이루어진다는 정진탁 등의 언급과 대체로 부합하지만 그 밖의 내용도 적지 않음을 알 수 있다.

한편 중·단편 운·산문혼용체 작품은 필사본, 석판본, 납활자본 등을 합하여 대략 300종에 가까운 작품이 전한다. 이 가운데 중편 작품은 납활자본과 석판본을 합하여 150여 종으로 파악되고, 단편으로는 14×20센티미터 크기 석판본 책자의 단편 140여 종이 주목할 만하다. 중·단편 작품들은 많은 수량만큼이나 소재가 다양하고, 그리 유명하지 않은 이야기들을 작품으로 엮은 경우가 많기 때문에 이들의 내용을 전면적으로 살피기는 매우 어렵다. 특히 단편 운·산문혼용체 작품은 제목만으로는 내용을 알 수 없는 경우가 매우 많다. 그러므로 단편 운·산문혼용체 작품의 소재와 내용 분류는 차후로 미루고자 한다. 석판본으로 출간된 적이 있는 작품들 가운데 분량이 1책 이상인 작품의 소재 및 대체적인 내용은 수당, 양가장, 호가장, 삼국, 『서유기』, 『백사전白蛇傳』 등의 이야기를 바탕으로 한 것과, 공안류, 의협류, 시사時事류 등의 이야기, 그리고 기타 경극에서 자주 상연된 작품과 소재 등이다.[236]

이들을 살펴보면 중편 운·산문혼용체 작품의 소재 가운데 가장 빈번하게 쓰인 것은 수당, 양가장, 호가장, 삼국 등 소설과 희곡, 다른 강창으로 널리 알려진 작품들이다. 이들은 대부분 전쟁 영웅들의 활약을 그린 것으로, 역시 '금과철마' 이야기라고 할 수 있다. 또한 공안, 의협을 다룬 작품도 많은데, 「포공안」, 「시공안」, 「우공안」, 「유공안」, 「팽공안」 등은 주요 공안 사건과 그 해결을 그리고 있으며, 「삼협오의」, 「대팔의大八義」, 「소팔의小八義」

236 구체적으로는 다음과 같다. ① 隋唐: 「程咬金大破紅土山〔繡像〕」, 「秦瓊打擂〔繪圖〕」, 「響馬傳鼓詞〔繡像〕」, 「隋唐打登州鼓詞〔新刻〕」, 「二馬投唐」, 「太原府」, 「賈家樓〔新刻繡像〕」, 「瓦崗寨(鼓詞)〔繡像〕」, 「秦瓊起解(鼓兒詞)〔新編〕」, 「打登州(鼓詞)〔繡像〕」, 「北平府響馬傳」, 「三省莊〔新刻繡像三續〕」, 「秦英征西(鼓詞)〔繪圖〕」, 「烟雲領鼓詞〔新刻〕」, 「紅鬃烈馬(初集)〔繪圖全部〕」. ② 楊家將: 「大破紅州〔新刻〕」, 「金陵府」, 「歸西寧」, 「十二寡婦征西」, 「楊家將鼓詞 楊金花爭帥印」, 「楊文廣征南」, 「牤牛陣(鼓詞)〔繡像〕」, 「楊宗英下山」, 「雙掛印」, 「天門陣〔17打〕」, 「破洪州鼓詞」. ③ 呼家將: 「金鞭記〔繡像〕」, 「肉坵墳(鼓詞)〔繪圖呼家大口〕」, 「呼家將全部」, 「呼延慶征南」, 「呼延慶打擂雙鞭記」. ④ 三國: 「孔明撫琴退兵空城計說唱鼓詞〔新編〕」, 「趙子龍招親〔繡像全本〕」, 「關公出世鼓詞」, 「三國志鼓詞〔新編〕」, 「張松獻地圖」. ⑤ 西遊記: 「豬八戒招親鼓詞〔繪圖〕」, 「西遊記」, 「石猴演壽圖」. ⑥ 白蛇傳: 「金鉢三法」, 「白娘娘雷峰寶塔全本」, 「壯元祭塔」, 「斷橋情蹟〔新刻〕」. ⑦ 公案類: 「左公案鼓詞〔繡像說唱〕」, 「劉公案」, 「李公案(全傳)〔繡像〕」, 「揚州府〔繡像〕」, 「南陽府(鼓詞)〔繡像〕」, 「兵困南陽府」, 「雙鏢記〔繡像〕」, 「紅旗溝說唱鼓詞」, 「五龍傳(鼓詞)〔繡像正續〕」, 「于公案鼓詞」, 「滿漢鬪(鼓詞)〔繪圖〕」, 「三盜九龍杯〔繪圖〕」. ⑧ 俠義類: 「義俠傳〔新刻〕」, 「俠義醒世傳〔繪圖〕」, 「小八義」, 「英雄大八義」, 「英雄小八義〔繪圖〕」, 「大鬧苗家莊鼓詞〔繡像〕」, 「五閻羅判斷貓鼠全傳〔新刻〕」. ⑨ 時事類: 「國事悲英雄淚合編〔繡像醒世小說〕」, 「黎元洪武昌起義〔新編〕」, 「宣統復辟夢說唱鼓詞全傳〔繪圖新編〕」, 「袁世凱皇帝夢說唱鼓詞〔新編〕」, 「女軍人〔忠義小說繪圖〕」, 「黎大總統首創共和記〔新編〕」, 「小絲條黨〔新出繪圖〕」, 「八十三日屋里皇帝說唱鼓詞〔新編〕」, 「奉直大戰記」. ⑩ 기타: 「玉堂春鼓詞」, 「蜜蜂記」, 「串龍珠」, 「紅梅閣」, 「春秋配〔繡像〕」, 「蝴蝶盃全部〔繪圖〕」, 「男女還魂記〔繪圖〕」, 「金環記〔繡像〕」, 「乾坤境〔新刻〕」, 「紫金鐲〔繡像正續〕」, 「高寵挑華車〔新編〕」.

등 공안류에서 파생된 의협류 작품도 적지 않다. 또한 주목되는 것은 청 말의 어지러운 사회상을 반영한 작품들도 적지 않았다는 것이다. 국난 시기를 당하여 조선과 폴란드의 망국사를 교훈 삼고자 한다거나, 선통 황제, 원세개, 여원홍黎元洪, 군벌 등 청 말, 중화민국 시기의 격동기에 중요한 역할을 했던 사람들을 둘러싸고 일어난 사건을 그린 작품들도 적지 않게 창작되고 공연되고 읽혔던 것이다. 이 밖에 경극 무대에 오른 작품들과 소재를 공유한 것도 많은데, 이러한 현상은 역시 민간의 이야기가 공연 상황에 맞게 때로는 강창으로 때로는 연극으로 공연된 경우가 적지 않았음을 의미한다.

이들 외에도 각 시대의 많은 이야기가 중편 운·산문혼용체 작품으로 만들어졌는데, 그 전체 수량은 위에 나열된 것과 대등할 정도이다. 그 가운데는 「봉신연의」, 「대명영렬」, 「수호전」, 「영경승평」, 「설가장薛家將」 등을 비롯한 건국, 영웅, 정벌 등의 다양한 이야기가 많고 「서상기」, 「양축梁祝」, 「홍루몽」, 「진설매秦雪梅」, 「주매신휴처朱買臣休妻」 등의 연애담이나 가정사를 다룬 이야기도 약간 나타난다.

지금까지 검토한 것처럼 장편과 중편을 막론하고 운·산문혼용체 고사계강창의 소재와 내용은 건국, 전쟁, 영웅 등이 대부분을 차지하고, 그다음으로 공안류가 많다. 아직 소재나 내용이 확인되지 않고 제목만 파악된 것도 상당수인데, 결국 중·장편 작품은 금과철마류 이야기가 주류를 이루는 것이 사실이지만 그 밖에 다양한 소재와 내용을 담은 작품들도 적지 않음이 확인된다.

(2) 운문전용체 고사계강창

1) 문장구성

운문으로만 구성된 고사계강창은 대부분 단편으로 길이가 10쪽 이내이다. 이들 가운데 일부는 대고서, 대고서사라고 불렸고, 일부는 줄여서 고사라고 불렸다. 대체로 청 말엽에 북경에서 판각 또는 필사되어 판매된 것들은 대고서, 대고서사라 불렸고, 중화민국 성립 이후에 상해에서 석판본으로 출간된 것은 고사라고 불렸다. 이들의 문장구성과 서술의 특성을 살피기 위해 몇 작품을 예로 들어보려 한다.

먼저 목판본 작품 가운데 중앙연구원 소장「장판파」(보문당)를 살펴보겠다. 이 작품은 군민을 이끌고 강릉을 향해 가던 유비가 조조 군사의 추격을 받았을 때 조자룡이 적진에서 유비의 부인들과 아들을 구출한 이야기를 그린 것으로, 첫 장에는 "신출新出대고서사"라는 표제가 붙어 있다. 전체가 10쪽으로 이루어졌고 1쪽당 100자가량이 쓰여 있으므로 모두 합한 분량은 1천 자 정도이다. 앞부분은 7언 4구의 시가로 시작한 후에 다음과 같은 구절이 이어진다.

長板坡前滴血汗,	장판파 앞에서 피땀을 흘리다가,
使壞了將軍趙子龍.	조자룡 장군이 부상하였다네.
那位劉玄德投奔江陵藏鋒養銳,	저 유현덕은 강릉으로 도망하여 군대 키우려다가,
不堤防在當陽路上遇見了追兵.	뜻하지 않게 당양로에서 추격군을 만났네.
闖重圍刀鎗林內君臣們失散,	겹겹의 포위를 뚫고 나오다 뿔뿔이 흩어져버리고,
踏荒郊喊殺聲裏世子飄零.	황야 달릴 적에 살생소리 울리는 가운데 세자가 떨어졌네.
糜氏夫人懷抱阿斗,	미씨 부인이 아두를 안고서
身隨月色泪灑西風.	달빛을 따라가는데 눈물이 서풍에 흩날리네.
被劍傷從半夜昏絕在荒艸地,	칼에 맞아 한밤중에 황무지에서 혼절하니,
只有那呼吸氣一絲木斷.	숨소리는 실처럼 가늘기만 하네.
到了天明夫人死去重又蘇醒,	날이 밝아오자 부인은 죽다가 살아났지만,
渺渺香軀冷似氷.	아득한 몸은 얼음처럼 차갑기만.
又聽得身傍秋虫聲聲喚,	옆에서는 귀뚜라미 소리 들리는데,

又覺知腿上劍傷陣陣疼.　　다리의 상처는 아파오기만 하네.

慢睜杏眼流螢兒亂舞,　　천천히 눈을 떠보지만 어른거리기만 하고,

挺酥胸才知阿斗在懷中.　　가슴 만져보고서야 아두가 품속에 있는 것을 알겠네.[237]

위의 문장은 당시의 대고서가 7언과 10언을 기본으로 하면서도 길이를 비교적 자유롭게 활용했음을 보여준다. 한편 백본당 등의 서적포에서 필사 판매한 듯한 필사본 「장판파」는 모두 22쪽 분량이지만 1쪽당 30자가 쓰여 있어서 모두 합한 분량이 약 660자인 단편이다. 이 필사본은 상본과 하본으로 나뉘는데, 하본은 다음과 같이 시작된다.

{大鼓慢打響咚咚,　　{대고가 천천히 둥둥둥 울리니,

列位押靜請聽明.　　여러분, 조용히 잘 들어주세요.

今日不把別的唱,　　오늘 노래는 다름이 아니라,

唱一回長板坡下苦相爭.}　　장판파에서 힘들게 싸우는 이야기를 부르렵니다.}

表的是劉備老爺投奔江陵去,　　말씀 올릴 것은, 유비가 강릉으로 도망가다가,

不堤防半路途中遇追兵,　　뜻하지 않게 도중에 추격군을 만나서,

戰重圍刀鎗陣上君臣失散,　　겹겹의 포위를 뚫고 싸우다가 뿔뿔이 황야에 흩어졌는데,

踏荒郊不見世子何處行.　　세자가 어디로 갔는지 보이질 않았네.

糜氏夫人懷揣阿斗,　　미씨 부인이 아두를 품에 안고서,

身隨夜下兩泪傾被箭傷.　　때는 밤중이라 두 눈엔 눈물 흘렸는데, 화살을 맞은 것이었네.

半夜昏絶荒艸地陣陣昏迷,　　한밤중에 혼절하여 황무지에서 아득히 헤매다가,

到天明夫人死去重酥醒.　　날이 밝아와 다시 살아났다네.[238]

---

237 중앙연구원 소장본.

238 중앙연구원 소장본.

위의 인용문은 앞의 보문당 목판본 「장판파」와 내용이 비슷하지만 { } 안의 구절이 등장하는데, 이는 이야기를 시작하기 위한 설명 부분이다. 이는 공연의 흔적을 뚜렷이 보여주고 있다. 이러한 공연의 흔적이 모든 단편 운문전용체 작품에 나타나는 것은 아니지만, 필사본에는 비교적 많이 남아 있다. 이는 백본당 등에서 판매한 필사본이 예인들의 공연을 가감 없이 문자화했을 가능성이 크다는 의미이다. 목판본과 필사본이 7언과 10언을 기준으로 하면서도 구성이 비교적 자유로운 데 비해 석판본은 한층 정형화된 작품들이 대부분을 차지한다. 중앙연구원에 소장된 석인石印대고 가운데 하나인 「구인두九人頭」(협성서국協成書局)는 건륭 연간의 선비 양춘룡楊春龍이 다른 사람이 저지른 살인의 누명을 쓰고 감옥살이를 하다가 현명한 판관을 만나 혐의를 벗는다는 내용이며, 전체 분량은 비교적 긴 7언 3,000여 구로 이루어졌다. 이 작품의 서두는 다음과 같이 시작된다.

自從唐虞三代後,	요순 삼대 이후로
歷代奇案記不清,	역대의 기안奇案은 잘 생각나지 않지만,
清朝乾隆登龍位,	청나라 건륭제 시절의
一件奇案好驚人.	한 사건이 놀라웠네.
湖北襄陽谷城縣,	호북 양양 곡성현에,
南門城外楊家村,	남문 성 밖 양가촌에,
村上有个楊元帥,	촌에는 양원수가 살았는데,
所生一子接後根.	아들 하나를 낳아 후사를 이었다네.
公子年方十六歲,	아들이 방년 열여섯이 될 때까지
送入學堂攻書文,	서당에 가서 글을 배웠는데,
先生就把學名取,	선생은 학명을 지어주었으니,
取名叫做楊春龍.	이름을 양춘룡이라고 지어주었네.
九歲攻書到十五,	아홉 살부터 글을 배워 열다섯이 되자,
得中襄陽秀才身.	양양의 수재가 되었다네.

春龍父親死得早,	춘룡은 부친을 일찍 여의고,
母子二人過光陰.	모자 두 사람이 세월을 보내고 있었는데,
自幼定親胡氏女,	어렸을 때 정친한 호씨댁 딸이
十八歲上娶過門.	열여덟이 되어 시집을 왔네.
春龍娘親開言道,	춘룡의 어머니가 말하기를,
叫敎: "春龍聽原因.	"춘룡아 듣거라.
且喜爲娘敎訓你,	어미가 되어 너를 가르치니 기쁘구나,
只望我兒早成名,	오로지 우리 아들 입신양명을 바랐는데,
今年胡廣開科選,	금년 호광에서 과거시험이 있으니,
我兒何不去求名.	우리 아들 그곳에 가서 이름을 세워야 하지 않겠느냐.
倘有神聖來保佑,	만약 신성께서 돕는다면,
一擧成名天下聞."	일거에 이름이 천하에 알려질 것이야."[239]

1957년에 편찬된 『고사휘집』에 실린 작품들도 예인의 구술을 기록한 작품과 이전의 석판본을 재수록한 작품으로 크게 나뉘는데, 여기서도 마찬가지로 구술 작품보다는 석판본을 재수록한 작품이 훨씬 정형화되었음이 확인된다. 먼저 예인 백규분白奎芬의 구술을 기록한 「주매신휴처」를 보겠다. 이 이야기는 가난한 선비 주매신이 자신을 버리고 떠났던 옛 아내를 출세한 후 다시 만나지만 용서하지 않는다는 이야기이다.

(屬九隆冬冷難熬,	(엄동설한 추위는 넘기기 어려운데,
瑞雪飄飄天降下鵝毛.	서설이 거위 깃털처럼 내리네.
野鳥登枝仿佛就象梅花落,	새 한 마리 나뭇가지에 앉아 있는데,〔눈은〕매화가 떨어진 듯하고,
楊柳枝掛上霜亞賽過銀條.	버들가지에 앉은 서리는 은 막대기 같네.
萬里乾坤粉粧罩,	온 천하에 가득 덮여 있는데,

---

239 중앙연구원 소장본.

一陣子風擺雪滿了溝濠.

바람이 한바탕 불어오니 강물도 눈으로 뒤덮이네.

富豪人家多歡樂,

부자들은 즐겁지만,

貧窮之人眞難熬.

가난한 사람들은 정말이지 견디기 어렵다네.

記下了別位且莫表,

다른 사람들 얘기는 그만두고,

咱再把不得時的朱買臣學上一學.}

불우한 주매신 흉내 좀 내보겠습니다.}

朱買臣無時山上把柴打,

주매신은 언제나 나무를 하여,

肩扛扁擔板斧別在腰,

짐을 이고 지고 도끼는 허리에 차고,

正趕上屬九隆冬天氣冷,

엄동설한 추운 날씨에 일을 나서는데,

朔風寒吹動臘梅蕉.

삭풍은 매화나무 가지를 흔드네.

直凍的十指發麻難掄板斧,

열 손가락은 꽁꽁 얼어 도끼 잡기도 어렵고,

肚內無食兩泪飄.

한참 굶었으니 두 줄기 눈물만 흐르네.

萬般出在無計奈,

어찌해도 방법이 없고,

肩擔着柴擔轉回草茅,

땔감을 메고서 초가집으로 돌아오는데,

一路上深一脚來淺一脚,

터덜터덜 걸어오다가,

但只見大橋以旁砌着小橋.

다리 옆에 작은 다리가 놓여 있는 것을 보았네.

朱買臣踏雪來在柴扉外,

주매신은 눈을 밟고 사립문 밖에 와서,

撂下柴擔他把門板敲.

짐을 내려놓고 문을 두드렸네.

他的妻玉天仙正在房中來烤火,

그의 처 옥천선은 집에서 불을 피우고 있었는데,

懷摟着炭火盆正把炭燒.

화로를 끼고 숯을 태우고 있었네.

忽聽有人把門叫,

갑자기 누가 문 두드리는 소리를 듣고

邁開自己的腿兩條,

두 다리로 달려가,

來在大門裏開門留神看,

대문에 와서 문을 열어보니,

原來是窮酸打柴回來了.

남편이 나무를 해 온 것이었네.

叫:"窮酸, 你今天打柴爲什麼回來這麼早?

남편을 부르며 "왜 이리 일찍 왔소?

你打的這擔柴不够烏鴉一咀叼."

이까짓 나무는 까마귀도 한입에 먹어 치우겠네."

朱買臣肩擔柴擔往裏走,	주매신은 짐을 지고 안으로 가서,
來在了天井院把柴擔撂在地逍遙.	우물가 마당에 내려놓고 서성대더니,
邁步他把寢房進,	얼른 침소로 들어가
拿起書本用目瞧.	책을 집어 들고 읽기 시작하네.[240]

위의 문장을 보면, 예인들의 구술을 기록한 작품은 7언을 기본으로 하면서도 자유롭게 길이를 늘였음을 알 수 있다. 이에 비해 석판본으로 간행된 작품은 훨씬 정형화된 모습을 보인다. 유비, 관우, 장비가 서주徐州 싸움에서 패하여 흩어졌다가 관우가 장비와 재회하는 이야기를 그린「고성회」가운데 장비가 관우를 오해하고 시비를 거는 대목을 보겠다.

二爺馬上呼三弟,	관우가 말 위에서 장비를 부르니,
老張馬上叫: "老關,	장비도 말 위에서 부르기를, "형씨,
聽說你已順孟德,	듣자니 조조 놈에게 귀순했다는데,
來到古城爲那般?'	어째서 이곳 고성에 왔단 말인가?'
二爺馬上面帶笑,	관우가 말 위에서 웃으면서,
"千里尋兄送嫂還."	"천 리 길에서 형님을 찾다가 형수님 모시고 돌아왔다네."
張飛說: "錯定美女胭脂計,	장비가 말하기를, "미인계 써봤자 헛일이오,
你要進關萬不能."	절대 성 안으로 들어올 수 없을 테니."
張飛長槍分心刺,	장비의 장창이 심장을 겨냥하고,
二爺大刀忙遮藏.	관우의 대도는 막기에 바쁘네.
二爺馬上呼: "三弟,	관우가 말 위에서 "동생!" 하고 부르며,
細聽愚兄說原因.	"이 못난 형이 사연을 자세히 얘기함세.
你今不看皇嫂面,	지금 황수의 얼굴을 좀 봐주게,
也看桃園結義情."	도원결의했던 정도 좀 봐주고."
張飛聽說哈哈笑,	장비가 듣더니 하하하 웃으며,

---

240 瀋陽市文聯 編,『鼓詞彙集(二)』, 272~273쪽.

"你也不必亂胡言.	"헛소리 말아라.
若問桃園我也在,	도원에는 나도 있었는데,
聽我從頭說分明.	분명히 말해두지.
劉爲大來我爲二,	유비 형님이 큰 형님, 내가 둘째,
還有趙雲是老三.	조자룡이 셋째였지.
桃園結義現今在,	도원결의는 지금도 있지만,
那裡見過紅面關!"	얼굴 새빨간 관우는 어디에도 없었다!"[241]

한 구절만 제외하면 모두 7언 정형체로 이루어져 있다. 『고사휘집』에 실린 석판본 작품들은 대부분 이처럼 정형체 운문이다. 이러한 정형체 작품은 듣기보다는 읽기를 고려한 측면이 강하다고 생각된다. 물론 직접 공연되는 나희儺戲나 방자강, 경극 등의 시찬계 연극도 7언 혹은 10언의 정형구가 대부분을 차지하는 것을 보면, 정형체가 언제나 공연과는 거리가 멀었다고 할 수는 없다. 다만 여기서 논의하는 석판본 간행 작품은 본래 공연과 밀접했으면서도 상업적인 목적을 위해 독자를 겨냥하여 발매한 것이라는 특징이 있으며, 이 석판본 운문전용체 작품 대부분이 정형체로 구성된 점은 가독성을 고려한 결과로 추정된다는 것이다. 다시 말해, 대고 공연은 장단이나 가락이 다양하고 가사의 글자 수도 그에 따라 변화할 수밖에 없는 데 비해, 독서를 위한 작품은 가독성이나 시각적 정형화를 추구하는 경향이 강할 것이므로 쉬운 백화체의 정형구를 선호하게 되었을 것이다. 석판본이 읽는 면에서 흥미를 유발하는 장치를 추구했다는 것은, 송·원대 평화平話나 명대 설창사화처럼 많은 작품에 그림이 곁들여졌고 이를 통상 수상繡像이라는 제목으로 표시한 점으로도 뒷받침된다. 한편 납활자본으로 간행된 『문명대고서사』에 수록된 작품들은 공연을 바탕으로 정리된 것들이고, 역시 길이가 비교적 자유로운 구절로 이루어진 작품들이 대부분이다.

---

241 瀋陽市文聯 編, 『鼓詞彙集(二)』, 76쪽.

운문으로만 구성된 고사계강창 가운데 목판본, 필사본, 납활자본이 공연에 비교적 가까우며 7·10언을 기본으로 길이가 자유로운 구절로 구성된 작품이 대부분인 데 비해, 석판본은 공연 기록물이라기보다는 독서를 위해 창작 또는 정리된 측면이 강하고 7·10언의 정형체로 이루어진 작품이 대부분이다. 시기별로 보면 목판본과 필사본이 비교적 이른 시기의 것들이고, 석판본과 납활자본은 상대적으로 후기의 것들이다. 어느 시기에나 공연을 기록한 작품은 끊이지 않고 간행되었고, 20세기에 이르러서는 독서를 주목적으로 창작 또는 정리된 새로운 성격의 작품이 나타난 사실을 확인할 수 있다.

2) 소재 및 내용 분류

1,300여 종에 가까운 운문전용체 작품의 소재와 내용을 완전하게 살피기 위해서는 장기간의 조사 연구가 반드시 필요하다. 여기서는 표본조사 방법을 택하여 『고사휘집』에 실린 작품 약 350종의 소재와 내용을 개괄적으로 검토하고, 『북경전통곡예총록』에 실린 약 410종의 목록에 기재된 간략한 설명을 근거로 작품을 분류하려 한다. 이러한 작업을 통해 얻는 결과는 전체의 실제 상황을 대체로 대변할 수 있다고 본다.

『고사휘집』에 실린 약 350종의 작품 가운데 60여 종은 문장이 자제서와 유사하거나 동일하다. 예를 들어 「노루연露淚緣」은 통상 자제서 작품집과 목록서에 실려 있으면서 백본당의 「대고서단」에도 실렸고, 『고사휘집』에도 실려 있다. 「노루연」 등의 여러 작품이 자제서 목록과 대고서 목록에 함께 보이는 것은, 두 기예의 문장 형식에 근본적으로 차이가 없어서 예인의 신분이나 공연 성격에 관계없이 이 가사들이 두루 쓰일 수 있었음을 뜻한다. 물론 자제서 가운데 널리 알려지고 사랑받던 곡목이 대고 공연에서도 널리 인기를 얻었을 것이다.

이들을 소재와 내용에 따라 분류하면, 크게 이전에 소설, 희곡에도 자주 쓰인 소재를 취한 것과, 당시 사회 현실에서 취한 것으로 나눌 수 있다. 전자에서 가장 많이 쓰인 소재는 삼국시대 이야기로 59종이다(이 가운데 16종은 자제서에서 유래했다). 그 외에 자주 나타나는 소재는 다음과 같다.

『수호전』(19종), 『수당연의』(16종), 삼언三言(8종), 『홍루몽』(8종), 『서상기』(6종), 악비岳飛(6종), 이십사효二十四孝(6종), 『백사전』(5종), 『서유기』(5종), 양가장(4종), 여동빈呂洞賓(4종), 조광윤(4종), 철관도鐵冠圖(4종), 백아(3종), 왕소군(3종), 여몽정呂蒙正(3종), 주매신(3종)

이외에 2종이나 1종에 쓰인 소재도 많다. 이들을 보면 소설이나 희곡으로 널리 알려진 이야기가 주로 다시 엮였고, 그 가운데에서도 『삼국지연의』, 『수호전』, 『수당연의』에 등장하는 장군이나 영웅 들의 이야기가 청중과 독자의 마음을 사로잡으면서 널리 공연되고 읽혔다. 삼언, 『서상기』, 『홍루몽』, 『백사전』, 이십사효 등의 이야기는 운·산문혼용체 작품에서는 자주 쓰이지 않았으며, 운문으로 노래하기에 적합한 이야기의 종류가 훨씬 넓어졌음을 알 수 있다.

이 작품들의 내용은 대체로 소설이나 희곡으로 널리 알려진 이야기 가운데서도 특히 유명한 대목 위주이다. 예를 들어 『수호전』 가운데 이규李逵와 장순張順이 처음 만나 다투는 장면은 「요강주鬧江州」에서 다음과 같이 생생하게 묘사되고 있다.

李逵他嗖嘆打了個箭步上了船,	이규가 픙— 쏜살같이 배로 달려가서
慌忙掀開船上板,	얼른 뚜껑을 열어보니,
又聽得扑楞楞扑楞楞有許多	푸드득 푸드득 잉어가 가득 들어 있는 거라.
鯉魚藏在裡邊.	
大魚拴了十幾尾,	큰 걸로 여남은 마리를 잡아 들고,
小魚撒在江裡邊說,	작은 것은 강에 놓아주면서 말하기를,

"小魚呀, 你養着罷養着罷養 着三年幷二載, 好給你黑爺爺就酒餐."	"작은 물고기야, 2년 3년간 크거라, 자라거라, 그래야 흑송강 님께 안주로 올리지."
李逵拿魚把船下, 張順上前把他攔. ……	이규가 물고기를 들고서 배를 내려오니, 장순이 앞에서 그를 막아서네.
張順說: "你要給錢還罷了, 你要不給比武打打拳."	장순이 "돈을 주면 그만이지만, 안 주겠다면 나와 한판 붙어야겠다."
李逵聞聽把拳打, 提起打拳數着咱.	이규는 싸우자는 말을 듣더니, 주먹을 쥐며 가늠해보네.
張順說: "文打是武打?"	장순: "문타로 할 거냐, 무타로 할 거냐?"
李逵說: "文打怎講武打怎言?"	이규: "문타는 뭐고 무타는 뭐냐?"
張順說: "要是武打請朋友, 要是文打單對單." ……	장순: "무타는 친구를 불러와서 함께 싸우는 거고, 문타는 일대일로 싸우는 거지."
張順本是水路英雄漢, 旱岸打拳有點棉.	장순은 본시 물에만 익숙한 사람이라, 마른 땅에서 싸우자니 솜방망이인 거라.
打着打着漏空了, 李逵還是不什閑,	치고 또 쳐도 빈틈만 보이니, 이규는 쉬지도 않고,
李逵愛打窩發炮, 把張順打在地平川.	이규는 치고받고 하여, 장순을 납작하게 만들어버렸다.
慌忙上前忙按住, 咕咚咕咚就是幾拳.	얼른 앞으로 가서 붙들더니만, 퍽퍽퍽 몇 대를 먹이네.
李逵說: "你叫我三聲黑爺爺饒 了你的命, 若不然打你到來年三月三."	이규가 "나한테 할아버지라고 세 번 부르면 살려줄게, 안 그러면 내년 3월 3일까지 때려주겠다."[242]

한편 『고사휘집』에 실린 작품만을 보면 이전부터 전승된 이야기를 각색

---

242 瀋陽市文聯 編, 『鼓詞彙集(一)』, 187~188쪽.

한 작품보다는 청 후기 이후의 사회현실이 반영된 작품들이 더 많은데, 이들은 90여 종에 달한다. 이 가운데에는 당시 일상생활이나 풍습을 그린 것이 가장 많고, 청 말의 어지러운 현실을 반영한 것도 있다. 전자의 경우는 「현량녀등하권부賢良女燈下勸夫」, 「소고현小姑賢」, 「소량구배년小倆口拜年」 등 아내의 권계, 현명한 며느리, 세배 등을 소재로 한 작품들이 많고, 후자는 「민국성民國成」, 「손 총리 런던 수난기〔孫總理倫敦蒙難〕」, 「노한탄老漢嘆」, 「낭자탄浪子嘆」 등 청 말의 사건을 소재로 하거나 개인적인 신세를 탄식하는 것들이 많다. 이 가운데 새해를 맞아 처가에 인사하러 갔다가 아내가 건네는 농담을 참지 못하고 화를 내는 남편의 이야기를 그린 「소량구배년」의 일부를 보겠다.

二姐說: "我愛愛愛,	부인이 말하기를 "아이고 좋아라,
在我家比不得在內家裡.	우리 집에 있으니까 당신 집에 있는 것보다 훨씬 좋네.
你要罵來奴也罵,	당신이 욕하면 나도 욕하고,
你要打奴家也不能怕你.	당신이 때리려고 해도 나는 겁 안 난다네.
打仗別看你有勁,	싸우는데 힘세다고 믿지 말라네,
我有哥哥和兄弟.	여기엔 오빠 동생이 있으니까.
大哥哥挖了你的眼,	큰 오빠가 당신 눈을 뽑아버리고,
兄弟扒了你的皮."	동생은 당신 가죽을 벗겨버릴 거라우."
二姐說的玩笑話,	부인이 이렇게 농담을 하자,
小伙一聽當了實.	남편은 정말로 알아듣고,
放下筷箸忙站起,	젓가락을 팽개치고 일어나더니,
噹啷一聲把桌子踢.	쾅 하고 식탁을 차버리네.
翻身下地往外走,	몸을 돌려 밖으로 나가더니,
驢棚一內牽毛驢.	마구간에서 나귀를 끌어내네.
小伙生氣回家轉,	화를 내며 집으로 돌아가는데,
再說二老怨閨女.	친정 부모님이 딸 원망하는 소리 좀 들어보소.

......

二姐說: "你與我鬧玩我不惱,	아내가, "당신이 날 놀릴 때 난 가만히 있었는데,
跟你玩笑你就着了急.	당신 좀 놀렸다고 그렇게 화를 내나요?
從今後誰也別玩笑,	앞으로 누구도 놀리기 없기에요,
誰要再鬧是兎子!"	누구라도 놀리면 토끼 자식이다!"
小伙聞聽心中怒,	남편이 이 말을 듣고 화가 나서,
上前抓住小佳人.	아내를 붙잡았네.
一使力氣按在地,	힘껏 내팽개치려다가,
看了看小模樣有點舍不的.	겁내는 것을 보고는 차마 그러지 못하네.
回身就把床來上,	돌아서 침대로 털썩 올라 누워서는,
抓住枕頭鬧的急.	베개를 붙잡고 소리 지르네.[243]

이 뒤로는 친정 아버지가 딸의 행실을 꾸짖는 내용이 이어진다. 이러한 작품은 영웅들의 이야기가 아닌 보통 백성들의 구체적인 일상생활을 생생하게 그려낸 전형적인 사례이다.

이 밖에 현실적인 소재보다 우화를 이용한 「모자취묘耗子娶猫」, 「충하타장蟲蝦打仗」 등이나, 예인들의 연창 기교가 발휘될 수 있는 「요구령繞口令」, 「팔자성문八字成文」, 「백산도白山圖」, 「청채명青菜名」 등 언어유희나 나열식의 작품도 운문전용체 고사계강창에서 독특하게 나타난다. 예를 들어 「청채명」은 채소장수의 입을 빌려 각종 야채들을 의인화하여 골계적인 이야기를 전하고 있다. 일부를 보겠다.

他說是南京反了白蓮藕,	남경에서 연뿌리가 반란을 일으켰는데,
獨頭蒜在北京坐了朝廷.	마늘대왕은 북경의 조정에 앉아 있네.
生菜臭菜三宮六院,	생야채 썩은 야채가 궁궐에 있는데,
他封象菜坐正宮.	향채를 황후에 봉하였네.

---

243 瀋陽市文聯 編, 『鼓詞彙集(四)』, 227~228쪽.

......

老窩瓜封一口元帥的印,	늙은 호박 장군이 원수 도장을 받들고,
瓠子領兵作先行.	조롱박이 병사를 이끌고 선봉에 섰네.
教軍場裡點人馬,	연병장에서 점호를 하는데,
點了四十八萬韭菜菠菜兵.	48만 부추 시금치 병사들을 점검하네.
拉了幾車西瓜炮,	수박 대포 몇 대를 끌고서,
小蔥長鎗擺幾層.	쪽파 장총부대를 몇 겹 배치했네.
蠶豆腰刀明又亮,	누에콩 검도부대는 번쩍번쩍,
炮杆火鎗帶紅纓.	무기마다 붉은 술을 매달았네.

......

王瓜起死上了吊,	오이는 성나서 자결하고,
茄子氣的紫又青.	가지도 성이 나서 붉으락푸르락.
根頭荣氣的根下,	뿌리채소도 노하더니 뿌리가 처졌고,
大蘿卜氣臉上通紅.	무도 화가 나서 얼굴이 온통 붉어졌네.
白菜氣的叭拉長,	배추는 성나더니 쭉 찢어지고,
西瓜打的滿肚紅.	수박은 얻어맞아서 속이 다 붉어져버렸네.
芹菜氣的有了味,	근대도 화가 나니 냄새가 나고,
山藥嚇的土地蒙.	산약도 놀라 흙을 뒤집어썼네.
地豆害怕地裡長,	땅콩은 땅속에서 자라는 걸 두려워하고,
江豆氣的長成繩.	강낭콩은 성나더니 길게 줄처럼 찢어지네.[244]

이러한 나열이나 우화적인 이야기는 심각한 의미가 있는 것이 아니라 청중이나 독자가 듣거나 읽고 즐거워하기 위한 종류이다.

이상에서 살핀 바와 같이 운문전용체 고사계강창은 이전부터 전승된 유명한 이야기를 새로 엮었을 뿐 아니라, 당시 생활과 가까운 모습을 실감나게 그린 작품 또한 매우 많다. 앞으로 더 폭넓은 조사를 진행하면 대체로 이상에서 논의한 결과가 재확인될 것으로 기대한다.

---

244 瀋陽市文聯 編, 『鼓詞彙集(六)』, 198~201쪽.

5. 소결

　이 장에서 살핀 것처럼 청 후기 고사계강창은 도광 연간부터 성행하여 특히 청 말, 중화민국 시기에 약 200~300종의 운·산문혼용체 작품과 1천 종이 넘는 운문전용체 작품 등이 방대하게 필사 또는 간행되어 판매나 대여의 형식으로 광범위한 독자들과 만났다. 이러한 대량 간행은 대도시에 살았던 다수 도시민들의 수요가 존재했기 때문에 가능했다. 새로 전래된 고속 대량 인쇄술 덕택에 도시 대중독자라는 새로운 시장이 성공적으로 형성되어 성장했다. 한편 청 정부가 민간의 통속문예에 대한 통제력을 상실하고 결국 붕괴하여 중화민국 정부로 대체된 사회적 여건도 이러한 대량 출판을 가능하게 한 외적 요인이었다고 볼 수 있다.

　이처럼 청 후기 이후 대량으로 간행된 고사계강창을 효과적으로 조감하기 위해서는 일정한 기준이 필요한데, 이를 위해 문장구성을 중심으로 작품을 구분하여 살펴보았다. 이에 따라 이들을 운·산문혼용체와 운문전용체로 나누어 살폈는데, 전자는 수회의 단편부터 100여 책 이상의 장편에 이르기까지 다양한 길이의 작품이 공존한 데 비해, 후자는 대부분 길이가 짧은 작품만 존재했다. 운·산문혼용체 작품의 주요 소재는 건국, 전쟁, 영웅, 공안 등이 다수이고, 그 밖에 연애담이나 가정사 등도 소수지만 작품화되어 읽혔다. 운문전용체 작품은 『삼국지연의』, 『수호전』 등의 전쟁, 영웅 이야기뿐 아니라 『서상기』, 『홍루몽』 등의 연애담, 가정사를 바탕으로 한 것도 많이 지어졌는데, 특히 당시의 일상생활, 사회 변동 등의 현실이 반영된 작품과, 우화나 언어유희를 통해 청중과 독자를 즐겁게 해주는 작품 등이 더욱 많이 전하고 있다.

　이렇게 문장구성의 차이에 따라 소재가 상당히 달라지는 가장 큰 이유는 무엇일까. 바로 길이가 대부분 짧은 운문전용체 작품이 변화하는 사회현실을 기민하게 반영하는 데에 운·산문전용체보다 상대적으로 유리했기 때문이 아닐까 한다. 운·산문혼용체 작품도 당시의 사회상황을 반영했지만, 이들은 대개 일정한 구성을 갖추고 이야기를 전개해나가는 형식이어서 작품을 엮는 시간이 운문전용체에 비해 상대적으로 많이 걸렸을 것이다. 이에 비해 운문전용체 작품은 한 사건이나 소재를 작품화하기가 상대적으로 용이했고, 따라서 수량이 지극히 많을 뿐 아니라 다양하고도 새로운 소재를 기민하게 받아들이게 되었을 것이다.

그런데 이들은 문장구성 면에서 중요한 차이가 있음에도 불구하고 한 가지 공통점이 있다. 본래 이들이 공연을 모태로 하여 형성되었음에도 불구하고, 점차 판매나 대여를 통하여 본격 독서용으로 출판 또는 필사되었다는 사실이다. 이는 본래 보고 듣는 형태로만 제시되고 수용되었던 고사계강창에 출판과 독서라는 새로운 형태의 유통 방식이 첨가되었다는 의미이다. 고사계강창 공연을 관람한 관객들은 귀가하는 길에 서점이나 노점상에 들러 새로 출간된 고사계강창 작품을 구입하였을 것이다. 이처럼 보다 다양해지고 확장된 유통 방식을 통해 고사계강창은 청 말, 중화민국 시기의 많은 사람에게 더욱 익숙한 문화적 매체가 되었고, 나아가 하층민부터 지식인에 이르는 수많은 청중/독자가 중국의 전통문화를 배우고 당시 현실을 이해하는 중요한 통로가 되었다.

결론: 중국 구비연행의 전통과 변화

필자는 이 책에서, 청대 이후 '고사', '대고' 등의 여러 이름으로 불린 강창 문학작품이 모두 시찬 형식의 운문을 기본으로 한 동일 계통이면서도 성장 배경과 공연 형식, 작품 형식과 소재 등의 측면에서 특성이 다양하다는 인식을 가지고, 이를 고사계강창이라는 용어로 범주화하여 각 종류를 구분하고 그 규모 및 변천사를 재구성하고자 했다. 이를 위해 작품 목록 수집에 착수했고, 그 결과 크게 전기 고사계강창과 후기 고사계강창으로 구분하여 논술하는 것이 타당하다고 판단하여 제2부와 제3부로 나누어 다루었다. 그와 동시에 '고사', '대고'의 의미와 용례를 파악하기 위해 이들이 역대로 어떻게 인식되었는지를 검토할 필요성이 제기되었고, 서론에 해당하는 이 문제를 제1부에서 다루었다.

이 책에서는 위와 같은 3편의 주제를 구분하여 논술하면서 청 전기/청 후기와 중화민국 시기, 농촌강창/도시강창, 공연/출판, 중·장편/단편, 운·산문/운문, 고사/대고 등의 이항 관계에 기초하여 각각을 서술했다. 여기서는 그동안 논의한 내용을 정리하고 각 항 사이의 관계를 총체적으로 정리함으로써 결론으로 삼고자 한다.

현전하는 자료 가운데 산동 문인 가부서의 작품에 '고사'라는 명칭이 처음 등장한 이후 청 전기 산동 지방에서는 적지 않은 작품들이 나타났다. 이 책에서는 이들을 전기 고사계강창이라고 불렀다. 이들은 모두 20여 편이 확인되었는데, 길이는 단편이나 중편 정도이며, 운문전용체 작품과 운·산문혼용체 작품이 모두 전한다. 소재는 『논어』, 『맹자』 등에 나오는 일화나, 상고시대부터 명 말에 이르는 기간의 역사, 그리고 우언이나 시사 등에서 가져온 것이 대부분이고, 향촌 신사들이 작가나 전승자로 참여하여 풍자나 계몽적인 주제의식을 드러냄으로써 그들의 세계관이 비교적 강하게 투영된 작품들이 많다.

전기 고사계강창 작품의 문장에는 대부분 사건의 진행, 극적 대사, 서정적 토로, 논설적 진술 등의 역할이 모두 나타나 복합장르의 성격이 강하다. 공연자들은 시장, 관청, 학교, 마을 등을 다니며 공연을 했다. 이들은 민간의 기예를 바탕으로 했을 가능성이 큰데, 현전하는 자료만 본다면 본격적인 직업적 예인의 공연보다는 문인 작자가 직접 공연하는 형태가 많았을 것으로 추정된다. 공연을 보고 들으며 즐긴 청중은 문맹층부터 지식층까지 폭넓었고, 작품을 읽거나 전승된 필사본을 소장한 독자는 상대적으로 소수였지만 작품들의 기록과 전승에 큰 역할을 했다.

한편 청 후기에 이르면서 산동 지방에서 유행한 고사는 일단 잠복하고, 산동, 하북 등의 화북 농촌에서 성장한 민간강창이 청 말, 중화민국 시기에 도시에 진입하면서 더욱 흥성하기 시작했다. 이 농촌 강창들은 전기 고사계강창으로부터 직접적이고 독점적인 영향을 받았다고 보기는 어렵고, 전기 고사계강창, 방자강, 피황강 등 화북 지방에 널리 퍼진 7·10언 시찬 형식의 공연 전통이 구체화된 양식 가운데 하나로 간주된다. 이들은 음악적으로는 단조롭고 반복되는 단순한 형태였지만, 남성 예인들이 『수당연의』, 양가장 등의 전쟁 영웅을 이야기한 중·장편과, 농촌의 일상을 소재로 한 단편을 공연하여 문맹이 대부분인 농촌 청중의 큰 환영을 받았다. 청 말엽에 이르러 농촌 예인들이 도시에 진입하면서 농촌 고사계강창은 성행기로부터 하향 곡선을 그리기 시작했다.

도시의 고사계강창은 북경의 자제서, 청구대고 등 비교적 이른 시기부터 전승되어온 것도 있었지만, 주로 청 말엽에 농촌으로부터 진입하기 시작한 예인들이 공연하면서 본격적으로 성행했다. 농촌에서 들어온 고사계강창들은 대부분 '○○대고'라는 이름으로 불리기 시작했고, 공연 형식, 작품의 길이, 소재, 내용 등이 도시 청중의 기호에 맞는 방향으로 개진되었다. 예인은 전문직업화했고 특히 여성 예인이 많아졌으며, 장편 운·산문혼용체 작품과 단편 운문전용체 작품을 전공하는 예인이 뚜렷이 구분되었다. 청중은 하층민들이 대부분을 차지했지만 점차 고급 청중도 많아졌고, 특히 공연 장소가 노천에서 실내로 옮겨감과 더불어 고급 청중의 오락으로 전화하는 경향이 나타나면서 작품 소재 역시 비교적 '고상한' 고전문학 이야기들이 기존의 통속적인 것에 더해졌다.

후기 고사계강창 공연과 출판의 관계를 보면, 간행된 작품들은 대체로 예인들의 공연을 바탕으로 한 종류와, 이를 모방하여 새로이 창작한 종류로 구분할 수 있다. 전자의 경우 중·장편 작품이 많이 전승된 서하대고와 산동대고에서 확인된 서목 가운데 대부분이 여러 형태로 간행되었고, 주로 북경에서 전승된 단편 운문전용체 작품들 역시 공연을 바탕으로 필사 또는 출판된 것들이 많다. 한편 후자는 주로 상해에서 석판본으로 인쇄된 것들이 많았고, 이들은 주로 하층 독자에게 판매되어 읽혔다. 도시 대중문화가 성장하기 시작한 시기에 고사계강창을 비롯한 통속적인 공연물이 책자 형태로 간행, 판매되었다는 것은 청중 위주에서 독자 중심으로 향유자의 성격이 변화했다는 것을 뜻한다. 물론 공연을 감상하는 대중도 1930년대까지는 자신들의 오락거리를 여전히 일상의 중요한 일부로 생각했다.

후기 고사계강창은 작품의 문장구성에 따라 운·산문혼용체 작품과 운문전용체 작품으로 구분되고, 길이에 따라 중·장편과 단편으로 구분된다. 운·산문혼용체 작품은 중·장편과 단편 모두에서 볼 수 있는데, 중·장편 작품에는 건국, 전쟁, 영웅에 얽힌 이야기가 많이 등장한다. 운·산문혼용체 작품은 특히 공연 시에 운문과 산문을 엄격하게 고정하지 않고 예인의 체력이나 기분 등의 상황에 따라 가변적으로 조절할 수 있었다. 단편이 대부분인 운문전용체 작품은 유명 문학작품에서 빌려온 이야기와 당시 현실을 반영한 통속적인 이야기가 다양하게 분포했다.

운·산문혼용체와 운문전용체 작품들은 고사계강창이라는 하나의 계통에 포괄될 수 있으나 서로 독립적으로 지어지고 공연되었다고 생각된다. 그 이유는 무엇보다도 중·장편과 단편, 운·산문혼용체 작품과 운문전용체 작품 들의 소재가 상당히 달라서 중·장편 운·산문혼용체 작품에서 이른바 '적창摘唱'을 통해 단편 운·산문혼용체 작품, 단편 운문전용체 작품을 공연했다고 확증할 만한 자료가 많지 않기 때문이다. 개별적으로 적창 방법이 이용되었을 가능성은 있으나, 이들은 대체로 독립적으로 지어지거나 공연되었다고 본다.

작품들은 판본과 용도에 따라 필사본, 목판본, 석판본, 납활자본 등으로 구분된다. 필사본은 길이가 중편 이상인 작품 가운데 대여용으로 필사된 「삼국지」(173책), 「대명홍릉전」(102책) 등의 초장편 운·산문혼용체 작품들이 많았다. 이 책자들은 대부분 동치·광서 연간에 북경의 만두가게에서 하루에 한 권씩 대여되었다. 단편 작품으로는 백본당 등의 서적포에서 필사 판매된 대고서가 있었다. 이 책자들은 예인들의 공연을 기록한 것이었고, 이러한 필사 판매는 석판이 도입되기 전에 대중적으로 저렴하게 판매할 수 있는 거의 유일한 방법이었다. 목판본은 중편 운·산문혼용체 작품이 가장 많고, 장편 작품도 「북당전」(73책) 등 4, 5종이 확인된다. 이들은 북경에서 간행된 것이 많지만 화북의 농촌이 발행 장소로 표기된 작품도 적지 않다. 이는 목판본도 화북 농촌의 민간강창을 바탕으로 간행된 작품이 많다는 것을 뜻한다. 농민들은 농한기를 이용하여 만들어낸 목판본 작품을 북경 등의 도시에 가지고 가서 판매했다. 그러나 목판본은 석판인쇄술이 보급되면서 자취를 감추기 시작했다. 석판본 작품은 청 말엽부터 상해에서 가장 많이 출간되었고, 중편 운·산문혼용체 작품과 단편 운문전용체 작품이 모두 간행되었다. 석판본 책자는 목판본에 비해 쉽게 찍어낼 수 있고 책값이 싸서 많은 도시 대중이 사서 보기 시작했고, 이는 보고 듣는 강창이 읽는 강창으로 본격적으로 변화하기 시작한 시기에 적절한 출판 형태였다. 가장 늦게 등장한 납활자본은 예인들이 공연한 단편 운문전용체 작품을 출간한 것(『문명대고서사』)과 이전에 다른 형태로 간행된 적이 있는 중편 운·산문혼용체의 대표 작들을 재출간한 것(대신서국 '설창고사' 총서) 등이 많았다.

이 책에서 설정한 고사계강창을 형성하는 대표적인 두 용어는 고(아)사와 대고(서)이다. 이들이 공통적으로 7언과 10언 운문으로 이루어졌음은 앞에서 지적했다. 이 가운데 고(아)사는 청 초부터 중화민국 시기까지 오랫동안 사용되는 과정에서 의미의 변화와 확장을 겪었다. 청 전기에는 중·단편 운·산문혼용체 또는 운문전용체 작품을 모두 '고(아)사'라고 했는데, 현재 발견되어 확인되는 것은 산동 지방에서 전승된 것들이다. 청 후기에 같은 지역에서 성장한 민간강창 가운데 '고아사'라는 종류도 청 전기의 전통을 습용한 것이었다. 이렇게 쓰인 '고(아)사'는 북으로 반주하며 강창하는 기예의 가사라는 의미였다. 청 후기에 이르러 鼓詞는 古詞, 瞽詞 등으로도 표현되었는데, 대부분 중·장편 길이의 운·산문혼용체 작품을 의미했다. 그런데 광서 연간에 이르자 이 '고사'는 단편 운문작품을 가리키는 말로도 쓰이기 시작했고, 결국 북 반주 시찬계강창의 의미로 확장되기에 이르렀다. 중화민국 시기에 이르러서는 북 반주 시찬계강창을 뜻하는 새로운 용어인 '대고'의 가사라는 뜻으로도 쓰이기 시작했고, 이후 고사라는 명칭은 종류가 광범위한 강창기예에 쓰이게 되었다. 즉, 고사라는 말은 시대에 따라 조금씩 다른 의미로 쓰이기는 했으나, 기본적으로는 북으로 반주하며 공연하는 시찬계강창을 중심으로 사용되었다.

한편 대고(서)라는 말은 건륭 연간 말엽에 양주에서 쓰인 용례가 가장 이른 것인데, 동치·광서 연간부터 자주 쓰이기 시작했고, 도시에서 공연된 운문 단편 강창을 지칭했다. 광서 연간에는 같은 기예를 고사라고 부른 용례도 보여(『역하지유』), 이 시기의 명칭이 지역에 따라 서로 달랐음이 확인된다. 중화민국 시기에 이르면 대고는 단편뿐 아니라 중·장편 강창을 지칭하는 용어로도 쓰이기 시작했으며, 농촌에서 도시에 들어온 것들 가운데 북을 이용한 강창은 길이에 상관없이 대부분 '○○대고'라고 불리게 되었다. 다만 도시에서 성행한 '대고'는 단편이 훨씬 많았기 때문에, 그 의미는 주로 단편 강창을 뜻하는 것으로 신속하게 변화했다.

이처럼 고사와 대고는 서로 긴밀하면서도 복잡한 연관관계를 맺고 있어서 때로는 동일한 대상을 지칭하기도 하고 때로는 서로 다른 의미로 쓰이기도 했다. 그럼에도 불구하고 많은 사람이 이를 동일한 것인지 아니면 별개의 것인지의 단순한 이분법을 통해 구분하려 함으로써 보다 정확한 이해를 가로막았다. 이 책에서는 고사와 대고의 긴밀하면서도 복잡한 상호관계를 있는 그대로 보고자 노력했고, 일정한 이해에 도달할 수 있었다.

고사계강창은 방대한 작품 수량을 통해 당시의 광범위한 청중/독자의 여가생활에 적지 않은 영향을 주었다. 이는 역사, 소설, 희곡으로도 널리 알려진 수많은 역사 인물이나 문학적으로 창조된 형상이 고사계강창을 통해서도 공연되거나 읽힘으로써, 중국의 전통문화적 사유 방식이 다수 대중에게 끊임없이 작용할 수 있었음을 의미한다. 격변기 중국이 여러 방면에서 외래의 충격과 마주하며 커다란 변화를 겪은 시대에, 고사계강창을 비롯한 공연 형태의 문학작품들은 하층민들을 비롯한 대중에게 고급문학을 뛰어넘는 강한 문화적 영향력을 행사했고, 그 영향력은 때로는 반성과 변혁의 대상이기도 하면서 때로는 외부 문명에 대항하는 전통문화의 주축을 이루는 견실한 역량이 되었던 것이다.

이 책에서는 청대 이후 공연문학의 역사와 역할을 살피는 작업의 일환으로 고사계강창을 범주화하여 역사적 변천을 살피고자 했고 위와 같은 결론을 이끌어낼 수 있었다. 그러나 여러 문제점과 한계도 가지고 있다. 이는 차후 연구의 출발점이 될 수 있으므로 아래에 열거한다. 첫째, 고사계강창에 포괄될 수 있지만 이 책에서 검토하지 못한 대상들이 많다. 고사계강창은 화북 지방의 작품이 중심이 되었지만, 다른 지방에서도 고사, 대고라는 이름으로 불린 것들이 많았다. 대고 가운데에는 비교적 이른 시기에 형성되고 수많은 작품이 있는 산동대고, 서하대고, 경운대고 외에도 각지에서 유행한 대고가 수십 종이나 되는데, 이들에 대해서는 살피지 못했다. 또한 온주溫州와 난주蘭州의 '고사', 각지에서 '고서', '고자', '고아사', '고아형鼓兒亭' 등의 유사한 이름으로 불린 현전 강창 기예들도 살피지 못했다. 특히 자제서, 쾌서, 석파서 등은 기록된 작품이 매우 많고 그 의의 역시 지대하지만, 역시 검토하지 못했다. 이처럼 수많은 종류의 고사계강창들에 대해서도 장기간에 걸친 조사와 연구가 진행되어야 할 것이다. 둘째, 후기 고사계강창 작품들을 보다 상세히 논의하지 못하고 개별적 사례로 몇 작품만 열거했다. 셋째, 후기 고사계강창의 소재 유래를 대체적으로 파악했지만 보다 완전하고 정확한 조사는 역시 진행하지 못했고, 이와 함께 소재를 공유하는 여타 문학작품과의 비교 연구도 중요한 과제로 제기했으나 시행하지 못했으며, 동일계통인 시찬계 공연문학 전반에 대한 검토도 필요성을 제기했을 뿐 시도하지 못했다. 이처럼 이 책에서 다루지 못한 많은 문제는 장기적 과제로 삼고 차후에 더욱 많은 조사 연구를 기약하고자 한다.

참고문헌

1. 목록서目錄書, 해제류解題類, 사서류辭書類

『曲海總目提要』, 天津: 天津古籍出版社, 1992.

『中國大百科全書·戱曲曲藝』, 北京: 中國大百科全書出版社, 1983.

『中國梆子戱劇目大辭典』, 太原: 山西人民出版社, 1991.

『中國通俗小說總目提要』, 北京: 中國文聯出版公司, 1990.

『中國戱曲曲藝詞典』, 上海: 上海辭書出版社, 1981.

『中國戱曲劇種大辭典』, 上海: 上海辭書出版社, 1995.

『中央硏究院所藏俗曲目錄類編』(全20册), 臺北: 中央硏究院 歷史語言硏究所.

『中央硏究院所藏俗曲總目目錄』(microfilm), 臺北: 中央硏究院 歷史語言硏究所.

『淸蒙古車王府藏曲本劇曲目錄』(第1函), 北京: 北京古籍出版社, 1991.

『出版詞典』, 上海: 上海辭書出版社, 1992.

顧實, 『漢書藝文志講疏』, 臺北: 臺灣商務印書館, 1980.

郭英德 編, 『明淸傳奇綜錄』, 石家莊: 河北敎育出版社, 1997.

段寶林·祁連休 編, 『民間文學詞典』, 石家莊: 河北敎育出版社, 1988.

譚正璧·譚尋, 『木魚歌·潮州歌敍錄』, 北京: 書目文獻出版社, 1982.

――――――, 『彈詞敍錄』, 上海: 上海古籍出版社, 1981.

陶君起, 『京劇劇目初探』, 上海: 上海文化出版社, 1957.

藤田祐賢·八木章好 共編, 『聊齋硏究文獻要覽』, 東京: 東方書店, 1985.

――――――――――, 「慶應義塾所藏聊齋關係資料目錄」, 『藝文硏究』(慶應義塾大學藝文學 會) 53, 1988.

傅惜華, 「綴玉軒藏曲志」, 『戱劇叢刊』 第4期, 1935; 影印本, 天津: 天津古籍出版社, 1993.

―――, 『北京傳統曲藝總錄』, 北京: 中華書局, 1962.

―――, 『子弟書總目』, 上海: 上海文藝聯合出版社, 1954; 上海: 古典文學出版社, 1957.

傅曉航·張秀蓮 編, 『中國近代戲曲論著總目』, 北京: 文化藝術出版社, 1994.

山東省 圖書館 編, 『歷代山東省地方志目錄』.

孫楷第, 『中國通俗小說書目』, 北京: 國立北平圖書館中國大辭典編纂處, 1932; 北京: 作家出版
　　社, 1957.

楊亮才 編, 『中國民間文藝辭典』, 蘭州: 甘肅人民出版社, 1989.

王紹曾 編, 『山東文獻書目』, 濟南: 齊魯書社, 1993.

袁行霈·侯忠義, 『中國文言小說書目』, 北京: 北京大學出版社, 1981.

劉復·李家瑞, 『中國俗曲總目稿』, 中央研究院 歷史語言研究所, 1932; 影印本, 1993.

劉波 編, 『中國當代文化藝術名人大辭典』, 北京: 國際文化出版公司, 1993.

―――, 『中國民間藝術大辭典』, 北京: 農村讀物出版社, 1990.

―――, 『中國歷代文化藝術名人大辭典』, 北京: 國際文化出版公司, 1994.

李世瑜, 『寶卷綜錄』, 北京: 中華書局, 1961.

李修生 主編, 『古本戲曲劇目提要』, 北京: 文化藝術出版社, 1997.

李豫 等 編, 『中國鼓詞總目』, 太原: 山西古籍出版社, 2006.

莊一拂, 『古典戲曲存目匯考』, 上海: 上海古籍出版社, 1982.

長澤規矩也, 「家藏曲本目錄」, 『書誌學』 8-3, 1937.

―――, 「家藏舊鈔曲本目錄」, 『書誌學』 4-4, 1935.

張撝之·沈起煒·劉德重 主編, 『中國歷代人名大辭典』, 上海: 上海古籍出版社, 1999.

丁文方 等 編, 『山東歷史人物辭典』, 濟南: 山東人民出版社, 1990.

鍾敬文 等 編, 『中國民間文學大辭典』, 哈爾賓: 黑龍江人民出版社, 1996.

車吉心 等 編, 『齊魯文化大辭典』, 濟南: 山東教育出版社, 1989.

澤田瑞穗, 「大鼓書私錄」, 『天理大學學報』, 34(1961); 36(1962); 37(1962).

胡士瑩, 『彈詞寶卷書目』, 上海: 中華書局, 1957.

Nienhauser, William H. ed. & comp., *The Indiana Companion to Traditional Chinese
　　Literature*, Bloomington: Indiana University Press, 1986.

Stevens, Catherine, "Coll. Chinese Folk Entertainments: a collection of tapes with
　　matching texts", Boston, 1960. 이 목록은 *CHINOPEARL News* 4, 1974. 가사는
　　Xerox University Microfilms, Ann Arbor. 테이프는 National Center for Audio Tapes,
　　Bureau of Audiovisual Instruction, University of Colorado Extension Div., Boulder,
　　Colorado.

2. 문학작품 및 작품집

『高亭唱片』, 上海: 출판사 미상, 연도 미상(1930년대).

『明成化說唱詞話叢刊』(13冊), 上海: 文物出版社, 1979; 朱一玄 校點, 鄭州: 中州古籍出版社,
　　1997.

『封神榜』, 北京: 人民文學出版社, 1994.

『水災傳』, 山東省圖書館 所藏本.

『勝利劇詞』, 上海: 世盛印刷公司, 1936.

『勝利唱詞』, 上海: 勝利唱片公司, 연도 미상(1930년대).

『新編三國八種說唱鼓詞』, 首都圖書館 所藏本.

『新戲考全集』, 上海: 新戲考聯合出版社, 1937.

『楊愼詞曲集』, 成都: 四川人民出版社, 1984.

『英雄淚·國事悲』, 서울대도서관 소장본; 朴在淵 校點, 『英雄淚』, 서울: 학고방, 1995.

『丁野鶴先生遺藁』, 北京圖書館 所藏本.

『丁野鶴遺著』, 山東大學圖書館 所藏本.

『中國近代文學大系·俗文學集』, 上海: 上海書店, 1992.

『車王府曲本選』, 廣州: 中山大學出版社, 1990.

『車王府曲本菁華』, 廣州: 中山大學出版社, 1993.

『淸蒙古車王府藏曲本』(總315函, 매 함 약 4~5책), 北京: 北京古籍出版社, 1991.

『淸蒙古車王府藏子弟書』, 北京: 國際文化出版公司, 1994.

『呼家將』(94회, 劉泰淸 연출본), 濟南: 山東文藝出版社, 1984.

『呼延慶出世』(36회, 李金林 연출본), 河北省戱曲硏究室, 연도 미상.

孔尙任(淸), 『桃花扇』, 北京: 人民文學出版社, 1988.

郭茂倩(宋), 『樂府詩集』, 北京: 中華書局, 1979.

霍樹棠, 『三國故事鼓詞選』, 瀋陽: 春風文藝出版社, 1957.

關德棟·李萬鵬 編, 『聊齋志異說唱集』, 上海: 上海古籍出版社, 1983.

關德棟·周中明 編, 『賈鳧西木皮詞校注』, 濟南: 齊魯書社, 1982.

——————————, 『子弟書叢鈔』, 上海: 上海古籍出版社, 1985.

金諾(淸), 「韻史」, 王晫·張潮(淸), 『檀几叢書』, 上海: 上海古籍出版社, 1992.

金學主 譯著, 『論語』, 서울: 서울대학교출판부, 1985.

——————, 『詩經』, 서울: 명문당, 1984.

路工, 『孟姜女萬里尋父集』, 上海: 上海出版公司, 1955.

——, 『梁祝故事說唱集』, 上海: 上海出版公司, 1955; 上海: 上海古籍出版社, 1985.

路工·傅惜華, 『十五貫戲曲資料彙編』, 北京: 作家出版社, 1957.

路南孚, 『中國歷代敍事詩歌』, 濟南: 山東文藝出版社, 1987.

路大荒 編, 『蒲松齡集』, 北京: 中華書局, 1962.

路大荒·趙苕狂 編, 『聊齋全集』, 上海: 世界書局, 1936.

陶淵明, 「歸去來辭」.

董蓮枝 編, 『梨花大鼓書詞初編』, 南京: 南京印書館, 1931.

杜穎陶, 『董永沈香合集』, 上海: 上海出版公司, 1955.

杜穎陶·兪芸, 『岳飛故事戲曲說唱集』, 1957; 上海: 上海古籍出版社, 1985.

馬立勛 編, 『聊齋白話韻文』, 北平: 樸社出版部, 1929.

傅惜華, 『白蛇傳集』, 上海: 上海古籍出版社, 1958; 1985.

——, 『西廂記說唱集』, 上海: 上海出版公司, 1957; 上海: 上海古籍出版社, 1986.

北大歌謠硏究會, 『歌謠』, 1922~1937; 영인본은 『中國民俗資料聚書』 제12~14책, 서울: 民俗
　　苑, 연도 미상.

山東省戱曲硏究室 編,『說書賦贊選』, 濟南: 濟南市文化局戱硏室, 1983.

蘇少卿,『唱片劇詞彙編』, 上海: 1920; 6版, 上海: 先聲出版社, 1933.

首都圖書館 編,『淸車王府藏曲本』(總57冊), 北京: 學苑出版社, 2001.

瀋陽市文聯 編,『鼓詞彙集』(全6冊), 1957.

阿英,『晩淸文學叢鈔·說唱文學卷』(全2冊), 北京: 中華書局, 1960.

王筠(淸) 輯,『石破天驚』, 山東省圖書館 所藏本.

王潤生·夏曉華 編著,『呼延慶掛帥』(6回), 石家莊: 花山文藝出版社, 1983.

王晫·張潮(淸),『檀几叢書』, 上海: 上海古籍出版社, 1992.

王學奇 主編,『元曲選校注』(全8冊), 石家莊: 河北敎育出版社, 1994.

劉階平 編,『木皮散客鼓詞』, 臺北: 正中書局, 1954.

――――,『淸初鼓詞俚曲選』, 臺北: 正中書局, 1968.

劉鶚,『老殘遊記』, 北京: 人民文學出版社, 1987. 국역본은 金時俊 譯,『라오찬 여행기』, 서울:
　　도서출판 솔, 1998.

劉烈茂 等,『車王府曲本選』, 廣州: 中山大學出版社, 1990.

――――,『車王府曲本菁華』, 廣州: 中山大學出版社, 1993.

劉烈茂·郭精銳 主編,『淸車王府鈔藏曲本·子弟書集』, 南京: 江蘇古籍出版社, 1993.

殷凱 編,『北京俚曲』, 1924, 서울대도서관 소장본.

李增坡 主編,『丁耀亢全集』, 鄭州: 中州古籍出版社, 1999.

臧懋循(明) 編,『元曲選』, 北京: 中華書局, 1958.

齊家本,『鼓詞彙編』, 上海, 1929.

諸聖隣(明),『大唐秦王詞話』, 瀋陽: 遼寧古籍出版社, 1996.

曹芥初 序,「孔夫子鼓兒詞」,『逸經』第9期, 1936.

趙景深 編,『鼓詞選』, 北京: 中華書局, 1957.

中國曲藝工作者協會 遼寧分會 編,『子弟選』, 1979.

中國人民政治協商會議 山東省臨朐縣委員會 編,『(臨朐)文史資料選輯』第4輯, 1985.

中國唱片公司 編,『中國唱片大戱考』, 上海: 上海文化出版社, 1958.

陳琪·喩璞 校訂,『東郭簫鼓兒詞』, 上海: 上海中華書局, 1931.

陳新 主編,『中國傳統鼓詞精匯』, 北京: 華藝出版社, 2002.

波多野太郎 編,「子弟書集」,『橫濱市立大學紀要』人文學 第6篇 中國文學 第6號, 1975.

郝赫 整理,『金沙灘·潘楊訟』, 瀋陽: 春風文藝出版社, 1982.

洪寅杓 역저,『孟子』, 서울대학교출판부, 1992.

洪興祖(宋),『楚辭補註』, 臺北: 藝文印書館, 1973.

Stevens, Kate trans.,“The Slopes of Changban, A Beijing Drumsong in the Liu(劉)
　　Style”,*CHINOPEARL Papers* 15, 1990.

3. 필기筆記 및 사료史料

「津門雜記」,『筆記小說大觀』本.

『曲阜縣志』, 乾隆39年(1774).

『東京夢華錄(外四種)』, 臺北: 古亭書屋, 1975.

『明史』.

『山東省文化藝術志資料匯編』(최소 20책), 1980년대~1990년대.

『山東省志·文化志』, 濟南: 山東人民出版社, 1995.

『山東省志·民俗志』, 濟南: 山東人民出版社, 1996.

『續修廣堯縣志』, 民國24年(1935).

『燕京歲時記』, 光緒32年(1906).

『臨朐續志』, 民國24年(1935).

『臨朐縣志』, 光緒10年(1884).

『滋陽縣志』, 咸豐9年(1859).

『諸城縣志』, 乾隆29年(1764).

『中國曲藝音樂集成·北京卷』, 北京: 中國ISBN中心, 1996.

『中國曲藝音樂集成·天津卷』, 北京: 中國ISBN中心, 1993.

『中國曲藝志·江蘇卷』, 北京: 中國ISBN中心, 1996.

『中國曲藝志·北京卷』, 北京: 中國ISBN中心, 1999.

『中國曲藝志·山東卷』, 北京: 中國ISBN中心, 2002.

『中國曲藝志·遼寧卷』, 北京: 中國ISBN中心, 2000.

『中國曲藝志·天津卷』, 北京: 中國ISBN中心, 2009.

『中國曲藝志·河南卷』, 北京: 中國ISBN中心, 1995.

『中國曲藝志·河北卷』, 北京: 中國ISBN中心, 2000.

『中國曲藝志·湖南卷』, 北京: 新華出版社, 1992.

『中國地方志民俗資料匯編·東北卷』, 北京: 北京圖書館出版社, 1989; 1997.

『中國地方志民俗資料匯編·華東卷』, 北京: 書目文獻出版社, 1995.

『中國地方志民俗資料匯編·華北卷』, 北京: 北京圖書館出版社, 1989; 1997.

顧頡剛, 『顧頡剛讀書筆記』(全10卷), 臺北: 聯經出版事業公司, 1990.

郎瑛(明), 『七修類稿』, 臺北: 世界書局, 1984.

路工 編, 『清代北京竹枝詞(十三種)』, 北京: 北京出版社, 1962.

譚正璧·譚尋 蒐輯, 『評彈通考』, 北京: 中國曲藝出版社, 1985.

曼殊震鈞(淸), 『天咫偶聞』, 光緒29年(1903); 1907, 서울대도서관 소장본.

孟慶榮(淸), 『那個年代-回憶舊濟南』, 濟南: 黃河出版社, 1996.

繆東霖(淸), 『陪京雜述』 光緒3年(1877).

服部宇之吉(日本) 主編, 『北京志』, 東京: 博文館, 1908. 中譯本은 張宗平 等 譯, 『淸末北京志資
　　料』, 北京: 北京燕山出版社, 1994.

捧花生(淸), 『畫舫餘談』 嘉慶23年(1818).

梟道人(淸), 『舊學盒筆記』, 臺北: 廣文書局, 1970.

查雙祿 主編, 『南京曲藝志』, 南京: 江蘇文藝出版社, 1996.

常人春, 『老北京的風俗』, 北京: 北京燕山出版社, 1996.

徐珂, 『淸稗類鈔』, 上海: 商務印書館, 1917; 北京: 中華書局, 1986.

薛寶琨, 『駱玉笙和她的京韻大鼓』, 哈爾賓: 黑龍江人民出版社, 1984.

孫書筠 口述, 包澄絜 整理, 『藝海沉浮』, 北京: 中國曲藝出版社, 1986.

崇彝(淸), 『道咸以來朝野雜記』, 北京: 北京古籍出版社, 1982.

沈德符(明), 『萬曆野獲編』, 北京: 中華書局, 1980; 1997.

王利器 輯錄, 『元明淸三代禁毁小說戲曲史料』, 北京: 作家出版社, 1958; 臺北: 河洛圖書出版
　　社, 1980.

王先謙(淸) 撰, 『荀子集解』, 北京: 中華書局, 1988.

王以敏(淸), 『檗塢詩存初集』, 光緒12年(1886).

雲游客, 『江湖叢談』, 北平: 北平時言報社, 1936; 北京: 中國曲藝出版社, 1988; 天津: 百花文藝
　　出版社, 1996.

李家瑞, 『北平風俗類徵』, 中央硏究院 歷史語言硏究所, 1937; 影印本, 1992.

李斗(淸), 『揚州畵舫錄』, 乾隆60年(1795); 臺北: 世界書局, 1979.

李聲振(淸), 「百戱竹枝詞」, 路工 編, 『淸代北京竹枝詞(十三種)』, 北京: 北京出版社, 1962.

臧懋循(明), 『負苞堂集』, 上海: 古典文學出版社, 1958.

張靜廬 編, 『中國近代出版史料二編』, 上海: 群聯出版社, 1954.

─────, 『中國近代出版史料初編』, 北京: 中華書局, 1957.

張次溪, 『人民首都的天橋』, 北京: 修綆堂書店, 1951; 北京: 中國曲藝出版社, 1988.

章翠鳳, 『大鼓生涯的回憶』, 臺北: 傳記文學出版社, 1967.

田汝成(明), 『西湖遊覽志餘』(嘉靖年間), 臺北: 世界書局, 1982.

田藝衡(明), 『留靑日札』, 隆慶6年(1572); 上海: 上海古籍出版社, 1992.

鄭爾康, 『鄭振鐸書話』, 北京: 北京出版社, 1996.

鄭振鐸, 『西諦書話』, 北京: 三聯書店, 1983; 第2版, 1998.

濟南市政協文史資料委員會 編, 『濟南文苑漫憶』, 濟南: 濟南出版社, 1993.

朱聯保, 『近現代上海出版業印象記』, 上海: 學林出版社, 1993.

中國舞蹈藝術硏究會 舞蹈史硏究組 編, 『全唐詩中的樂舞資料』, 北京: 人民音樂出版社, 1996.

黃育鞕(淸), 「破邪詳辨」, 道光14年~21年(1834~1841), 『淸史資料』 第3輯, 北京: 中華書局,
　　1982.

4. 연구저서 및 논문집

『曲藝特徵論』, 北京: 中國曲藝出版社, 1989.

『中國曲藝論集·第1集』, 北京: 中國曲藝出版社, 1984.

『中國曲藝論集·第2集』, 北京: 中國曲藝出版社, 1990.

姜昆·倪鍾之, 『中國曲藝通史』, 北京: 人民文學出版社, 2005.

江明惇, 『漢族民歌槪論』, 上海: 上海音樂出版社, 1982.

耿瑛, 『曲藝縱橫談』, 瀋陽: 春風文藝出版社, 1993.

高國藩, 『中國民間文學』, 臺北: 學生書局, 1995.

高曾偉, 『中國民俗地理』, 蘇州: 蘇州大學出版社, 1996.

郭延禮, 『中國近代文學發展史』, 濟南: 山東敎育出版社, 1990.

關德棟, 『曲藝論集』, 上海: 上海古籍出版社, 1958; 新1版, 1983.

김병국, 『한국 고전문학의 비평적 이해』, 서울: 서울대학교출판부, 1995.

金库濤,『漢代 樂府民歌 硏究』, 서울대 박사학위논문, 1993.

金遇錫,『諸宮調硏究』, 서울대 박사학위논문, 1996.

金震坤,『宋元 平話 硏究』, 서울대 박사학위논문, 1996.

金學主,『中國 古代의 歌舞戲』, 서울: 민음사, 1994.

──── ,『中國文學槪論』, 서울: 신아사, 1977.

──── ,『中國文學史』, 서울: 신아사, 1989.

──── ,『韓·中 두 나라의 歌舞와 雜戲』, 서울: 서울대학교출판부, 1994.

路大荒,『蒲松齡年譜』, 濟南: 齊魯書社, 1986.

老舍 編,『曲藝創作和表演』, 北京: 工人出版社, 1956.

老舍,『老舍曲藝文選』, 北京: 中國曲藝出版社, 1982.

魯迅,『中國小說史略』, 1923. 국역본은 정범진 역, 서울: 학연사, 1987; 조관희 역, 서울: 도서
    출판 살림, 1998.

盧昌五 主編,『胡孟祥說唱藝術論集』, 北京: 中國民間文藝出版社, 1989.

段玉明,『中國市井文化與傳統曲藝』, 長春: 吉林敎育出版社, 1992.

譚達先,『中國民間文學槪論』, 臺北: 木鐸出版社, 1983.

──── ,『中國民間戲劇硏究』, 臺北: 木鐸出版社, 1982.

婁子匡·朱介凡,『五十年來的中國俗文學』, 臺北: 正中書局, 1963.

馬幼垣,『中國小說史集稿』, 臺北: 時報出版公司, 1980; 1987.

馬紫晨,『河南曲藝史論文集』, 鄭州: 中州古籍出版社, 1996.

孟繁樹,『中國板式變化體戲曲硏究』, 臺北: 文津出版社, 1991.

苗晶·喬建中,『論漢族民歌近似色彩區的劃分』, 北京: 文化藝術出版社, 1987.

白鳳鳴·王決,『怎樣表演京韻大鼓』, 上海: 上海文化出版社, 1957.

傅惜華,『曲藝論叢』, 上海: 上雜出版社, 1953.

徐復嶺,『醒世姻緣傳作者和語言考論』, 濟南: 齊魯書社, 1993.

서울대학교동양사연구실,『講座中國史』(전7권), 서울: 지식산업사, 1989.

雪江·張雨,『西河大鼓』, 上海: 新音樂出版社, 1954.

薛寶琨,『中國的曲藝』, 北京: 人民出版社, 1987.

薛寶琨·鮑震培,『中國說唱藝術史論』, 石家莊: 花山文藝出版社, 1990.

葉德均,『戲曲小說叢考』, 北京: 中華書局, 1979.

孫楷第,『俗講·說話與白話小說』, 北京: 作家出版社, 1956.

──── ,『滄州集』, 北京: 中華書局, 1965.

宋原放·李白堅,『中國出版史』, 北京: 中國書籍出版社, 1991.

沈燮元 編,『周貽白小說戲曲論集』, 濟南: 齊魯書社, 1986.

阿英,『小說閒談四種』, 上海: 上海古籍出版社, 1985.

──── ,『彈詞小說評考』, 上海: 中華書局, 1937.

楊蔭深,『中國俗文學槪論』, 上海: 世界書局, 1946; 臺北: 世界書局, 1961.

양회석,『중국희곡』, 서울: 민음사, 1996.

倪鍾之,『曲藝民俗與民俗曲藝』, 天津: 百花文藝出版社, 1993.

──── ,『倪鍾之曲藝文選』, 天津: 百花文藝出版社, 1996.

──── ,『中國曲藝史』, 瀋陽: 春風文藝出版社, 1991.

오금성 등,『明末淸初社會의 조명』, 서울: 한울아카데미, 1990.

吳同瑞·王文寶·段寶林, 編,『中國俗文學槪論』, 北京: 北京大學出版社, 1997.

──────────────,『中國俗文學七十年』, 北京: 北京大學出版社, 1994.

吳文科,『「說唱」義證』, 北京: 中國文學出版社, 1994.

吳秀卿,『宋元 南戲 研究』, 서울대 박사학위논문, 1992.

完藝舟,『從拉魂腔到泗州戲』, 合肥: 安徽人民出版社, 1963.

王決,『曲藝漫談』, 北京: 廣播出版社, 1982.

汪景壽,『說唱: 鄕土藝術的奇葩』, 北京: 北京大學出版社, 1994.

───,『中國曲藝藝術論』, 北京: 北京大學出版社, 1994.

汪景壽·王決·曾惠杰,『中國評書藝術論』, 北京: 經濟日報出版社, 1997.

王國維,『王國維戲曲論文集』, 北京: 中國戲劇出版社, 1984.

王文寶,『中國俗文學發展史』, 北京: 北京燕山出版社, 1997.

王伯敏 主編,『中國美術通史』(全8冊), 濟南: 山東敎育出版社, 1988.

王秋桂 編,『李家瑞先生通俗文學論文集』, 臺北: 學生書局, 1982.

──────,『韓南中國古典小說論集』, 臺北: 聯經出版事業公司, 1979.

王學三·王亞平·白鳳鳴·王決·沈彭年,『鼓曲研究』, 北京: 作家出版社, 1960.

饒學剛,『曲藝寫作淺論』, 武漢: 長江文藝出版社, 1980.

于會泳,『山東大鼓』, 北京: 音樂出版社, 1957.

袁世碩,『孔尙任年譜』, 濟南: 齊魯書社, 1987.

韋人·韋明鏵,『揚州曲藝史話』, 北京: 中國曲藝出版社, 1985.

劉階平,『蒲留仙遺著考略與志異遺稿目錄』, 臺北: 正中書局, 1950.

───,『蒲留仙傳』, 臺北: 學生書局, 1970.

劉大杰,『中國文學發展史』, 上海: 上海古籍出版社, 1983.

李家瑞,『北平俗曲略』, 北平: 中央研究院 歷史語言研究所, 1933; 影印本, 上海: 上海文藝出版社, 1990.

李文治·江太新,『淸代漕運』, 北京: 中華書局, 1995.

李福淸(Boris Riftin),『三國演義與民間文學傳統』, 上海: 上海古籍出版社, 1997. (原著는 Рифтин, Борис Львович, *Историческая эпопея и фольклорная традиция в Китае(Устные и книжные версии «Троецарствия»)*, Москва: изд-ва Наука, 1970.〔Riftin, Boris Leonidovich, *Historical Epic and Folklore Tradition in China (Oral and Book Version of "Three Kingdoms")*, Moscow: Nauka publishing, 1970.〕)

──────────────,『李福淸論中國古典小說』, 臺北: 洪葉文化事業有限公司, 1997.

李雪梅·于紅·霍耀中·尹變英·李豫,『中國鼓詞文學發展史』, 上海: 上海人民出版社, 2012.

李嘯倉,『宋元伎藝雜考』, 上海: 上雜出版社, 1953.

───,『李嘯倉戲曲曲藝研究論集』, 北京: 中國戲劇出版社, 1994.

───,『怎樣編寫鼓詞』, 北京: 藝術出版社, 1955.

李岳南,『民間戲曲歌謠散論』, 上海: 上海出版公司, 1954.

李豫 等,『淸代木刻鼓詞小說考略』, 太原: 三晉出版社, 2010.

이준식,『先秦兩漢敍事詩研究』, 성균관대 박사학위논문, 1991.

李昌淑,『원잡극의 틀과 원리』, 서울대 박사학위논문, 1995.

李孝悌,『清末的下層社會啓蒙運動1901-1911』, 臺北: 中央研究院 近代史研究所, 1992.

林家平·寧强·羅華慶,『中國敦煌學史』, 北京: 北京語言學院出版社, 1992.

張軍·郭學東,『山東曲藝史』, 濟南: 山東文藝出版社, 1997.

蔣瑞藻,『小說考證』, 上海: 商務印書館, 1919.

張紫晨,『中國民間小戲』, 杭州: 浙江教育出版社, 1989; 1995.

張長弓,『張長弓曲論集』, 鄭州: 黃河文藝出版社, 1986.

張中行,『文言和白話』, 北京: 中華書局, 2007.

長春市群衆藝術館 編,『曲藝論集』(上·下), 1980.

田仲一成,『中國演劇史』, 東京: 東京大學出版會, 1998.

全弘哲,『敦煌 강창문학의 敍事體系와 演行樣相 研究』, 한국외국어대 박사학위논문, 1995.

鄭大雄,『彈詞·鼓詞 比較硏究』, 한국외국어대 석사학위논문, 1989.

鄭振鐸,『中國文學硏究』, 北京: 作家出版社, 1957; 香港: 古文書局, 1970.

─────,『中國俗文學史』, 長沙: 商務印書館, 1938; 上海: 上海書店, 1984.

趙景深,『曲藝叢談』, 北京: 中國曲藝出版社, 1982.

조동일,『동아시아 구비서사시의 양상과 변천』, 서울: 문학과지성사, 1997.

조동일·김흥규 편,『판소리의 이해』, 서울: 창작과비평사, 1978; 1988.

鍾敬文 主編,『諸葛亮的傳說』, 蘭州: 甘肅人民出版社, 1984.

─────,『鍾敬文民間文學論集』, 上海: 上海文藝出版社, 1985.

鍾聲 編,『西河大鼓史話』, 石家莊: 花山文藝出版社, 1991.

周劍雲,『菊部叢刊』, 上海: 交通圖書館, 1918.

朱謙之,『中國音樂文學史』, 上海: 商務印書館, 1935; 北京: 北京大學出版社, 1989.

朱自清,『中國歌謠』, 北京: 作家出版社, 1957; 臺北: 世界書局, 1961.

周策縱,『古巫醫與'六詩'考』, 臺北: 聯經出版事業公司, 1986.

中國曲藝研究會,『書帽選集』, 1957.

中國曲協研究部 編,『曲藝藝術論叢』(總10輯), 北京: 中國曲藝出版社, 1981~1988.

中國社會科學硏究所 編,『中國近代文學論文集·戲劇民間文學卷』, 北京: 中國社會科學出版社,
    1982.

中國藝術研究院曲藝研究所 編,『說唱藝術簡史』, 北京: 文化藝術出版社, 1988.

曾永義,『說俗文學』, 臺北: 聯經出版事業公司, 1980.

曾子良,『寶卷之研究』, 政治大學 석사학위논문, 1975.

陳錦釗,『子弟書之題材來源及其綜合研究』, 國立政治大學 박사학위논문, 1977.

─────,『快書研究』, 臺北: 明文書局, 1982.

陳來生,『史詩·敍事詩與民族精神』, 上海: 上海社會科學院出版社, 1990.

陳福康,『鄭振鐸傳』, 北京: 北京十月文藝出版社, 1994.

陳翔華,『諸葛亮形象史研究』, 杭州: 浙江古籍出版社, 1990.

陳汝衡,『陳汝衡曲藝文選』, 北京: 中國曲藝出版社, 1985.

陳平原,『中國小說敍事模式的轉變』, 上海: 上海人民出版社, 1988. 국역본은 이종민 역,『중국
    소설서사학』, 서울: 도서출판 살림, 1994.

車錫倫,『中國寶卷研究論集』, 臺北: 學海出版社, 1997.

蔡源莉·吳文科,『中國曲藝史』, 北京: 文化藝術出版社, 1998.

澤田瑞穗, 『寶卷の研究』, 東京: 國書刊行會, 1963; 『增補寶卷の研究』, 1976.

彭雲鶴, 『明淸漕運史』, 北京: 首都師範大學出版社, 1995.

平井雅尾, 『聊齋研究』, 釜山: 자비출판, 1940.

向達, 『唐代長安與西域文明』, 北京: 三聯書店, 1957; 1987.

胡度·張繼樓, 『曲藝的寫作和演唱』, 重慶: 重慶人民出版社, 1955.

胡孟祥 主編, 『戴宏森說唱藝術論集』, 北京: 中國民間文藝出版社, 1989.

————, 『薛寶琨說唱藝術論集』, 北京: 中國民間文藝出版社, 1989.

胡士瑩, 『宛春雜著』, 杭州: 浙江文藝出版社, 1980.

———, 『話本小說槪論』, 北京: 中華書局, 1980.

胡懷琛, 『中國民歌研究』, 上海: 商務印書館, 1925; 1928.

洪尙勳, 『明末·淸初의 小說觀에 대한 시론』, 서울대 석사학위논문, 1991.

黃永林, 『鄭振鐸與民間文藝』, 南京: 南京大學出版社, 1996.

黃芝岡, 『從秧歌到地方戲』, 上海: 中華書局, 1951.

侯寶林·汪景壽·薛寶琨, 『曲藝槪論』, 北京: 北京大學出版社, 1980.

5. 연구논문 및 신문·잡지 수록 자료

「中山大學中文系整理珍藏的"蒙古車王府曲本"」, 『理論與實踐』 1960年 5期.

鏡海散人, 「鼓姬漫評」, 『申報』 1925. 5. 20.

高季安, 「子弟書的源流」, 『文學遺産增刊』 1, 1955. 9.

曲繼皋, 「山東民衆文藝與藝人」, 『民衆敎育』 第6期, 1937. 8; 『山東省文化藝術志資料匯編』 第2
　　輯, 1984에 재수록.

金文京, 「公冶長解鳥語考」, 『漢學硏究』 第1冊, 8卷 1期, 1990.

———, 「詩讚系文學試論」, 『中國－社會と文化』 7號, 1991.

金受申, 「落子館所見聞記」, 『曲藝』 1959. 8; 1959. 9; 1959. 10; 1959. 11.

———, 「北京的老書館兒」, 『曲藝』 1959年 7月號.

金學主, 「蓮花落'의 形成과 發展」, 『中國戲曲』 제3집, 1995.

———, 「中國의 民間曲藝 道情에 대하여」, 『韓國學硏究』 제8집, 1996.

冀歷, 「民間文學家馬益著及其作品簡介」, 『山東省文化藝術志資料匯編』 第18輯, 1989.

寄聲, 「嘯雲齋鼓話」, 『戲雜志』 3期, 1922.

路大荒, 「聊齋全集的"醒世姻緣"與"鼓詞集"的作者問題」, 『光明日報』 1955. 9. 4.

———, 「彈詞東郭傳與鼓詞東郭外傳」, 『光明日報』 1955. 2. 10.

老舍, 「記憶猶新」, 『曲藝』 1962年 5期.

老蠶, 「說大鼓」, 『申報』 1930. 10. 23.

譚家健, 「新發現的秦代文學·『爲吏之道』」, 『先秦散文藝術新探』, 首都師範大學出版社, 1995.

———, 「元代的成相辭」, 『先秦散文藝術新探』, 北京: 首都師範大學出版社, 1995.

譚正壁, 「我也來談文學遺産硏究與講唱文學」, 『光明日報』 1961. 12. 3.

唐心佛, 「大鼓源流的探討」(上·中·下), 『大公報』 1935. 4. 21~23.

道君, 「雜耍雜說」, 『申報』 1925. 5. 20.

陶鈍,「憶梨花大鼓名藝人謝大玉同志」,『曲藝』1979年 7期.

韜厂,「評晩香玉」,『戲雜志』3期, 1922.

杜聿新,「介紹中國的民間文學之一·鼓詞俚曲」,『新夏』7, 1970. 1.

―――,「介紹中國的民間文學之二·南窗夢」,『新夏』9, 1970. 3.

劉階平,「關於『清初鼓詞俚曲選』」,『書目季刊』2:1, 1967. 9.

李成珪,「清初地方統治의 確立 過程과 鄕紳―順治年間의 山東地方을 中心으로」,『서울대동양
사학과논집』, 1977.

馬連良,「刻苦創作精益求精」,『曲藝』1962年 6期.

馬二先生,「大鼓閒評(2)」,『菊部叢刊』1/2, 1922.

馬增芳,「寫鼓詞要打破框」,『曲藝』1962年 3期.

梅蘭芳,「談鼓王劉寶全的藝術創造」,『曲藝』1962年 2期.

墨餘,「談吉坪三」,『申報』1925. 5. 20.

白鳳鳴,「懷師篇」,『曲藝』1962年 2期.

白鳳鳴·王決,「京韻大鼓的說唱和表演」, 老舍 編,『曲藝創作和表演』, 北京: 工人出版社, 1956.

白鳳鳴·王決·王素稔,「京韻大鼓的源流和鼓詞的創作」, 老舍 編,『曲藝創作和表演』, 北京: 工人
出版社, 1956.

傅惜華,「百本張戲曲書籍考略」, 張靜廬 編,『中國近代出版史料二編』, 上海: 群聯出版社,
1954.

―――,「番合釧鼓詞之集唱本名目」,『曲藝論叢』, 上海: 上雜出版社, 1953.

―――,「辨番合釧鼓詞非明人作」,『曲藝論叢』, 上海: 上雜出版社, 1953.

―――,「北京曲藝概說」,『曲藝論叢』, 上海: 上雜出版社, 1953.

沙棟居,「小鼓(又名鼓兒詞)」,『藝術論壇』, 1989年 4期.

―――,「小鼓發展始末」,『文化藝術志資料匯編』, 第21輯.

思蘇,「說書有無脚本?」,『曲藝』1962年 4期.

徐扶明,「賈應寵及其鼓詞」,『文史哲』1956年 9期.

徐志剛,「憶山東梨花大鼓演員藝術家謝大玉」, 濟南市政協文史資料委員會 編,『濟南文苑漫
憶』, 濟南: 濟南出版社, 1993.

少卿,「大鼓書之研究」,『戲雜誌』1, 1922.

蘇尙耀,「讀『清初鼓詞俚曲選』」,『書目季刊』3:1, 1968. 12.

孫英芳,「清末民初石印術的傳入與上海石印鼓詞小說的出版」,『滄桑』2010年 6期.

辛公,「記鼓王劉寶全」, 陳汝衡,『陳汝衡曲藝文選』, 北京: 中國曲藝出版社, 1985, 214~242쪽에
인용된 것.

阿英,「從王小玉說到梨花大鼓」,『小說四談』, 上海: 上海古籍出版社, 1985.

楊慶五,「大鼓書話」,『戲雜誌』嘗試號―第6期, 1922. 4~1923. 1.

楊運,「大鼓書長處有四」,『申報』1925. 5. 20.

吳秀卿,「儺戲 연구가 중국연극사 인식의 변화에 끼친 영향」,『中國戲曲』제6집, 1998.

王決,「打鼓說書唱今古―大鼓的源流及五種大鼓簡介」,『曲藝漫談』, 北京: 廣播出版社, 1982.

王宏志,「曲藝漫談」,『群衆文藝輔導資料』, 湖南省群衆藝術館, 1981. 10.

王渭漁,「談大鼓」,『申報』1925. 4. 23.

―――,「大鼓漫談」,『申報』1925. 5. 7.

王怡之,「鼓兒詞研究」,『中國文選』22期, 1969.

———,「鼓兒詞的過去現在未來」,『暢流半月刊』第6卷 12期.

———,「鼓兒詞的文藝美」,『暢流半月刊』第6卷 5~6期.

———,「鼓兒詞題材的來源」,『聯合報』1955. 5. 2~4.

王憲煦,「我之大鼓書觀」,『申報』1925. 5. 20.

劉江,「文學家王筠」,『山東省文化藝術志資料匯編』第18輯, 1984.

劉階平,「蒲松齡先生作品的研究」,『暢流』8:11, 12, 1954. 1~2.

劉書琴,「我的父親劉泰清」,『山東省文化藝術志資料匯編』第5輯, 1985.

李家瑞,「談大鼓書的起源」, 王秋桂 編,『李家瑞先生通俗文學論文集』,臺北: 學生書局, 1982.

———,「說彈詞」, 王秋桂 編,『李家瑞先生通俗文學論文集』,臺北: 學生書局, 1982.

———,「清代北京饅頭舖租賃唱本的概況」, 王秋桂 編,『李家瑞先生通俗文學論文集』,臺北:
      1982.

李萬鵬,「王小玉的籍貫和生年」,『文史哲』1984年 4期.

———,「雜談"漁鼓簡板說孫猴子"」,『說唱藝術』第1·2期 合刊, 1981.

———,「韓國의 판소리와 中國의 大鼓書」,『韓國學研究』제8집, 1996.

李廷宰,「鼓詞의 傳統과 範圍 및 分類에 대한 一考」,『中國戲曲』제5집, 1997.

———,「民國 以來 鼓詞에 대한 認識」,『中國文學』제28집, 1997.

———,「청전기鼓詞의 作品과 作者層의 性格」,『中國戲曲』제6집, 1998.

任瑞炎,「小鼓簡介」,『山東省文化藝術志資料匯編』, 第16輯.

長澤規矩也,「中國俗曲의 唱本」,『青年界』11:4, 1937.

————,「支那俗曲のテキストに就いて」,『書誌學』4:4, 1935.

章輝,「銀鈴貫耳震京津――西河大鼓馬派代表馬增芬其人其藝」, 鍾聲 編,『西河大鼓史話』, 石
      家莊: 花山文藝出版社, 1991.

錢東甫,「記賈鳧西"鼓詞"」,『文學遺產增刊』1輯, 1955. 9.

淨雨,「清代印刷史小紀」,張靜廬,『中國近代出版史料二編』,上海: 群聯出版社, 1954.

鄭振鐸,「記一九三三年的古籍發現」,『中國文學研究』,北京: 作家出版社, 1957; 香港: 古文書
      局, 1970.

齊益壽,「向歷史掌嘴巴的鼓詞」,『中國論壇』3:10, 1977. 2.

存文,「西河滾滾向東流――談田蔭亭的西河大鼓藝術」, 鍾聲 編,『西河大鼓史話』, 石家莊: 花山
      文藝出版社, 1991.

鍾聲,「西河大鼓趙派創始人趙玉峰求藝紀略」, 鍾聲 編,『西河大鼓史話』, 石家莊: 花山文藝出版
      社, 1991.

朱眉叔,「日本京都大學圖書館藏滿滿漢合璧寫本『溫凉盞』評介」,『滿族研究』(季刊) 1988年 第3期
      (總第12期).

陳錦釗,「子弟書之作者及其作品」,『書目季刊』12:1~2, 1978. 9.

車錫倫,「『破邪詳辨』所載明清民間宗教寶卷的存佚」,『中國寶卷研究論集』,臺北: 學海出版社,
      1997.

———,「現代中國寶卷研究的開拓者」,『曲藝講壇』創刊號, 1996;『中國寶卷研究論集』,臺北:
      學海出版社, 1997.

青氣,「大鼓撫談」,『申報』1925. 5. 20.

澤田瑞穗,「子弟書一夕話」,『天理大學學報』33, 1960. 12.

佟晶心,「民間的俗曲」,『劇學月刊』4卷 1, 3期, 1935. 1~3.

波多野太郎,「子弟書研究」,『横濱市立大學紀要』A-38, 164, 1967.

布谷,「乾隆時北京的曲藝和雜技」,『新民晚報』1961. 11. 3.

賀聖鼐,「三十五年來中國之印刷術」, 張靜廬 編,『中國近代出版史料初編』, 北京: 中華書局, 1957.

向達,「明清之際之寶卷文學與白蓮敎」,『唐代長安與西域文明』, 北京: 三聯書店, 1957; 1987.

胡光平,「韓小窓生平及其作品考查記」,『文學遺産增刊』12, 1963..

胡適,「醒世姻緣傳考證」,『胡適文存(四)』, 上海: 商務印書館, 1935; 合肥: 黃山書社, 1995.

6. 영문 저서 및 논문

Bender, Mark A., Zaisheng yuan(再生緣) and Meng Lijun(孟麗君), *Performance, Context, and Form of two* Tanci(彈詞), Ph.D. diss., The Ohio State University, 1995.

Benson, Carlton, *From Teahouse to Radio: Storytelling and the Commercialization of Culture in 1930s Shanghai*, Ph.D. diss., University of California, 1996.

Blader, Susan R., *A Critical Study of* San-Hsia Wu-Yi(三俠五義) *and Relationship to the* Lung-T'u Kung-An(龍圖公案) *Song-book*, Ph.D. diss., University of Pennsylvania, 1977.

Chang, Chung-li(張仲禮), *The Chinese Gentry: Studies on Their Role in 19th. -century Chinese Society*, Seattle: University of Washington Press, 1955. 국역본은 김한식 등 역,『中國의 紳士』, 서울: 신서원, 1993.

Eoyang, Eugene, *Word of Mouth: Oral Storytelling in the* Pien-Wen(變文), Ph.D. diss., Indiana University, 1971.

Esherick, Joseph W., *The Origins of the Boxer Uprising*, Berkeley: University of California Press, 1987. 中譯本은 張俊義 등 역,『義和團運動的起源』, 南京: 江蘇人民出版社, 1995.

Hanan, Patrick, *The Chinese Vernacular Story*, Cambridge: Harvard University Press, 1981. 中譯本은 尹慧民 譯,『中國白話小說史』, 杭州: 浙江古籍出版社, 1989.

Ho, Ping-ti(何炳棣), *Studies on the Population of China, 1368-1953*, Cambridge: Harvard University Press, 1959. 국역본은 정철웅 역,『중국의 인구』, 서울: 책세상, 1994.

───────────, *The Ladder of Success in Imperial China: Aspect of Social Mobility, 1368-1911*, New York: University of Columbia Press, 1962. 국역본은 조영록 역,『중국과거제도의 사회사적 연구』, 서울: 동국대학교출판부, 1987.

Hodes, Nancy Jane, *Strumming and Singing the* "Three Smiles Romance(三笑姻緣)": *A Study of the* Tanci(彈詞) *Text*, Ph.D. diss., Harvard University, 1990.

Hu, Siao-chen, *Literary* Tanci(彈詞): *A Woman's tradition of narrative in verse*, Ph.D. diss., Harvard University, 1994.

Huang, Philip C. C.(黃宗智), *The Peasant Economy and Social Change in North China*,

Stanford: Stanford University Press, 1985.

Hung, Chang-tai(洪長泰), *Going to the People: Chinese Intellectuals and Folk Literature, 1918-1937*, Cambridge: Harvard University Press, 1985.

――――――――――, *War and Popular Culture: Resistance in Modern China, 1937- 1945*, Berkeley: University of California Press, 1994.

Johnson, David, et al. eds., *Popular Culture in Late Imperial China*, Berkeley: University of California Press, 1985.

King, Gail Oman, *A Study of* Hua Guan Suo Zhuan(花關索傳): *A Prosmetric Narrative Printed in 1478*, Ph.D. diss., University of Chicago, 1982.

Link, E. Perry Jr., *Mandarin Ducks and Butterflies*, Berkeley: University of California Press, 1981.

Lord, Albert B., *The Singer of Tales*, Cambridge: Harvard University Press, 1960.

Mair, Victor H., *T'ang Transformation Texts: A Study of the Buddhist Contribution to the Rise of Vernacular Fiction and Drama in China*, Cambridge: Council on East Asian Studies Harvard University, 1989.

Masini, Federico, *The Formation of Modern Chinese Lexicon and Its Evolution Toward a National Language: The Period from 1840 to 1898*, Berkeley: Journal of Chinese Linguistics Monograph Series No. 6, 1993. 국역본은 이정재 역, 『근대 중국의 언어와 역사』, 서울: 소명출판, 2005.

Merchant, Paul, *The Epic*, London: Methuen & Co. Ltd., 1971. 국역본은 이성원 역, 『서사시』, 서울: 서울대학교출판부, 1987.

Naquin, Susan, and Evelyn S. Rawski, *Chinese Society in the Eighteenth Century*, New Haven: Yale University Press, 1987. 국역본은 정철웅 역, 『18세기 중국사회』, 서울: 신서원, 1998.

Ong, Walter J., *Orality and Literacy: The Technologizing of the Word*, London and New York: Methuen, 1982. 국역본은 이기우·임명진 역, 『구술문자와 문자문화』, 서울: 문예출판사, 1995.

Rawski, Evelyn S., *Education and popular literacy in Ch'ing China*, Ann Arbor: The University of Michigan Press, 1979.

Stevens, Catherine, *Peking Drumsinging*, Ph.D. diss., Harvard University, 1973.

*　　*　　*

Eberhard, Wolfram, "Notes on Chinese Storytellers", *Fabula* 11, 1970.

Eoyang, Eugene, "The Immediate Audience: Oral Narration in Chinese Fiction", in W. H. Nienhauser Jr. ed., *Critical Essays on Chinese Literature*, Hong Kong: Chinese University of Hong Kong, 1976.

Hanan, Patrick, "The Yün-men Chuan: from Chantefable to Short Story", *Bulletin of the School of Oriental and African Studies* 36, 1973. 中譯本은 韓南, 「雲門傳-從說唱到短篇小說」, 『中外文學』 4卷 5期. 王秋桂 編, 『韓南中國古典小說論集』, 1979에 재수

록됨.

Hegel, Robert E., "Distinguishing Levels of Audiences for Ming–Ch'ing Vernacular Literature", in David Johnson et al. eds., *Popular Culture in Late Imperial China*, Berkeley: University of California Press, 1985.

Hrdlička, Zdenek, "Old Chinese Ballads to the Accompaniment of the Big Drum", *Archiv Orientální* 25, 1957.

Hrdličková, Věna, "Some Observations on the Chinese Art of Storytelling", *Acta Universitatis Carolinae–Philologica* 3, 1964.

————————, "The Professional Training of Chinese Storytellers and the Storytellers' Guilds", *Archiv Orientální* 33, 1965.

Johnson, David, "Communication, Class, and Consciousness in Late Imperial China", in David Johnson, et al. eds., *Popular Culture in Late Imperial China*, Berkeley: University of California Press, 1985.

————————, "Scripted Performances in Chinese Culture: An Approach to the Analysis of Popular Literature", 『漢學研究』第1冊, 8卷 1期, 1990.

Lee, Leo Ou–fan(李歐梵) and Andrew J. Nathan, "The Beginnings of Mass Culture: Journalism and Fiction in the Late Ch'ing and Beyond", in David Johnson et al. eds., *Popular Culture in Late Imperial China*, Berkeley: University of California Press, 1985.

Mair, Victor H., et al., "Three Contemporary Western Approaches to Oral Literature: Implications for the Study of Chinese Folklore", 『漢學研究』第1冊, 8卷 1期, 1990.

Pian, Rulan C.(卞趙如蘭), "Primary Sources of Materials from the Chinese Oral Tradition – An Interim Bibliography", *CHINOPEARL News* 4, 1974.

Roy, David T., "The 15th–century Shuo–Ch'ang–Tz'u–Hua(說唱詞話) as Examples of Written Formulaic Composition", *CHINOPEARL News* 10, 1981.

Skinner, G. William, "Regional Urbanization in Nineteenth–Century China", in G. William Skinner ed., *The City in Late Imperial China*, Stanford: Stanford University Press, 1977.

中國口傳表演的傳統與變化

鼓詞系講唱研究(1644~1937)

　‘鼓詞’和‘大鼓’是淸代以來講唱文學代表類別之一, 但歷來對這兩個詞彙概念的理解很薄弱而複雜, 因此目前還沒得到較爲妥當的說法。本書以‘鼓詞系講唱’的名義來考查該文藝的表演傳統和文學特色的變遷。

　第一部爲鼓詞系講唱序說, 探討它的傳統、範圍、分類等問題。從技藝的角度看, 鼓詞系講唱是用鼓來伴奏的講唱;它的淵源可溯到≪荀子·成相≫, 但趙宋以後更繁榮起來。從文學的角度看, 它是以七言惑十言韻文爲基本因素的講唱文學;它的淵源也可溯到先秦原始講唱, 但唐代以後十分盛行。在技藝和文學兩方面漫長的傳統背景下, 淸初山東文人賈鳧西編成≪歷代史略鼓詞≫等作品, 鼓詞系講唱的歷史才正式開始了。根據名稱、流行時間和地區、文學特色, 本書把鼓詞系講唱按時期再分爲前期和後期, 前者比較單純, 後者比較複雜, 前後時期鼓詞系講唱各具異樣特色, 所以統一認識鼓詞系講唱的特色頗有難度。通過考察, 本書確認:‘鼓(兒)詞’淸初被認爲短篇韻散結合體作品, 淸後期以後就變爲指中長篇

韻散結合體作品的詞彙, 清末再擴大爲甚至包括短篇韻文體作品的詞彙。清後期才出現的 '大鼓(書)' 大略指短篇韻文體作品, 但經過清末民初時期, 逐漸擴大爲包括整個鼓詞系講唱的概念。

第二部探討前期鼓詞系講唱。它從清初到乾隆年間在山東流行, 有二十多篇作品。它的形式是中短篇韻文體和韻散結合體, 它的題材主要是≪論語≫和≪孟子≫中的故事、上古至明末的歷史故事、寓言性故事等。代表作家如賈鳧西、丁野鶴、馬益著都是鄉村紳士, 他們用鼓詞系講唱的形式來諷刺現實世界的矛盾, 啓蒙農村老百姓, 從作品中可以看出他們對當時世界的認識。前期鼓詞系講唱的文章裡面包括敍事性描述、接近于代言體的對話、抒情性吐露、論說性主張, 呈現多文類(multi-genre)特色。它的演出場所包括市場、官府、學校、村莊等, 可以推測它有可能是文人參照民間流行的技藝而加工的結果。但根據現存資料來看, 可以相信它還是文人起的作用更大的文學。它的聽衆包括文盲到知識分子的廣泛的階層。同時由於不少讀者的愛好和保存努力, 它終于能傳下來到現在。前期鼓詞系講唱形成鼓詞系講唱的傳統, 同時爲後期鼓詞系講唱奠定了良好的基礎。

第三部探討後期鼓詞系講唱。它從嘉慶到民國年間在山東、河北、北京、天津等處廣範盛行, 可以分爲農村鼓詞系講唱和城市鼓詞系講唱。前者繼承前期鼓詞系講唱以及其他詩讚系文藝傳統, 多數演出≪三國≫、≪水滸≫、≪隋唐≫、≪楊家將≫等戰爭、等英雄故事, 清末農村藝人進入城市以後就逐漸衰落。後者一部分地區如北京在 '子弟書'、'清口大鼓' 等城市本有的鼓詞系講唱的基礎上接收從農村傳來的講唱, 另一部分地區如山東直接而積極接收農村講唱, 形成鼓詞系講唱的盛行期。兩者之間的差異如下: 農村鼓詞系講唱半職業藝人、男藝人多, 文化較低的聽衆, 中長篇爲主, '金戈鐵馬' 題材爲主; 城市鼓詞系講唱職業化了的藝人、女

藝人多, 文化較高的聽眾, 形成短篇和長篇的分化, 加多古典小說和戲曲題材。到了清末時期, 鼓詞系講唱的記錄本大量出現。它包括‘西河大鼓’、‘山東大鼓’之中長篇韻散結合體作品和在北京鈔賣的短篇韻文體作品以及在上海等大城市出版的石印、鉛印作品。它可以分爲韻散文結合體和韻文體作品。前者以中長篇建國、戰爭、英雄故事爲主, 後者利用著名古典文學的故事和反映現實生活的故事較多。鼓詞系講唱記錄本的大量出現標誌著大衆讀者的成長, 但聽書的方式也起碼到一九三〇年代仍然占著重要的地位。

從清初到民國時期的將近三百年間, 超過一千多篇作品的鼓詞系講唱利用家喩戶曉的歷史、小說、戲曲故事來再創造生動活潑的人物形象, 受到廣泛聽衆和讀者的歡迎, 不斷地影響中國民衆的思維方式。可以說, 鼓詞系講唱在題材和內容的不斷變化裏還保存着中國傳統民間文化特色的力量和內含。

찾아보기

ㄱ

「가경야사방嘉慶爺私訪」 368

가림歌林 353

가부서賈鳧西 17

『가부서목피사교주賈鳧西木皮詞校注』 79

각본刻本대고 348

감로사甘路寺 391

「감자목란화減字木蘭花」 40

강경문講經文 45

강남姜南 52

「강동념일사탄사江東念一史彈詞」 55

강동무기서국江東茂記書局 361

강보講報 345

강소江蘇 236

강영 98

「강죽균江竹筠」 305

강창 16

강창문학 32

강태공 382

『강호총담江湖叢談』 311

『강희자전康熙字典』 342

「개량권부改良勸夫」 297

개봉開封 285

개장치어開場致語 130

『거주지莒州志』 149

「건문제출가建文帝出家」 306

걸닉桀溺 112, 198

「검각문령劍閣聞鈴」 300, 307

겁怯대고 258

「격고매조擊鼓罵曹」 306, 307

견성현鄄城縣 290

겸조신兼操神 297

경극 240

「경덕장풍敬德裝瘋」 308

경덕진景德鎭대고 285

경도京都 366

경동京東대고 285

「경술수재고아사庚戌水災鼓兒辭」 80

「경술수재전고아사庚戌水災傳鼓兒辭」 82, 86

경운대고京韻大鼓 65, 245, 283

경음京音대고 283

경풍재慶豊齋 355

경항京杭 운하 238

경현景縣 299

『경화일보京華日報』 344

계손씨季孫氏 119

계환자季桓子 111

고(아)사 240

고계황후 302

고궁박물원 347

『고금도서집성古今圖書集成』 342

고급식자층 216

고밀高密 367

고사鼓詞 16, 32, 347

고사계강창鼓詞系講唱 16

「고사서상원古詞西廂院」

359

『고사선鼓詞選』 357

『고사회편鼓詞匯編』 351

고사휘간鼓詞彙刊 373

『고사휘집鼓詞彙集』 60, 351

『고사휘편鼓詞彙編』 60, 373

고산조靠山調 352

고성상회古城相會 391

「고성회古城會」 260, 296, 302, 404

고시固始 246

고아사鼓兒詞 32, 54, 226, 347

고아형鼓兒亨 421

고양高陽 249, 256

고원균高元鈞 318

고자사鼓子詞 40

고정高亭 353

『고정창편高亭唱片』 353

고정창편공사高亭唱片公司 60

고취곡사鼓吹曲辭 40

고판사鼓板詞 226

「고홍拷紅」 302

곡계고曲繼皐 84

곡부 106

곡예 212

곤絲 179

골계대고 285

공공 178

공량유公良孺 120

공명차전孔明借箭 391

「공부자고아사孔夫子鼓兒詞」 53, 77, 78, 86

공상임孔尙任 79, 211

「공성계空城計」 300

공야장公冶長 124

공연문학公演文學 29

공자 119, 198

『공자가어』 118

「공자거제孔子去齊」 78

공정번孔貞璠 211

공화청共和廳 318

곽거경郭居敬 142

곽광 198

곽기태郭其泰 247

곽대니郭大妮 245, 288

곽명량霍明亮 250, 293

곽밀향郭密香 288

곽쌍전郭雙全 248

곽왜郭娃 292

곽위郭威 192

곽채운郭彩云 298

관가쟁關家錚 350

관공반도關公盤道 391

관덕동關德棟 75

관란정觀瀾亭 314

관성寬城 366

「광릉산廣陵散」 289

광명차원光明茶園 313

광서廣西대고 286

「광영적항행光榮的航行」 307

광요 106

『광요현지廣饒縣志』 93

광유차원光裕茶園 313, 316

광익서국廣益書局 361

광흥차원廣興茶園 315

굉문각宏文閣 366

교경산방校經山房 359

교동膠東대고 285

「교련주巧連珠」 355, 364

「교제랑회위咬臍郎回圍」 256

구비연행 16

「구소운邱少雲」 305, 307

구양수歐陽修 40

「구인두九人頭」 401

구자扣子 271

구징취邱澂翠 88

구춘성勾春盛 316

국립북평도서관 347

「국사비國事悲·영웅루英雄淚」 372

『국어國語』 39

국화상장國貨商場 317

「군선진群仙陣」 368

굴원屈原 139, 197

「궁신답문窮神答文」 74, 79

권업장勸業場 309

『궐리지』 118

「귀거래사歸去來辭」 147

「귀원전거歸園田居」 147

극적 대사 185

금과철마金戈鐵馬 396

「금릉부회金陵府會」 40

금림차붕金霖茶棚 313, 316

『금병매사화金甁梅詞話』 48

「금사탄金沙灘·반양송潘楊訟」 267

금성차원金聲茶園 316

금소란金小蘭 297

금소향金小香 297

「금쇄진金鎖鎭」 252, 300

「금수사錦水祠」 282

금장도서국錦章圖書局 361

『금통잔당기金統殘唐記』 48

「금합춘추金盒春秋」 369, 395

기력冀歷 85

기봉상綦鳳翔 282

『기수현지沂水縣志』 149

기중락자翼中落子 249
길교재吉巧齋 356
김만창金萬昌 282
김우석 163
김학주金學主 33, 162
김호선金好善 386

ㄴ

나가사와 기쿠야長澤規矩也 357
「나성교羅盛教」 308
「나성규관羅成叫關」 306
나자㸑子 247
나희儺戲 241
『낙안현지』 94
낙옥생駱玉笙 307
『낙옥생과 그의 경운대고〔駱玉笙和她的京韻大鼓〕』 308
낙정樂亭 284
낙정조樂亭調 311
낙채무駱彩舞 307
난붕暖棚 309
「난시구亂柴溝」 354, 370, 395
난주蘭州 421
남강자南崗子 신시장 309
남경 285
「남교회藍橋會」 259
남운南韻청구대고 281
「남창몽南窓夢」 62, 78, 80, 86
남피南皮 301
『남화경』 118
납활자본 234
납활자인쇄 340
「낭자탄浪子嘆」 409
냉혈생冷血生 389

네이선Andrew Nathan 345
「노군당老君堂」 216
노군당老君堂 '강호행江湖行' 조사비祖師碑 284
노기 206
노담老耼 119
노대황路大荒 77
「노루연露淚緣」 282, 377
노문초盧文弨 38
노사老舍 307
「노서고묘老鼠告貓」 241
노안路安대고 285
노영귀路英貴 256
노왜과老倭瓜 297
노우대졸강老牛大捽繮 247
노이유당老二酉堂 354, 364
『노잔유기老殘遊記』 245
「노한탄老漢嘆」 409
녹교령鹿巧玲 298
녹교운鹿巧雲 302
「녹운환綠雲環」 368
녹태홍鹿泰興 302
논설적 진술 185
『논어』 110
「논어소단論語小段」 78
「논어제경공대공자오장탄사論語齊景公待孔子五章彈詞」 78
「누항단陋巷段」 79, 87
늠구廩丘 290

ㄷ

단고판單鼓板 249
「단도부회單刀赴會」 301
「단도회單刀會」 260, 294,

322
단순묘사형 185
단아서段兒書 32
단창고사 349
달기 382
담자郯子 119
담흠배譚鑫培 293
당 소종 191
「당승취경서유기唐僧取經西遊記」 64
「당지여집자수기唐誌餘集紫褵記」 368
당 태종 206
대고大鼓 16, 212, 347
『대고 생애의 회고〔大鼓生涯的回憶〕』 307
대고서大鼓書 32, 245
「대고서단大鼓書單」 360, 376
「대고서록大鼓書錄」 357
『대고서사회편大鼓書詞匯編』 60, 351
「대고서의 종류」 320
「대고에 관하여〔關于大鼓〕」 357
「대고연구」 306, 357
대관원大觀園 309
「대당진왕사화大唐秦王詞話」 48, 136, 216
대만 중앙연구원 347
「대명영렬」 398
대명호大明湖 300, 309
「대명흥륭전大明興隆傳」 354, 370, 380, 384, 395
대묘岱廟 299
대무대大舞臺 297
대본서大本書 356
대북臺北 307
「대서상大西廂」 259, 260, 302

대성大城 257
대성大成 378
대성서국大成書局 361
대세계大世界 310
「대송가大送嫁」 252
「대송관對松關」 374
대신서국大新書局 360
「대오의大五義」 334
「대옥분고黛玉焚稿」 282
「대진중흥大晉中興」 356, 368, 370, 395
대청하大淸河 304
「대파오행진大破五行陣」 374
「대파홍주大破洪州」 374
대팔의大八義 397
「대화창對花槍」 252, 299
덕수산德壽山 281
덕주德州 248, 301
「덕주부德州府」 374
도둔陶鈍 300
「도박사賭博詞」 76, 83, 87
도연명 147
도자道子 247
도정道情 41
도진陶眞 32
「도학전逃學傳」 74
「도화기桃花記」 355, 356, 368, 370
『도화선』 79, 211
「도화장桃花莊」 308
돈황敦煌 40
돈황 강창문학 163
「동곽기고사東郭記鼓詞」 82
「동곽소고아사東郭簫鼓兒詞」 76
「동곽외전東郭外傳」 53, 74, 80, 86, 90, 97
「동곽전東郭傳」 78, 97

동락소극장同樂小劇場 317
동락차원同樂茶園 315
동문서국同文書局 342
동방東方도서관 347
동북東北대고 285
『동서사기화합東西史記和合』 341
동연지董蓮枝 298, 351
동이유당東二酉堂 366
「동존서董存瑞」 306
동창東昌 238, 366
「동창부東昌府」 368
「동한東漢」 334, 368, 395
「동해전기東海傳奇」 368
동화同和 378
두대계杜大桂 298
두보 206
두완군杜婉君 298
두춘전杜春田 316
두혜杜蕙 50
득승두회得勝頭廻 275
등구여鄧九如 317
등군鄧郡 366
등백도鄧伯道 138
등현滕縣 226
『등현지滕縣志』 149

ㄹ

로스키Evelyn S. Rawski 344
리Leo Ou-fan Lee 345

ㅁ

마강후馬康侯 90
마두조馬頭調 293

「마두조상곡목록馬頭調上冊目錄」 376
마사오 히라이平井雅尾 83
마삼봉馬三鳳 249, 253
마서림馬瑞林 254, 257
마서하馬瑞河 253
마소풍자馬小瘋子 256
「마안산馬鞍山」 259, 260
마익저馬益著 75
마입훈馬立勛 74
마준열馬遵烈 91
마증분馬增芬 305
마합의馬合義 317
막주묘鄚州廟 256
『만국공보萬國公報』 343
만당자晩檔子 263
「만보진萬寶陣」 374
만복당萬福堂 366
「만선진萬仙陣」 374
만성당萬城堂 367
만수진균曼殊震鈞 62
『만청문학총초晩淸文學叢鈔·설창문학권說唱文學卷』 78
「만한투滿漢鬪」 355, 385
만향옥晩香玉 297
만홍당萬興堂 366
망강정望江亭 314
망작정望鵲亭 299
망학정望鶴亭 309, 317
매란방梅蘭芳 258
「매옥배梅玉配」 369
매화관주梅花館主 281
매화梅花대고 253, 282
매화조梅花調 249, 281, 311
맹강녀孟姜女 322
맹번수孟繁樹 241
맹자 198
『맹자』 110

메드허스트Walter H. Medhurst 341
메이저Ernest Major 342
명봉창편공사鳴鳳唱片公司 295
「명영렬明英烈」 334
명지明地 309
명지아서장明地兒書場 309
명호거明湖居 309
모리슨Robert Morrison 341
「모자취묘耗子娶猫」 410
목각木刻고사 348
목단강木丹江 296
목록서 346
「목마랍마木馬拉磨」 82, 86
목어가木魚歌 350
목우희木偶戲 241
목판대고木板大鼓 249
목판본 234
목판서하조木板西河調 257
목판 연화年畵 367
목피고사 74
목피사 74
『목피산객고사木皮散客鼓詞』 78
「목피산객전木皮散客傳」 211
목피자木皮子 226
『몽량록夢粱錄』 41
묘회廟會 239, 251
무성武城 247, 299
무송 197
무순撫順 304
무왕 382
무원요봉武垣堯封 351
무한武漢 285

「문경원앙회刎頸鴛鴦會」 40
『문명대고서사文明大鼓書詞』 60, 351
문명文明대고 296
문무대고 283
「문무이도매文武二度梅」 396
문안차원文安茶園 315
문옥삼文玉森 282
문유성기文裕盛記 367
문의당文義堂 366
「문천고아사問天鼓兒詞」 76
「문천사問天詞」 53, 74, 78, 85
「문천어問天語」 79, 80, 86, 144
문화당文和堂 366
「미선진迷仙陣」 374
미성尾聲 130
「미혼진迷魂陣」 374
「민간문학가 마익저와 그의 작품[民間文學家馬益著 及其作品簡介]」 85
민간신앙 239
민간종교 239
「민국성民國成」 409
민락차원民樂茶園 315
민예民藝소극장 318
민익民益 378
민중차원民衆茶園 314

ㅂ

박구駁口 312
박돌천趵突泉 309
「박망파博望坡」 296
박야博野 256

박진泊鎭 366
반고 131, 132
「반오관反五關」 395
반인미 268
반표 272
「발합전鵓鴿傳」 369
방연 198
방자강梆子腔 212, 240
방청산房淸山 247
방홍보方紅寶 295
배개蓓開 353
백뉴白妞 246
백대百代 353
백대옥白大玉 299
백대창편공사百代唱片公司 299
백련교白蓮教 239
백문붕白文朋 304
백문생白文生 304
백본당百本堂 281, 350
백봉명白鳳鳴 294, 306
백봉암白鳳巖 306
『백사전白蛇傳』 397
「백산도百山圖」 260, 410
백아伯牙 322, 407
백양정白洋淀 255
백운붕白雲鵬 295, 305
「백제성白帝城」 294
백채심白菜心 317
백화곡예청百花曲藝廳 318
백효산白曉山 306
『백희죽지사百戲竹枝詞』 54
「번금정매성樊金定罵城」 282
『번승록繁勝錄』 45
「번합천番合釧」 357
범기봉范其鳳 247, 251
범려 198

「범맹정추거范孟亭推車」 252

『벽오시존초집碧梧詩存初 集』 291

변문變文 32, 45

별야당別埜堂 350

보권寶卷 16, 32

보문당寶文堂 351, 366

보안당保安堂 356

「보옥탐병寶玉探病」 282

보전당寶全堂 306

보정保定 249

보탑寶塔 353

보화헌寶和軒 259

「복수연福壽緣」 355, 370, 396

복합설명형 185

복흥차원福興茶園 313

복희씨 133

「봉검춘추鋒劍春秋」 355, 356, 368~370, 395

「봉래연蓬萊宴」 76

「봉신방封神榜」 369, 380, 395

「봉신연의」(고사계강창) 398

『봉신연의封神演義』(소설) 48, 239

「봉의정鳳儀亭」 302

봉천대고 284

봉천조奉天調 311

부금화傅金華 298

부단대학復旦大學 348

부賦 150

부사년傅斯年도서관 348

부석화傅惜華 282, 347

부여운傅麗雲 299

「부용정芙蓉亭」 369

부윤富潤 366

부진해傅振海 316

부태신傅泰臣 246, 253, 299

『부포당집負芭堂集』 51

북 211

북경北京 33

북경대학도서관 349

『북경전통곡예총록北京傳 統曲藝總錄』 347

「북당전北唐傳」 354, 364, 395

북당전北唐傳고사 348

북로자北路子대고 285

북운北韻청구대고 281

『북평속곡략』 281

붕붕嘣嘣 352

「비추悲秋」 282

비파 281

빈모가賓牟賈 170

ㅅ

사건의 진행 185

사계준四季春 314

사광師曠 39

『사기』 135

사기영謝其榮 247, 299

사대옥謝大玉 246, 247, 298, 299

「사륙문사四六文詞」 84

「사마투당四馬投唐」 216

사마환퇴司馬桓魋 120

사면정四面亭 309, 314, 317

사문詞文 32

사문영謝文英 299, 317

사사씨師史氏 245

사성정자司城貞子 120

「사세동당四世同堂」 307

사와다 미즈호澤田瑞穗

357

「사융기絲絨記」 65, 269, 300

사진림史振林 261, 295

사천하謝天河 248

사합헌차원四合軒茶園 315

사항계謝恒啓 261

사해승평차원四海昇平茶園 309

사해승평희원四海昇平戲院 294

사호四胡 281, 320

사화남謝化南 299

사화詞話 32

사회社戲 251

산동山東 33, 236

「산동 민중문예와 예인〔山 東民衆文藝與藝人〕」 84

『산동곡예사山東曲藝史』 99

산동대고山東大鼓 65, 237

산동류山東柳 253

산동성곡예단 300

산동성도서관 349

산동쾌서山東快書 212

「삼걸사미협의전三杰四美 俠義傳」 368, 396

「삼공안三公案」 374

『삼국지』(역사서) 140

「삼국지三國志」(고사계강 창) 355, 356, 368~370, 395

『삼국지연의三國志演義』 48, 239

『삼국지통속연의』 140

삼락차원三樂茶園 315

삼묘 178

삼민차원三民茶園 313

「삼원전三元傳」 355

「삼전진三全鎭」 252, 255, 300
「삼전회배기三全回杯記」 374
삼현 281, 320
「삼협오의三俠五義」 305, 338, 369, 396, 397
삼환씨三桓氏 116
삼황 132
삼황오제 137
삽입 대사 202
상당고서上黨鼓書 286
상무인서관商務印書館 347
상반절上半截 298
상상相聲 316, 352
상해上海 33, 285
상해도서관 349
상해서국上海書局 361
『색은索隱』 136
생기生記 366
서가회徐家匯 341
서강월 119, 150
서고산徐靠山 247
「서고송敍古頌」 45
서관書館 309
서관아書館兒 309
「서당西唐」 356, 368, 370, 395
서대춘徐大春 50
「서모매조徐母罵曹」 294
서모書帽 257, 265
서문경 197
서문재瑞文齋 355
서보산徐寶山 247
서복령徐復嶺 92
서붕자書棚子 309
서사성 206
「서상西廂」 282, 369

「서상기」(고사계강창) 398
『서상기』(희곡) 250
서시장西市場 309
「서유기西遊記」(고사계강창) 369
『서유기西遊記』(소설) 48, 239
서장書場 309
서정적 토로 185
서주徐州 302
서주徐州대고 285
『서지학書誌學』 357
서진강西秦腔 241
『서체서목西諦書目』 347
서하대고西河大鼓 237, 245
『서하대고사화』 308
서하조 311
「서한西漢」 334
『서호유람지여西湖遊覽志餘』 51
석경당 191
석붕席棚 315
석옥곤石玉崑 338
석운서石韻書 293
석원랑石元朗 226
석인石印고사 348
석인대고 348
석진방石振邦 246, 252
석파서石派書 34, 347, 348
『석파천경石破天驚』 82
석판본 234
석판인쇄 340, 341
선산禪山 366
선성사先聲社 352
선통 황제 398
「설가장薛家將」 305, 398
「설경전舌耕傳」 18, 80, 86
『설당연의說唐演義』 216
설보곤薛寶琨 162

설서說書 249
「설인귀정동薛仁貴征東」 374
설창고사 273, 347
설창고서說唱鼓書 32
설창사화說唱詞話 48
설창용說唱俑 39
섬서陝西 243
섭기서장爕記書莊 393
섭덕균葉德均 38
성목醒木 211
성문신成文信 366
「성상成相」 39
「성상잡사成相雜辭」 44
「성세인연전고증醒世姻緣傳考證」 76
「성절聖節」 40
성화설창사화成化說唱詞話 136
세성世盛인쇄공사 352
소경 320
소계원蘇啓元 282
소고小鼓 212, 226
「소고현小姑賢」 274, 409
소곡小曲 244
소공 198
소구小口대고 283
「소군출새昭君出塞」 301
소단아小段兒 265
「소도문笑賭文」 84, 87
『소두붕小豆棚』 91
「소량구배년小倆口拜年」 409
소보 178, 198
『소설고증小說考證』 91
소염방筱艶芳 298
「소영렬小英烈」 252, 300
「소오의小五義」 334
소주蘇州 212, 343
「소주유근촌小舟遊近村」

41

소진 198, 276

『소채본대고小彩本大鼓』 351

「소팔의小八義」 368, 396, 397

소화삼邵和三 317

소환정蘇煥亭 307

소흑고낭小黑姑娘 295, 297

『속곡목록유편俗曲目錄類編』 348

속곡俗曲 32

속록束鹿 256

『속수광요현지』 95

「속입일사탄사續廿一史彈詞」 55

「손 총리 런던 수난기〔孫總理倫敦蒙難〕」 409

손국선孫菊仙 293

손대옥孫大玉 247, 298

손빈 198

손삼나자孫三騾子 247

손서균孫書筠 308

손수붕孫壽朋 246

손오공 312

손점孫點 245, 288

손조문孫趙門 246, 252

손증복孫增福 301

손지해孫池海 256

손춘유孫春瑜 247

「솔경가摔鏡架」 282

송강宋江 197, 312

송오宋五 250

송옥곤宋玉崑 250, 293

송죽화원松竹花園 309

「수기린繡麒麟」 296

「수당隋唐」 305, 334

『수당양조지전隋唐兩朝志傳』 216

『수당연의隋唐演義』 216

수덕당樹德堂 366

수도도서관 349

『수사유문隋史遺文』 216

「수영화壽榮華」 369

수인씨 132, 137

『수재전水災傳』 82

수현隨縣대고 285

「수혜방繡鞋幇」 305

「수호전」(고사계창) 398

「수호전水滸傳」(소설) 48

순임금 178

『순자荀子』 38

순차서술형 184

숭백 178

『숭악일보嵩岳日報』 301

스티븐스Catherine Stevens 260

승리勝利 353

『승리극사勝利劇詞』 306, 352

『승리창사勝利唱詞』 353

승리창편공사勝利唱片公司 60, 299

『시경詩經』 43

「시공안施公案」 334, 369, 396, 397

『시무보時務報』 343

시백詩白 265

시조소곡 347

시찬계창 33

「신각모홍장옥음양세인연기전본新刻毛洪張玉音兩世姻緣記全本」 359

「신각비본대중추기전전新刻秘本大中秋記全傳」 358

「신각비본쌍어전전新刻秘本雙魚全傳」 358

「신각삼원전설창고사新刻三元傳說唱鼓詞」 359

「신각소지현백릉기新刻蘇知縣白綾記」 364

「신각와거봉혈서아흔기新刻瓦車篷血書牙痕記」 364

「신간십자구법감략고사新刊十字句法鑒略鼓詞」 137

신광상성사晨光相聲社 318

신광서사晨光書社 318

신기서방信記書坊 366

신농씨 133

신민도서관新民圖書館 378

『신민총보新民叢報』 343

「신보고조변합전전신보新譜古調翻合釧全傳」 369

『신보申報』 341

신세계新世界 295

신소설 233

신시 233

「신정고거진실상자전전新訂考據眞實湘子全傳」 50

「신조소홍포쌍보선新造小紅袍雙寶扇」 369

「신출앵가효모新出鸚哥孝母」 393

「신편삼국팔종설창고사新編三國八種說唱鼓詞」 380

「신편설창누구집전전新編說唱疊仇集全傳」 358

「신편연화파新編蓮花帕」 359

「신편합가락전책新編合家樂全册」 369

『신희고전집新戲考全集』

306, 352

신회고합작출판사 352

심양瀋陽 284

심학기沈鶴記 378

「십립금단十粒金丹」 355,
370, 396

「십이월十二月」 40

「쌍관고雙官誥」 355, 356,
370, 396

「쌍등기雙燈記」 354, 370

「쌍옥청금雙玉聽琴」 294,
306

쌍춘차원雙春茶園 313

「쌍투당雙投唐」 216

쌍황雙簧 317

「쌍희기雙喜記」 369

ㅇ

아황 178

악부민가樂府民歌 40

악부시樂府詩 43

『악부시집樂府詩集』 40

악비岳飛 197, 407

안상산 206

안중근 389

안회顏回 124

안휘安徽 236

안휘安徽대고 285

압좌문押座文 45

앙가秧歌 248

애강남哀江南 132

애사涯詞 32

「앵가행효의전鶯哥行孝義
傳」 393

야리홍夜裏紅 386

「야저림野猪林」 308

양가장楊家將 267

「양가장楊家將」 301, 311,

395

양경오楊慶五 297, 351

양계업 267

양금洋琴 281

양금정楊金貞 253

양류청楊柳青 367

양방홍楊芳鴻 318

양봉산楊鳳山 316

「양산사樏山四」 368, 396

양소루良小樓 306

양수봉良秀峰 317

양신楊慎 42, 48, 134

양원고서襄垣鼓書 285

양음류楊蔭瀏 354

『양주화방록揚州畫舫錄』
50

양진어梁辰魚 55

「양축梁祝」 398

양춘룡楊春龍 401

양향良鄉 307

양혜분良蕙芬 306

양호陽虎 120, 198

어고도정漁鼓道情 249

「어부한漁夫恨」 305

「어초경독漁樵耕讀」 282

「억진비憶眞妃」 282

『얼해화孽海花』 343

엄춘생嚴春生 318

여가麗歌 353

여동빈呂洞賓 407

여망 198

여몽정呂蒙正 407

여방괴呂方魁 248

여생애女生涯 297

여염산呂廉山 247

여영 178

여와씨 133, 137

여원홍黎元洪 398

여위로呂渭老 40

「역대사략고사歷代史略鼓

詞」 17, 86

「역대사략십단금사화歷代
史略十段錦詞話」 42,
48, 134

「역대흥망고아사歷代興亡
鼓兒詞」 137

『역빙기』 118

역성歷城 300

『역하지유歷下志遊』 245

역현嶧縣 226

연기緣起 45

연대燕臺 366

연령 206

『연보』 118

연인鉛印고사 348

연인대고 348

「연주부兗州府」 356, 368,
370

연주쾌서聯珠快書 306

연탄聯彈대고 282

연화락蓮花落 41, 245, 347

연활여連闊如 287

「열녀사烈女詞」 79, 87,
143

「열화금강烈火金鋼」 305

염유冉有 122

염이매閻爾梅 100

「영경승평」 398

「영관묘靈官廟」 369

영괴재永魁齋 366

「영금쇄옥零金碎玉」 369

「영대곡분英台哭墳」 306

「영렬춘추英烈春秋」 364,
369, 395

「영롱보탑玲瓏寶塔」 305

영륭재永隆齋 355

영문당英文堂 366

「영웅루」 380, 389

「영웅보英雄譜」 368, 396

「영웅황계광英雄黃繼光」

307

영화재永和齋 355

영희影戱 241

『예배육禮拜六』 343

예羿 198

『예해침부藝海沉浮』 308

오경춘吳景春 316

오난계吳蘭溪 317

오대산五大山 247

오대五代 191

「오독전五毒傳」 365

「오룡원鳥龍院」 65

「오악소북五岳掃北」 356, 368, 370, 395

오弈 198

「오월춘추吳越春秋」 260, 355, 356, 368~370, 395

오음청구대고 281

오자서 198

「오호평서五虎平西」 369, 395

오환문吳煥文 316

『옥리혼玉梨魂』 343

옥서玉瑞 281

「옥여의전집玉如意全集」 358

옥천선 403

「옥천연玉釧緣」 365

「옥환기玉環記」 369

옥흥차원玉興茶園 313, 314

온주溫州 421

온주溫州고사 285

와강채瓦崗寨 252

완남宛南 366

완안납단完顏納旦 46

왕경화王慶和 293

왕계사王季思 349

왕괴무王魁武 255

왕국유王國維 43

왕균 82

왕금자王金子 297

왕대봉王大鳳 299

왕대옥王大玉 299

「왕도사착요王道士捉妖」 368

왕로王路 249

왕망 198

왕문천王文川 307

왕배순王培荀 83

왕복보王福寶 299

왕봉영 270

왕삼니王三妮 316

왕서상王書祥 255, 303

왕서운王瑞雲 299

왕소군王昭君 322, 407

왕소옥王小玉 246, 288, 289

왕쌍봉王雙鳳 297

왕염분王艷芬 255

왕영지王靈芝 299

왕옥란王玉蘭 318

왕운경王雲卿 316

왕운기王雲起 311

왕운보王雲寶 316

왕은계王銀桂 297

왕이민王以敏 291

「왕이저사부王二姐思夫」 259

「왕이저술경가王二姐摔鏡架」 300

왕이쾌취王二快嘴 300

왕장지王長志 247, 252, 298, 300

왕재당王再堂 255

왕전방王殿邦 256

왕증호王增豪 299

왕진원王振元 255

왕진원王振遠 300

왕홍리王洪利 306

왕회정王懷正 226

요가鐃歌 40

「요강주鬧江州」 407

「요구대繞口帶」 276

「요구령繞口令」 276, 410

요녕성도서관 350

요성聊城 248

요술요姚述堯 40

요임금 178

『요재백화운문聊齋白話韻文』 74

「요재외서聊齋外書」 76

「요재외편聊齋外篇」 84, 87

『요재전집聊齋全集』 77

『요재지이』 75

「요천궁鬧天宮」 305

「용금화龍金花」 368

『용당시화蓉塘詩話』 52

「용도공안龍圖公案」 338, 368, 396

「용도이록龍圖耳錄」 368

「용봉기연龍鳳奇緣」 369, 395

「용봉충용龍鳳忠勇」 355, 370, 396

「용호정남龍虎征南」 369, 395

「우공안于公案」 334, 369, 396, 397

우수평于秀平 297

우禹 179

우회영于會泳 250

운유객雲游客 287

『원곡선元曲選』 47

「원미지최앵앵상조접련화사元微之崔鶯鶯商調蝶戀花詞」 40

원사原思 122

『원사元史』 46

원세개 398
원종개袁宗凱 256
「월당月唐」 334
위구산魏九山 247
위생사衛生社 314
위운하衛運河 246
「위징개조魏徵改詔」 216
유검추劉劍秋 317
유경서劉慶瑞 256
유경정柳敬亭 211
유계평劉階平 78
「유공안劉公案」(고사계강
　창) 369, 396, 397
『유공안劉公案』(공안소설)
　252
유공지사 392
유기곤劉起崑 317
유능劉能 261, 293
유덕순劉德順 260
유동훈劉同勳 386
「유룡전游龍傳」 369, 396
유반농劉半農 32
유방灘坊 367
유백온劉伯溫 276, 384
유보전劉寶全 65, 258, 305
유복劉復 346
유봉산劉鳳山 257
유분 206
『유산선생문집遺山先生文
　集』 46
유소씨 132, 137
유소향劉筱香 297
유악劉鶚 245
유약산劉躍山 255
유영장劉永長 317
유옥장劉玉長 297
유옥하劉玉霞 318
유용劉鏞 386
유운경劉韻卿 297
유의민劉毅民 293

유전경劉傳經 249
유전웅 326
유지원劉知遠 192
유태청劉泰清 246, 253,
　317
유표 173
「유호란劉胡蘭」 306
육선공 206
육신신陸藎臣 255
육유陸游 41
「융경승평隆慶昇平」 355,
　368, 370, 395
융복사隆福寺 312
융복재隆福齋 356
은고낭銀姑娘 297
은무태殷懋泰 318
은전창殷田昌 318
「음병진陰兵陣」 374
의화당義和堂 366
의흥차원義興茶園 313
이가서李家瑞 32, 281, 346
이경지李景芝 299
이규李逵 312, 407
「이규탈어李逵奪魚」 260,
　300
이금귀李金貴 253
이금표李金標 297, 298
이기산李起山 247
이당李繏 385
이대옥李大玉 298, 300
이덕전李德全 255
이두李斗 50
이만붕李萬鵬 81, 292
이문성李文成 318
이삼랑 192
이성림李成林 255
이성진李聲振 54
이세영 270
『이십사사二十四史』 342
이십사효二十四孝 407

『이십사효』 142
「이십사효고아사二十四孝
　鼓兒詞」 84, 87, 142
「이십일사탄사二十一史彈
　詞」 42, 55
이염경李艶慶 299
이염령李艶苓 299
이염루李艶樓 299
이염분李艶芬 299, 301
이옥빈李玉顰 297, 298
이운경李雲卿 297, 298
이유당二酉堂 365, 366
이윤 198
이임보 206
이자정李子正 40
이장림李長林 246
이장존李長存 252
이적옥李積玉 318
이종가李從珂 191
이진붕李振鵬 300
이창숙 163
이태상李泰祥 298, 300
이품일李品一 297
이학진李鶴珍 300
이향운李香雲 299
이현里縣 256
이홍유李洪儒 226
이홍李紅 385
이화대고梨花大鼓 244
『이화대고서사초편梨花大
　鼓書詞初編』 351
이화조梨花調 247, 311
이화편犁鏵片 249, 321
「이황희목록二簧戲目錄」
　376
이효제李孝悌 344
익양강弋陽腔 132
인자引子 130, 266
인황씨 137
일대가자一大茄子 297

「일분전화일량미一分錢和一兩米」 305
임구臨朐 106
임구任丘 257
『임구속지臨朐續志』 96
『임구현지臨朐縣志』 96
임대옥 329
「임대옥분고林黛玉焚稿」 327
임청臨淸 238, 247
입규차붕立奎茶棚 314
입규차원立奎茶園 317
입화入話 162

ㅈ

「자강전自强傳」 300
자고천鷓鴣天 155
「자금탁紫金鐸」 354, 370
「자기청금子期聽琴」 307
자로子路 112
자룡간선子龍趕船 391
자아하子牙河 304
자양 106
「자운주국慈雲走國」 369, 395
「자웅검雌雄劍」 369
자제서子弟書 32, 34, 347
「자제서목록子弟書目錄」 376
「자탕刺湯」 294
자화子華 122
「자화사어제子華使於齊」 84, 87
「자화사어제전장子華使於齊全章」 18
「자화사어제전장고사子華使於齊全章鼓詞」 80
작화거鵲華居 299, 309

잡극雜劇 46
잡팔지雜八地 318
「장가사莊家詞」 79, 85, 87
장경람臧慶嵐 256
장계방張桂芳 317
장군張軍 227
장금산張金山 366
장덕해張德海 261
장량 198
장무순臧懋循 42
장병린章炳麟 38
장복기서국章福記書局 361
장봉덕張鳳德 257
장봉지張鳳池 316
장봉휘張鳳輝 316
장북張北대고 286
장사권張士權 317
장사덕張士德 304
장사長沙대고 285
장사전張士全 304
장서조蔣瑞藻 91
장성長城 353
장소헌張筱軒 296, 305
장순張順 206, 407
장쌍래張雙來 304
장영당張永堂 257
장영훈張英勳 256
장옥봉張玉鳳 334
장옥산張玉山 299
「장원 포유천 선생 묘표 발문〔跋張元的柳泉蒲先生墓表〕」 83
장원복張元福 317
장음당莊蔭棠 293
장읍長邑 367
장의 198
「장자탄고루남북사곡莊子嘆骷髏南北詞曲」 50
장저長沮 112, 198

「장정지감마합라張鼎智勘魔合羅」 46
장진개張振開 300
장차계張次溪 287
장창 198
장취봉章翠鳳 294, 307
「장판파長坂坡」 63, 259, 282, 294
장하章夏 288
장홍張弘 170
「장화葬花」 282
장흑경張墨卿 297
장흥륭張興隆 247, 298, 299
장흥립張興立 247
저팔계 312
「적벽지전赤壁之戰」 305
적창摘唱 32, 235
「전가락田家樂」 62, 78, 86
전동문田東文 254
「전부설가장全部薛家將」 334
「전부양가장全部楊家將」 334
「전부춘추全部春秋」 334
「전부호가장全部呼家將」 334
전여성田汝成 51
「전왜왜拴娃娃」 259
전음정田蔭亭 305
「전장사戰長沙」 260, 322
전천우錢天祐 45
「전칠국지前七國志」 374
「전하양磚河駎」 368
전현동錢玄同 75
전홍철 163
점석재석인서국點石齋石印書局 342
『점석재화보點石齋畫報』 342

454

접여接輿 112
「정기가精氣歌」 307
『정도현지定陶縣志』 149
정문正文 266
정보정定甫亭 281
「정삼뢰초친丁三賴招親」 369
정서전鄭瑞田 255
정섭鄭燮 50
정성공鄭成功 102
정야학 80
『정야학선생유고』 80
『정야학유저丁野鶴遺著』 80
정오 138
정전正傳 130
정진탁鄭振鐸 347
「정충精忠」 255, 334
제가본齊家本 351
제갈량 140, 276
제갈차풍諸葛借風 391
제강提綱 265
제 경공 111
「제경공대공자오장齊景公待孔子五章」 62, 78, 80, 86
「제공전濟公傳」 355, 356, 368~370
제궁조諸宮調 163
제금提琴 282
『제남대관濟南大觀』 299
제남시곡예단 300
제녕濟寧 299
『제로문화대사전齊魯文化大辭典』 316
제성 106
제성린諸聖隣 48
『제성현지諸城縣志』 81, 95
제인유일처일첩齊人有一妻

一妾 124
「제인유일처일첩齊人有一妻一妾」 84
「제인장齊人章」 53, 78, 86, 90
「제일제궁신문除日祭窮神文」 74, 79
『조경심선생증서목록趙景深先生證書目錄』 348
조광윤 267, 276, 407
조광의 267
조대옥趙大玉 298
조서기趙書棋 305
조쌍인趙雙印 304
조연강趙連江 246
조영치趙令時 40
조옥봉趙玉鳳 301, 304
조자룡 405
조전벽趙傳壁 249
조조 172
조주가潮州歌 350
조초광趙苕狂 77
조한각曹漢閣 88, 98
종고낭鍾姑娘 297
종자기鐘子期 322
좌강희坐腔戲 254
좌옥화左玉華 300
『좌전左傳』 39
「좌전춘추左傳春秋」 369, 380, 383
「좌전춘추전전左傳春秋全傳」 368, 395
「좌주해담佐酒諧談」 80, 82
주검운周劍雲 296
주공 198
주덕경朱德慶 261
『주례周禮』 39
「주마走馬」 356, 368, 370, 395

「주마관비走馬觀碑」 305
「주마천제갈走馬薦諸葛」 301
「주마춘추走馬春秋」 369
주매신 403
「주매신휴처朱買臣休妻」 398, 402
「주봉홍기珠峰紅旗」 307
주왕 382
주작인周作人 75
주 장왕周莊王 244
주전충朱全忠 191
주증과周增科 248, 301
주춘천周春泉 317
주학정朱學貞 299
주화린朱化麟 255
주희朱熹 116
죽판서竹板書 348
중간식자층 216
『중국고사총목中國鼓詞總目』 18
『중국속곡총목고中國俗曲總目稿』 32, 346
『중국예술연구원음악연구소소장중국음악음향목록中國藝術研究院音樂研究所所藏中國音樂音響目錄』 354
중국예술연구원 희곡연구소 자료실 349
『중국창편대회고中國唱片大戲考』 353
중국희곡연구원中國戲曲研究院 295
중길당中吉堂 366
중산대학도서관 349
중앙광파문공단中央廣播文工團 305
「중정산하대후생重整山河待後生」 307

「중추기中秋記」 369
중화당中和堂 366
중화인서국中華印書局 362
「증보문무이도매增補文武二度梅」 369
증연동曾衍東 91, 215
지황씨 137
직예直隷 236
진강秦腔 241
진기陳琪 76
진덕회 유예원進德會游藝園 309
진 목공 383
『진문잡기津門雜記』 284
「진설매秦雪梅」 398
진여형陳汝衡 50
「진주탑珍珠塔」 354, 370
진충태陳忠泰 226
진침陳忱 55
진평원陳平原 343
진해서장振海書場 316
진환振圜 378
진회 197
집시集市 239
집아재集雅齋 356
짝짜기 211

ㅊ

차곡岔曲 349
차관서장茶館書場 310
「차동풍借東風」 260
차루서장茶樓書場 310
차사茶社 309
차왕부 349
차왕부곡본車王府曲本 347
찬십자攢十字 48

「참두아斬竇娥」 354, 370
「참진영斬秦英」 256
창맥장唱麥場 251
창수淌水 334
창잠唱賺 41
창주滄州 249, 301
창편唱片 273
『창편극사휘편唱片劇詞彙編』 306, 352
창향장唱鄉場 251
「채강蔡江」 302
「채상자采桑子」 40
천교天橋 309
「천금전덕千金全德」 354, 370
「천문天問」 139
천불산千佛山 288
천섭무대天蟾舞臺 297
천순재天順齋 356
『천지우문天咫偶聞』 62
천진天津 33
「천진수재天津水災」 297
천진시도서관 349
천진시조天津時調 352
천황 137
철관도鐵冠圖 407
청강인 119
청구淸口대고 281
「청대 북경 만두가게의 창본 임대 개황〔淸代北京饅頭舖租賃唱本的概況〕」 355
『청루집青樓集』 46
『청몽고차왕부장곡본淸蒙古車王府藏曲本』 349
청서장淸書場 310
「청석산青石山」 369
「청석산호선전青石山狐仙傳」 369
「청채명青菜名」 410

『청초고사이곡선淸初鼓詞俚曲選』 62, 78
『청평산당화본淸平山堂話本』 40
청하淸河 247
「초록비파기鈔錄琵琶記」 369
초본抄本대고 348
초사楚辭 43
「초선차전草船借箭」 260, 300, 301
초영순焦永順 304
초영천焦永泉 304
최국광崔國光 350
최금림崔金霖 316
최기복성호崔記福盛號 356
「추강몽秋江夢」 84, 87
「추녀자가醜女自嫁」 79, 84, 87
추자서墜子書 212
추현鄒縣 226
춘음椿蔭 378
춘음서장椿蔭書莊 361
「춘추배春秋配」 368
『춘추원명포春秋元明苞』 136
「충의수호전忠義水滸傳」 354, 396
「충하타장蟲蝦打仗」 410
취권당聚卷堂 360
취매장翠賣場 309
취문재聚文齋 356
「취보리제공전전醉菩提濟公全傳」 369, 396
측천 206
치문당致文堂 365
치우 133
치천 106
「칠국七國」 255

「칠성등七星燈」 306
「칠협오의七俠五義」 338

ㅋ

쾌서快書 34
쾌판快板 212

ㅌ

「타곤산打崑山」 297
「타등주打登州」 355
「타양촌打楊村」 297
「탁고托孤」 294
탄사彈詞 16, 54, 213
「탄오경嘆五更」 296
탕조蕩調 352
태사太師 지칩 116
「태사지적제太師摯適齊」 78
「태사지적제전장太師摯適齊全章」 86
태산당泰山堂 365, 366
태신서장泰臣書場 316
태안泰安 299
태청차사泰淸茶社 318
토산만인서관土山灣印書館 341
『통제조격通制條格』 46

ㅍ

파곤아巴棍兒 257, 265
「파초선芭蕉扇」 369
「파황건破黃巾」 368
판식변화체板式變化體 희곡 241

팔각고八角鼓 34, 293
「팔자성문八字成文」 410
패자곡牌子曲 349
패현壩縣 295
「팽공안彭公案」 334, 369, 396, 397
「편타로화鞭打蘆花」 282
평도平度 367
평사評詞 318
평서評書 58
「평서량平西涼」 374
「평요전平妖傳」 354, 396
평판인쇄 341
평화評話 58
「포공안包公案」 305, 369, 397
포국정蒲國政 89
포량자跑梁子 334
「포말포선론蒲襪蒲扇論」 82
「포복기包袱記」 369
포붕布棚 313
포송령 75
포식미蒲式微 76
포영담蒲英譚 89
포입덕蒲立惠 88
포진배鮑震培 162
포희씨 133
풍옥봉馮玉鳳 317
「풍월단風月段」 84, 87
풍자부馮子富 317
피박皮薄 312
「피오기皮襖記」 300
필사본 234
필연수畢連壽 287

ㅎ

하간河間 249, 257

하간대고河間大鼓 249
하기봉何老鳳 248
하남河南 236
하남추자河南墜子 253
하노봉何老鳳 252
하락河洛대고 285
하반절下半截 298
하봉의何鳳儀 247, 252
하북방자河北梆子 301
하북河北 33
하진河津 247
하진夏津 300
학고당學古堂 351, 378
「학구자조學究自嘲」 74, 79
학복당郝福堂 253
학염방郝艷芳 257
학염하郝艷霞 257
학영길郝英吉 256, 304
학혁郝赫 269
한구漢口 302, 343
한소창韓小窓 63
한신 198
「한영견낭韓英見娘」 308
한영록韓永祿 306, 307
한영선韓永先 282
한창려 206
함등含燈대고 283
「합환기合環記」 369
항주杭州 212
해넌Patrick Hanan 59
향구響口 264
향당자鄕檔子 263
「향라대香羅帶」 369, 396
「향마전響馬傳」 252
「향수려向秀麗」 308
『향원억구록鄕園憶舊錄』 83
허보옥許寶玉 299
허원 206

허유 178, 198
헤이걸Robert Hegel 215
「현량녀등하권부賢良女燈
下勸夫」 409
현자서絃子書 249
협성協成 378
협성서국協成書局 361
혜민惠民 248
「호가장呼家將」 255, 301,
305, 311, 354, 370, 395
호국사護國寺 312
호금당胡錦堂 250, 293
호북湖北대고 285
호십胡十 250
「호양합병呼楊合兵」 334
호연경呼延慶 311
「호연경대상분呼延慶大上
墳」 374
「호연경정서呼延慶征西」
374
「호연경타뢰呼延慶打擂」
255
호연찬 267
호적胡適 76
「호접배蝴蝶盃」 355
홍길호鴻吉號 356
「홍등기紅燈記」 355

「홍루몽」(고사계강창) 398
『홍루몽』(소설) 282
「홍매각紅梅閣」 306, 307
「홍안소서鴻雁捎書」 302
「홍엽제시紅葉題詩」 282
화검花臉대고 296
화극話劇 233
「화금당畵錦堂」 369
화목란花木蘭 322
「화목란花木蘭」 356, 370
「화목란고사花木蘭鼓詞」
369
「화북번和北番」 355, 368,
370, 395
「화소성도火燒成都」 300
화소전선火燒戰船 391
화용도華容道 173
「화용도華容道」 260, 296,
301, 322, 391
「화창요구령花唱繞口令」
305
환두 178
「환혼기」 377
활나송活羅松 252
「활착삼랑活捉三郞」 294
황경리黃景利 316
「황계광黃繼光」 308

황대니黃大妮 289
황소 206
황승언黃承彦 140
황읍黃邑 367
황제 133
황춘원黃春源 316, 317
황춘재黃春才 316
황충 323
「회덕별녀懷德別女」 306
「회도양문광정남고사繪圖
楊文廣征南鼓詞」 368
「회룡전回龍傳」 356,
368~370, 395
회안고서淮安鼓書 285
「회종전懷宗傳」 369, 395
획과劃鍋 309
횡취곡사橫吹曲辭 40
후당 장종 191
후치侯寘 40
「후칠국지後七國志」 374
흑뉴黑妞 291
「흑려단黑驢段」 300, 302
흑선풍 197
흑할자黑瞎子 247
흥륭재興隆齋 356
희소영姬素英 298, 317
희패운姬佩雲 298

이정재李廷宰

서울대학교 중어중문학과 졸업
서울대학교 대학원 중어중문학과 졸업(문학박사)
중국 산동대학교 고급진수 과정 수학
대구한의대학교 중어중국학부 교수 역임
현재 서강대학교 중국문화학과 교수

저서
『중국공연예술』(공저, 한국방송통신대학교출판부, 2009)

역서
『근대 중국의 언어와 역사』(소명출판, 2005)
『도화선』(을유문화사, 2008)
『중국 고대 극장의 역사』(공역, 도서출판 솔, 2007)
『모란정』(공역, 소명출판, 2014)

논문
「고사계강창 연구」(1999)
「도화선의 이념적 지향」(2007)
「탕현조「모란정」공연의 변천을 통해 본 명청시기 문인연극 공연체제의 변화」(2012) 외 다수

중국 구비연행의 전통과 변화
고사계강창 연구(1644~1937)

제1판 1쇄 펴낸날 2014년 9월 19일

지은이 | 이정재
펴낸이 | 김시연

펴낸곳 | (주)일조각
등록 | 1953년 9월 3일 제300-1953-1호(구:제1-298호)
주소 | 110-062 서울시 종로구 경희궁길 39
전화 | 734-3545 / 733-8811(편집부)
        733-5430 / 733-5431(영업부)
팩스 | 735-9994(편집부) / 738-5857(영업부)
이메일 | ilchokak@hanmail.net
홈페이지 | www.ilchokak.co.kr

ISBN 978-89-337-0683-1 93910
값 33,000원

* 지은이와 협의하여 인지를 생략합니다.
* 이 도서의 국립중앙도서관 출판예정도서목록(CIP)은 서지정보유통지원시스템 홈페이지
  (http://seoji.nl.go.kr)와 국가자료공동목록시스템(http://www.nl.go.kr/kolisnet)에서
  이용하실 수 있습니다.
  (CIP제어번호 : CIP2014024549)